■ 精品课程配套教材
■ 21 世纪应用型人才培养"十三五"规划教材
■ "双创"型人才培养优秀教材

普通话培训测试教程

主 编 袁和平

主 审 史英新

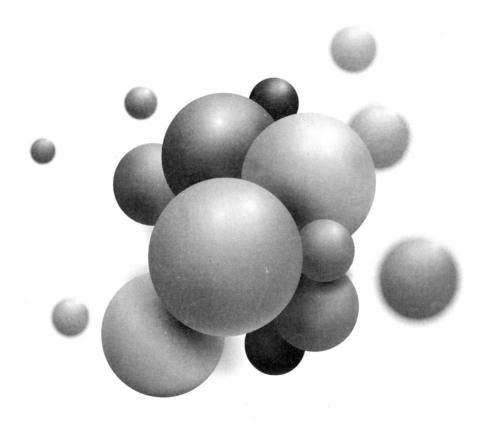

湖南师范大学出版社 | 国家一级出版社
全国百佳图书出版单位

图书在版编目(CIP)数据

普通话培训测试教程／袁和平主编.—长沙：湖南师范大学出版社，2011.4(2020.8重印)

ISBN 978-7-5648-0464-0

Ⅰ.①普…　Ⅱ.①袁…　Ⅲ.①普通话-口语-教材　Ⅳ.①H193.2

中国版本图书馆 CIP 数据核字(2011)第 049496 号

普通话培训测试教程

PUTONGHUA PEIXUN CESHI JIAOCHENG

袁和平　主编

◇全程策划：王　强

◇组稿编辑：杨海云

◇责任编辑：刘　伟　胡晓军

◇责任校对：欧继花

◇出版发行：湖南师范大学出版社

　　　　　　地址／长沙市岳麓山　　邮编／410081

　　　　　　电话／0731-88872751　　传真／0731-88872636

　　　　　　网址／http：//press.hunnu.edu.cn

◇经　　销：全国新华书店

◇印　　刷：北京俊林印刷有限公司

◇开　　本：787mm×1092mm　1/16

◇印　　张：18.5

◇字　　数：454 千字

◇印　　次：2020 年 8 月第 2 次印刷

◇书　　号：ISBN 978-7-5648-0464-0

◇定　　价：36.00 元

（教学资料包索取电话：刘老师 13269653338）

《普通话培训测试教程》编写委员会

主　编：袁和平

主　审：史英新

副主编：丰津玉　　熊　丹　　甘　璐　　李卫清

　　　　涂兰娟　　乐　艳　　曾媛媛　　王纪玉

　　　　龚小龙　　马　隽　　卓　维　　宿亚琳

　　　　张春美　　李晓文　　杨　琦　　王　脜

　　　　高　原

前　言

　　普通话是我国的通用语言和世界上使用人口最多的语言，也是世界上影响最大的六种语言之一。第九届全国人民代表大会常务委员会第十八次会议通过的《中华人民共和国国家通用语言文字法》第十条规定："学校及其他教育机构以普通话和规范汉字为基本的教育教学用语用字。法律另有规定的除外。学校及其他教育机构通过汉语文课程教授普通话和规范汉字。使用的汉语文教材，应当符合国家通用语言文字的规范和标准。"确定了普通话和规范汉字作为国家通用语言文字的法律地位。为配合学校普及普通话教学工作，让普通话尽快成为校园语言，我们编写了这本《普通话培训测试教程》。它既可作为高等院校学生的教材，又可作为中小学教师的培训教材。

　　本书的编写根据课程的特点和当前高等院校的实际，吸收了近几年普通话在教学研究中的新成果，同时，根据国家语委对普通话水平测试的要求，对原来的体例格式作了调整，将普通话水平测试作为专章进行介绍，以提高学生普通话水平测试的通过率；对有关章节的内容进行了适度的增删、合并，调整替换了朗读部分的有关语段，增强了教材的实用性和科学性。

　　全书从基础发音入手，系统介绍普通话的准备发音、基础发音、语流音变、语汇语法辨正、发声、朗读等方面的知识。下编突出普通话技能训练，分基础演练、朗读演练、语词演练、综合测试四部分。上、下编理论与实践有机结合，学以致用，既突出了普通话水平测试的要求，又照顾了不同地域的人学习普通话的特点。全书以理论为指导，强化技能训练，尤其突出口语的技能训练，较好地体现了高等教育的特点。

　　本书以提高学生普通话水平为目的，从实际能力训练的要求出发，围绕技能训练点，设计了大量的富有针对性的训练题和普通话水平测试样卷，对提高学生的普通话水平有很大帮助。同时，本书配有光盘，对各技能训练点提供范读，以期起到典型引路作用，能大大提高学生学习普通话的效率，有利于获得良好的教学效果。

　　本书的编写得到了有关领导和专家的关心支持，在此谨表谢忱。另外在编写、修订中参阅了有关书刊、资料，虽已注明出处，但仍不免有遗漏，敬请谅解。

　　由于编者水平有限，书中难免存在疏漏不当之处，敬请专家、读者批评指正。

编　者

目　　录

测试篇

运用篇

绪 论

教学目标：

主要介绍普通话、普通话水平测试的基础知识，让学生了解普通话水平测试的标准、内容与要求，为学生参加普通话水平测试打下基础。

第一节 普通话概述

一、为什么要说普通话

我国幅员辽阔，人口众多，在使用汉语进行交际的不同区域中，长期以来形成众多的方言。根据各种方言的特点，结合方言形成和发展的历史，现代汉语大致可划分为七大方言：

1. 北方方言 北方方言是现代汉民族共同语的基础方言，内部一致性较强，分布地域最广，使用人口众多，以北京话为代表。北方方言又可分为四个次方言：华北、东北方言（京、津、冀、豫、鲁、东北三省和内蒙古部分地区）；西北方言（晋、陕、甘、青、宁、新、内蒙古部分地区）；西南方言（川、滇、黔及湖北大部，广西西北，湖南西北）；江淮方言（安徽、江苏两省的长江以北，徐州、蚌埠除外，镇江以西、九江以东）。

2. 吴方言 分布在上海市、江苏省长江以南镇江以东以及南通小部分和浙江省大部分地区，以苏州话为代表。

3. 湘方言 分布在湖南省大部分地区，以长沙话为代表。

4. 赣方言 分布在江西省大部分地区，以南昌话为代表。

5. 客家方言 分布在广东、福建、台湾、江西、广西、湖南、四川等省，以广东梅县话为代表。

6. 闽方言 分布在福建省大部分、广东东部潮汕地区、海南岛和雷州半岛部分地区，以及浙江南部温州部分地区和台湾省汉族居住区。

7. 粤方言 分布在广东中部、西南部和广西东部、南部，以及港澳地区，以广州话为代表。

上述各大方言中，闽粤方言与普通话差异最大，吴方言次之，湘赣、客家等方言再次之。

我国地域辽阔，人口众多，方言分歧严重，不同方言区的人们交往时，往往因语言不同产生交流障碍。新中国成立以后，由于国家的统一，人民的团结，政治、经济、文化的发展，对民族共同语言的进一步统一和规范化有了更高的要求。在党和政府的领导下,1955 年召开了现代汉语规范问题学术会议,经国务院确定,现代汉民族共同语就是普通话。

二、普通话的定义和特点

1.普通话的定义　普通话是以北京语音为标准音,以北方话为基础方言,以典范的现代白话文著作为语法规范的现代汉民族共同语。

2.普通话的特点　从有声语言的角度看,普通话有鲜明的特点:

声调变化高低分明。高、扬、转、降区分明显。调值音高成分多,没有短促的入声调,只有四个调类。

音节响亮。音节中元音占优势,音节结尾是元音或有鼻腔共鸣的韵尾 n、ng。清声母多,发音清脆。

节律感强。普通话的音节界限分明。搭配和谐,富有节奏感和韵律感。轻重音、儿化音突出,语气活泼。

语汇丰富精密,句式灵活多样,能适应交际和社会发展的需要。

第二节　普通话水平测试

一、普通话水平测试的性质和方式

(一)普通话水平测试的性质

普通话水平测试是根据统一的标准、使用科学的方法、按照严格的程序测查应试人的普通话规范程度、熟练程度,认定其普通话水平等级的标准参照性语言测试。

普通话水平测试不是普通话系统知识考试,不是文化水平的考核,也不是口才的评估,它只是对应试人掌握和运用普通话的规范程度、熟练程度进行的检测和评定。当然,普通话水平测试也不是与知识、文化、口才绝然无关,比如应试人要有一定的文化、具备一定的阅读汉语书面语的能力等。

普通话水平测试是国家级考试。1994 年 10 月国家语言文字工作委员会、国家教育委员会、广播电影电视部发布《关于开展普通话水平测试的决定》,普通话水平测试工作从此逐步走向科学化、规范化与制度化。2001 年开始实施的《中华人民共和国国家通用语言文字法》第十九条明确规定:"以普通话作为工作语言的播音员、节目主持人和影视话剧演员、教师、国家机关工作人员的普通话水平,应当达到国家规定的等级标准;对尚未达到国家规定的普通话等级标准的,分别进行培训。"第二十四条还明确规定:"国务院语言文字部门颁布普通话等级标准。"普通话水平测试成为列入国家法律的名副其实的国家级考试。

普通话水平测试是国家认证的一种考试。这不仅体现在对测试员的资格认定上,而且对测试的范围、制卷原则、评分标准、证书发放等在全国范围内都作了明确的规定和统一。

普通话水平测试还是一种资格证书测试。《普通话水平等级证书》是从业人员普通话水平的凭证,在全国范围内通用。目前,国内很多行业对本行业从业人员都提出了相应的对普通话水平等级的要求,举例如下:

中小学及幼儿园、校外教育单位的教师,普通话水平不低于二级,其中语文教师不低于二级甲等,普通话语音教师不低于一级;

高等学校的教师,普通话水平不低于三级甲等,其中现代汉语教师不低于二级甲等,普通话语音教师不低于一级;

对外汉语教学教师,普通话水平不低于二级甲等;

报考中小学、幼儿园教师资格的人员,普通话水平不低于二级;

师范类专业以及各级职业学校的与口语表达密切相关专业的学生,普通话水平不低于二级;

国家公务员,普通话水平不低于三级甲等;

国家级和省级广播电台、电视台的播音员、节目主持人,普通话水平应达到一级甲等,其他广播电台、电视台的播音员、节目主持人的普通话达标要求按国家广播电影电视总局的规定执行;

话剧、电影、电视剧、广播剧等演员、配音演员,播音、主持专业和影视表演专业的教师、学生,普通话水平不低于一级;

公共服务行业的特定岗位人员(如广播员、解说员、话务员等),普通话水平不低于二级甲等。

普通话水平应达标人员的年龄上限以有关行业的文件为准。

应试人可以根据自己打算从事或者已经从事的行业对普通话水平等级的要求确定自己的考级目标。

(二)普通话水平测试的方式

普通话水平测试以口试方式进行。测试人通过应试人的读、说,以听感对应试人进行语音辨别。应试人只要尽量避免方言影响,力求语音准确、词汇语法规范,同时对口试这种测试形式有充分的心理准备,就一定能够达到标准。

二、普通话水平测试的内容、范围、评分标准和等级评定

(一)普通话水平测试的内容、范围和评分标准

普通话水平测试的内容包括普通话语音、词汇和语法。

普通话水平测试的范围是国家测试机构编制的《普通话水平测试用普通话词语表》、《普通话水平测试用普通话与方言词语对照表》、《普通话水平测试用普通话与方言常见语法差异对照表》、《普通话水平测试用朗读作品》和《普通话水平测试用话题》。

普通话有口语和书面语两种形式,因此普通话水平测试采取有文字凭借(读)和没有文字凭借(说)两种方式进行,这两种方式都以试卷为载体,测试内容包括五个部分,满分为100分。

第一部分:读单音节字词(100 个音节,不含轻声、儿化音节),限时 3.5 分钟,共 10 分。

1. 目的

测查应试人声母、韵母、声调读音的标准程度。

2. 要求

(1) 100 个音节中,70%选自《普通话水平测试用普通话词语表》表一,30%选自《普通话水平测试用普通话词语表》表二。

(2)100 个音节中,每个声母出现次数一般不少于 3 次,每个韵母出现次数一般不少于 2 次,4 个声调出现次数大致均衡。

(3)音节的排列要避免同一测试要素连续出现。

3. 评分

(1)语音错误,每个音节扣 0.1 分。

(2)语音缺陷,每个音节扣 0.05 分。

(3)超时 1 分钟以内,扣 0.5 分;超时 1 分钟以上(含 1 分钟),扣 1 分。

第二部分:读多音节词语(100 个音节),限时 2.5 分钟,共 20 分。

1. 目的

测查应试人声母、韵母、声调和变调、轻声、儿化读音的标准程度。

2. 要求

(1)词语的 70%选自《普通话水平测试用普通话词语表》表一,30%选自《普通话水平测试用普通话词语表》表二。

(2)声母、韵母、声调出现的次数与读单音节字词的要求相同。

(3)上声与上声相连的词语不少于 3 个,上声与非上声相连的词语不少于 4 个,轻声不少于 3 个,儿化音不少于 4 个(应为不同的儿化韵母)。

(4)词语的排列要避免同一测试要素连续出现。

3. 评分

(1)语音错误,每个音节扣 0.2 分。

(2)语音缺陷,每个音节扣 0.1 分。

(3)超时 1 分钟以内,扣 0.5 分;超时 1 分钟以上(含 1 分钟),扣 1 分。

第三部分:朗读短文(1篇,400个音节),限时4分钟,共30分。

1.目的

测查应试人使用普通话朗读书面作品的水平。在测查声母、韵母、声调读音标准程度的同时,重点测查连读音变、停连、语调以及流畅程度。

2.要求

(1)短文从《普通话水平测试用朗读作品》中选取。

(2)评分以朗读作品的前400个音节(不含标点符号和括注的音节)为限。

3.评分

(1)每错1个音节,扣0.1分;漏读或增读1个音节,扣0.1分。

(2)声母或韵母的系统性语音缺陷,视程度扣0.5分或1分。

(3)语调偏误,视程度扣0.5分或1分或2分。

(4)停连不当,视程度扣0.5分或1分或2分。

(5)朗读不流畅(包括回读),视程度扣0.5分或1分或2分。

(6)超时扣1分。

第四部分:命题说话,限时3分钟,共40分。

1.目的

测查应试人在无文字凭借的情况下说普通话的水平,重点测查语音标准程度、词汇语法规范程度和自然流畅程度。

2.要求

(1)说话话题从《普通话水平测试用话题》中选取,由应试人从给定的两个话题中选定一个话题,连续说一段话。

(2)应试人单向说话。如发现应试人有明显背稿、离题、说话难以继续等表现时,主试人应及时提示或引导。

3.评分

(1)语音标准程度,共20分,分六档

一档:语音标准,或极少有失误,扣0分或0.5分或1分。

二档:语音错误在10次以下,有方音但不明显,扣1.5分或2分。

三档:语音错误在10次以下,但方音比较明显;或语音错误在10~15次之间,有方音但不明显,扣3分或4分。

四档:语音错误在10~15次之间,方音比较明显,扣5分或6分。

五档:语音错误超过15次,方音明显,扣7分或8分或9分。

六档:语音错误多,方音重,扣10分或11分或12分。

(2)词汇语法规范程度,共5分,分三档

一档:词汇或语法规范,扣0分。

二档:词汇或语法偶有不规范的情况,扣0.5分或1分。

三档:词汇或语法屡有不规范的情况,扣2分或3分。

(3)自然流畅程度,共5分,分三档

一档:语言自然流畅,扣0分。

二档:语言基本流畅,口语化较差,有背稿子的表现,扣0.5分或1分。

三档:语言不连贯,语调生硬,扣2分或3分。

说话不足3分钟,酌情扣分:缺时1分钟以内(含1分钟),扣1分或2分或3分;缺时1分钟以上,扣4分或5分或6分;说话不满30秒(含30秒),本测试项成绩计为0分。

(二)普通话水平测试的等级评定

国家语言文字工作部门发布的《普通话水平测试等级标准》是确定应试人普通话水平等级的依据。测试机构根据应试人的测试成绩确定其普通话水平等级,由省、自治区、直辖市以上语言文字工作部门颁发相应的普通话水平测试等级证书。

普通话水平划分为三个级别,每个级别内划分两个等次。

97分及其以上,为一级甲等;

92分及其以上但不足97分,为一级乙等;

87分及其以上但不足92分,为二级甲等;

80分及其以上但不足87分,为二级乙等;

70分及其以上但不足80分,为三级甲等;

60分及其以上但不足70分,为三级乙等。

三、普通话水平测试样卷

普通话水平测试试卷分为Ⅰ型卷和Ⅱ型卷。Ⅰ型卷主要供通过汉语水平考试申请进行普通话水平测试的外籍或外族人员使用。Ⅰ型卷出题范围在《普通话水平测试用普通话词语表》(表一)中选取。Ⅱ型卷供Ⅰ型卷以外的应试人员使用。下面展示的样卷为Ⅱ型卷。

普通话水平测试样卷(人工拟卷)

一、读100个单音节字词(10分)

昼	八	迷	先	毡	皮	幕	美	彻	飞
鸣	破	捶	风	豆	蹲	霞	掉	桃	定
宫	铁	翁	念	劳	天	旬	沟	狼	口
靴	娘	嫩	机	蕊	家	跪	绝	趣	全

瓜 穷 屡 知 狂 正 裘 中 恒 社
槐 事 轰 竹 掠 茶 肩 常 概 虫
皇 水 君 人 伙 自 滑 早 绢 足
炒 次 渴 酸 勤 鱼 筛 院 腔 爱
鳌 袖 滨 竖 搏 刷 瞟 帆 彩 愤
司 滕 寸 峦 岸 勒 歪 尔 熊 妥

二、读多音节词语（20分）

取得　阳台　儿童板凳ㄦ　混淆　衰落　分析　防御
沙丘　管理　此外　便宜　光环　塑料　扭转　加油
队伍　挖潜　女士　科学　手指　策略　抢劫　森林
侨眷　模特ㄦ　港口　没准ㄦ　干净　日用　紧张　炽热
群众　名牌ㄦ　沉醉　快乐　窗户　财富　应当　生字
奔跑　晚上　卑劣　包装　洒脱　现代化　委员会
轻描淡写

三、朗读短文（30分）

请朗读第12号短文。

四、命题说话（40分）

请按照话题"我的业余生活"或"我熟悉的地方"说一段话（3分钟）。

资料

普通话水平测试等级标准(试行)

（国家语言文字工作委员会1997年12月5日颁布,国语〔1997〕64号）

一 级

甲等　朗读和自由交谈时,语音标准,词语、语法正确无误,语调自然,表达流畅。测试总失分率在3%以内。

乙等　朗读和自由交谈时,语音标准,词语、语法正确无误,语调自然,表达流畅。偶然有字音、字调失误。测试总失分率在8%以内。

二 级

甲等　朗读和自由交谈时,声韵调发音基本标准,语调自然,表达流畅。少数难点音(平翘舌音、前后鼻尾音、边鼻音等)有时出现失误。词语、语法极少有误。测试总失分率在13%以内。

乙等　朗读和自由交谈时,个别调值不准,声韵母发音有不到位现象。难点音(平翘舌音、前后鼻尾音、边鼻音、fu—hu、z—zh—j、送气不送气、j—ü不分、保留浊塞音和浊塞擦音、丢介音、复韵母单音化等)失误较多。方言语调不明显。有使用方言词、方言语法的情况。测试总失分率在20%以内。

三 级

甲等　朗读和自由交谈时,声韵调发音失误较多,难点音超出常见范围,声调调值多不准。方言语调较明显。词语、语法有失误。测试总失分率在30%以内。

乙等　朗读和自由交谈时,声韵调发音失误多,方音特征突出。方言语调明显。词语、语法失误较多。外地人听其谈话有听不懂的情况。测试总失分率在40%以内。

基础篇

第一章　普通话语音概说

教学目标：

　　了解语音的性质和常用的语音基本概念，了解几种记音方法以及常用的记音符号《汉语拼音方案》和国际音标，通过训练使语音响亮、圆润，持久不衰，为提高普通话口话表达能力打下良好基础。

第一节　语音的性质

　　语音是由人的发音器官发出来的能表达一定意义的声音，是语言的物质外壳。语音是一种声音，它跟自然界的其他声音一样，具有物理属性。语音是人的发音器官发出来的，所以它又具有生理属性。更重要的是，语音要表达一定的意义，什么样的语音形式表达什么样的意义，必须是使用该语言的全体社会成员约定俗成的，所以语音又具有社会属性。

一、语音的物理属性

　　语音是一种物理现象，是物体振动的结果。物体振动周围的空气形成声波，声波作用于人耳，刺激听觉神经，就使人产生听到声音的感觉。语音同其他声音一样，具有音高、音强、音长、音色四要素。

　　1. 音高。音高指的是声音的高低，它决定于发音体振动的快慢。如果在一定时间里振动快，次数多，频率就高，声音也就高，反之则低。语音的主要发音体是声带。声带振动的频率同声带的长短、厚薄、松紧相关。一般说来，男人声带较长、较厚，所以声音较低；女人和儿童声带较短、较薄，所以声音较高；老人声带松弛，所以声音就更低。人能控制声带的松紧，因此，同一个人可以发出不同音高的声音来。汉语的声调、语调是由音高的不同变化决定的。

　　2. 音强。音强指的是声音的强弱，它决定于发音体振动幅度的大小。发音体振动的幅度叫振幅。振幅大，声音就强，反之则弱。语音的强弱是由发音时气流冲击声带力量的强弱决定的。我们日常说话声音的大小就是音强现象。汉语的轻声和重音是由音强的不同变化决定的。

3. 音长。音长指的是声音的长短，它决定于发音体振动时间的久暂。发音体振动时间持续久，声音就长，反之则短。语音也不例外。汉语里不同的音长可以表达不同的语气和情态。

4. 音色。音色又叫音质，指的是声音的特色。它由音波振动的形式来决定。由于物体振动的形式不同，发出的音色也不相同。造成不同音色的条件主要有以下三种：

（1）发音体不同。例如，钢琴的声音和口琴不同，因为发音体一个是琴弦，一个是簧片。甲、乙两人说同样一句话，我们可以听出不同，这是由于两人的声带等发音体不一样。

（2）发音方法不同。例如，同一把胡琴发音，用弓拉和用指弹，音色就不同。"b"和"p"发音的不同是由于发音方法上送气、不送气造成的。

（3）发音时共鸣器形状不同。例如，把同一把音叉插到不同形状的共鸣匣上所形成的音，音色就不同。语音中元音"i"和元音"ü"的音色不同，主要是由于发音时口腔共鸣器形状不一样的缘故。

任何声音都是音高、音强、音长、音色的统一体，语音也不例外。在任何语言中，音色都是区别意义的最重要的要素，在汉语中除音色外，音高的作用也十分重要，音高构成声调，声调能区别意义。

二、语音的生理属性

语音是由人的发音器官发出来的，发音器官及其活动决定语音的区别。了解发音器官的构造及其活动情况，弄清每个音的发音原理，是学好语音的重要前提。人的发音器官分三部分：

1. 肺和气管。肺是呼吸气流的活动风箱，呼吸的气流是语音的原动力。气管是气流的通道。发音时，肺部呼出的气流，要送到喉头和声带。

2. 声带和喉头。声带是语音的发音体，喉头是声带的活动室。声带长在喉头的几块软骨中间，是两片富有弹性的肌肉薄膜。声带中间的空隙叫声门。发音时，气流冲出声门，声带就振动发音。

3. 口腔和鼻腔。口腔和鼻腔是发音的共鸣器。不同的声音都是气流在口腔和鼻腔受到节制形成不同共鸣的结果。口腔部位很多，其中最灵活的部位是舌头。鼻腔与口腔之间由软腭和小舌相隔。软腭和小舌上升时，鼻腔闭塞，口腔畅通，这时发出的音在口腔中共鸣，叫做口音。软腭和小舌下垂，口腔成阻，气流只能从鼻腔呼出，这时发出的音主要在鼻腔中共鸣，叫做鼻音。如果口腔无阻碍，气流同时从鼻腔和口腔呼出，发出的音在口腔和鼻腔共鸣，就叫做鼻化音。

三、语音的社会属性

语音是社会现象，它在社会交际中代表一定的意义，用什么样的语音形式表示什么样的意义，是由社会成员约定俗成的，不以任何个人的意志为转移。语音的社会属性是语音最本质的属性，是语音区别于其他声音的标志。

第二节　语音单位

一、音节

音节是语音的基本结构单位，也是自然感到的最小的语音片断。音节是由音素构成的。一般来说，一个汉字就是一个音节。例如"许昌是一座美丽的古城"就是 10 个音节。只有儿化音用两个汉字代表一个音节，如"玩儿"（wánr）、"勺儿"（sháor）等。

二、音素

音素是构成音节的最小单位或最小的语音片断。它是从音色的角度划分出来的。一个音节，如果按音色的不同去进一步划分，就会得到一个个最小的各有特色的单位，这就是音素。例如"妈"（mā）从音色的角度可以划分出"m"和"a"两个不同的音素。一个音节最多由 4 个音素构成，每一个音素具有不同的音色。普通话共有 32 个音素。

音素可以分为元音和辅音两大类。

元音发音时，气流通过咽头、口腔不受阻碍，声带振动，声音较响亮。普通话共有 10 个元音音素：

舌面元音 7 个：a、o、e、ê、i、u、ü

舌尖元音 2 个：-i［前］、-i［后］

卷舌元音 1 个：er

辅音发音时，气流通过咽头、口腔都要受到某个部位的阻碍，声带不一定振动，声音一般不响亮。普通话共有 22 个辅音音素：b、p、m、f、d、t、n、l、g、k、h、ng、j、q、x、zh、ch、sh、r、z、c、s。

三、声母、韵母、声调

按照汉语传统的分析方法，把一个音节分为声母、韵母和声调三部分，这是汉语音节的三要素。

声母是音节开头的辅音。例如在"好"（hǎo）这个音节里，辅音"h"就是它的声母。有的音节不以辅音开头，元音前头那部分是零，习惯上叫做"零声母音节"。例如"爱"（ài）。声母和辅音不是一个概念。虽然声母由辅音充当，但有的辅音不作声母，只作韵尾，如"ng"。辅音"n"既可作声母，又可作韵尾，如"南"（nán）中的两个辅音

"n"，在音节的开头是声母，在音节的末尾是韵尾。

韵母是一个音节中声母后面的部分。例如在"海"（hǎi）这个音节里，"ai"就是它的韵母。零声母音节，例如"欧"（ōu），它的韵母就是"ou"。

韵母和元音不相等。韵母主要由元音来充当，所有的元音都可以作韵母，但不能说所有的韵母都由元音来充当。因为有的韵母是由元音加辅音构成的，如"酣"（hān）、"哼"（hēng）、"欢"（huān）中的"an、eng、uan"。

声调是指音节的高低升降，是音节中具有区别意义作用的音高变化。

第三节　汉语拼音方案

1958 年 2 月 11 日，第一届全国人民代表大会第五次会议审议批准并正式公布了《汉语拼音方案》。《汉语拼音方案》是在过去各种注音法的基础上发展起来的，是我国人民创制各种汉语注音法的经验总结，是世界文献工作中拼写有关中国的专有名词和词语的国际标准。国际化和音素化是《汉语拼音方案》两个明显的优点。《汉语拼音方案》由五部分组成：

一、字母表

字母： Aa　　Bb　　Cc　　Dd　　Ee　　Ff　Gg

名称： ㄚ　　ㄅㄝ　ㄘㄝ　ㄉㄝ　ㄜ　　ㄝㄈㄍㄝ

Hh　　Ii　　Jj　　Kk　　Ll　　Mm　Nn

ㄏㄚ　ㄧ　　ㄐㄧㄝ　ㄎㄝ　ㄝㄌ　ㄝㄇ　ㄋㄝ

Oo　　Pp　　Qq　　Rr　　Ss　　Tt

ㄛ　　ㄆㄝ　ㄑㄧㄡ　ㄚㄦ　ㄝㄙ　ㄊㄝ

Uu　　Vv　　Ww　　Xx　　Yy　　Zz

ㄨ　　ㄞㄝ　ㄨㄚ　ㄒㄧ　ㄧㄚ　ㄗㄝ

V 只用来拼写外来语、少数民族语和方言。

二、声母表

b　　　p　　　m　　　f　　　d　　　t　　　n　　　l

ㄅ玻　　ㄆ坡　　ㄇ摸　　ㄈ佛　　ㄉ得　　ㄊ特　　ㄋ讷　　ㄌ勒

g　　　k　　　h　　　j　　　q　　　x

ㄍ哥　　ㄎ科　　ㄏ喝　　ㄐ基　　ㄑ欺　　ㄒ希

zh　　ch　　sh　　r　　　z　　　c　　　s

ㄓ知　　ㄔ蚩　　ㄕ诗　　ㄖ日　　ㄗ资　　ㄘ雌　　ㄙ思

三、韵母表

	i ㄧ衣	u ㄨ乌	ü ㄩ迁
a ㄚ啊	ia ㄧㄚ呀	ua ㄨㄚ蛙	
o ㄛ喔		uo ㄨㄛ窝	
e ㄜ鹅	ie ㄧㄝ耶		üe ㄩㄝ约
ai ㄞ哀		uai ㄨㄞ歪	
ei ㄟ欸		uei ㄨㄟ威	
ao ㄠ熬	iao ㄧㄠ腰		
ou ㄡ欧	iou ㄧㄡ忧		
an ㄢ安	ian ㄧㄢ烟	uan ㄨㄢ弯	üan ㄩㄢ冤
en ㄣ恩	in ㄧㄣ因	uen ㄨㄣ温	ün ㄩㄣ晕
ang ㄤ昂	iang ㄧㄤ央	uang ㄨㄤ汪	
eng ㄥ亨的韵母	ing ㄧㄥ英	ueng ㄨㄥ翁	
ong （ㄨㄥ）轰 的韵母	iong ㄩㄥ雍		

（1）"知、蚩、诗、日、资、雌、思"这七个音节的韵母用 i，即：知、蚩、诗、日、资、雌、思拼作 zhi、chi、shi、ri、zi、ci、si。

（2）韵母儿写成 er，用作韵尾的时候写成 r。例如："儿童"拼作 értóng，"花儿"拼作 huar。

（3）韵母 ㄝ 单用的时候写成 ê。

（4）i 行的韵母，前面没有声母的时候，写成 yi（衣），ya（呀），ye（耶），yao（腰），you（忧），yan（烟），yin（因），yang（央），ying（英），yong（雍）。

u 行的韵母，前面没有声母的时候，写成 wu（乌），wa（蛙），wo（窝），wai（歪），wei（威），wan（弯），wen（温），wang（汪），weng（翁）。

ü 行的韵母，前面没有声母的时候，写成 yu（迂），yue（约），yuan（冤），yun（晕）；ü 上两点省略。

ü 行的韵母跟声母 j、q、x 拼的时候，写成 ju（居），qu（区），xu（虚），ü 上两点也省略；但是跟声母 n、l 拼的时候，仍然写成 nü（女），lü（吕）。

（5）iou、uei、uen 前面加声母的时候，写成 iu、ui、un。例如：niu（牛）、gui（归）、lun（论）。

（6）在给汉字注音的时候，为了使拼式简短，ng 可以省作 ŋ。

四、声调符号

阴平 ˉ 阳平 ′ 上声 ˇ 去声 ˋ

声调符号标在音节的主要元音上，轻声不标调。例如：

妈 mā 麻 má 马 mǎ 骂 mà 吗 ma

五、隔音符号

a，o，e 开头的音节连接在其他音节后面的时候，如果音节的界限发生混淆，用隔音符号（'）隔开，例如：海鸥 hǎi'ōu。

第四节 汉语拼音的拼写

《汉语拼音方案》对普通话音节的拼写具体规定如下：

一、y 和 w 的意义和使用

（一）y、w 的意义

y、w 不是声母，只是起隔音作用的字母。例如："大意"两字写成"dai"，就会以为是一个音节"带"。用了 y，写成"dayi"，音节分界就分明了。

（二）y、w 的使用

汉语拼音方案规定"齐、合、撮"三类韵母（即 i、u、ü 和用 i、u、ü 开头的复合音），如果自成音节，其书写字样要做如下改换：

1. i 后面还有别的元音，改 i 为 y

例如：ya（呀）、ye（耶）、yao（腰）、you（优）、yan（烟）、yang（央）、yong（雍）。

2. i 后面若没有别的元音，在 i 前面加 y

例如：yi（衣）、yin（因）、ying（英）。

3. u 后面还有别的元音，改 u 为 w

例如：wa（蛙）、wo（窝）、wai（歪）、wei（威）、wan（弯）、wen（温）、wang（汪）、weng（翁）。

4. u 后面没有别的元音，就在 u 前面加 w

例如：wu（乌）。

5. ü 后面不管有没有别的元音，一律要加 y，加 y 后，ü 上两点要省去

例如：yu（迂）、yue（约）、yuan（冤）、yun（晕）。

二、隔音符号的用法

a、o、e 开头的音节连接在其他音节后面时，如果音节的界限发生混淆，就要用隔音符号（'）隔开。例如：pí'ǎo（皮袄）、jī'áng（激昂）、míng'é（名额）。

三、省写

（一）iou、uei、uen 的省写

《汉语拼音方案》规定 iou、uei、uen 这三个韵母和声母相拼时，要去掉中间的元音字母，写为 iu、ui、un。例如：niu（牛）、gui（归）、lun（论）。如果前面是零声母，就要按照 y 和 w 的使用规则，分别写为 you、wei、wen。

（二）ü 上两点的省略

韵母 ü 跟 n、l 以外的声母相拼时都省写两点。例如：qū（区）、xuán（旋）、jué（决）。

韵母 ü 出现在声母 n、l 后面时不能省写两点。因为如果省写了，这些音节就会发生混淆，例如：nǚ（女）—nǔ（努）、lǜ（律）—lù（路）。

四、标调法

声调符号简称调号，要标在韵母上，不标在声母上。

（一）单韵母只有一个元音，调号只能标在那个元音上

例如：bā（八）、tí（提）。

（二）两个元音的韵母，调号标在发音最响亮的元音上

例如：bāi（掰）、bēi（杯）等标在第一个元音上；jiā（家）、guó（国），调号标在后一个元音上。

（三）三合复韵母，调号标在中间的元音上

例如：jiāo（交）、guāi（乖）。iu、ui、un 是 iou、uei、uen 的省写式。iu、ui 的调号标在后一个元音上，un 的标号标在前一个元音上。例如：xiù（秀）、tuī（推）、dùn（顿）。

（四）调号恰巧标在 i 上时，i 上的点儿省去

例如：yī（衣）、xīn（新）。

（五）轻声音节不标调号

例如：péngyou（朋友）、wǎnshang（晚上）。

标调口诀：a 母出现莫放过，没有 a 母找 e、o，iu、ui 两韵标在后，"i" 上标调去掉点。

五、音节连写和大写

（一）同一个词的音节要连写，词与词一般要分写，句子或诗行开头的字母要用大写

例如：

Zǔguó	chāngshèng	rénmín	tuánjié
祖 国	昌 盛	人 民	团 结

（二）专用名词和专用短语中的每个词开头的字母要大写

例如：

Zhōngguó	Běijīng	Fújiàn	Dǒng cúnruì
中 国	北 京	福 建	董 存 瑞

（三）标题中的字母可以全部大写，也可以每个词开头的字母大写，有时为了简明美观，可以省略声调符号

例如：

FANGYAN　SHIJIE　ZHANWANG　WEILAI

Fangyan　　Shijie　　Zhanwang　　Weilai

放　眼　　世　界　　展　望　　　未　来

第二章　声调的发音及辨正

教学目标：

　　本章主要介绍声调的发音，指出方言区的人学习普通话在声调方面容易出现的语音错误及语音缺陷，进而指出改正的方法。

第一节　声调概述

一、声调的定义

　　声调是一个音节发音时的高低升降，是一个音节内部的音高变化现象。在汉语里，一个音节一般就是一个汉字，所以声调也叫字调。声调是汉语音节中一个重要的、不可缺少的组成部分，具有重要的区别意义的作用。例如"通史"和"同事"、"校长"和"嚣张"等，这些词语声母和韵母相同，意义的不同主要靠声调来区别。

二、声调的特点

　　1. 声调的变化取决于音高。不同的声调分别具有或升、或降、或平、或曲的变化特点，这种变化主要取决于音高。声调的高低变化是由声带的松紧不同造成的。发声时，声带放松，声音就低；声带绷紧，声音就高。声带先松后紧，声音就由低升高；声带先紧后松，声音就由高降低，声带的松紧可以有种种不同的变化，于是就构成了各种不同的声调。

　　2. 声调的音高是相对的音高。由于人们性别、年龄的差异，声带的厚薄、长短不一，再加上说话时内容、心情、语气等变化，因而声音会有高低之分。但是，无论人们声音高低怎样不同，他们所说的各类声调的高低升降变化形式不变，也就是调型不变。

　　3. 声调的升降变化是滑动的，不像从一个音阶到另一音阶那样跳跃式地移动。

三、声调的作用

　　1. 区别词义。声调和声母、韵母一样，具有区别词义的作用。比如 tōng zhī（通知）和 tóngzhì（同志），shūjì（书记）和 shújì（熟记）这两组音节，各组词的声母、韵母完全相同，只是声调不同（念它们时声音的高低升降不同），听起来就是不同的意思，写下来就是不同的词语。

2. 增强语言的节奏感和感染力。普通话声调的高低升降、抑扬起伏，赋予汉语独特的音乐美和节奏感，增强了有声语言的感染力。

第二节　声调的发音

一、调值

（一）调值是声调的具体读法

调值产生于音节音高的高低、升降、平曲、长短之具体变化形式。

（二）五度制标调法

要准确细致地描写汉语声调，一般采用五度制声调表示法（见图 4.1）：先画一条竖线作为比较线，分成四格五点，分别用 1、2、3、4、5 表示声调的低、半低、中、半高、高，再在比较线的左边用横线、斜线、曲线表示声调的音高变化。如普通话的四种声调可以表示为如图 4.1 所示：

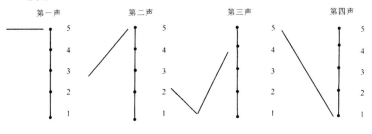

图 4.1　五度制标调法

二、调类

（一）调类是声调的分类

在一种语言或方言里，所有的音节能读出几种不同的声调就分为几种类型，因而就有几个调类。如用普通话读所有的汉字，可以读出 4 种不同的声调，普通话因而就有 4 个调类。

（二）调类是由调值决定的

调类是声调的名称，是根据声调的具体读法进行归类而得到的类别。对于声调来说，主要的是调值，由于它的存在才有了某种语言或方言的调类。

三、普通话的声调

普通话的声调有四种具体不同的读法。

（一）第一声高平调

也称55调。发音时，声带绷到最紧，始终不放松，保持发高音，由5度到5度，基本上没有升降的变化。如"高空飞机"。

（二）第二声高升调

也称35调。发音时，声带从不松不紧开始，逐渐绷紧，到最紧为止，声音由中音向高音过渡，即由3度升到5度，如"黄河航船"。

（三）第三声降升调

也称214调。发音时，声带从略微有些紧张开始，到立刻松弛下来，稍稍延长，然后迅速绷紧。在发音过程中，声音主要表现在低音段1～2度之间，从半低音2度先降到低音1度，低音1度的时值相对长些，这成为上声的基本特征；再往上升至半高音4度，往上升时要注意好过渡，有个缓冲，不能太猛。在普通话4个声调中上声的音长是最长的，如"海岛美景"。

（四）第四声全降调

也称51调。发音时，声带从紧开始，到完全松弛为止。声音由高音降到低音，即由5度降到1度。去声是普通话4个声调中最短的，如"大地碧绿"。

有四句口诀很形象地描绘出普通话四声的音高变化形式：

起音高高一路平（第一声）；

从中到高往上升（第二声）；

先降后升曲折起（第三声）；

高起猛降最底层（第四声）。

四、普通话调类及对应关系

普通话有四种基本调值，因而就有四个调类。传统的汉语音韵学把这四种调类分别称为阴平、阳平、上声、去声，而且人们习惯上也用这四个名称来称呼普通话的四声。

第一声　高平调——阴平声　如：春天花开 江山多娇

第二声　高升调——阳平声　如：人民团结 和平繁荣

第三声　降升调——上声　如：永久友好　美满理想
第四声　全降调——去声　如：建设四化　幸运万代

五、声调发音训练

（一）普通话四声分别训练①

1．阴平声训练

（1）词语练习

阴＋阴

参观 cān guān	车间 chē jiān	冲锋 chōng fēng	村庄 cūn zhuāng
东风 dōng fēng	发生 fā shēng	飞机 fēi jī	分工 fēn gōng
功勋 gōng xūn	关心 guān xīn	机关 jī guān	交叉 jiāo chā
交通 jiāo tōng	精装 jīng zhuāng	刊登 kān dēng	吸烟 xī yān
星期 xīng qī	招生 zhāo shēng	中央 zhōng yāng	资金 zī jīn

阴＋阴＋阴

八公山 bā gōng shān	冬瓜汤 dōng guā tāng
公积金 gōng jī jīn	关东烟 guān dōng yān
机关枪 jī guān qiāng	金沙江 jīn shā jiāng
空心砖 kōng xīn zhuān	收音机 shōu yīn jī
拖拉机 tuō lā jī	星期天 xīng qī tiān

（2）成语练习

阴＋阴＋阴＋阴

居安思危 jū ān sī wēi	声东击西 shēng dōng jī xī
贪天之功 tān tiān zhī gōng	忧心忡忡 yōu xīn chōng chōng
休戚相关 xiū qī xiāng guān	

（3）语句练习

阴＋阴＋阴……

今天张先生搭班机飞苏州。

2．阳平声训练

（1）词语练习

阳＋阳

重叠 chóng dié	船头 chuán tóu	和平 hé píng	红旗 hóng qí

---

① 音节在语流中会出现音变现象，诸如变调、轻声、儿化等。由于本章的训练目标是在静态语言环境中的音节声调发音，故在读例词和例句（包括上声例词、例句）时，排除音变因素，读好每个音节声调的调型和调值。

黄河 huáng hé　　怀疑 huái yí　　黎明 lí míng　　联盟 lián méng

轮流 lún liú　　麻绳 má shéng　　棉田 mián tián　　农民 nóng mín

球鞋 qiú xié　　时常 shí cháng　　陶瓷 táo cí　　停留 tíng liú

同时 tóng shí　　循环 xún huán　　言行 yán xíng　　原则 yuán zé

阳＋阳＋阳

陈皮梅 chén pí méi　　　　　　除虫菊 chú chóng jú

儿童节 ér tóng jié　　　　　　洪泽湖 hóng zé hú

联合国 lián hé guó　　　　　　男同学 nán tóng xué

形容词 xíng róng cí　　　　　　遗传学 yí chuán xué

颐和园 yí hé yuán　　　　　　园林局 yuán lín jú

（2）成语练习

阳＋阳＋阳＋阳

含糊其辞 hán hú qí cí　　　　　洁白无瑕 jié bái wú xiá

竭泽而渔 jié zé ér yú　　　　　名存实亡 míng cún shí wáng

文如其人 wén rú qí rén

（3）语句练习

阳＋阳＋阳……

明晨王长荣乘轮船回南宁。

3．上声训练

（1）词语练习

上＋上

矮小 ǎi xiǎo　　保险 bǎo xiǎn　　本领 běn lǐng　　表姐 biǎo jiě

反省 fǎn xǐng　　改选 gǎi xuǎn　　古典 gǔ diǎn　　广场 guǎng chǎng

简短 jiǎn duǎn　　减少 jiǎn shǎo　　讲演 jiǎng yǎn　　举手 jǔ shǒu

首长 shǒu zhǎng　　洗澡 xǐ zǎo　　勇敢 yǒng gǎn　　友好 yǒu hǎo

辗转 zhǎn zhuǎn　　指导 zhǐ dǎo　　主讲 zhǔ jiǎng　　总理 zǒng lǐ

上＋上＋上

厂党委 chǎng dǎng wěi　　　　　蒙古语 méng gǔ yǔ

孔乙己 kǒng yǐ jǐ　　　　　　手写体 shǒu xiě tǐ

老保守 lǎo bǎo shǒu　　　　　洗脸水 xǐ liǎn shuǐ

苦水井 kǔ shuǐ jǐng　　　　　选举法 xuǎn jǔ fǎ

小拇指 xiǎo mǔ zhǐ　　　　　展览馆 zhǎn lǎn guǎn

（2）成语练习

上＋上＋上＋上

尺有所短 chǐ yǒu suǒ duǎn　　　老有所养 lǎo yǒu suǒ yǎng

岂有此理 qǐ yǒu cǐ lǐ

（3）语句练习

上＋上＋上……

晌午李小勇买水产跑拱北。

4．去声训练

（1）词语练习

去＋去

办事 bàn shì	遍地 biàn dì	大会 dà huì	地道 dì dào
电报 diàn bào	汉字 hàn zì	贺信 hè xìn	互助 hù zhù
竞赛 jìng sài	扩大 kuò dà	浪费 làng fèi	陆地 lù dì
论调 lùn diào	示范 shì fàn	议案 yì àn	预告 yù gào
照相 zhào xiàng	致谢 zhì xiè	注意 zhù yì	自治 zì zhì

去＋去＋去

备忘录 bèi wàng lù	促进派 cù jìn pài
预备队 yù bèi duì	对立面 duì lì miàn
过去式 guò qù shì	烈士墓 liè shì mù
售票处 shòu piào chù	塑料布 sù liào bù
运动会 yùn dòng huì	正义路 zhèng yì lù

（2）成语练习

去＋去＋去＋去

爱护备至 ài hù bèi zhì	变幻莫测 biàn huàn mò cè
对症下药 duì zhèng xià yào	见利忘义 jiàn lì wàng yì
去恶务尽 qù è wù jìn	万事俱备 wàn shì jù bèi

（3）语句练习

去＋去＋去……

最近赵大利坐卧铺去大庆。

（二）普通话四声综合训练

1．词语练习

阴＋阳

包含 bāo hán	编辑 biān jí	车床 chē chuáng	单元 dān yuán
工人 gōng rén	光芒 guāng máng	观摩 guān mó	忽然 hū rán
开学 kāi xué	批评 pī píng	身长 shēn cháng	天堂 tiān táng
通俗 tōng sú	心得 xīn dé	宣传 xuān chuán	腰围 yāo wéi
音节 yīn jié	英雄 yīng xióng	中国 zhōng guó	钻研 zuān yán

阴+上

包裹 bāo guǒ	兵种 bīng zhǒng	参考 cān kǎo	颠倒 diān dǎo
多少 duō shǎo	风景 fēng jǐng	钢笔 gāng bǐ	工厂 gōng chǎng
家属 jiā shǔ	浇水 jiāo shuǐ	开水 kāi shuǐ	亲手 qīn shǒu
烧火 shāo huǒ	思考 sī kǎo	推理 tuī lǐ	欣赏 xīn shǎng
音响 yīn xiǎng	针灸 zhēn jiǔ	真理 zhēn lǐ	中午 zhōng wǔ

阴+去

操练 cāo liàn	车辆 chē liàng	吃饭 chī fàn	冬至 dōng zhì
翻地 fān dì	风镜 fēng jìng	工具 gōng jù	工作 gōng zuò
光线 guāng xiàn	观众 guān zhòng	鸡蛋 jī dàn	机械 jī xiè
京剧 jīng jù	经验 jīng yàn	开会 kāi huì	侵略 qīn lüè
书架 shū jià	脱粒 tuō lì	心脏 xīn zàng	音乐 yīn yuè

阳+阴

茶杯 chá bēi	长江 cháng jiāng	长征 cháng zhēng	崇高 chóng gāo
船舱 chuán cāng	房间 fáng jiān	国歌 guó gē	红花 hóng huā
活期 huó qī	镰刀 lián dāo	棉衣 mián yī	农村 nóng cūn
前方 qián fāng	骑兵 qí bīng	晴天 qíng tiān	同乡 tóng xiāng
图钉 tú dīng	行星 xíng xīng	圆规 yuán guī	原因 yuán yīn

阳+上

长久 cháng jiǔ	锄草 chú cǎo	回想 huí xiǎng	凉水 liáng shuǐ
毛笔 máo bǐ	棉袄 mián ǎo	谜语 mí yǔ	南北 nán běi
牛奶 niú nǎi	苹果 pín guǒ	平坦 píng tǎn	全体 quán tǐ
糖果 táng guǒ	团长 tuán zhǎng	狭窄 xiá zhǎi	文选 wén xuǎn
营养 yíng yǎng	油桶 yóu tǒng	鱼网 yú wǎng	杂草 zá cǎo

阳+去

乘客 chéng kè	独唱 dú chàng	缝纫 féng rèn	革命 gé mìng
合唱 hé chàng	胡同 hú tòng	劳动 láo dòng	楼道 lóu dào
毛裤 máo kù	名胜 míng shèng	牛肉 niú ròu	排队 pái duì
食物 shí wù	实验 shí yàn	图画 tú huà	文件 wén jiàn
学术 xué shù	颜色 yán sè	游戏 yóu xì	原料 yuán liào

上+阴

北方 běi fāng	港湾 gǎng wān	海军 hǎi jūn	火车 huǒ chē
脚跟 jiǎo gēn	警钟 jǐng zhōng	酒精 jiǔ jīng	卷烟 juǎn yān
垦荒 kěn huāng	老师 lǎo shī	马鞍 mǎ ān	史诗 shǐ shī
首先 shǒu xiān	水箱 shuǐ xiāng	体操 tǐ cāo	小说 xiǎo shuō

许多 xǔ duō	雨衣 yǔ yī	指针 zhǐ zhēn	准星 zhǔn xīng
上 + 阳			
打球 dǎ qiú	党员 dǎng yuán	导游 dǎo yóu	改革 gǎi gé
古文 gǔ wén	果园 guǒ yuán	讲台 jiǎng tái	考察 kǎo chá
朗读 lǎng dú	冷藏 lěng cáng	鲤鱼 lǐ yú	岭南 lǐng nán
旅行 lǚ xíng	每年 měi nián	鸟笼 niǎo lóng	女鞋 nǚ xié
坦白 tǎn bái	铁锤 tiě chuí	雪人 xuě rén	祖国 zǔ guó
上 + 去			
打破 dǎ pò	典范 diǎn fàn	懂事 dǒng shì	感谢 gǎn xiè
稿件 gǎo jiàn	巩固 gǒng gù	广大 guǎng dà	诡辩 guǐ biàn
悔过 huǐ guò	砍树 kǎn shù	款待 kuǎn dài	柳树 liǔ shù
纽扣 niǔ kòu	努力 nǔ lì	手杖 shǒu zhàng	讨论 tǎo lùn
挑战 tiǎo zhàn	统治 tǒng zhì	土地 tǔ dì	妥善 tuǒ shàn
去 + 阴			
步枪 bù qiāng	菜汤 cài tāng	大家 dà jiā	电灯 diàn dēng
辣椒 là jiāo	类推 lèi tuī	列车 liè chē	陆军 lù jūn
气功 qì gōng	目光 mù guāng	兽医 shòu yī	特征 tè zhēng
卫星 wèi xīng	细胞 xì bāo	信箱 xìn xiāng	杏花 xìng huā
药方 yào fāng	印刷 yìn shuā	月刊 yuè kān	治安 zhì ān
去 + 阳			
菜园 cài yuán	大楼 dà lóu	地图 dì tú	共同 gòng tóng
挂牌 guà pái	会谈 huì tán	季节 jì jié	价格 jià gé
教材 jiào cái	近年 jìn nián	课堂 kè táng	麦苗 mài miáo
命名 mìng míng	辟谣 pì yáo	汽油 qì yóu	事实 shì shí
药丸 yào wán	政权 zhèng quán	种植 zhòng zhí	皱纹 zhòu wén
去 + 上			
办法 bàn fǎ	报纸 bào zhǐ	大脑 dà nǎo	稻草 dào cǎo
地理 dì lǐ	电影 diàn yǐng	队长 duì zhǎng	汉语 hàn yǔ
蜡染 là rǎn	历史 lì shǐ	面粉 miàn fěn	木桶 mù tǒng
入伍 rù wǔ	特写 tè xiě	跳舞 tiào wǔ	戏曲 xì qǔ
玉米 yù mǐ	制止 zhì zhǐ	字典 zì diǎn	字母 zì mǔ

2. 成语练习

阴 + 阳 + 上 + 去（四声顺序）

飞禽走兽 fēi qín – zǒu shòu　　　　风调雨顺 fēng tiáo – yǔ shùn

光明磊落 guāng míng – lěi luò　　　花红柳绿 huā hóng – liǔ lǜ

精神百倍 jīng shén – bǎi bèi　　　　山明水秀 shān míng – shuǐ xiù

身强体壮 shēn qiáng – tǐ zhuàng　　心直口快 xīn zhí – kǒu kuài

心明眼亮 xīn míng – yǎn liàng　　　英明果断 yīng míng – guǒ duàn

去＋上＋阳＋阴（四声逆序）

大好河山 dà hǎo – hé shān　　　　大有文章 dà yǒu – wén zhāng

刻骨铭心 kè gǔ – míng xīn　　　　妙手回春 miào shǒu – huí chūn

逆水行舟 nì shuǐ – xíng zhōu　　　破釜沉舟 pò fǔ – chén zhōu

热火朝天 rè huǒ – cháo tiān　　　万古留芳 wàn gǔ – liú fāng

耀武扬威 yào wǔ – yáng wēi　　　字里行间 zì lǐ – háng jiān

3. 诗歌练习

望天门山（李白）　　　　　WÀNG TIĀN MÉN SHĀN（ LǏ BÁI ）

天门中断楚江开，　　　　　tiān mén zhōng duàn chǔ jiāng kāi ，

碧水东流至此回。　　　　　bì shuǐ dōng liú zhì cǐ huí.

两岸青山相对出，　　　　　liǎng àn qīng shān xiāng duì chū ，

孤帆一片日边来。　　　　　gū fān yī piàn rì biān lái.

十一月四日风雨大作（陆游）SHÍ YĪ YUÈ SÌ RÌ FĒNG YǓ DÀ ZUÒ（LÙ YÓU ）

僵卧孤村不自哀，　　　　　jiāng wò gū cūn bù zì āi ，

尚思为国戍轮台。　　　　　shàng sī wèi guó shù lún tái.

夜阑卧听风吹雨，　　　　　yè lán wò tīng fēng chuī yǔ ，

铁马冰河入梦来。　　　　　tiě mǎ bīng hé rù mèng lái.

第三节　声调辨正

一、注意方言声调和普通话声调区别

说普通话要注意读准音节的调值，如果调值不准确、不到位，就难免带有方言语调，听起来不自然。

来自方言区的人由于受到自身方言的影响，说普通话时，表现在声调方面的主要问题是：阴平相对音高不够高，阳平上升的高度不够，上声降升不够明显，去声降得不够快。存在这些现象时，一定要注意方言声调和普通话声调的区别和对应关系，努力发好普通话的阴平、阳平、上声和去声。

例如，来自闽方言区的人学习普通话声调就比较困难。闽方言声调数目有 6～8 个，以 7 个为多见。闽南方言的潮州话有八声：平、上、去、入各分阴、阳；闽北的建瓯话、闽中的永安话都只有六声：闽北是平、上不分阴阳，而去、入分阴阳；闽中是平、上分阴

阳而去、入不分阴阳。七个声调的地方是闽南方言的厦门、台北、海南、浙南等地和莆仙方言的莆田、仙游以及闽东方言的福州、福安等地。

复杂的方言声调严重影响了福建人读准普通话音节的调值。如福建莆仙方言区的人因为自己方言的影响，说普通话时经常把阳平和上声混淆起来，把上声读成阳平，如把"liǎng（两个）"读成"liáng（良个）"。莆仙方言区的人应该特别注意区分上声和阳平的正确读法，上声发音时要突出上声先降后升、低调段稍稍延长的特点（上声调值的忠实描写应为2114，低调段为11），避免与阳平混淆。

二、注意入声字的普通话发音

入声是古代汉语的调类之一，入声字的发音一般比较短促。普通话是没有入声的，古入声字分别归入普通话的阴平、阳平、上声、去声四个声调，其中入声字归入去声的最多，归入上声的最少。

但是，南方的有些方言，如闽方言和粤方言、客家方言、吴方言等，还保留着入声调类。如闽方言区的人在读"突出、毕业、实习、笔迹"这样一些词语时很容易发成短促音，即入声。这就要求来自保留入声调类的方言区的人学习普通话时，应该特别注意哪些是入声字，注意这些入声字的普通话发音，即发音时要将入声改读为普通话相应的声调，并且读出一定的音长，不能发成短促音。

声调的训练

1. 读准下列词语。

（1）两字同调练习

阴平

芭蕉 bā jiāo	冰川 bīng chuān	波涛 bō tāo	炊烟 chuī yān	鲜花 xiān huā
讴歌 ōu gē	芳香 fāng xiāng	青春 qīng chūn	丰收 fēng shōu	珍惜 zhēn xī

阳平：

翱翔 áo xiáng	文学 wén xué	驰名 chí míng	纯洁 chún jié	繁荣 fán róng
重逢 chóng féng	黎明 lí míng	前途 qián tú	蓬勃 péng bó	勤劳 qín láo

上声：

古典 gǔ diǎn	海岛 hǎi dǎo	处理 chǔ lǐ	俭朴 jiǎn pǔ	玛瑙 mǎ nǎo
展览 zhǎn lǎn	舞蹈 wǔ dǎo	影响 yǐng xiǎng	水果 shuǐ guǒ	理想 lǐ xiǎng

去声：

热爱 rè ài	缔造 dì zào	荡漾 dàng yàng	胜利 shèng lì	照耀 zhào yào
锻炼 duàn liàn	建设 jiàn shè	倡议 chàng yì	庆祝 qìng zhù	魅力 mèi lì

（2）两字同调顶真练习

阴平：高中——中心——心声——声音——音标——标枪

阳平：学习——习题——题名——名人——人民——民航

上声：总理——理想——想法——法网——网点——点火

去声：庆祝——祝贺——贺电——电话——话剧——剧烈

（3）四字同调练习

阴平：春天花开　　珍惜光阴　　江山多娇　　居安思危　　声东击西

　　　息息相关　　卑躬屈膝

阳平：回国华侨　　豪情昂扬　　人民和平　　牛羊成群　　原籍河南

　　　闻名全球　　提前完成　　轮船航行　　和平繁荣　　全员团结

上声：永远友好　　改写讲稿　　岂有此理　　打扫广场　　理想美好

去声：热爱运动　　创造世界　　胜利万岁　　教育事业　　大会闭幕

　　　爱护备至　　变化莫测　　意气用事　　竞赛项目

（4）四声顺序练习

光明磊落　　千锤百炼　　风调雨顺　　兵强马壮　　山明水秀　　深谋远虑

心直口快　　山河锦绣　　非常好记　　积极努力　　高朋满座　　西湖景致

英雄好汉　　优柔寡断

（5）四声逆序练习

刻骨铭心　　妙手回春　　逆水行舟　　墨守成规　　弄巧成拙　　调虎离山

绿柳成荫　　破釜沉舟　　痛改前非　　异口同声　　背井离乡　　智勇无双

四海为家　　万古长青　　大显神通　　驷马难追　　兔死狐悲

2. 声调对比练习。

阶级—劫机　　春节—纯洁　　字母—字幕　　松鼠—松树　　会议—回忆

厂房—长方　　采集—猜忌　　突然—徒然　　指使—志士　　图钉—秃顶

支援—志愿　　招收—招手　　导演—导言　　即使—及时　　集市—几时

记事—基石　　棘手—寄售　　注意—逐一　　新异—新医　　线衣—嫌疑

咸阳—显扬　　佳节—嫁接　　见解—简洁　　检举—艰巨　　间接—简介

奸计—剪辑　　建交—见教　　证据—政局　　征集—整纪　　从属—丛书

缘由—园囿　　直到—执导　　展览—湛蓝　　故里—鼓励　　中华—种花

汇报—回报　　五十—误事　　无数—武术　　舒服—叔父　　无视—武士

巫师—务实　　题材—体裁　　乘方—城防　　无疑—五一　　物欲—乌鱼

无垠—五音　　河山—和善　　死角—四郊　　以为—意味　　疑问—译文

衣物—贻误　　画像—滑翔　　花须—花序　　官吏—观礼　　流质—六指

透镜—头颈　　集合—几何　　时间—实践　　世纪—时机　　时节—世界

史诗—时事　　大学—大雪　　万里—挽力　　神气—神奇　　学业—血液

3. 给下列词语注上声调，并反复朗读。

束缚　　奢侈　　毕业　　颠簸　　地壳　　熟悉　　提防　　活跃

适合　　当作　　匀称　　创伤　　骨骼　　处所　　处理　　模样

巢穴	针灸	畜牧	忏悔	刹那	漆黑	屈膝	曲折
参与	卓越	袭击	不禁	劣迹	笔直	匹敌	肋骨
勒索	发蜡	边卡	比拟	卑鄙	尽管	颈椎	给予
焚烧	风靡	敷衍	附和	供给	号召	华山	比较
看管	间隔	载重	强迫	气氛	潜伏	翘首	儒家
相称	兴奋	停泊	血泊	殷红	因为	应届	与会
中秋	中伤	诸位	砖坯	字帖	总得	给以	饲养
翻云覆雨	班门弄斧	心领神会	双管齐下	身体力行	挥洒自如
孤陋寡闻	车载斗量	挥汗如雨	集思广益	南征北战	眉飞色舞
和风细雨	别有天地	言简意赅	昂首望天	梁上君子	明目张胆
排难解纷	普天同庆	耳聪目明	感激涕零	举足轻重	等闲视之
语重心长	苦尽甘来	虎背熊腰	老气横秋	落花流水	卧薪尝胆
不拘小节	画龙点睛	抱残守缺	浩如烟海	豁然开朗	万紫千红

第三章　声母的发音及辨正

教学目标：

　　本章主要介绍声母的发音，指出方言区的人学习普通话在声母方面容易出现的语音错误及语音缺陷，进而指出改正的方法。

第一节　声母概述

一、声母的定义

　　声母是指一个音节开头的辅音。普通话有 21 个辅音声母，还有一个是零声母，也就是音节开头没有辅音作声母，这样的音节叫零声母音节。例如："啊、爱、恩"等。

　　声母绝大多数由辅音充当。辅音发音的特点是：气流在发音器官中受到一定程度的阻碍或者阻塞；发音时气流较强；发音器官成阻的部分肌肉紧张；发音时，声带不一定振动，声音一般不响亮。

二、声母的作用

（一）区别语义

　　一个音节的韵母和声调相同，而声母不同，此音节的意义就不同。因此区别语义是声母的主要作用。例如：三哥（sāngē）—山歌（shāngē）。

（二）能区别音节的清晰度

　　声母处于音节的开头，发音短促、有力，干脆利落，在语流中能使音节界限区别明显，字字清晰可辨。

（三）增强音节的力度和亮度

　　声母发音时蓄气充足，弹性有力，并迅速与韵头结合，使整个音节的力度和亮度增强。

三、声母的分类

声母发音时气流在口腔中受到各种阻碍，阻碍气流的位置和方式不同，也就形成了不同的声母。因此可以依据气流受阻的位置（发音部位）和阻碍气流的方式（发音方法）这两个方面将 21 个声母分成不同的类。

（一）按发音部位分类

发音部位是指气流在发音时受到阻碍的部位。普通话的 21 个辅音声母根据发音部位的不同可以分成七大类。

1. 双唇音：上下唇

发音时，上唇和下唇构成阻碍。普通话有三个：b、p、m。

2. 唇齿音：上齿和下唇

发音时，上齿和下唇靠拢构成阻碍。普通话有一个：f。

3. 舌尖前音：舌尖和上齿背

发音时，舌尖和上齿背接触或接近形成阻碍。普通话有三个：z、c、s（也叫平舌音）。

4. 舌尖中音：舌尖和上齿龈

发音时，舌尖和上齿龈接触形成阻碍。普通话里有四个：d、t、n、l。

5. 舌尖后音：舌尖和硬腭前

发音时，舌尖和硬腭前沿接触或接近形成阻碍。普通话有四个：zh、ch、sh、r（也叫翘舌音）。

6. 舌面音：舌面前部和硬腭前

发音时，舌面前部和硬腭前部接触或接近形成阻碍。普通话里有三个：j、q、x。

7. 舌面后音：舌根（即舌面后部）和软腭

发音时，舌根（即舌面后部）和软腭接触或接近形成阻碍。普通话里有三个：g、k、h（也叫舌根音）。

（二）按发音方法分类

发音方法是指发辅音时构成阻碍和克服阻碍的方式，气流的强弱、声带是否颤动等。普通话声母按照发音方法的不同，可以从以下三个方面来分析。

1. 根据构成阻碍和克服阻碍的方式不同，可把普通话声母分为五类，即塞音、擦音、塞擦音、鼻音和边音。

- 塞音：发音时，构成阻碍的两个部位完全闭塞，阻住气流，然后突然打开，让气流爆破成声。普通话有 6 个塞音：b、p、d、t、g、k。
- 擦音：发音时，构成阻碍的两个部位接近后形成窄缝，气流从窄缝中挤出，摩擦成声。普通话有 6 个擦音：f、h、x、sh、s、r。

- 塞擦音：发音时，构成阻碍的两个部位先完全闭塞，阻住气流，然后略微打开，形成一条窄缝，气流从窄缝中挤出，摩擦成声。普通话有 6 个塞擦音：j、q、zh、ch、z、c。
- 鼻音：发音时，构成阻碍的两个部位完全闭塞，软腭下垂，关闭口腔通路，打开鼻腔通路，声带颤动，气流从鼻腔中透出成声。普通话有 2 个鼻音声母：m、n。
- 边音：发音时，舌尖和上齿龈稍后的部位接触构成阻碍，阻住气流，软腭上升，关闭鼻腔通路，打开口腔通路，使气流沿着舌的两边出来成声。普通话只有 1 个边音：l。

2. 根据发音时声带是否颤动，可以把普通话声母分为清音和浊音两大类。

- 清音：指发音时声带不颤动的音。普通话有 17 个清音：b、p、d、t、g、k、j、q、zh、ch、sh、z、c、s、f、h、x。
- 浊音：指发音时声带颤动的音。普通话有 4 个浊音：m、n、l、r。

3. 根据发音时气流的强弱，普通话声母中的塞音和塞擦音，可以分为送气音和不送气音两类。

- 送气音：指发音时，口腔呼出的气流比较强的音。普通话有 6 个送气声母：p、t、k、q、ch、c。
- 不送气音：指发音时，口腔呼出的气流比较弱的音。普通话有 6 个不送气声母：b、d、g、j、zh、z。

附：21 个声母和后鼻韵母韵尾 –ng 的归类如表 2.1 所示。

表 2.1　21 个声母和后鼻韵母韵尾 –ng 的归类

		双唇音	唇齿音	舌尖前音	舌尖中音	舌尖后音	舌面前音	舌根音
塞音（清）	不送气	b			d			g
	送气	p			t			k
塞擦音（清）	不送气			z		zh	j	h
	送气			c		ch	q	
擦音	清		f	s		sh	x	
	浊					r		
鼻音（浊）	m			n			(–ng)	
边音（浊）				l				

第二节　声母的发音

一、b［p］双唇、不送气、清、塞音

发音时，上唇、下唇闭紧，形成阻碍，软腭上升，关闭鼻腔通道，声带不振动，气流较弱，一下冲破双唇阻碍，爆发成声。

发音例词：

奔波 bēn bō	摆布 bǎi bù	宝贝 bǎo bèi	包办 bāo bàn
标兵 biāo bīng	白布 bái bù	辨别 biàn bié	卑鄙 bēi bǐ

二、p［p'］双唇、送气、清、塞音

发音时，上唇、下唇闭紧，形成阻碍，软腭上升，关闭鼻腔通道，声带不振动，气流较强，一下冲破双唇阻碍，爆发成声。

发音例词：

偏旁 piān páng	偏僻 piān pì	批评 pī píng	匹配 pǐ pèi
拼盘 pīn pán	澎湃 péng pài	乒乓 pīng pāng	铺平 pū píng

三、m［m］双唇、浊、鼻音

发音时，上唇、下唇闭紧，软腭下降，关闭口腔通道，打开鼻腔通道，气流振动声带，并从鼻腔透出成声。

发音例词：

面貌 miàn mào	埋没 mái mò	麦苗 mài miáo	眉目 méi mù
牧民 mù mín	麻木 má mù	明媚 míng mèi	美妙 měi miào

四、f［f］唇齿、清、擦音

发音时，下唇略内收，靠近上齿，形成一条窄缝，软腭上升，关闭鼻腔通道，声带不振动，气流从唇齿音的窄缝中挤出，摩擦成声。

发音例词：

方法 fāng fǎ	肺腑 fèi fǔ	丰富 fēng fù	非凡 fēi fán
奋发 fèn fā	芬芳 fēn fāng	反复 fǎn fù	仿佛 fǎng fú

五、d [t] 舌尖中、不送气、清、塞音

发音时，舌尖抵住上齿龈，形成阻碍，软腭上升，关闭鼻腔通道，声带不振动，气流较弱，突然冲破阻碍，爆发成声。

发音例词：

电灯 diàn dēng	当代 dāng dài	导弹 dǎo dàn	大地 dà dì
单调 dān diào	道德 dào dé	等待 děng dài	奠定 diàn dìng

六、t [t'] 舌尖中、送气、清、塞音

发音时，舌尖抵住上齿龈，形成阻碍，软腭上升，关闭鼻腔通道，声带不振动，气流较强，突然冲破阻碍，爆发成声。

发音例词：

团体 tuán tǐ	铁塔 tiě tǎ	天堂 tiān táng	探讨 tàn tǎo
淘汰 táo tài	忐忑 tǎn tè	体贴 tǐ tiē	贪图 tān tú

七、n [n] 舌尖中、浊、鼻音

发音时，舌尖抵住上齿龈，软腭下降，关闭口腔通道，打开鼻腔通道，气流振动声带，并从鼻腔冲出成声。

发音例词：

牛奶 niú nǎi	南宁 nán níng	男女 nán nǚ	恼怒 nǎo nù
农奴 nóng nú	泥泞 ní nìng	能耐 néng nài	袅娜 niǎo nuó

八、l [l] 舌尖中、浊、边音

发音时，舌尖抵住上齿龈（略后），舌头两侧要有空隙，软腭上升，关闭鼻腔通道，气流振动声带，并经舌头两边从口腔通过成声。

发音例词：

理论 lǐ lùn	流利 liú lì	嘹亮 liáo liàng	老练 lǎo liàn
轮流 lún liú	连累 lián lěi	拉拢 lā lǒng	来历 lái lì

九、g [k] 舌根、不送气、清、塞音

发音时，软腭上升，舌根隆起抵住软腭，关闭鼻腔通道，气流在成阻的部位积蓄起来，突然解除阻碍而成声，声带不振动。

发音例词：

钢轨 gāng guǐ	高贵 gāo guì	梗概 gěng gài	改革 gǎi gé
公共 gōng gòng	桂冠 guì guān	故宫 gù gōng	巩固 gǒng gù

十、k〔k'〕舌根、送气、清、塞音

发音时，阻碍部位和发音方式与发 g 音相同，只是在发 k 音时，冲出的气流比发 g 音时要强许多。

发音例词：

可靠 kě kào	困苦 kùn kǔ	慷慨 kāng kǎi	开阔 kāi kuò
苛刻 kē kè	空旷 kōng kuàng	开垦 kāi kěn	可口 kě kǒu

十一、h〔x〕舌根、清、擦音

发音时，软腭上升，关闭鼻腔通道，声带不振动，舌根隆起，与软腭之间形成一个窄缝，气流从窄缝中挤出，摩擦成声。

发音例词：

黄河 huáng hé	辉煌 huī huáng	互惠 hù huì	荷花 hé huā
憨厚 hān hòu	绘画 huì huà	欢呼 huān hū	后悔 hòu huǐ

十二、j〔tɕ〕舌面前、不送气、清、塞擦音

舌尖抵住下齿背，使舌面前贴紧硬腭前部，软腭上升，关闭鼻腔通道。在阻塞的部位后积蓄气流，突然解除阻碍时，在原形成阻碍的部位之间保持适度的间隙，使气流从间隙透出而成声。

发音例词：

焦急 jiāo jí	境界 jìng jiè	家具 jiā jù	经济 jīng jì
将军 jiāng jūn	季节 jì jié	结晶 jié jīng	阶级 jiē jí

十三、q〔tɕ'〕舌面前、送气、清、塞擦音

发 q 音的阻碍部位和发音方式与发 j 音相同，只是在发 q 音时，冲出的气流比发 j 音时要强。

发音例词：

崎岖 qí qū	全球 quán qiú	亲切 qīn qiè	确切 què qiè
情趣 qíng qù	祈求 qí qiú	牵强 qiān qiǎng	恰巧 qià qiǎo

十四、x〔ɕ〕舌面前、清、擦音

舌尖抵住下齿背，使舌面前接近硬腭前部，形成适度的间隙，气流从空隙摩擦通过而

成声。

发音例词：

学习 xué xí	形象 xíng xiàng	雄心 xióng xīn	虚心 xū xīn
相信 xiāng xìn	喜讯 xǐ xùn	细小 xì xiǎo	消息 xiāo xī

十五、z〔ts〕舌尖前、不送气、清、塞擦音

发音时舌尖轻轻抵住上齿背，软腭上升，关闭鼻腔通道，声带不振动，气流较弱，首先冲开一条窄缝，然后再从窄缝中挤出，摩擦成声。

发音例词：

祖宗 zǔ zōng	总则 zǒng zé	藏族 zàng zú	曾祖 zēng zǔ
造作 zào zuò	罪责 zuì zé	自尊 zì zūn	枣子 zǎo zi

十六、c〔ts'〕舌尖前、送气、清、塞擦音

发音时舌尖轻轻抵住上齿背，软腭上升，关闭鼻腔通道，声带不振动，气流较强，首先冲开一条窄缝，然后再从窄缝中挤出，摩擦成声。

发音例词：

层次 céng cì	苍翠 cāng cuì	催促 cuī cù	草丛 cǎo cóng
粗糙 cū cāo	参差 cēn cī	猜测 cāi cè	措辞 cuò cí

十七、s〔s〕舌尖前、清、擦音

发音时舌尖接近上齿背，形成一条窄缝，软腭上升，关闭鼻腔通道，声带不振动，气流从窄缝中挤出，摩擦成声。

发音例词：

色素 sè sù	琐碎 suǒ suì	思索 sī suǒ	诉讼 sù sòng
松散 sōng sǎn	四岁 sì suì	速算 sù suàn	瑟缩 sè suō

十八、zh〔tʂ〕舌尖后、不送气、清、塞擦音

发音时舌尖上翘，抵住硬腭前部，软腭上升，关闭鼻腔通道，声带不振动，气流较弱，首先将阻碍冲开一条窄缝，然后经窄缝挤出，摩擦成声。

发音例词：

正直 zhèng zhí	招展 zhāo zhǎn	政治 zhèng zhì	茁壮 zhuó zhuàng
主张 zhǔ zhāng	住宅 zhù zhái	辗转 zhǎn zhuǎn	庄重 zhuāng zhòng

十九、ch〔tʂʻ〕舌尖后、送气、清、塞擦音

发音时舌尖上翘，抵住硬腭前部，软腭上升，关闭鼻腔通道，声带不振动，气流较强，首先将阻碍冲开一条窄缝，然后通过窄缝挤出，摩擦成声。

发音例词：

车床 chē chuáng	长城 cháng chéng	驰骋 chí chěng	出产 chū chǎn
出差 chū chāi	充斥 chōng chì	超产 chāo chǎn	戳穿 chuō chuān

二十、sh〔ʂ〕舌尖后、清、擦音

发音时舌尖上翘，接近硬腭前部，形成窄缝，软腭上升，关闭鼻腔通道，声带不振动，气流从窄缝中挤出，摩擦成声。

发音例词：

身世 shēn shì	山水 shān shuǐ	生疏 shēng shū	上升 shàng shēng
事实 shì shí	施舍 shī shě	舒适 shū shì	述说 shù shuō

二十一、r〔ʐ〕舌尖后、浊、擦音

发音时舌尖上翘，接近硬腭前部，形成窄缝，软腭上升，关闭鼻腔通道，声带振动，气流从窄缝中挤出，摩擦成声。

发音例词：

柔软 róu ruǎn	仍然 réng rán	忍让 rěn ràng	荏苒 rěn rǎn
容忍 róng rěn	如若 rú ruò	柔韧 róu rèn	扰攘 rǎo rǎng

第三节　声母辨正

学好普通话，关键是找准自己的方言与普通话在声母、韵母和声调等三方面的差别。指出方言与普通话声母、韵母、声调的不同之处，纠正发音。下面分析河南方言的声母与普通话声母几方面的差异，并进行辨正训练。

一、分清 zh、ch、sh 和 z、c、s

河南大部分方言区存在舌尖前后音相混的问题，其主要原因不是根本就不会发舌尖前音或者舌尖后音，而是分不清哪个音节的声母读舌尖前音或舌尖后音。在这里，我们介绍几种分辨舌尖前后音的方法：

1. 声旁类推法。由于汉字中绝大多数属于形声字，根据形声字形旁表义、声旁表音

的特点，一般来说，如果一个字的声母是舌尖前音或舌尖后音，那么以这个字作声旁的字也读舌尖前音或舌尖后音。

如："中"（zhōng）的声母是舌尖后音"zh"，以"中"作声旁的"种、钟、肿、盅、忠、衷、仲、舯"等字的声母也是舌尖后音"zh"。

"主"（zhǔ）的声母是舌尖后音，以"主"作声旁的"住、拄、柱、蛀、注、驻、炷、疰"等字的声母也是舌尖后音"zh"。

2. 记忆舌尖前音声母的字。在普通话常用字中，以 zh、ch、sh 作声母的字远比以 z、c、s 作声母的字多，大约占总数的 70%，而以 z、c、s 作声母的字只占 30%。因此，只要重点记忆以 z、c、s 作声母的字，其余多数不必死记，便可以推知是以 zh、ch、sh 作声母的字了（本章表2．2）。

3. 利用普通话声韵配合规律记忆。普通话音节中，舌尖前后音声母与韵母有一定的拼合规律：韵母 ua、uai、uang 只与舌尖后音声母相拼而不与舌尖前音声母相拼，韵母 ong 只与舌尖前音的 s 相拼而不与舌尖后音的 sh 相拼。运用这些拼合规律，也可以帮助我们记忆部分字的声母。

辨音训练

1. 词语比较练习。

zh—z	正宗 zhèng zōng	制造 zhì zào	职责 zhí zé
	专座 zhuān zuò	渣滓 zhā zǐ	治罪 zhì zuì
	枝子 zhī zǐ	著作 zhù zuò	知足 zhī zú
z—zh	总之 zǒng zhī	尊重 zūn zhòng	作者 zuò zhě
	栽种 zāi zhòng	自制 zì zhì	增长 zēng zhǎng
	宗旨 zōng zhǐ	最终 zuì zhōng	在职 zài zhí
ch—c	储存 chǔ cún	船舱 chuán cāng	唱词 chàng cí
	炒菜 chǎo cài	筹措 chóu cuò	差错 chā cuò
	充磁 chōng cí	成材 chéng cái	纯粹 chún cuì
c—ch	菜场 cài chǎng	栽撤 cái chè	草虫 cǎo chóng
	槽床 cáo chuáng	草创 cǎo chuàng	操场 cāo chǎng
	残春 cán chūn	促成 cù chéng	存查 cún chá
sh—s	申诉 shēn sù	声色 shēng sè	誓死 shì sǐ
	哨所 shào suǒ	十三 shí sān	沙僧 shā sēng
	上诉 shàng sù	疏散 shū sàn	世俗 shì sú
s—sh	私塾 sī shú	松鼠 sōng shǔ	松树 sōng shù
	算式 suàn shì	散失 sàn shī	死伤 sǐ shāng
	缩水 suō shuǐ	桑葚 sāng shèn	撒手 sā shǒu

2. 词语辨正训练。

zh—z	正在	铸字	制作	指责	准则	壮族	追踪	赈灾
	沼泽	主宰	种族	振作	装载	长子	争嘴	
z—zh	杂志	自主	阻止	资助	字纸	资质	左传	辎重
	载重	增值	奏章	罪证	做主	坐镇	佐证	
ch—c	储藏	尺寸	船舱	纯粹	初次	楚辞	穿刺	春蚕
	差错	揣测	场次	唱词	炒菜	出操	长存	
c—ch	财产	存储	裁处	仓储	擦车	草场	彩绸	蚕虫
	促成	采茶	辞呈	错处	操持	财产	此处	
sh—s	生涩	绳索	深思	神似	世俗	上算	伸缩	神色
	疏松	哨所	生死	生丝	胜似	时速	输送	
s—sh	飒爽	散射	三十	随时	缩手	素食	虽说	燧石
	四时	琐事	扫视	肃杀	随手	岁首	燧石	

3. 词语对比训练。

z—zh	大字—大致	自理—治理	栽花—摘花	小走—小肘
	小卒—小竹	资助—支柱	杂草—炸炒	则已—折椅
	总后—忠厚	综合—中和	昨夜—浊液	水葬—水仗
	灾星—摘星	宰相—窄巷	最后—坠后	早稻—找到
	炉灶—炉罩	车组—车主	撤走—掣肘	簸子—毡子
	攒钱—展前	赠品—正品	自销—滞销	自信—致信
	方字—方志	阻止—主旨	钻营—专营	增高—争高
	总账—肿胀	造价—照价	在户—债户	族长—助长
c—ch	擦足—插足	粗劣—出列	推辞—推迟	山村—山春
	惨毒—产犊	藏处—长处	蚕虫—蝉虫	凑数—抽书
	粗板—出版	村庄—春装	簇新—触心	从良—冲凉
	侧身—撤身	牧村—暮春	木材—木柴	小刺—小翅
	小词—小池	小村—小春	语词—浴池	鱼刺—鱼翅
	祠堂—池塘	乱草—乱吵	瓷砖—池砖	春蚕—春蝉
s—sh	穿梭—传说	丧事—伤势	三节—删节	散击—闪击
	丝绒—湿润	私人—诗人	丝竹—施主	四中—适中
	死者—使者	四人—士人	近似—尽是	僧人—生人
	肃立—树立	私塾—诗书	四声—失声	私事—失事
	四书—史书	死寂—史记	四郊—市郊	四季—世纪
	死结—使节	四家—世家	死角—视角	塞子—筛子
	散光—闪光	素养—输氧	俗语—熟语	溯源—疏远
	苏轼—舒适	诉说—述说	酥油—输油	撕纸—湿纸

4. 给下列成语注上声母，并比较朗读。

超凡入圣	从长计议	粗茶淡饭	寸有所长	吹毛求疵
畅所欲言	长驱直入	长此以往	愁云惨雾	尺短寸长
缠绵悱恻	豺狼成性	僧多粥少	舍生忘死	深思熟虑
神机妙算	生死相依	声色俱厉	时移俗易	视死如归
手舞足蹈	顺理成章	似是而非	缩手缩脚	随声附和
杂乱无章	造谣中伤	真知灼见	只争朝夕	众志成城
装模作样	锱铢必较	自始至终	自知之明	足智多谋

5. 绕口令练习。

（1）四是四，十是十，十四是十四，四十是四十，十四不是四十，四十不是十四。

（2）石小四和史肖石

石小四，史肖石，一同来到阅览室。石小四年十四，史肖石年四十。年十四的石小四爱看诗词，年四十的史肖石爱看报纸。年四十的史肖石发现了好诗词，忙递给年十四的石小四，年十四的石小四见了好报纸，忙递给年四十的史肖石。

6. 朗读下列诗词。

虞 美 人
李煜

春花秋月何时了？往事知多少。小楼昨夜又东风，故国不堪回首月明中。

雕栏玉砌应犹在，只是朱颜改。问君能有几多愁？恰似一江春水向东流。

无 题
李商隐

相见时难别亦难，东风无力百花残。春蚕到死丝方尽，蜡炬成灰泪始干。晓镜但愁云鬓改，夜吟应觉月光寒。蓬山此去无多路，青鸟殷勤为探看。

二、分清 j、q、x 和 z、c、s

根据普通话声韵拼合规则，z、c、s 不能和齐齿呼及撮口呼的韵母（i 开头的韵母及 ü 开头的韵母）相拼。有些方言区把 z、c、s 和齐齿呼、撮口呼的韵母相拼，形成尖音，普通话里没有尖音，只有团音，j、q、x 与齐齿呼、撮口呼的韵母相拼形成的音节叫团音，也就是说，这些方言区，在发音习惯上将舌面音 j、q、x 发成了舌尖前音 z、c、s。例如将"精"（jīng）、"请"（qǐng）、"新"（xīn）发成"zīng"、"cǐng"、"sīn"。

辨音训练

1. 纠正尖音训练。

煎 j—iān	积 j—ī	进 j—ìn	接 j—iē	静 j—ìng	椒 j—iāo
浆 j—iāng	酒 j—iǔ	鹃 j—uān	绝 j—ué	俊 j—ùn	聚 j—ù
前 q—ián	漆 q—ī	且 q—iě	秋 q—iū	浅 q—iǎn	亲 q—īn

抢 q—iǎng　　请 q—ǐng　　泉 q—uán　　取 q—ǔ　　群 q—ún　　却 q—uè

选 x—uǎn　　细 x—ì　　想 x—iǎng　　信 x—ìn　　线 x—iàn　　小 x—iǎo

修 x—iū　　凶 x—iōng　　癣 x—uǎn　　学 x—ué　　序 x—ù　　迅 x—ùn

2. 词语训练。

积极性	激情	即将	秋色	给予	记载	季节	寂静	嫁接
尖锐	间隔	离间	健全	将近	焦点	揭露	洁净	尽管
进化论	精神	就是	角色	奇迹	气氛	前夕	潜力	地壳
亲切	情节	曲线	西瓜	熄灭	习性	袭击	细节	细小
细心	夏天	先进	纤维	鲜血	线条	相信	写作	心思
消费品	新鲜	信仰	性格	修养	选择	削弱	学生	亲信

3. 绕口令练习。

（1）小金到北京看风景，小京到天津买纱巾。看风景，用眼睛，还带一个望远镜；买纱巾，带现金，到了天津把商店进。买纱巾，用现金，看风景，用眼睛，巾、金、京、津、晴、景要记清。

（2）小芹手脚灵，轻手擒蜻蜓。小青人精明，天天学钢琴。擒蜻蜓，趁天晴，小芹晴天擒住大蜻蜓。学钢琴，趁年轻，小青精益求精练本领。你想学小芹，还是学小青？

三、分清 f 和 h

有些方言区，发音时容易把 f 和 h 相混，例如把"反对"（fǎn duì）读成"缓对"（huǎn duì），把"斧头"（fǔ tou）读成"虎头"（hǔ tou），把"开花"（kāi huā）读成"开发"（kāi fā），把"荒山"（huāng shān）读成"方山"（fāng shān）。

f 和 h 都是清擦音，f 是唇齿清擦音，发音时下唇和上齿轻轻接触，软腭上升，堵塞鼻腔通道，使气流从下唇和上齿之间摩擦而出；h 是舌根清擦音，舌根和软腭轻轻接触，软腭上升，堵塞鼻腔通道，使气流从舌根和软腭之间摩擦而出。两者的区别在发音部位上。f 与 h 不分的地区，必须弄清哪些字的声母是 f，哪些字的声母是 h（详见本章表 2.3）。可以利用下列方法帮助记忆。

1. 声旁类推法。同声旁字的声母与声旁本身的声母一般是一致的，记住了声旁字的声母，就可以类推出同声旁一系列字的声母。

方 f：放、房、防、纺、芳、访、仿、坊、妨、肪、邡、枋、钫、舫、鲂。

分 f：份、芬、粉、纷、忿、酚、吩、氛、汾、棼、鼢、玢。

化 h：花、华、哗、骅、桦、铧。

胡 h：湖、糊、蝴、葫、瑚、猢、煳、醐。

2. 利用普通话声韵配合规律记忆。普通话中，f 不跟 ai、ua、uai、uang、uei、uo、uen、ong 相拼，h 可以。

辨音训练

1. 词语对比训练。

h—f： 皇室—方式　　黄鼠—防鼠　　胡适—服饰　　欢天—翻天　　华丽—乏力

　　　　憾事—犯事　　护税—赋税　　花市—发誓　　吼声—缶声　　大户—大副

　　　　大寒—大凡　　汇报—废报　　毁谤—诽谤　　狐狸—福利　　互利—富丽

　　　　共和—供佛　　开荒—开方　　婚期—分期　　黄昏—防昏　　理化—理发

　　　　蝗虫—防虫　　画线—发现　　互援—复员　　回击—肥鸡　　虎背—父辈

2. 词语辨正训练。

符号	仿佛	恢复	后方	合法	繁华	分化	荷花	愤恨	花费
化肥	混纺	合肥	附和	烽火	缓和	废话	杭纺	浩繁	豪放
汾河	防洪	飞花	凤凰	和风	黄河	绘画	翻覆	非凡	焚化
风华	浮华	花房	华发	换防	回访	负荷	复核	非分	肺腑
纷繁	芳菲	挥发	回复	风范	蜂房	凤发	浮泛	花卉	航海

3. 绕口令练习。

笼子里面有三凤，黄凤红凤粉红凤。忽然黄凤啄红凤，红凤反嘴啄黄凤，粉红凤帮啄黄凤。你说是红凤啄黄凤，还是黄凤啄粉红凤。

四、分清 n 和 l

有些方言区 n、l 相混，例如把"河南人"（hé nán rén）说成"荷兰人"（hé lán rén），把"篮球"（lán qiú）说成"南球"（nán qiú）（详见本章表2.4）。这些方言区的人，应先学会发音，再进一步记住常用字的标准读音。n 和 l 都是舌尖中音，发音时舌尖抵住上齿龈，其差别在于发音方法不同，n 是鼻音，发音时气流从鼻腔通过；l 是边音，发音时气流从舌尖两边通过。

辨音训练

1. 词语对比训练。

n—l　闹灾—涝灾　　男鞋—蓝鞋　　大娘—大梁　　大怒—大陆　　打闹—打捞

　　　浓重—隆重　　女客—旅客　　难色—蓝色　　难住—拦住　　水牛—水流

　　　水泥—水犁　　无奈—无赖　　脑子—老子　　喃喃—蓝蓝　　男女—褴褛

　　　牛怒—流露　　牛年—榴莲　　留念—留恋　　泥巴—篱笆　　云南—云蓝

　　　允诺—陨落　　酝酿—运量　　鸟雀—了却　　老年—老练　　老农—牢笼

　　　年息—怜惜　　那样—辣样　　挠动—劳动　　拿开—拉开　　内心—累心

　　　内线—泪腺　　烂泥—烂犁　　难拧—南岭　　努力—陆离　　南宁—兰陵

2. 词语辨正训练。

能力　　拿来　　哪里　　暖流　　农林　　年轮　　纳凉

嫩绿　　凝练　　浓烈　　努力　　年龄　　辽宁　　连年

岭南　羚牛　龙年　留念　列宁　历年　冷凝

3. 绕口令练习。

念一念，练一练，n、l 要分辨。l 是边音软腭升，n 是鼻音舌靠前。你来练，我来念，不怕累，不怕难，齐努力，攻难关。

表 2.2　z、c、s 与 zh、ch、sh 常用字辨音表

（注：表中的数字①、②、③、④分别表示声调的阴平、阳平、上声和去声）

例 声字 母韵 母	z	zh
a	①扎_包~呷②杂砸	①扎_驻~渣喳②扎_挣~闸炸铡札_信~③眨④炸_弹~榨乍诈栅
ai	①灾哉栽③载宰崽④再在载_重~	①摘斋②宅③窄④债寨
an	①簪②咱③攒④暂赞蘸湛	①占_卜~沾粘毡瞻③斩盏展崭④占_领~战站颤_栗~栈绽
ang	①脏_肮~赃④脏_心~葬藏	①张章彰樟蟑獐③长涨_上~掌④丈仗帐账胀涨_脑~障杖幛瘴
ao	①遭糟②凿③早枣澡蚤藻④皂灶造燥躁噪	①招着朝昭②着_凉~③爪_牙~找沼④召兆赵照罩肇笊诏
e	②则责择_选~泽	①遮蜇②折_骨~哲辙③者④这浙蔗
ei	②贼	
en	③怎	①贞针侦珍真斟榛箴③诊枕疹④阵振震镇
eng	①曾_祖~增憎④赠	①正_月~争征挣_挣睁筝蒸怔狰③整拯④正证郑政挣_钱~症_状~净
i	①兹孳姿资滋吱咨孜觜辎③子籽紫姊仔梓滓④自字恣渍	①之支只_一~汁芝枝知肢织脂蜘吱_嘎~②执直侄值职植殖③止只_一~旨址纸指趾咫④至志帜制质治致秩智置挚掷窒滞稚痔
ong	①宗棕踪综鬃③总④纵粽	①中忠终钟盅衷②肿种_子~④中_打~众种_植~重仲
ou	①邹③走④奏揍	①舟州周洲粥②轴妯③肘帚④宙昼皱骤咒轴_压~绉
u	①租②足族卒③阻组祖诅	①朱珠株诸猪蛛诛②术自一竹逐烛③主煮嘱拄④助住注柱驻祝著铸筑贮蛀
a		①抓③爪_子~

例字 声母 韵母	z	zh
uai		④拽
uan	①钻③纂④钻~石	①专砖③转④传转_动赚撰篆
uang		①庄装妆桩④壮状撞幢__
ui	③嘴④最罪醉	①追椎锥④坠缀赘
un	①尊遵	①谆③准
uo	①作_坊②昨琢_磨③左撮佐④作_业坐座做	①捉桌拙②浊啄着_想灼茁卓酌琢_雕

例字 声母 韵母	c	ch
a	①擦	①叉_钢差_别插杈喳②茶查_办察茬③衩④岔差_劲杈_树刹诧姹
ai	①猜②才材财裁③采彩睬踩	①拆差_出钗②柴豺
an	①参餐②残蚕惭③惨④灿	①掺搀②单_干馋缠蝉谗③产铲阐谄④颤_抖忏
ang	①仓苍舱沧②藏	①昌猖娼伥②长场肠尝常偿徜③厂场_地敞④畅倡唱怅
ao	①操糙②槽曹③草	①抄钞超②朝_代潮巢嘲③吵炒
e	④册厕侧测策恻	①车③扯④彻撤澈
en	①参_差②岑	①琛嗔②臣尘辰沉陈晨忱④衬称_相~趁
eng	②层曾④蹭	①称_呼撑瞠②成呈诚承乘盛_饭程惩澄橙③逞骋④秤
i	①差_参②词辞慈磁祠瓷雌③此④次刺伺赐	①吃嗤痴②池驰迟持匙_汤~③尺齿耻侈褫④赤翅炽叱斥饬
ong	①匆葱聪囱②从丛淙	①冲充憧忡②虫重崇③宠④冲_突
ou	④凑	①抽②仇绸酬稠愁筹踌惆③丑瞅④臭
u	①粗④促醋簇卒_仓~猝	①出初②除厨锄雏橱刍蹰③处_分础储楚④处_所畜触蠢

例字 声母 韵母	c	ch
uai		①揣③揣~测④踹
uan	②攒~动④窜篡	①川穿②传~达船椽③喘④串钏
uang		①疮窗创~伤②床幢石~③闯④创~造怆
ui	①催摧崔④脆翠障粹淬萃瘁	①吹炊②垂锤捶槌
un	①村②存③忖④寸	①春椿②纯唇淳醇③蠢
uo	①搓（撮）磋④错挫措	①戳④绰~号辍啜

例字 声母 韵母	s	sh
a	①撒③洒撒~种④飒萨卅	①杀沙纱刹~车砂煞~尾②啥③傻④厦煞~气霎
ai	①塞腮④塞赛	①筛③色~子④晒
an	①三叁③伞散~文④散~会	①山删衫杉苫珊膻煽舢③闪陕④扇~子善擅膳赡禅
ang	①丧~事桑③嗓④丧~失	①伤商③上~升响赏④上尚绱
ao	①搔骚臊③扫~地嫂④扫~帚臊害~	①捎烧梢稍~微艄②勺芍韶③少~数④少~年绍哨稍~息
e	④色~彩塞~音涩瑟	①奢赊②舌折~本蛇③舍~弃④设社舍~校射涉摄赦慑麝
en	①森	①申伸身参~人深呻绅莘②什神③沈审婶④肾甚渗慎
eng	①僧	①升生牲笙甥②绳③省④圣胜盛剩
i	①司丝私思斯撕嘶③死④四寺似~相伺肆	①尸失师狮施湿虱诗②十什~物物石时识实拾食蚀③史使始驶矢屎④士氏示世市式似~的势事侍饰试视柿是适室逝释誓拭恃嗜
ong	①松③耸悚④宋送诵颂讼	
ou	①搜艘馊③叟擞④嗽	①收②熟③手守首④寿受授售兽瘦
u	①苏酥②俗④诉肃素速宿塑粟溯	①书叔殊梳舒疏输蔬抒枢淑②熟秫赎③暑属鼠数~落薯黍署蜀曙④术束述树竖数~学恕庶墅漱
ua		①刷③耍

例 声母 字母 韵母	s	sh
uai		①衰摔③甩④帅率蟀
uan	①酸④蒜算	①拴栓④涮
ui	①尿虽②绥随隋③髓④岁碎穗隧~道崇遂	②谁③水④说~游~税睡
un	①孙③损笋榫	③吮④顺瞬
uo	①缩唆梭嗦蓑③所索锁琐唢	①说④数~频烁硕朔

表 2.3 f 与 h（hu-）常用字辨音表

（注：表中的数字①、②、③、④分别表示声调的阴平、阳平、上声和去声）

例 声母 字母 韵母	f	h（hu－）
a	①发~生②乏伐罚阀筏③法砝④发~理~	①花哗②划~算华哗~喧~猾滑④划~计~华~山画话桦
an	①帆番翻蕃②凡烦繁矾樊③反返④犯饭泛范贩	①欢②还环寰③缓④幻换唤患宦涣焕痪豢
ang	①方芳②防坊妨房肪③仿访纺④放	①荒慌②皇黄煌凰惶蝗磺③晃谎恍幌④晃~动
ei	①飞非菲~芳~啡蜚扉②肥③匪诽菲~薄~翡④肺废沸费吠痱	①灰挥恢辉徽②回茴蛔③悔毁④汇会绘贿惠慧讳海晦秽
en	①分芬吩纷氛②坟焚③粉④分~过~份奋粪愤	①昏婚荤②浑混~蛋~魂④混~合
eng	①丰风封疯峰锋蜂②逢缝~纫~冯③讽④凤奉缝~隙	
o	②佛	①豁②和~面~活③火伙④或和~掺~货获祸惑霍豁~达
ou	③否	
u	①夫肤麸孵敷②伏扶服俘浮符幅福芙拂袱辐③抚斧府辅腐甫脯④父付负妇附咐赴复副傅富腹覆赋缚	①乎呼忽糊②狐胡壶核湖蝴糊~涂~弧葫囫③虎唬琥④互户护糊~弄~沪

例 声 字 母 韵 母	f	h（hu－）
ai		②怀槐徊淮④坏
ong		①轰哄~响烘②红宏虹洪鸿③哄~骗④哄起~

表2.4　n与l常用字辨音表

（注：表中的数字①、②、③、④分别表示声调的阴平、阳平、上声和去声）

例 声 字 母 韵 母	n	l
a	②拿③哪④那纳呐娜捺	①拉垃啦③喇④落腊蜡辣
ai	③乃奶④耐奈	②来莱④赖癞
an	②男南难④难灾~	②兰拦栏蓝篮澜③览懒揽缆榄④烂滥
ang	②囊③攘	②郎狼廊琅榔③朗④郎浪
ao	②挠③恼脑④闹	①捞②劳牢唠③老姥④涝烙酪
e	呢	④乐勒~令
ei	③馁④内	①勒②累~赘雷擂③累积~蕾儡垒④泪类累劳~肋擂打~
en	④嫩	
eng	②能	②棱③冷
i	①妮②尼呢~绒泥③你拟④泥拘~逆昵匿腻溺	①哩②厘狸离梨犁璃黎漓篱③礼李里理鲤④力历厉立丽励利例隶栗粒吏沥荔俐莉砾雳痢
ia		③俩
ian	①蔫拈②年粘黏③捻撵碾④念	②连怜帘莲联廉镰③脸敛④练炼恋链
iang	②娘④酿	②良凉梁量~思粮粱③两俩④亮谅辆量力~晾
iao	③鸟④尿	①撩②辽疗僚聊寥撩~拨嘹潦缭燎③潦~草④料镣
ie	①捏④聂镊孽啮	①咧~嘴③咧④列劣烈猎裂趔
in	②您	②邻林临淋琳磷鳞③凛檩④吝赁蹦
ing	②宁安~凝拧狞柠③拧④宁可~佞	②伶灵铃陵零龄玲凌菱蛉翎③岭领④另令命~
iu	①妞②牛③扭纽钮④拗	①溜②刘留流榴琉硫馏瘤浏③柳④六遛

例字 声母 韵母	n	l
ong	②农浓脓④弄	②龙聋笼_竹~隆~_重咙胧窿③拢垄笼~_络
ou		①搂②楼娄③搂~_抱篓④漏露~_头陋
u	②奴③努④怒	②芦炉卢庐颅③虏鲁卤④陆录鹿碌路露~_揭赂
u	③女	②驴③旅屡吕侣铝缕履④律虑率绿~_化滤氯
uan	③暖	②峦③卵④乱
ue	④疟虐	④掠略
un		①抡②论~_语轮仑伦抡沦④论_讨~
uo	②挪娜~_娜④诺懦糯	②罗萝锣箩骡螺逻③裸④络落洛烙

第四章　韵母的发音及辨正

教学目标：

本章主要介绍韵母的发音，指出方言区的人学习普通话在韵母方面容易出现的语音错误及语音缺陷，进而指出改正的方法。

第一节　韵母概述

一、韵母的定义

韵母是指一个音节中声母后面的部分，如"pǔ tōng huà"（普通话）三个音节中的"u、ong、ua"都是韵母。韵母的发音响亮、清晰。普通话中共有 39 个韵母。

二、韵母的结构和分类

（一）韵母的结构

普通话韵母的主要成分是元音。韵母的结构可以分为韵头、韵腹、韵尾三个部分。

韵头是主要元音前面的元音，也叫介音或介母，由 i、u、ü 充当；它的发音轻而短，只表示韵母发音的起点，一发音就滑向另一个元音了，如 ia、ua、üe、iao、uan 中的 i、u、ü。

韵腹是韵母中的主要元音。充当韵腹的主要元音口腔开度最大，声音最响亮、清晰。韵腹是韵母的主要构成部分，由 a、o、e、ê、i、u、ü、-i（前）、-i（后）、er 充当。

韵尾是韵腹后面的音素，又叫尾音。由 i、u 或鼻辅音 n、ng 充当。

韵母中只有一个元音时，这个元音就是韵腹；有两个或三个元音时，开口度最大、声音最响亮的元音是韵腹。韵腹前面的元音是韵头，后面的元音或辅音是韵尾。韵腹是韵母的主要成分，一个韵母可以没有韵头或韵尾，但是不能没有韵腹。

（二）韵母的分类

根据不同的标准，普通话韵母可以划分出不同的类型。

1. 按照韵母开头元音的发音口形的不同分类

按照韵母开头元音的发音口形的不同，可以分成四类，又叫"四呼"。

开口呼：韵母不是 i、u、ü，或不以 i、u、ü 开头的韵母。

齐齿呼：韵母是 i，或以 i 开头的韵母。

合口呼：韵母是 u，或以 u 开头的韵母。

撮口呼：韵母是 ü，或以 ü 开头的韵母。

2. 按照韵母中元音音素的多少分类

按照韵母中元音音素的多少可以分成三类。

单韵母：由一个元音构成的韵母，又叫单元音韵母。普通话里共有 10 个单韵母：a、o、e、ê、i、u、ü、-i（前）、-i（后）、er。

复韵母：由两个或三个元音结合构成的韵母，又叫复元音韵母。普通话里共有 13 个复韵母：ai、ei、ao、ou、ia、ie、ua、uo、üe、iao、iou、uai、uei。

鼻韵母：元音后面带上鼻辅音构成的韵母，又叫鼻音尾韵母。普通话里共有 16 个鼻韵母：an、ian、uan、üan、en、in、uen、ün、ang、iang、uang、eng、ing、ueng、ong、iong，如表 3.1 所示。

表 3.1　普通话韵母表

	开口呼	齐齿呼	合口呼	撮口呼
单韵母	-i	i	u	ü
	a	ia	ua	
	o		uo	
	e			
	ê	ie		üe
复韵母	er			
	ai		uai	
	ei		uei	
	ao	iao		
	ou	iou		
	an	ion	uan	üan
	en	in	uen	ün
鼻韵母	ang	iang	uang	
	eng	ing	ueng	
	ong	iong		

第二节 韵母的发音

一、单元音韵母的发音

单元音韵母的发音特点是在整个发音过程中，口腔共鸣器的形状始终保持不变。若有改变，发出来的就不是单一元音，而是复合元音。

普通话中共有 10 个单元音韵母，其中舌面元音 7 个：ɑ、o、e、ê、i、u、ü；舌尖元音 2 个：-i（前）、-i（后）；卷舌元音 1 个：er。

单元音发音有三个必要条件：一是舌位的前后，二是舌位的高低，三是口形的圆展。这里所讲的"舌位"是指发音时舌面隆起部位的最高点，也叫舌高点。舌头是口腔中最灵活的发音器官，可前伸可后缩，可上抬可下落，可平展可卷起，凡此种种均可改变口腔共鸣器的形状，从而形成不同的音色。如果发音时舌面隆起的部位靠前，发出来的就是前元音，普通话中的 i、ü 即是。如果发音时舌面隆起的部位靠后，发出来的就是后元音，普通话中的 u、o 即是。如果发音时舌面隆起的部位离上腭的距离近，发出来的就是高元音，普通话中的 i、u、ü 均是。高元音又叫闭元音，因为相比而言，发音时口腔的开口度较小，处于一种要关闭的状态。如果发音时舌面隆起的部位离上腭的距离较远，发出来的就是低元音，普通话中的 ɑ 即是。低元音又叫开元音，因为发音时口腔的开口度比较大。如果发音时舌尖往后卷，发出来的就是卷舌元音，普通话中的 er 即是。

嘴唇也是灵活的发音器官，可向两边咧开，也可向中间聚敛，而这一切也可改变口腔共鸣器的形状，发出不同的音来。嘴角咧开，发的是不圆唇元音，如普通话中 i、e；嘴唇向中间聚敛，发的是圆唇元音，如普通话中的 ü、u、o。下面具体介绍每个韵母的发音。

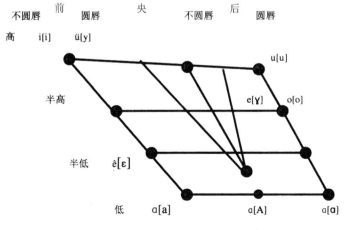

图 3.1 舌面元音舌位图

（一）舌面元音的发音（见图3.1）

ɑ [ɑ] 舌面、央、低、不圆唇元音（是舌面音、央元音、低元音的简称，以下类推）。

发音时，口大开，舌尖微离下齿背，舌面中部微微隆起和硬腭后部相对；舌位低；软腭上升，关闭鼻腔通路；气流振动声带，在口腔形成共鸣；展唇。例如，"发达 fā dá"的韵母 ɑ。

o [o] 舌面、后、中、圆唇元音。

发音时，口半闭半开，舌身后缩，舌面后部隆起和软腭相对；舌位介于半高和半低之间；软腭上升，关闭鼻腔通路；气流振动声带，在口腔形成共鸣；唇拢圆。例如，"磨破 mó pò"的韵母 o。

e [ɣ] 舌面、后、半高、不圆唇元音。

发音时，口半闭，舌身后缩，舌面后部隆起与软腭相对；舌位比 o 略高而偏前；软腭上升，关闭鼻腔通路；气流振动声带，在口腔形成共鸣；展唇。例如，"合格 hé gé"的韵母 e。

ê [ɛ] 舌面、前、中、不圆唇元音。

发音时，口半开，舌尖前伸抵住下齿背，舌面前部隆起和硬腭相对；舌位介于半低与半高之间；软腭上升，关闭鼻腔通路；气流振动声带，在口腔形成共鸣；展唇。

ê 通常出现在普通话的复元音韵母 ie、üe 里，而做单元音韵母只能构成零声元音节，并且在普通话中只有一个"欸"字读这个韵母，可有四个声调，分别表达不同的意义：

ê [阴平] 又可读 ēi 叹词，表示招呼：～，你快来！

ê [阳平] 又可读 éi 叹词，表示惊讶：～，他怎么走了！

ê [上声] 又可读 ěi 叹词，表示不以为然：～，你这话可不对！

ê [去声] 又可读 èi 叹词，表示答应或同意：～，我这就来！

i [i] 舌面、前、高、不圆唇元音。

发音时，口微开，上下齿相对，舌尖前伸接触下齿背，使舌面前部隆起和硬腭前部相对；舌位高；软腭上升，关闭鼻腔通路；气流振动声带，在口腔形成共鸣；嘴角向两边展开，两唇呈扁平状。例如，"启迪 qǐ dí"的韵母 i。

u [u] 舌面、后、高、圆唇元音。

发音时，口微开，舌头后缩，舌面后部隆起和软腭相对；舌位高；软腭上升，关闭鼻腔通路；气流振动声带，在口腔形成共鸣；两唇拢圆，略向前突出。例如，"读书 dú shū"的韵母 u。

ü [y] 舌面、前、高、圆唇元音。

发音时，口微开，舌尖前伸抵住下齿背，舌面前部隆起和硬腭前部相对；舌位高；软腭上升，关闭鼻腔通路；气流振动声带，在口腔形成共鸣；嘴唇拢圆，略向前突。例如，"居于 jū yú"的韵母 ü。

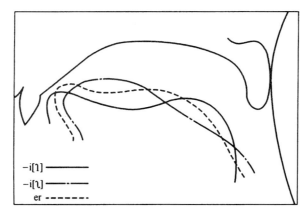

图 3.2　−i［ʅ］、−［ɿ］、er 发音比较图

（二）舌尖元音的发音（见图 3.2）

−i［ɿ］舌尖、前、高、不圆唇元音。

发音时，口略开，舌尖前伸和上齿背相对，保持适当距离，使气流经过时不形成摩擦；舌位高；软腭上升，关闭鼻腔通路；气流振动声带，在口腔形成共鸣；展唇。例如，"字词 zì cí"的韵母 −i。

−i［ʅ］舌尖、后、高、不圆唇元音。

发音时，口略开，舌叶隆起和硬腭前部相对，留有气流通道；舌位高；软腭上升，关闭鼻腔通路；气流振动声带，在口腔形成共鸣；展唇。例如，"指示 zhǐ shì"的韵母 −i。

这两个舌尖元音的发音有一定的难度，小学的汉语拼音教学是不单独教这两个元音的，而是与辅音声母 z、c、s、zh、ch、sh、r 合成的整体认读音节 zi、ci、si、zhi、chi、shi、ri 一起学的。在学习中为了更好地把握它们的发音，也可以先配上声母发长音，其后面的部分即是 −i［ʅ］、−i［ɿ］。

（三）卷舌元音的发音

er［ə］卷舌、央、中、不圆唇元音。

发音时，口自然打开，舌头前、中部上抬，舌尖向后卷；舌位居中；软腭上升，关闭鼻腔通路；气流振动声带，在口腔形成共鸣；展唇。er 发音的关键在于卷舌，在发好央元音 e［ə］的同时，舌尖向硬腭卷起，但不能接触，发出来的音具有卷舌色彩。这是普通话中很有特色的一个元音。例如，"而、二"的韵母 er。

二、复元音韵母的发音

复元音韵母发音有两个显著的特点：一是构成复元音韵母的几个元音是一种有机的结合，而不是简单的相加；在发音过程中，口腔共鸣器的形状有所变化，从发一个元音的状况向发另一个元音的状况自然过渡，中间不能跳跃，气流不能中断。二是构成复元音韵母的几个元音地位并不完全平等，它们分别充当韵头、韵腹、韵尾；韵腹是韵母构成的主要成分，发音时间最长，响度最大，而韵头、韵尾的发音时间较短，且韵尾发音较含混。

普通话中共有 13 个复元音韵母。根据韵腹在韵母中的位置，这些韵母可以分为三类：

1. 前响复元音韵母：韵腹居于韵母前部的复元音韵母，普通话中有 4 个：ai、ei、ao、ou。

2. 中响复元音韵母：韵腹居于韵母中部的复元音韵母，普通话中有 4 个：uai、uei、iao、iou。

3. 后响复元音韵母：韵腹居于韵母后部的复元音韵母，普通话中有 5 个：ia、ie、üe、ua、uo。

（一）前响复元音韵母的发音

前响复元音韵母发音的共同特点是元音舌位都是由低向高滑动，开头的元音音素发音响亮清晰，收尾的元音音素发音轻短模糊，因此收尾的字母（或音标）只表示舌位移动的方向。

ai［ai］

是前元音音素的复合，动程宽。起点元音是前低不圆唇元音 a［a］（可以简称"前a"）。发音时舌尖抵住下齿背，使舌面前部隆起与硬腭相对。从前 a 开始，舌位向 i 的方向滑动升高，大体停在次高元音［i］的位置。例如，"海带 hǎi dài"的韵母 ai。

ei［ei］

也是前元音音素的复合，动程窄。起点元音是前半高不圆唇元音 e［e］，实际发音舌位要靠后、靠下，接近央元音 a［A］。发音过程中前舌尖抵住下齿背，使舌面前部（略后）隆起对着硬腭中部。舌位从 e 开始升高，向 i 的方向往前、往高滑动，大体停在次高元音［i］的位置。例如，"北美 běi měi"的韵母 ei。

ao［au］

是后元音音素的复合，动程宽。起点元音是比单元音 a［a］的舌位靠后的后低不圆唇元音［a］，可以简称"后 a"。发音时舌头后缩，使舌面后部隆起。从后 a 开始，舌位向 u（汉语拼音写作 o，实际发音接近 u）的方向滑动升高。韵尾舌位状态接近单元音 u，但舌位略低。例如，"报告 bào gào"的韵母 ao。

ou［ou］

起点元音比单元音 o［o］的位置略高、略前，接近央中元音［ə］或［θ］，唇形略圆。发音时从略带圆唇的央［θ］开始，舌位向 u 的方向滑动，但韵尾－u 音比单元音 u 的舌位略低。ou 是普通话中动程最短的一个复元音韵母。例如，"欧洲 ōu zhōu"的韵母 ou。

（二）中响复元音韵母的发音

中响复元音韵母发音的共同特点是舌位由高向低滑动，再从低向高滑动。开头的元音音素发音不响亮而且短促，在音节里特别是零声元音节里常伴有轻微的摩擦。中间的元音音素发音响亮清晰，收尾的元音音素发音轻短模糊。

iao [iɑu]

由高元音 i 开始，舌位降至后 ɑ 的位置。然后再向上、向后、向高圆唇元音 u 的方向滑升。发音过程中舌位先降后升，由前到后，曲折幅度较大。唇形从后 ɑ 开始由不圆唇变为圆唇。例如，"飘渺 piāo miǎo "的韵母 ao。

iou [iəu]

由高元音 i 开始，舌位降至央（略后）中元音 [ə]，然后再向后、向次高圆唇元音的方向滑升。发音过程中，舌位先降后升，由前到后，曲折幅度较大。发央（略后）中元音 [ə] 时，逐渐圆唇。需要说明的是：iou 在音节中受声调影响比较大，在读阴平和阳平声调的音节里，中间的韵腹 o（实际是 [ə]）弱化，甚至接近消失；舌位动程主要表现为前后滑动，成为 [iu]，例如：优 [iu]、流 [liu]、究 [jiu]、求 [qiu] 的韵母 iou。这就是汉语拼音 iou 拼辅音声母时省写为 iu 的依据。在上声和去声音节里，韵腹完好，没有弱化现象。

uai [uai]

由圆唇的后高元音 u 开始，舌位向前滑降到前 ɑ 的位置，然后再向上、向前、向高不圆唇元音 i 的方向滑升，由后到前，曲折幅度大。唇形由最圆开始，逐渐减弱圆唇度，发前元音 ɑ 后逐渐变为不圆唇。例如，"外快 wài kuài "的韵母 ai。

uei [uei]

也是由圆唇的后高元音 u 开始，舌位向前滑降到前半高不圆唇元音偏后靠下的位置（相当于央元音 [ə] 的位置），然后再向前、向高不圆唇元音 i 的方向滑升。发音过程中舌位先降后升，由后到前，曲折幅度较大。唇形从最圆开始，随着舌位的前移，圆唇度减弱，发 e 以后变为不圆唇。需要说明的是，在音节中，韵母 uei 受声母和声调的影响比较大，韵腹 e 有弱化现象，大致有以下四种情况：

1. 在声调为阴平或阳平的零声元音节里，韵母 uei 中间的韵腹弱化接近消失，例如："微、围"的韵母弱化为 [ui]。

2. 在声母为舌尖音 z、c、s、d、t、zh、ch、sh、r，声调为阴平和阳平的音节里，韵母 uei 中间的韵腹弱化接近消失，例如："催、堆、垂"的韵母弱化为 [ui]。

3. 在声母为以上舌尖音，声调为上声和去声的音节里，韵母 uei 中间的韵腹只是弱化，但不会消失，例如："嘴、腿、最、退"的韵母都弱化成 [uᵉi]。

4. 在声母为舌面后（舌根）音 g、k、h，声调为阴平或阳平的音节里，韵母 uei 中间的元音 e 也只是弱化而不消失，例如："规、葵"的韵母弱化成 [uᵉi]。

（三）后响复元音韵母的发音

后响复元音韵母发音的共同特点是舌位由高向低滑动，收尾的元音发音响亮清晰，在韵母中处于韵腹地位，因此舌位移动的终点是确定的。而开头的元音都是高元音 i－、u－、ü－，由于它们处于韵头的位置，所以发音不太响亮而且比较短促，而且这些韵头在音节里特别是零声元音节里常伴有轻微的摩擦。

ia ［ia］

起点元音是高元音 i，由它开始，舌位滑向央低不圆唇元音 a ［a］（也可称"央 a"）止。i 的发音较短，a 的发音响而且长。止点元音 a 位置确定。例如，"加压 jiā yā"的韵母 ia。

ie ［iɛ］

起点元音是高元音 i，由它开始，舌位滑向前中不圆唇元音 ê ［ɛ］，i 发音较短，ê 的发音响而且长。止点元音 ê 位置确定。例如，"铁鞋 tiě xié"的韵母 ie。

ua ［ua］

起点元音是后高圆唇元音 u，由它开始，舌位滑向央 a 止。唇形由最圆逐步变到不圆。u 发音较短，a 发音响而且长。例如，"耍滑 shuǎ huá"的韵母 ua。

uo ［uo］

由圆唇后元音复合而成。起点元音是后高圆唇元音 u，由它开始，舌位向下滑向后中圆唇元音 o 止。u 发音较短，o 发音响而且长。发音过程中，嘴唇保持圆形，开头最圆，收尾圆唇度略减。例如，"骆驼 luò tuó"的韵母 uo。

üe ［yɛ］

由前元音复合而成。起点元音是前高圆唇元音 ü，由它开始，舌位向下滑到前中不圆唇元音 ê ［ɛ］止。唇形由圆到不圆。ü 发音较短，它发音响而且长。例如，"缺雪 quē xuě"的韵母 üe。

构成复元音韵母的元音音素都是舌面元音，因此，可以利用元音舌位图来把握复元音韵母的动程，而掌握动程是发好复元音韵母的关键。

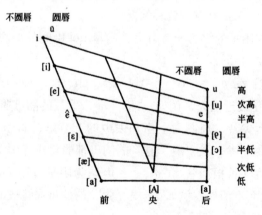

图 3.3　复元音韵母动程示意图

说明：单元音韵母 a 与复元音韵母 ai、ao 中的 a 实际音值是有区别的，这是因为它们的舌位有前、央、后的不同。用严式音标记音，单元音韵母a是央元音，记作［A］；复元音韵母ai、ao中的a分别是前元音与后元音，记作［a］、［ɑ］。央元音a［A］的发音在单韵母里已经介绍过。前元音a［a］与央元音a［A］的发音基本相同，只是舌头要前伸，舌尖抵住下齿背，舌面前部隆起。后元音a［ɑ］的发音状况与央元音a［A］的发音状况也基本相同，只是发音时舌头要后缩，舌面后部隆起。

从图3.3中可以清楚地看出，发复元音韵母时，从一个元音向另一个元音过渡，其间是有距离的，这个距离叫做"动程"。

三、鼻韵母的发音

带鼻音韵母的发音特点在于共有两个气流通道：一是口腔，二是鼻腔，但两者不能同时让气流通过，需要分两步走：发元音时，软腭和小舌上抬，封锁鼻腔通道，让气流从口腔出来。发鼻辅音韵尾时，软腭和小舌下垂，打开鼻腔通道，让气流从鼻腔出来。发准带鼻音韵母的关键就在于鼻辅音韵尾收音时，口腔的发音部位一定要将气流的通道完全堵塞，否则发出来的就是鼻化元音，这是一种发音错误。另外，带鼻音韵母中的元音与鼻辅音韵尾之间不是生硬地拼合、没有明显界限的，而是由元音的发音状态向鼻辅音发音状态自然地过渡，鼻音色彩逐渐增加，最后，口腔的发音部位完全闭塞，形成纯粹的鼻辅音。

作为韵尾的鼻辅音－n、－ng与作为声母的鼻辅音n－、ng－的发音是有区别的：鼻辅音声母发音时，有成阻、持阻和除阻三个阶段，其中持阻和除阻阶段都发音，而鼻辅音韵尾发音时，持阻阶段发音，除阻阶段不发音，这样形成的音叫"唯闭音"。另外，前鼻音韵尾－n的发音位置要比做声母的n－发音位置靠后些，实际上是个舌面鼻音。

普通话中共有16个带鼻音韵母，根据所带鼻辅音韵尾的不同，可以将带鼻音韵母分为两类：

（1）前鼻音韵母：带舌尖鼻辅音韵尾－n的韵母，普通话中共有8个：an、en、ian、in、uan、uen、üan、ün。

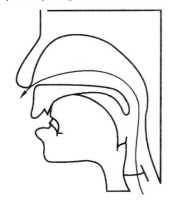

图3.4　前鼻音韵尾－n与后鼻音韵尾－ng的发音示意图

（2）后鼻音韵母：带舌根鼻辅音韵尾－ng的韵母，普通话中共有8个：ang、iang、

uang、eng、ing、ueng、ong、iong。

这两类鼻韵母的发音区别在于韵尾鼻辅音的发音部位不同：前鼻音韵尾的发音部位是舌面与硬腭前端，后鼻音韵尾的发音部位是舌根与软腭，参看图3.4。

（一）前鼻音韵母的发音

an［an］

起点元音是前低不圆唇元音a。发音时舌尖抵住下齿背，舌位降到最低，软腭上升，关闭鼻腔通道。从"前a"开始，舌面升高，舌面前部隆起抵住硬腭前部，与此同时，软腭下降，打开鼻腔通道，使在口腔中受到阻碍的气流从鼻腔里透出，形成鼻音－n。口形先开后合，舌位移动较大。例如，"安然 ān rán"的韵母an。

en［ən］

起点元音是央中不圆唇元音［ə］。发音时舌尖接触下齿背，舌面隆起部位受韵尾影响略靠前。从央e［ə］开始，舌面升高，舌面前部隆起抵住硬腭前部，同时软腭下降，打开鼻腔通道，使在口腔受到阻碍的气流从鼻腔里透出，形成鼻音－n。口形由开到闭，舌位移动较小。例如，"根本 gēn běn"的韵母en。

ian［iɛn］

起点元音是前高不圆唇元音i。发音时舌尖抵住下齿背，舌面前部隆起升高，软腭上升，关闭鼻腔信道。从前高元音i开始，舌位向"前a"的位置滑降，舌位只降到前次低元音［ɛ］的位置就开始升高，紧接着舌面前部隆起抵住硬腭前部，同时软腭下降，打开鼻腔通道，让在口腔中受阻的气流从鼻腔透出，形成鼻音－n。口形由闭到开再到闭，舌位动程较大。例如，"天险 tiān xiǎn"的韵母ian。

in［in］

起点元音是前高不圆唇元音i。发音时舌尖抵住下齿背，软腭上升，关闭鼻腔通道。从舌位最高的前元音i开始，舌面升高，舌面前部隆起抵住硬腭前部，同时软腭下降，打开鼻腔通道，使在口腔中受到阻碍的气流从鼻腔透出，形成鼻音－n。开口度几乎没有变化，舌位动程很小。例如，"近亲 jìn qīn"的韵母in。

uan［uan］起点元音是后高圆唇元音u。发音时舌尖离开下齿背，舌头后缩，舌面后部隆起升高，软腭上升，关闭鼻腔通道。从后高元音u开始，口形迅速由合口变为开口状，舌位向前、向下快速滑降到前a的位置，接着舌位又升高，舌面前部隆起抵住硬腭前部，同时软腭下降，打开鼻腔通道，让在口腔中受阻的气流从鼻腔透出，形成鼻音－n。唇形由圆唇逐步展开，口形由闭到开再到合，舌位动程较大。例如，"转换 zhuǎn huàn"的韵母uan。

uen［uən］

起点元音是后高圆唇元音u。发音时舌尖离开下齿背，舌头后缩，舌面后部隆起升高，软腭上升，关闭鼻腔通道。从后高元音u开始，向央中不圆唇元音e［ə］滑降，接着舌位再升高,舌面前部隆起抵住硬腭前部,同时软腭下降,打开鼻腔通道,让在口腔中受阻的气流从鼻腔透出,形成鼻音 – n。唇形由圆唇在滑向中间读韵腹 e [ə] 的过程中逐渐变为展唇,舌位动程较大。需要说明的是,在音节中,uen 受声母和声调的影响较大,韵腹 e [ə] 产生弱化,其音变条件与 uei 相同,总原则是舌根不变、舌尖变(受声母影响),上去不变、阴阳变(受声调影响)。具体地说,大致有四种情况:

1. 在声调为阴平或阳平的零声元音节里,韵母 uen 中间的韵腹弱化接近消失,例如:"温、文"的韵母弱化为 [un]。

2. 在声母为舌尖音 z、c、s、d、t、zh、ch、sh、r,声调为阴平和阳平的音节里,韵母 uen 中间的韵腹弱化接近消失,例如,"尊、吨、存"的韵母弱化为 [un]。

3. 在声母为舌尖音,声调为上声和去声的音节里,韵母 uen 中间的韵腹只是弱化,但不会消失。例如,"损、盾、准、春"的韵母都弱化成 [uᵊn]。

4. 在声母为舌面后(舌根)音 g、k、h,声调为阴平或阳平的音节里,韵母 uen 中间的元音 e 也只是弱化而不消失,例如,"昆、昏"的韵母弱化成 [uᵊn]。

üan [yan]

起点元音是前高圆唇元音 ü。与 ian 的发音过程基本相同,只是起点元音的唇形不同。发音时从高圆唇元音 ü 开始,向低不圆唇元音 a 的方向滑动,舌位也只降至前次低不圆唇元音 [ε] 的位置就开始升高,然后接续鼻音 – n。唇形由圆唇逐渐展开,口形由闭到开再到闭,舌位动程较大。例如,"源泉 yuán quán"的韵母 üan。

ün [yn]

起点元音是前高圆唇元音 ü。与 in 的发音过程基本相同,只是唇形变化不同:从圆唇的前元音 ü 开始,接续鼻音 – n,唇形从圆唇逐步展开,而 in 始终是展唇。例如,"军训 jūn xùn"的韵母 ün。

(二)后鼻音韵母的发音

ang [ɑŋ]

起点元音是后低不圆唇元音 a(后 ɑ)。发音时口大开,舌尖离开下齿背,舌身后缩,舌面后部隆起,软腭上升,封闭鼻腔通道,发"后 ɑ",然后隆起的舌面后部贴近软腭,当两者将要接触时,软腭下降,打开鼻腔通道,紧接着舌根与软腭接触,封闭口腔通道,让气流从鼻腔透出,形成鼻音 – ng。口腔由开到闭,舌位动程较大。例如,"纲常 gāng cháng"的韵母 ang。

eng [yŋ]

起点元音是后半高不圆唇元音 e。发音时口半闭,展唇,舌身后缩,舌尖离开下齿背,舌面后部隆起,软腭上升,封闭鼻腔通道,发 e [ə](比发单元音 e [y] 的舌位偏低),然后隆起的舌面后部贴向软腭,软腭下降,打开鼻腔通道,紧接着封闭口腔通道,让气流从鼻腔透出,形成鼻音 – ng,舌位有一定的动程。例如,"更生 gēng shēng"的韵母 eng。

iang［iɑŋ］

起点元音是前高不圆唇元音 i。发音由 i 开始，舌尖接触下齿背，舌面前部隆起，软腭上升，封闭鼻腔通道，舌位很快向后、向下滑，转向舌面后部隆起发后 ɑ，然后舌位升高，逐步使隆起的舌面后部贴向软腭，软腭下降，打开鼻腔通道，封闭口腔通道，让在口腔中受阻的气流从鼻腔透出，形成鼻音－ng。口腔由闭到开再到闭，动程较大。例如，"想象 xiǎng xiàng"的韵母 iang。

ing［iŋ］

起点元音是前高不圆唇元音 i。从发 i 开始，舌尖接触下齿背，舌面前部隆起，软腭上升，封闭鼻腔通道，舌面隆起部位不降低，一直后移，舌尖离开下齿背，逐渐使舌面后部隆起，贴向软腭，当两者将要接触时，软腭下降，打开鼻腔通道，紧接着舌面后部抵住软腭，封闭口腔通道，气流从鼻腔透出，形成鼻音－ng。口形没有明显的变化，动程较小。例如，"评定 píng dìng"的韵母 ing。

uang［uɑŋ］

起点元音是后高圆唇元音 u。发音由 u 开始，舌尖离开下齿背，舌身后缩，舌面后部隆起，软腭上升，封闭鼻腔通道，舌位很快向下滑降至后 ɑ 的位置，发后 ɑ，然后舌位升高，隆起的舌面后部贴向软腭，软腭下降，打开鼻腔通道，紧接着舌根与软腭接触，封闭口腔通道，让在口腔中受阻的气流从鼻腔透出，形成鼻音－ng。唇形由圆唇在滑向中间韵腹 ɑ［ɑ］的过程中逐渐变为展唇。口腔上下动程较大。例如，"狂妄 kuáng wàng"的韵母 uang。

ueng［uyŋ］

起点元音是后高圆唇元音 u。发音由 u 开始，舌位很快向下滑降至后半高不圆唇元音 e［y］（稍稍靠前略低）的位置，然后舌位升高，接续舌根鼻音－ng。唇形从圆唇在滑向中间韵腹 e［y］的过程中逐渐变为展唇。动程较大。在普通话里，韵母 ueng 只有一种零声母的音节形式 weng。例如，"翁 wēng"的韵母 ueng。

ong［uŋ］

起点元音是比后高圆唇元音 u 舌位略低的后次高圆唇元音［u］。发音由［u］开始，舌尖离开下齿背，舌身后缩，舌面后部隆起，软腭上升，封闭鼻腔通道，然后隆起的舌面后部贴向软腭，同时软腭下降，打开鼻腔通道，紧接着舌根与软腭接触，封闭口腔通道，让在口腔中受阻的气流从鼻腔透出，形成鼻音－ng。唇形始终拢圆。舌位动程很小。如"空洞 kōng dòng"的韵母 ong。

iong［iuŋ］

起点元音是前高不圆唇元音 i。发音由前高元音 i 开始，舌位向后略向下滑动到次高后圆唇元音［u］的位置，然后舌位升高，接续舌根鼻音－ng。由于受后面圆唇元音的影响，开始的前高元音 i 也带上了圆唇色彩而近似 ü［y］，可以描写为［yuŋ］甚或为

［yŋ］。传统汉语语音学把 iong 归属于撮口呼。舌位动程较小。例如，"汹涌 xiōng yǒng"的韵母 iong。

第三节　韵母辨正

每一种语言或方言都有自己的语音系统，汉语各方言与普通话的韵母系统也是各不相同的。我们在学习普通话韵母时，要找出方言与普通话韵母系统的对应规律及各类韵母的差异，以便纠正方音。

方言与普通话韵母系统的差异多种多样，主要有：

1. 有的韵母方言和普通话音值不同。如普通话的单韵母 a［a］，方言有的读成了前 a［a］，有的读成了后 a［ɑ］，还有的读成了舌位稍高、唇形较圆的元音［o］等；普通话的复韵母，有的方言动程不明显；普通话的鼻韵母，在许多方言中读成了鼻化音，或鼻辅音收尾时发音部位和普通话不同。这种情况虽然不涉及跨类韵母的分辨问题，看起来似乎好纠正，其实不然，越是这种细微的、不易察觉的差异，越容易被忽视，纠正起来也越难。

2. 普通话中有的韵母，方言里没有。如单韵母 o［o］，新疆、东北、河北、山东等很多方言中没有 o 韵母，把普通话的 o 韵母字读成了不圆唇的 e［ɤ］韵母；云南昆明话、有些地方的客家话和广西一些方言，没有撮口呼韵母。

3. 普通话中没有的韵母，方言中有。如山东全省几乎没有例外的都有［iai］韵母，实际上是把普通话中 jie、xie 音节中的部分字的韵母读成了［iai］韵母，也就是方言中的两个韵母［ie］、［iai］对应普通话的一个韵母 ie。

4. 普通话中不同的韵母，方言中合并成了同一类韵母。如普通话中的前鼻韵母和后鼻韵母，有的方言不分，有的都读成前鼻韵母，如南京话、长沙话；有的都读成后鼻韵母，如广西灵川话；还有的是部分前后鼻韵母不分，如上海话、昆明话、兰州话、桂林话 en－eng 不分，in－ing 不分；山东青岛、潍坊的部分地区 eng－ong、ing－iong 混读，各地混读情况又不尽相同。

全国各地方言与普通话的差异复杂多样，各方言区的人应根据自己方言的情况有针对性地纠正自己的方音。韵母辨正应从以下几方面进行：

一、注意韵母的音值

（一）注意单韵母的音值

单韵母是学好普通话韵母的基础，也是学好普通话的重要方面。只有把单韵母发得标准、规范，才能进一步发好复韵母和鼻韵母，进而说好普通话。

由于单韵母的音值取决于发元音时舌位的前后、舌位的高低及唇形的圆展，所以参照"舌面元音舌位唇形图"，辨析方言与普通话每一个单韵母发音时在这 3 个方面的异同，是发好普通话单韵母的关键。下列词语的韵母都是单韵母：

大地	读者	持续	处罚	词句	恶毒	儿女	饥饿	急剧	祖父	此刻	答复
赌博	堵塞	俄语	奇迹	起居	杂志	折合	牧区	哪个	法律	阻力	这么
日记	自制	字母	哭泣	垃圾	发热	立即	值得	法语	制度	智力	竹子
摩擦	发达	驱逐	理发	指出	直播	蚂蚁	谜语	蘑菇	日语	司法	西医
日益	素质	组织	喇叭	沙漠	奢侈	艺术	予以	合格	预测	笔录	注册
预习	普查	隔阂	地理	独特	不足	奇迹	马车	起居	特殊	突出	特意
法制	涉及	失去									

（二）注意复韵母的音值

要发好复韵母，要注意以下几点：

1. 复韵母的发音要有动程。

2. 构成复韵母的几个代表元音在"动程图"上的起始位置。

3. 辨析复韵母在方言与普通话中发音的差异。

北方一些方言区，前响复韵母发得接近单元音，中响复韵母发得接近后响复韵母，即动程不明显，如把 ai、uai 发成了近似于 [ɛ]、[uɛ] 的音，把 ao、iao 发成了近似于 [ɔ]、[iɔ] 的音。有的方言区将 ie、üe 发成了 [iə]、[yə]，将 uo 发成了 [uə]，还有的将 üe 韵母的韵腹也读成了圆唇元音，等等。在学习普通话时，这些差异和区别都是需要特别注意的。

发音训练

1. 朗读下列韵母，并比较普通话与方言韵母的差异。

a—o—e—ê—i—u—ü　　-i [ɿ] —-i [ʅ] —er

i—ê u—o i—ü o—e

ü—u i—ê i—u er—e

ê—ai e—el [ɔ] —ao o—ou

2. 结合复韵母发音动程图朗读下列韵母，并体会普通话与方言韵母的差异。

ai—ei—ao—ou ia—ua—uo—ie—üe iao—iou—uai—uei

ai—ei ie—üe ao—ou ua—uo

iao— [iɔ] iou— [io] uai—üe uei— [ue]

3. 朗读下列词语，注意单韵母的发音（舌位的高低、舌位的前后及唇形的圆展）。

发布	法则	妇女	胳膊	古籍	碧绿	不可	差异	辐射	复杂	彻底	得意
地区	独立	几乎	机翼	饥饿	急剧	季度	极力	鼓励	顾虑	纪律	记者
举例	固体	和气	护膝	旅客	律师	魔术	目录	那么	女儿	札记	刹车

驳斥	湖泊	歌曲	博士	儿歌	日期	批复	皮革	驱逐	如何	沙漠	诗歌
婆婆	破除	扑克	其次	自私	其他	汽车	曲折	普及	努力	旗帜	日子
儿子	输出	时而	世纪	具体	卡车	科技	乐意	厘米	立刻		

4. 朗读下列词语，注意复韵母发音的动程。

铁轨	野外	北国	下列	对话	爱好	摘要	开口	海外	才华	教导	高校
早操	巧妙	外国	秋收	水稻	外围	学说	节约	报晓	败坏	悠久	括号
招架	留学	花朵	接洽	拐角	派别	柴扉	财贸	淮海	秋收	蜗牛	火锅
国家	角斗	下雪	楼台	约略	贴切	拜会	玫瑰	坠落	锐角	吹奏	外调
挂帅	别扭	丢掉	抓获	劳累	内海	烈火	洁白	背带	配售	美国	飞碟
内角	推敲	对白	轨道	回落	学位	决赛	佳话	恰好	后台		

（三）注意鼻韵母的音值

鼻韵母是某些方言区学习普通话韵母的难点之一。鼻韵母的发音各地差异比较大，有的是鼻韵母中元音因素的舌位和普通话不同，有的是鼻辅音韵尾收尾时发音部位和普通话不同，还有的是发成了鼻化音，等等。

发好鼻韵母，要注意以下几点：

1. 鼻韵母的发音要有动程。

2. 鼻韵母的发音在收尾时要完全堵塞口腔的通路，气流振动声带，全部从鼻腔出来，发出纯粹的鼻音，即鼻韵尾成阻时，归音必须到位，成阻部位要完全闭塞，不要发成鼻化音。前鼻韵母最后舌尖要抵住上齿龈，发不除阻的－n；后鼻韵母最后舌根要抵住软腭，发不除阻的－ng。

3. 注意鼻韵母中的元音音素在方言与普通话中发音的差异。

北方一些方言区，鼻韵母的发音动程不明显，主要原因是由于把鼻韵母发成了鼻化音，即主要元音鼻化，致使由元音向鼻辅音滑动的动程不明显，收尾时发的不是纯粹的鼻辅音。要发准鼻韵母，可以用"后字引衬法"，即在前鼻韵母音节之后加一个 d、t、n、l 作声母的音节，在后鼻韵母音节之后加一个 g、k、h 作声母的音节。因为－n 韵尾与声母 d、t、n、l 发音部位相同，－ng 韵尾与声母 g、k、h 发音部位相同，这样利用后一音节的声母引导前一音节鼻韵母韵尾归音到位。当然要克服鼻化元音，关键还是要学会发纯粹的鼻辅音，以及由口元音向鼻辅音的过渡。例如下列词语：

品德	叛逆	昆仑	韵头	简单	甘甜	现代	尖端	审理	坦荡
山东	严冬	安定	恩典	饮料	万籁	文理	寒带	濒临	难点
漫谈	灿烂	斑斓	森林	园丁	山林	身体	神童	编导	团体
顺利	劝导	春天	善良	观点	间谍	悬念	舰队	频道	群雕
当空	沧海	称号	诚恳	旁观	墙根	香港	程控	梦幻	崇高
惊恐	窘况	讲稿	王冠	囊括	浪花	钢轨	慷慨	中肯	盛开

芒果　防空　糖果　掌管　彷徨　场合　成功　窗口　增高　纵横
聪慧　航海　张口　唱歌　盛况　正楷　丛刊　总纲　名贵　晴空

发音训练

1. 老师领读，注意每一个鼻韵母的动程及鼻辅音韵尾收尾时的发音状况并体会与方言韵母的差异。

en—uen　in—ün　ing—iong　uang—ueng

an—en　in—en　uan—uen　eng—ong—ueng

an—ian—uan—üan　ang—iang—uang

2. 结合鼻韵母发音动程图朗读下列词语，注意鼻韵母的发音（动程、元音音素的音值、鼻辅音收尾）。

南面　担心　产品　短篇　人民　恩人　烟云　谈论　远近　伦敦
音韵　辛勤　拼音　参赞　新闻　婉转　田园　简单　源泉　参观
展览　选民　深远　森林　冠军　锻炼　人群　认真　健全　音讯
边缘　军舰　灿烂　询问　银川　餐馆　诞辰　关联　辩论　光明
关键　联欢　文件　乾坤　心弦　暗淡　冠冕　谨慎　冲锋　憧憬
洪峰　聪明　动静　恭敬　公证　共鸣　送行　通风　竞争　冷静
童声　勇猛　永恒　忠诚　澄清　方向　风景　风筝　恒星　经营

3. 老师领读，比较每一组音发音的异同。

an—en　in—ing　an—uan　en—uen

an—ang　en—eng　in—ing　ün—iong

ing—ong　eng—ong　ing—iong　ong—ueng

4. 老师读词语，学生听辨记韵母。

依据　与其　主持　湖泊　姿势　承办　视察　儿童　思绪　宿舍
漠河　提取　提起　担水　端水　语句　体系　体恤　许可　拟人
女人　自杀　治沙　资格　刻薄　破格　国货　课桌　功课　褐色
货色　成本　应用　公证　公众　涣散　换算　恒星　红星　剖析
否定　冬泳　灯笼　梦境　宣传　编写　幼儿　婉转　寻求　永远

二、韵母的辨正

（一）分辨 e 和 o

有些方言 e 与 o 不分。例如，山东大部分地区、东北许多地区、河北一些地区、新疆等地方言没有 o 韵母，把 o 韵母的字读成了 e 韵母；西南许多方言把 e 韵母的字读成了 o 韵母。

首先要发准这两个韵母，e 与 o 都是舌面、后、半高元音，区别在于 e 是不圆唇元音，o 是圆唇元音，注意二者发音的异同；其次，普通话中 o 韵母只与唇音声母 b、p、m、f 相拼，不能与其他任何辅音声母相拼，而 e 韵母不能与 b、p、m、f（me"么"除外）相拼。所以将方言中读 be、pe、me、fe 的音节，改为 bo、po、mo、fo 即可；方言中 o 与 b、p、m、f 以外的其他辅音声母相拼，肯定是错误的。

（二）分辨 e 和 uo、a

普通话一些 e 韵母的字，在有些方言中读成了 o［o］（如西南方言）或者 uo 韵母，个别字读成了 a 韵母（如山东方言）。这种现象和声母有关，主要是舌根音和零声母之后的 e 韵母常常读成 uo 或 a，如：哥、歌、课、科、河、贺、饿、鹅、割、渴、喝。

发音训练

1. 老师领读。

o—e—e—o
bo—po—mo—fo   de—te—ne—le   ge—ke—he
zhe—che—she—re   ze—ce—se
e—uo—a   a—uo—e
ge—ke—he—e   guo—kuo—huo   ga—ka—ha
ge—guo—ga   ke—kuo—ka   he—huo—ha

2. 朗读下列词语。

阁楼　割舍　割爱　割断　割让　疙瘩　科学　颗粒　窠臼　苛刻　可以　课本
和平　河道　任何　荷花　禾苗　合作　盒子　瞌睡　磕碰　磕打　磕头　渴求
渴望　喝水

3. 朗读下列词语，注意辨析两个音节的韵母。

色泽　薄膜　客车　隔膜　隔阂　磨破　泼墨　褐色　波折　刻薄　薄荷　破格
漠河　课桌　国格　恶果　隔热　国歌　合格　菏泽　合伙　合作　俄国　各个
恶魔　巨测

4. 比较下列词语方言与普通话韵母有无不同。

隔阂—国货　瓜葛—瓜果　割断—果断　歌曲—过去　大哥—大锅
褐色—货色　攻克—功课　刻本—课本　饿倒—卧倒　坩埚—干戈

（三）分辨 i 和 ü

有些方言没有撮口呼韵母，在西南官话区如云南、贵州，上海崇明县，有些地方的客家话和广西钦州的一些方言，把 i 和 ü 都念成了 i。首先，要找出这两类韵母的异同，发准这两类韵母，i 和 ü 都是舌面前、高元音，区别是 i 是不圆唇元音，ü 是圆唇元音；其次，针对上述方言区没有撮口呼韵母的特点，着重练习撮口呼韵母的发音，多练习唇形拢圆的动作，i 与 ü 对比发音，体会其区别：最后要分清哪些字是齐齿呼韵母，哪些字是撮口呼韵母，我们可以利用形声字声旁类推法，掌握撮口呼韵母的字。如：

俞 yu—榆、逾、愉、渝、揄、瑜、觎、谕、愈、喻

元 yuan—园、沅、远、院、垸

爰 yuan—援、媛、瑗

云 yun—芸、纭、耘、运

i、ü 辨音词例：

经济（jīng jì）—京剧（jīng jù）　　　　气象（qì xiàng）—去向（qù xiàng）

一掀（yì xiān）—预先（yù xiān）　　　　节节（jié jié）—决绝（jué jué）

间间（jiān jiān）—涓涓（juān juān）　　前辈（qián bèi）—全背（quán bèi）

人勤（rén qín）—人群（rén qún）　　　　激进（jī jìn）—拘禁（jū jìn）

分辨 i 和 ü 见表 3.2。

表 3.2　i、ü 辨音字表

	i	ü
j	①跻机饥肌讥叽积击基激鸡缉畸犄稽②籍急疾嫉吉集及级极即棘辑瘠③脊挤济给几己④忌记纪伎季寂计继既寄祭济剂迹际绩	①鞠拘居②局菊橘③举沮咀矩④巨距据锯剧具聚惧飓句
q	①期欺栖凄蹊漆七柒沏②其奇棋旗骑崎歧齐脐祈③起岂企乞启④气汽弃契砌讫器	①趋区驱躯曲屈祛蛆②渠③曲取娶龋④趣去
x	①西牺吸希稀夕矽奚溪犀悉蟋锡昔惜析嬉息熄②媳席习檄袭③喜洗铣④系戏细	①需虚须②徐③许④畜蓄叙序絮恤婿酗绪续
y	①壹一医衣依②移彝宜颐遗仪疑姨倚③乙已以④意癔薏臆义议毅亿忆艺呓译驿异优益抑翼易亦屹逸肆谊疫役	①淤迂于②舆余鱼渔愉娱③雨予语羽宇与屿④预玉愈谕喻郁育寓浴欲裕御狱与豫尉驭

发音训练

1. 老师领读，注音区分下列音节的读音。

yi—yu　　　ye—yue　　　yan—yuan　　　yin—yun　　　ying—yong

ni—nü　　　nie—nüe　　　li—lü　　　　　lie—lüe

ji—ju　　　jie—jue　　　jian—juan　　　jin—jun　　　jing—jiong

qi—qu　　　qie—que　　　qian—quan　　　qin—qun　　　qing—qiong

xi—xu　　　xie—xue　　　xian—xuan　　　xin—xun　　　xing—xiong

2. 朗读下列词语，比较下列词语，注意方言与普通话韵母的不同。

意见—预见　　通信—通讯　　移民—渔民　　戏曲—序曲　　潜力—权利

书籍—书局　　悬梁—贤良　　试卷—事件　　女的—你的　　权限—前线

生育—生意　　于是—仪式　　美育—美意　　人勤—人群　　缺点—切点

地区—第七　　一律—一例　　异域—意义　　鲤鱼—礼仪　　曲艺—起义

容易—荣誉　　奇遇—奇异　　寓意—异议　　白云—白银　　阅读—夜读

一句—一季　　记号—句号　　全面—前面　　潜水—泉水　　边缘—边沿

趣味—气味　　拳头—前头　　均匀—金银　　疲倦—皮件　　掠取—猎取

3. 朗读下列词语，注意分辨两个音节的韵母。

进军　军心　厌倦　英雄　继续　履历　原先　音韵　军民　比喻　寓意　异域

语气　纪律　捐献　寻亲　行凶　雄性　谜语　距离　应用　节约　泉眼　机遇

雨季　聚集　疑虑　曲艺　蓄意　淤泥　节略　例句　具体　预计　吸取　体育

选编　因循　急剧　记叙　预计　戏剧

（四）分辨前鼻韵母和后鼻韵母

普通话鼻韵母中，充当韵尾的两个辅音 n 和 ng，都是鼻音，有明确的前后之分，如 an—ang, en—eng, in—ing, ian—iang, uan—uang, uen—ueng。但是，有些方言前、后鼻韵母不分，或者都读成前鼻音 –n 收尾的，或者都读成后鼻音 –ng 收尾的；或者部分区分，部分混淆，并且各地方言区分的鼻韵母也各不相同，情况比较复杂，分布地域也比较广。一般是后鼻韵母读成前鼻韵母的情况为多。学习时应根据自己方言的情况找出方言与普通话的不同之处，有针对性地纠正。

首先，要发准普通话的前、后鼻韵母，必须发准 –n（舌尖中浊鼻音）与 –ng（舌根浊鼻音）这两个鼻辅音韵尾。这两个鼻辅音的发音方法是相同的：都是浊鼻音，发音时软腭下降，打开鼻腔的通路，声带颤动，气流最终从鼻腔出来。二者的区别是发音部位不同：前鼻韵尾 –n 是舌尖中音，收尾时舌尖要抵在上齿龈上；后鼻韵尾 –ng 是舌根音，收尾时舌根要抬起与软腭构成阻碍（与辅音声母 g 发音部位相同）。鼻尾音发完后检验一下自己的舌头停留在哪个部位就可以知道这个韵母的发音是否准确。

其次，要分清常用字中哪些字韵母带 –n 尾，哪些字韵母带 –ng 尾。可以利用形声字声旁类推法，如：

番—翻、藩、燔、蕃、幡、蹯

方—芳、坊、房、妨、肪、访、仿、纺、舫、放

门—们、闷、扪、钔、问、闻

蒙—檬、朦、礞、蠓、艨

分—芬、纷、氛、吩、酚、汾、棼、粉、份、忿

风—枫、疯、砜、讽

贞—侦、桢、祯、浈

正—征、整、政、怔、证、症、钲

争—睁、挣、狰、诤、峥、铮、筝

另外，还可以利用普通话声韵拼合规律来掌握一部分字的韵母，例如：

前鼻韵母 en 不能和声母 d、t、n、l 相拼，"灯、等、登，腾、誊、疼，能，冷、棱、愣"等的韵母肯定是 eng（扽 dèn、嫩 nèn 是例外）。

前鼻韵母 in 不能和声母 d、t 相拼，"丁、钉、顶，听、庭、厅，宁、凝、柠"等的韵母肯定是 ing。做下列对比辨音练习：

an—ang：南方　反抗　繁忙

en—eng：本能　神圣　人证

in—ing：聘请　新兴　心灵

ian—iang：边疆　联想　勉强

uan—uang：观光　宽广　钻床

uen—ueng：温—翁　问—瓮

ün iong：运用　军用　群雄

发音训练

1. 老师领读，注音区分下列韵母的读音。

an – ang　　en – eng　　in – ing

ian – iang　uan – uang　uen – ueng　　ün – iong

2. 朗读下列字词，注意其韵母的不同。

您—凝　林—灵　新—星　音—婴　班—帮　单—当　甘—刚　赞—藏

念—酿　健—将　烟—秧　人—仍　岑—层　民—名　染—嚷　暗—盎

温—翁　钧—炯　运—用　观—光　换—晃　川—窗　栓—霜　分—风

晚—网　盆—朋　粉—讽　痕—横　辰—程　身—声　站—账　门—盟

3. 朗读下列词语，比较方言与普通话韵母的不同。

天坛—天堂　　长针—长征　　开饭—开放　　分化—风化

脸面—两面　　出身—出生　　一半—一磅　　烂漫—浪漫

傍 bàng 晚—半 bàn 碗　　　粉 fěn 刺—讽 fěng 刺　　赞 zàn 颂—葬 zàng 送

花盆 pén —花棚 péng　　　陈 chén 旧—成 chéng 就　分 fēn 子—疯 fēng 子

扳 bān 手—帮 bāng 手　　　正 zhèng 中—震 zhèn 中　女篮 lán —女郎 láng

审 shěn 视—省 shěng 市　　反 fǎn 问—访 fǎng 问　　今 jīn 天—惊 jīng 天

担 dān 心—当 dāng 心　　　竞 jìng 赛—禁 jìn 赛　　　唐 táng 宋—弹 tán 送

红心 xīn—红星 xīng　　　水干 gān —水缸 gāng　　人民 mín —人名 míng

看 kān 家—康 kāng 佳　　　信 xìn 服—幸 xìng 福　　战 zhàn 防—账 zhàng 房

劲 jìn 头—镜 jìng 头　　　赏 shǎng 光—闪 shǎn 光　婴 yīng 儿—因 yīn 而

冉冉 rǎn —嚷嚷 rǎng　　　海滨 bīn —海兵 bīng　　土壤 rǎng —涂染 rǎn

零 líng 时—临 lín 时　　张 zhāng 贴—粘 zhān 贴　静 jìng 止—禁 jìn 止

整 zhěng 段—诊 zhěn 断　　印 yìn 象—映 yìng 象

上身 shēn —上升 shēng　　　频频 pín —平平 píng

人参 shēn —人生 shēng　　　深耕 shēn gēng —生根 shēng gēn

针 zhēn 眼—睁 zhēng 眼　　　分针 fēn zhēn　—风筝 fēng zhēng

成 chéng 风—晨 chén 风　　　深沉 shēn chén —生成 shēng chéng

同门 mén —同盟 méng　　　　亲近 qīn jìn —清静 qīng jìng

瓜分 fēn —刮风 fēng　　　　金银 jīn yín —晶莹 jīng yíng

出生 shēng —出身 shēn　　　山口 shān kǒu —伤口 shāng kǒu

4. 朗读下列词语，注意分辨两个音节的韵母。

方案　当然　傍晚　账单　商贩　防范　杠杆　上山　灵敏　精心

平民　艳阳　两面　清音　运用　群雄　证人　成本　进行　两边

观光　本能　登门　晨风　承认　量变　阴影　狂欢　双关　边疆

担当 dān dāng	班长 bān zhǎng	繁忙 fán máng	反抗 fǎn kàng
擅长 shàn cháng	商贩 shāng fàn	当然 dāng rán	账单 zhàng dān
方案 fāng àn	真诚 zhēn chéng	本能 běn néng	奔腾 bēn téng
品行 pǐn xíng	神圣 shén shèng	人生 rén shēng	心情 xīn qíng
皇冠 huáng guān	心灵 xīn líng	民兵 mín bīng	金星 jīn xīng
演讲 yǎn jiǎng	现象 xiàn xiàng	坚强 jiān qiáng	绵羊 mián yáng
岩浆 yán jiāng	镶嵌 xiāng qiàn	香甜 xiāng tián	想念 xiǎng niàn
观光 guān guāng	宽广 kuān guǎng	观望 guān wàng	万状 wàn zhuàng
端庄 duān zhuāng	光环 guāng huán	王冠 wáng guān	壮观 zhuàng guān

（五）分辨 eng 和 ong、ing 和 iong

有些方言将普通话韵母 eng、ong、ing、iong 混读，一般是 eng 与 ong 混读，ing 与 iong 混读。具体读法各地方言又有不同，普通话 eng 与 ong 韵母的字有的方言都读成 eng 韵母，有的方言都读成 ong 韵母；ing 与 iong 韵母的字有的都读成 ing，有的都读成 iong。学习时可根据自己方言的情况找出方言与普通话的不同之处，有针对性地练习。

首先，要掌握普通话韵母 eng、ong、ing、iong 的正确发音。这种混读是由于韵母中元音因素的不同造成的，因此掌握其中元音因素的发音成为关键。

eng 中的 e［ə］是舌面央、中、不圆唇元音，发音时舌位居中，双唇呈自然状态；

ong 中的 o［u］是舌面后、高、圆唇元音，发音时舌头后缩，双唇拢圆；

ing 中的 i［i］是舌面前、高、不圆唇元音，发音时舌头前伸，唇形不圆，呈扁平状；

iong 中的 io［y］是舌面前、高、不圆唇元音，发音时舌头前伸，唇形拢圆，呈扁平状。

由此看来，eng 与 ong、ing 与 iong 发音的不同，主要是由于其中的元音音素唇形的圆展造成的。

其次，要分清普通话中哪些字是不圆唇的 eng、ing，哪些字是圆唇的 ong、iong。可以利用形声字声旁类推法，例如：

eng 朋—棚 硼 鹏 崩 蹦 绷 嘣

　　夆—蜂 峰 锋 缝 烽 逢

　　登—凳 蹬 瞪 噔 澄 磴

　　曾—增 赠 憎 蹭 僧

ong 龙—聋 垄 笼 拢 陇 垅 咙 珑

　　宗—综 踪 棕 粽 鬃

　　中—种 钟 忠 肿 仲 盅 衷

　　共—供 恭 拱 龚 洪 烘 哄

ing 丁—顶 订 钉 盯 叮 酊 仃 疔 厅 汀

　　廷—庭 挺 艇 霆 梃 铤 蜓

　　宁—拧 狞 泞 咛

　　令—龄 铃 零 领 岭 伶 拎 玲 羚 聆 囹 瓴 翎

　　青—请 情 清 晴 蜻 精 睛 靖 静

iong 凶—胸 匈 汹

　　甬—蛹 勇 踊 恿 俑 涌

另外，还可以利用普通话声韵拼合规律来掌握一部分字的韵母，可参照《普通话声韵配合表》，如：

普通话中 b、p、m、f 四个声母不能和圆唇的 ong、iong 搭配，可以和不圆唇的 eng、ing 相拼。方言中如遇到 b、p、m、f 拼 ong、iong 的字，韵母要改为 eng 或 ing。普通话中韵母 iong 只能和 j、q、x 及零声母相拼，不能和其他辅音声母相拼，并且构成的字也很少，可用记少不记多的方法，如常用的有"窘、炯、迥，穷、琼、邛、茕、穹，胸、雄、凶、兄、熊、汹、匈，永、咏、泳、用、拥、佣、勇、涌、踊、蛹、恿、俑、甬、雍、雍、庸、慵"等。

发音训练

1. 朗读下列韵母，注意分辨其读音差别。

eng—ong—ong—eng　　ing—iong—iong—ing

2. 朗读下列单字，注意其后鼻韵母的不同

灯—东　腾—同　能—农　冷—拢　更—共　坑—空　恒—虹　政—众　诚—崇

影—永　仍—容　增—宗　层—从　僧—松　应—雍　景—炯　晴—穹　形—雄

3. 朗读下列词语，比较方言与普通话后鼻韵母的不同。

崇拜—成败　充分—成分　功名—更名　冬夏—灯下

忠诚—征程　　隆冬—冷冻　　公众—公正　　工农—功能

洪水—衡水　　行凶—雄性　　汹涌—雄鹰　　工种—工整

4. 注意分辨下列词语的后鼻韵母的不同。

明星	名声	名胜	命令	命名	柠檬	平等	平静	平整	评定
倾听	蜻蜓	清醒	情形	声明	生病	盛情	盛行	形成	净重
行星	行程	行径	行政	姓名	英明	丰登	奉承	横生	童声
惊醒	精诚	精明	晶莹	冷风	菱形	聆听	梦境	明静	共鸣
屏风	凭证	清净	清明	清蒸	轻盈	请命	庆幸	声称	通风
生性	生平	洪钟	空洞	空中	恐龙	隆重	笼统	通红	通用
浓重	溶洞	松动	曾经	成功	称颂	承重	敬重	奉送	耕种
亨通	称雄	惊动	精通	警钟	轻松	冷冻	凌空	零用	灵通
领空	萌动	能动	蓬松	凭空	轻重	听众	冲锋	崇敬	憧憬
洪峰	龙灯	聪明	动静	工程	工龄	功能	恭敬	供应	公证

（六）读准 ie 韵母字

北方部分地区将普通话 jie、xie 音节的一部分字的韵母读成了［iɑi］韵母，即普通话的 ie 韵母在方言中分化为 ie、iɑi 两个韵母。所以下列汉字普通话同音而有的方言不同音：

接、揭—街、皆、阶、秸

姐—解

借、藉—界、届、戒、介、芥、疥、诫

斜、邪、协、携、胁、勰—鞋、谐

谢、卸、泻、亵、燮—蟹、械、解（姓）、邂、懈

普通话中没有 iɑi 韵母，方言中凡读该韵母的字，一律改为 ie 韵母即可。这类字数量有限，只有 20 个左右。

发音训练

1. 比较下列词语方言与普通话韵母的不同。

交接—交界　　截道—街道　　接线—界线　　接济—阶级　　写字—鞋子

李姐—理解　　了结—了解　　借盐—戒严　　告捷—告诫　　会写—诙谐

凭借—评介　　师姐—世界　　调节—调解　　结实—届时　　携带—懈怠

揭示—街市　　姓谢—姓解　　接头—街头　　接替—阶梯　　截止—戒指

2. 朗读下列词语，注意 ie 韵母字的读音。

阶段　秸秆　街市　解答　介绍　戒严　芥菜　届时　界河

和谐　皮鞋　机械　解数　姓解　邂逅　松懈　螃蟹　规诫

（七）u 介音（韵头）问题

u 介音问题在方言中有两种情况：

1. 丢失 u 介音

丢失 u 韵头的情况主要发生在西南方言、湘方言、山东烟台方言中。

u 韵头的丢失，原因比较简单，主要是为了发音便利，而丢掉韵头。有丢失韵头情况的方言区的人需将本方言与普通话的读音进行比较，找出对应规律，然后系统地加以纠正。纠正这种状况需常常翻阅字表，熟悉声韵拼合规律，逐渐改正。

这些方言区将普通话 d、t、n、l、z、c、s 声母后的合口呼韵母读成了开口呼韵母，主要是将 uei、uan、uen 读成了 ei、an、en。下列汉字在普通话中是不同的韵母，而在方言中则分别成了相同的韵母。

普通话中没有 tei、cei、sei、den、ten、len 音节的字，dei（得）、zei（贼）、nen（嫩、恁）、zen（怎、谮）、cen（参、岑、涔）、sen（森）音节的字也很少。

2. 增加 u 介音

有些方言将普通话 ei 韵母拼 n、i 声母的字读成了 uei 韵母。普通话是没有 nui、lui 这类音节的，凡有这类音节的方言，学习普通话时应去掉韵头 u，读成 nei、lei 音节。这类汉字在普通话中很少，常用的有：内、馁、类、累、泪、雷、垒、勒、擂、蕾、肋、镭、磊、儡、羸、耒、诔、酹等。

发音训练

1. 比较下列音节读音的不同。

dei—dui　　dan—duan　tan—tuan　nan—nuan　lan—luan　zei—zui
zan—zuan　zen—zun　can—cuan　cen—cun　　san—suan　sen—sun

2. 比较下列词语方言与普通话韵母有无不同：

耽误—端午	淡水—断水	胆小—短小	弹弓—锻工	面谈—面团
泥潭—泥团	坛子—团子	山岚—山峦	三类—酸类	滥用—乱用
失散—失算	涣散—换算	电话—淡化	灰色—黑色	断然—淡然

3. 朗读下列词语，注意其中带 u 韵头的字的读音。

醉酒	催促	摧毁	璀璨	清脆	荟萃	对比	兑换	堆砌	队列
推测	颓废	翠绿	脆弱	精粹	纳粹	虽然	随笔	腿脚	蜕变
退却	嘴角	最近	罪行	隧道	麦穗	深邃	作祟	端庄	短评
段落	断定	绸缎	煅烧	锻炼	团结	湍急	温暖	峰峦	孪生
卵石	扰乱	遂愿	绥靖	隋朝	骨髓	岁月	粉碎	篡改	酸菜
蒜苗	算术	吨位	敦促	钻研	编纂	钻石	攥紧	攒动	窜逃
尊严	遵守	鳟鱼	村落	皴法	存在	墩子	蹲点	盾牌	顿号
遁词	吞并	颓废	推断	伦敦	谈论	随时	钻探	屯垦	囤聚
海豚	臀部	抡刀	伦理	水平	内部	内容	气馁	累赘	雷达
论语	昆仑	沦落	涤纶	轮班	论处	傀儡	肋骨	泪水	类比
劳累	擂台	婉转	传单	短文	璀璨	虽然	兑现	雷雨	羸弱

垒球　累计　磊落　花蕾　思忖　寸阴　祖孙　猢狲　损失　竹笋

（八）注意方言中的 ei 韵母字

普通话 ai、o、e、i 韵母的部分字，在有些方言中读成了 ei 韵母。下列汉字在有的方言中成了同音字："百、笔、伯、柏"，"麦、密、墨、默"。注意下列汉字的读音：

bai—掰、白、百、佰、摆、柏、败、拜、稗、拍、麦、脉、摘、宅、窄、翟、拆

bo—伯、柏、魄、迫、墨、默、陌

de—德、得、勒、格、隔、革、克、刻、客、则、责、泽、策、册、侧、色、涩、塞、扼、厄

bi—笔、彼、披、坯、密（口语）

发音训练

1. 比较下列音节读音的不同：

bai—bei　　pai—pei　　mai—mei　　zhai—zhei　　chai—chei
bo—bei　　po—pei　　mo—mei
de—dei　　le—lei　　ge—gei　　ke—kei
ze—zei　　ce—cei　　se—sei　　e—ei
bi—bei　　pi—pei　　mi—mei

2. 注意下列字在普通话中的读音。

掰—杯　百—北　败—备　拍—胚　麦—魅　脉—妹　默—媚
墨—昧　泽—贼　笔—北　彼—北　披—胚　坯—胚　密—寐

3. 朗读下列词语，注意韵母的发音。

摆渡　失败　拜托　拍子　掰开　白菜　一百　柏油　小麦　摘除　宅院
宽窄　姓翟　拆除　伯伯　柏林　魄力　墨汁　默写　陌生　得意　勒索
格外　隔离　革新　克服　时刻　客车　法则　负责　色泽　政策　颜色
手册　发涩　堵塞　厄运　扼要　钢笔　彼此　雨披　土坯　稠密　笔记

4. 朗读诗文。

雪花的快乐

徐志摩

假如我是一朵雪花，
翩翩的在半空里潇洒，
我一定认清我的方向——
飞扬，飞扬，飞扬，——
这地面上有我的方向。

不去那冷寞的幽谷，
不去那凄清的山麓，
也不上荒街去惆怅——
飞扬，飞扬，飞扬，——
你看，我有我的方向！

在半空里娟娟的飞舞，
认明了那清幽的住处，
等着她来花园里探望——
飞扬，飞扬，飞扬，——
啊，她身上有朱砂梅的清香！

那时我凭借我的身轻，
盈盈的，沾住了她的衣襟，
贴近她柔波似的心胸——
消溶，消溶，消溶——
溶入了她柔波似的心胸！

第五章　普通话音节和语流音变

教学目标：

　　本章主要介绍普通话音节的结构成分、结构方式、结构特点、声母和韵母的配合关系、拼音方法，以及普通话常见的语流音变现象与规律。学生通过学习与训练可掌握声韵配合规律，正确发音，掌握语流音变规律并在朗读和说话中规范地运用。

第一节　普通话音节

一、音节结构

　　音节是由一个或几个音素按一定规律组合而成的，它是听觉上最容易分辨出来的语音片段。当听到下列一段语流："liǔàn – huāmíng yòu yīcūn"时，很自然地会把这串声音分成七个语音片段，也就是七个音节，写出来是七个汉字："柳暗花明又一村。"所以音节可以凭借着听觉自然地划分出来。

　　对于汉语而言，区分音节更为简单。一般来说，一个汉字就代表一个音节，如上面所举的诗句有七个音节，也就意味着有七个汉字。但普通话语音里"儿化韵"是一种特殊的语流音变现象，如："你一点儿也不笨"，写出来是七个汉字，但读出来却只有六个音节，这是因为"一点儿"中的"儿"不是一个独立的音节，它和"点"合成儿化韵"diǎnr"了。学习普通话时应该注意这个问题，一般不宜把儿化韵中的"儿"读成一个单独的音节，但同时也必须注意另一个语音现象，在节奏鲜明的诗歌里或歌词里，为了适应整体韵律的需要，"儿"可以读成一个独立的音节，如歌词"月儿弯弯照九州"，其中的"月儿"如果唱成儿化韵"yuèr"，整句话语的节奏韵律就失去平衡，显得别扭拗口，所以这里的"月儿"不能作儿化韵处理，那么这句歌词就有七个音节。

　　（一）普通话音节的结构成分

　　在分析普通话音节时，传统的也是最为常用的分析方法是把一个音节分成声母、韵母、声调，简称为"声韵调"。普通话有21个辅音声母，39个韵母，4种声调，其中韵母构成相对复杂些，又可以分为韵头、韵腹、韵尾，这样普通话音节实际上由五个部分构成：声母、韵头、韵腹、韵尾、声调，又称之为"头、颈、腹、尾、声"。

（二）普通话音节的结构方式

在普通话音节中韵腹和声调是音节不可或缺的成分，而辅音声母、韵头和韵尾在音节中是可以不出现的，这样五个组成成分就有八种结构方式：

1. 韵腹 + 声调
2. 韵头 + 韵腹 + 声调
3. 韵腹 + 韵尾 + 声调
4. 韵头 + 韵腹 + 韵尾 + 声调
5. 辅音声母 + 韵头 + 韵腹 + 韵尾 + 声调
6. 辅音声母 + 韵头 + 韵腹 + 声调
7. 辅音声母 + 韵腹 + 韵尾 + 声调
8. 辅音声母 + 韵腹 + 声调

如果再把韵尾分成母音韵尾和辅音韵尾，那么普通话的音节就有 12 种构成方式，如表 5.1 所示。

表 5.1 普通话音节的 12 种构成方式

成　结构分例字	声母	韵母				声调
		韵头	韵腹	韵尾		
				元音	辅音	
无 wú			u			阳平
月 yuè		ü	ê			去声
澳 ào			ɑ	o [u]		去声
游 yóu		i	o	u		阳平
问 wèn		u	e		n	去声
云 yún			ü		n	阳平
题 tí	t		i			阳平
缺 quē	q	ü	ê			阴平
踩 cǎi	c		ɑ	i		上声
前 qián	q	i	ɑ		n	阳平
对 duì	d	u	e	i		去声
江 jiāng	j	i	ɑ		ng	阴平

说明：①韵母 iou、uei、uen 与辅音声母构成音节后的书写形式虽然是 iu、ui、un，但分析音节结构时仍要恢复为 iou、uei、uen，中间的元音不能省略。

②ê 和 ü 在音节里可以省略其附加符号，但分析音节时必须添加上去，以免和 e、u 相混。

③zh、ch、sh、r、z、c、s 后的舌尖元音要写成 –i，以便与 i 区别开来。

④y、w 仅是隔音符号，在分析音节时如果是 i、u、ü 改写成的，要恢复其原形，如果是添加上去的要去掉。

（三）普通话音节的结构特点

从上页列表中可以看出，普通话音节的结构有以下特点：

1. 韵腹和声调是一个音节不可缺少的成分。
2. 从整体上看一个音节最多有五个部分：声母、韵头、韵腹、韵尾、声调。
3. 从音质角度看一个音节最多由四个音素构成。
4. 音节中辅音位置固定，要么处于音节的开头做声母，要么处于音节的末尾做韵尾。
5. 音节中的韵头常常由高元音 i、u、ü 充当，韵尾由元音 i、u 或者辅音 n、ng 充当。

二、声母、韵母配合关系

（一）声母和韵母的配合情况

由于每一种语音系统都有自己不同于别种语音系统的规律，而且语音的演变也是有规律的，所以无论是从共时角度还是从历时角度上讲，普通话音节中声母和韵母的搭配应该具有很强的规律性。普通话中有 21 个辅音声母，根据发音部位的不同可以分成双唇音、唇齿音、舌尖前音、舌尖中音、舌尖后音、舌面前音、舌面后音七类；普通话中有 39 个韵母，根据开头音素口形特点的不同，可以分成开口呼、齐齿呼、合口呼和撮口呼四类。这样分类可以很好地说明声母和韵母的配合关系，一般地，属于同一发音部位的辅音常常和同一呼类拼合，属于同一呼类的韵母也常常和发音部位相同的辅音进行拼合。普通话中声母和韵母的配合关系如表5.2 所示。

表5.2　普通话中声母和韵母的配合关系

韵母　　　　　声母	开口呼	齐齿呼	合口呼	撮口呼
双唇音（b p m）	+	+	仅限于 u	-
唇齿音（f）	+	-	仅限于 u	-
舌尖中音（d t）	+	+	+	
舌尖中音（n l）	+	+	+	+
舌面前音（j q x）	-	+	-	+
舌面后音（g k h）	+	-	+	
舌尖后音（zh ch sh r）	+	-	+	
舌尖前音（z c s）	+	-	+	-

（二）普通话声母和韵母配合的规律

1. 从声母角度看

（1）双唇音 b、p、m 不能与撮口呼拼合，但可以和其他三呼拼合。

（2）唇齿音 f 只能和开口呼以及合口呼中的 u 相拼，不能与齐齿呼、撮口呼和除 u 以外的合口呼相拼。

（3）d、t 为舌尖中音的清音，除了不能和撮口呼相拼外，其他的三呼都可以与之相拼。

（4）n、l 为舌尖中音的浊音，拼合能力最强，可以和所有的四呼相拼。

（5）舌面前音 j、q、x 不能和开口呼、合口呼相拼，可以和齐齿呼、撮口呼相拼。

（6）g、k、h、zh、ch、sh、r、z、c、s 虽然发音部位不同，但都可以和开口呼、合口呼相拼，不能与齐齿呼、撮口呼相拼，这个拼合特点和 j、q、x 恰恰相反，这是语音历史演变的结果。

2. 从韵母角度来看

（1）开口呼的拼合能力最强，除了 j、q、x 外，其他的辅音都可以与它拼合。

（2）撮口呼的拼合能力最弱，除了 n、l、j、q、x 外，其他的辅音都不能与它拼合。

（3）合口呼韵母不与舌面前音 j、q、x 相拼，可以与其他各类声母相拼，但与双唇音、唇齿音相拼时仅限于单韵母 u。

（4）齐齿呼韵母可以和双唇音、舌尖中音、舌面音相拼，不与唇齿音、舌面后音、舌尖前音、舌尖后音相拼。

上述规律中，凡属某类声母与某类韵母不能相拼概无例外，能相拼的则并非全部能相拼，可能存在着特殊的情况，例如：一般来说，开口呼韵母能和舌面音以外的声母相拼，但其中的 er、ê 就不能与任何辅音相拼，还有舌尖前元音、舌尖后元音只能和舌尖前辅音、舌尖后辅音相拼，学习普通话应该注意这一点。

三、声母、韵母拼合音节表

在声母韵母配合关系表中，仅仅反映了声母和韵母搭配情况的概貌，并不能说明具体的辅音声母和具体的韵母之间的搭配关系，例如从总体规律讲，舌尖前音 z、c、s 可以和合口呼相拼，但如果具体到各个韵母，它们就不能和 ua、uai、uang 相拼，而舌尖后音 zh、ch、sh 恰巧能和这些韵母相拼，舌尖前音和舌尖后音的差别可以根据这些规律进行区分。所以，了解具体的声韵配合规律，对克服方言学好普通话有很大的帮助。下面根据韵母的四呼分成以下四个表（表 5.3、表 5.4、表 5.5、表 5.6），具体说明声韵的配合规律。

（一）开口呼音节

开口呼音节如表5.3所示。

表5.3　开口呼音节

韵\声	-i	a	o	e	ai	ei	ao	ou	an	en	ang	eng	ê	er
b		ba	bo		bai	bei	bao		ban	ben	bang	beng		
P		pa	po		pai	dei	pao	pou	pan	pen	pang	peng		
m	mi	ma	mo	me	mai	mei	mao	mou	man	men	mang	meng		
f		fa	fo			fei		fou	fan	fen	fang	feng		
d		da		de	dai	dei	dao	dou	dan		dang	deng		
t		ta		te	tai		tao	tou	tan		tang	teng		
n		na		ne	nai	nei	nao	nou	nan	nen	nang	neng		
l	li	la		le	lai	lei	lao	lou	lan	leng		lang	leng	leng
g		ga		ge	gai	gei	gao	gou	gan	gen	gang	geng		
k		ka		ke	kai		kao	kou	kan	ken	kang	keng		
h		ha		he	hai	hei	hao	hou	han	hen	hang	heng		
j														
q														
x														
zh	zhi	zha		zhe	zhai	zhei	zhao	zhou	zhan	zhen	zhang	zheng		
ch	chi	cha		che	chai		chao	chou	chan	chen	chang	cheng		
sh	shi	sha		she	shai	shei	shao	shou	shan	shen	shang	sheng		
r	ri			re			rao	rou	ran	ren	rang	reng		
z	zi	za		ze	zai	zei	zao	zou	zan	zen	zang	zeng		
c	ci	ca		ce	cai		cao	cou	can	cen	cang	ceng		
s	si	sa		se	sai		sao	sou	san	sen	sang	seng		
零		a	o	e	ai	ei	ao	ou	an	en	ang	eng	ê	er

从表中可以清楚地看出：

1．在基本音节中，由开口呼形成的音节最多。

2．ê 和 er 只能自成音节，不能和任何辅音声母搭配。

3．14 个开口呼韵母除了 -i 外都可以自成音节，只是有些音节常用，有些音节不常用罢了。

4. －i 不仅是开口呼中唯一不能自成音节的韵母，而且它只能和舌尖前音 z、c、s 和舌尖后音 zh、ch、sh 相拼，不能与其他辅音声母相拼。

5. j、q、x 不与开口呼相拼。

6. o 只和唇音相拼，不与其他的辅音拼合。

（二）合口呼音节

合口呼音节如表5.4所示。

表5.4　合口呼音节

韵　声	u	ua	uo	uai	ui	uan	un	uang	ueng	ong
b	bu									
p	pu									
m	mu									
f	fu									
d	du		duo		dui	duan	dun			dong
t	tu		tuo		tui	man	tun			tong
n	nu		nuo			nuan				nong
l	lu		luo			luan	lun			long
g	gu	gua	guo	guai	gui	guan	gun	guang		gong
k	ku	kua	kuo	kuai	kui	kuan	kun	kuang		kong
h	hu	hua	huo	huai	hui	huan	hun	huang		hong
j										
q										
x										
zh	zhu	zhua	zhuo	zhuai	zhui	zhuan	zhun	zhuang		zhong
ch	chu	chua	chuo	chuai	chui	chuan	chun	chuang		chong
sh	shu	shua	shuo	shuai	shui	shuan	shun	shuang		
r	ru		ruo		rui	ruan	run			rong
z	zu		zuo		zui	zuan	zun			zong
c	cu		cuo		cui	cuan	cun			cong
s	su		suo		sui	suan	sun			song
零	wu	wa	wo	wai	wei	wan	wen	wang	weng	

从表中可以看出合口呼韵母和声母相拼的特点如下：

1. u 在合口呼中是拼合能力最强的韵母，除了 j、q、x 都可以相拼。

2. 除了 ong 外，其他的合口呼韵母都能自成音节。

3. ueng 只能自成音节，不能和任何辅音声母相拼。

4. 合口呼不拼 j、q、x。

5. 舌尖前音 z、c、s 不与 ua、uai、uang 相拼，而舌尖后音 zh、ch、sh 可以。

6. 唇音仅和合口呼中的 u 相拼。

（三）齐齿呼音节

齐齿呼音节如表5.5 所示。

表5.5　齐齿呼音节

声\韵	i	ia	ie	iao	iou	ian	in	iang	ing
b	bi		bie	biao		bian	bin		bing
p	pi		pie	piao		pian	pin		ping
m	mi		mie	miao	miu	mian	min		ming
f									
d	di		die	diao	diu	dian			ding
t	ti		tie	tiao		tian			ting
n	ni		nie	niao	niu	nian	nin	niang	ning
l	li	lia	lie	liao	liu	lian	lin	liang	ling
g									
k									
h									
j	ji	jia	jie	jiao	jiu	jian	jin	jiang	jing
q	qi	qia	qie	qiao	qiu	qian	qin	qiang	qing
x	xi	xia	xie	xiao	xiu	xian	xin	xiang	xing
zh									
ch									
sh									
r									
z									
c									
s									
零	yi	ya	ye	yao	you	yan	yin	yang	ying

从表中可以看出齐齿呼韵母和声母拼合的特点如下：

1. 所有的齐齿呼韵母都可以自成音节。

2. 齐齿呼韵母不能和 g、k、h 及 zh、ch、sh、r、z、c、s 相拼，没有例外。

3. ia 仅和 j、q、x 相拼，lia 只是个例外。

4. j、q、x 能和所有的齐齿呼韵母相拼，没有例外。

5. in 常常和 l 相拼，和 n 相拼仅有一个汉字"您（nin）"；iang 也常常和 l 相拼，很少和 n 相拼，和 n 相拼的仅有两个字：娘、酿。n 和 l 可以此来区分。

（四）撮口呼音节

撮口呼韵母如表 5.6 所示。

表 5.6　撮口呼韵母

韵\声	ü	üe	üan	ün	iong
b					
p					
m					
f					
d					
t					
n	nü	nue			
l	lü	lüe			
g					
k					
h					
j	ju	jue	juan	jun	jiong
q	qu	que	quan	qun	qiong
x	xu	xue	xuan	xun	xiong
zh					
ch					
sh					
r					
z					
c					
s					
零	yu	yue	yuan	yun	yong

从表中可以看出撮口呼的拼合特点如下：

1. j、q、x 能和所有的撮口呼韵母相拼，没有例外。

2. n、l 仅仅能和撮口呼中的 ü、üe 相拼。

3. 除了 j、q、x、n、l 外，其他的辅音声母均不能和撮口呼相拼，所以撮口呼韵母的音节最少。

（五）常用基本音节

普通话声母、韵母相配的基本音节大约有 400 个左右。有的基本音节在日常语言中使用频率极高，而有些基本音节使用频率较低。学习普通话首先要掌握使用频率较高的基本音节，进而熟读这些音节形式。据统计，普通话中比较常用的基本音节共有 109 个，其中最为常用的有 14 个，次常用的有 33 个，又次常用的有 62 个。

1. 最为常用的基本音节（14 个）及其相关的汉字

de——的地得德

shi——是使十时事室市石师试史式失狮湿诗尸虱拾蚀实矢屎驶始示士世柿拭誓逝势嗜噬仕侍释饰恃视谥

yi——以已亿衣移依易医乙仪亦椅益倚姨翼译伊壹揖颐夷胰疑沂宜蚁彝矣艺抑邑役臆逸肆疫裔意毅忆义溢诒议谊异翌绎刈佚

bu——不步补布部捕卜簿哺堡埠怖埔卟逋瓿晡醭

you——有由又右油游幼优友铀忧尤犹诱悠邮酉佑幽釉攸莠呦

zhi——只之直知制指纸支芝蜘枝肢脂汁织职植枝执值倜址止趾旨志挚掷至致置帜秩炙稚质痔滞治窒陟芷

le——了乐勒肋

ji——几及急既即机鸡积记级极计挤己季寄纪系基激吉脊际击圾畸箕肌饥迹讥姬技棘辑籍集疾汲嫉蓟技冀伎剂悸济寂忌妓继

zhe——着这者折遮蛰哲蔗辙浙谪辄褶蜇

wo——我握窝卧挝沃蜗涡斡倭莴幄龌喔

ren——人任忍认刃仁韧妊纫仞稔葚

li——里离力立李例哩理利梨厘礼历丽吏犁黎篱狸漓鲤莉荔栗厉励砾

ta——他她它踏塔塌拓獭挞蹋榻

dao——到道倒刀岛盗稻捣悼导蹈

2. 次常用基本音节（33 个）

zhong、zi、guo、shang、ge、men、he、wei、ye、du、gong、jiu、jian、xiang、zhu、lai、sheng、di、zai、ni、xiao、ke、yao、wu、yu、jie、jin、chan、zuo、jia、xian、quan、shuo

四、声韵调配合总表

普通话中的 39 个韵母和 22 个声母可以配合组成 400 个左右的基本音节，如果再配上声调，理论上应该有 1600 个左右的音节。但实际上基本音节并不都是四声俱全的，有些基本音节可能仅有阴平、去声、上声而没有阳平，所以普通话中大概有 1200 个左右的音节。掌握这些声韵调的配合关系，对于方言区的人学习普通话，改掉方言习惯，有很大的帮助。例如：皖北方言中总是把"儿子"读成"ērzi"，而在普通话中根本没有 er 和阴平搭配的音节形式；再如"偶、藕"在皖北方言中总是被读成"óu"，而在普通话中也没有这样的音节形式。皖北方言区的人掌握了这些规律，对学习普通话会有事半功倍的效果。下面根据声母的性质制出了 5 个表格，如表 5.7 ~ 表 5.11 所示。

表 5.7　零声母音节

	阴平	阳平	上声	去声		阴平	阳平	上声	去声		阴平	阳平	上声	去声
a	+	+	+	+	wa	+	+	+	+	yao	+	+	+	+
ai	+	+	+	+	wai	+	−	+	+	ye	+	+	+	+
an	+	−	+	+	wan	+	+	+	+	yi	+	+	+	+
ang	+	+	−	+	wang	+	+	+	+	yin	+	+	+	+
ao	+	+	+	+	wei	+	+	+	+	ying	+	+	+	+
e	+	+	+	+	wen	+	+	+	+	yong	+	+	+	+
ê	+	+	+	+	weng	+	−	+	+	you	+	+	+	+
en	+	−	−	+	wo	+	−	+	+	yu	+	+	+	+
eng	+	−	−	+	wu	+	+	+	+	yuan	+	+	+	+
er	−	+	+	+	ya	+	+	+	+	yue	+	+	+	+
o	+	+	+	+	yan	+	+	+	+	yun	+	+	+	+
ou	+	−	+	+	yang	+	+	+	+					

说明：

①an、en、eng、ou、wai、weng、wo、yue 都没有阳平的音节形式。

②ang、en、eng 没有上声的音节形式。

③er 没有阴平形式。

④eng 仅有阴平音节形式，en 仅有阴平和去声。

表 5.8　送气声母和韵母、声调搭配的音节形式

	阴平	阳平	上声	去声		阴平	阳平	上声	去声		阴平	阳平	上声	去声
pa	+	+	−	+	tuo	+	+	+	+	cai	+	+	+	+
pai	+	+	+	+	ka	+	−	+	−	can	+	+	+	+
pan	+	+	−	+	kai	+	−	+	+	cang	+	+	−	−
pang	+	+	+	+	kan	+	−	+	+	cao	+	+	+	+
pao	+	+	+	+	kang	+	+	−	+	ce	−	+	+	+
pei	+	+	−	+	kao	+	−	+	+	cei	−			+

	阴平	阳平	上声	去声		阴平	阳平	上声	去声		阴平	阳平	上声	去声
pen	+	+	−	+	ke	+	+	+	+	cen	+	+	−	−
peng	+	+	+	+	kei	+	−	−	−	ceng	+	+	−	+
pi	+	+	+	+	ken	−	−	+	+	cha	+	+	+	+
pian	+	+	+	+	keng	+	−	−	−	chai	+	+	+	+
piao	+	+	+	+	kong	+	−	+	+	chan	+	+	+	+
pie	+	−	+	+	kou	+	−	+	+	chang	+	+	+	+
pin	+	+	+	+	ku	+	−	+	+	chao	+	+	+	+
ping	+	+	−	−	kua	+	−	+	+	che	+	−	+	+
po	+	+	+	+	kuai	−	−	+	+	chen	+	+	+	+
pou	+	+	+	−	kuan	+	−	+	−	cheng	+	+	+	+
pu	+	+	+	+	kuang	+	+	+	+	chi	+	+	+	+
ta	+	−	+	+	kui	+	+	+	+	chong	+	+	+	+
tai	+	+	+	+	kun	+	−	+	+	chou	+	+	+	+
tan	+	+	+	+	kuo	−	−	−	+	chu	+	+	+	+
tang	+	+	+	+	qi	+	+	+	+	chuai	+	+	+	+
tao	+	+	+	+	qia	+	+	+	+	chuan	+	+	+	+
te	−	−	−	+	qian	+	+	+	+	chuang	+	+	+	+
teng	+	+	−	−	qiang	+	+	+	+	chui	+	+	−	−
ti	+	+	+	+	qiao	+	+	+	+	chun	+	+	+	−
tian	+	+	+	+	qie	+	+	+	+	chuo	+	−	−	+
tiao	+	+	+	+	qin	+	+	+	+	ci	+	+	+	+
tie	+	−	+	+	qing	+	+	+	+	cong	+	+	−	−
ting	+	+	+	+	qiong	−	+	−	−	cou	−	−	−	+
tong	+	+	+	+	qiu	+	+	+	−	cu	+	+		+
tou	+	+	+	+	qu	+	+	+	+	cuan	+	+	−	+
tu	+	+	+	+	quan	+	+	+	+	cui	+	−	+	+
tuan	+	+	+	+	que	+	+		+	cun	+	+	+	+
tui	+	+	+	+	qun	+	+	−	−	cuo	+	+	+	+
tun	+	+	+	+	ca	+	−	+	−					

说明:

①pan、pen、kang 没有上声音节形式，而 pang、peng、kan 却有上声音节形式。

②can、pin 有上声音节形式，而 cang、ping 没有上声音节形式。

③te、cou、kuo、ce、cei 仅有去声而没有其他三声的音节形式。

④ken、keng、kong、kou、ku、kua、kuai、kun、kuo 都没有阳平音节形式。

表5.9　不送气声母和韵母、声调配合表

	阴平	阳平	上声	去声		阴平	阳平	上声	去声		阴平	阳平	上声	去声
ba	+	+	+	+	duo	+	+	+	+	zan	+	+	+	+
bai	+	+	+	+	ga	+	+	+	+	zang	+		+	+
ban	+	+	−	+	gai	+	−	+	+	zao	+	+	+	+
bang	+	−	+	+	gan	+	−	+	+	ze		+	−	+
bao	+	+	+	+	gang	+	−	+	+	zei	−	+	+	−
bei	+	+	−	+	gao	+	−	+	+	zen	+	−	+	+
ben	+	+	+	+	ge	+	+	+	+	zeng	+	−	−	+
beng	+	+	+	+	gei	−	−	+	−	zha	+	+	+	+
bi	+	+	+	+	gen	+	+	+	+	zhai	+	+	+	+
bian	+	+	+	+	geng	+	−	+	+	zhan	+	−	+	+
biao	+	−	+	+	gong	+	−	+	+	zhang	+	−	+	+
bie	+	+	+	+	gou	+	−	+	+	zhao	+	+	+	+
bin	+	+	−	+	gu	+	−	+	+	zhe	+	+	+	+
bing	+	−	+	+	gua	+	−	+	+	zhei	−	−	−	+
bo	+	+	+	+	guai	+	−	+	+	zhen	+	−	+	+
bu	+	+	+	+	guan	+	−	+	+	zheng	+	−	+	+
da	+	+	+	+	guang	+	−	+	+	zhi	+	+	+	+
dai	+	−	+	+	gui	+	−	+	+	zhong	+	−	+	+
dan	+	−	+	+	gun	−	−	+	+	zhou	+	+	+	+
dang	+	−	+	+	guo	+	−	+	+	zhu	+	+	+	+
dao	+	+	+	+	ji	+	+	+	+	zhua	+		+	−
de	+	+	−	−	jia	+	+	+	+	zhuai	+		+	+
dei	+	−	+	−	jian	+	−	+	+	zhuan	+		+	+
deng	+	−	+	+	jiang	+	−	+	+	zhuang	+		+	+
di	+	+	+	+	jiao	+	+	+	+	zhui	+	−	−	+

	阴平	阳平	上声	去声		阴平	阳平	上声	去声		阴平	阳平	上声	去声
dian	+	−	+	+	jie	+	+	+	+	zhun	+	−	+	−
diao	+	−	+	+	jin	+	−	+	+	zhuo	+	−	−	+
die	+	+	−	−	jing	+	−	+	+	zi	+	−	+	+
ding	+	−	+	+	jiong	+	−	+	−	zong	+	−	+	+
diu	+	−	−	−	jiu	+	−	+	+	zou	+	−	+	+
dong	+	−	+	+	ju	+	+	+	+	zu	+	+	+	−
dou	+	−	+	+	juan	+	−	+	+	zuan	+	−	+	+
du	+	+	+	+	jue	+	+	+	+	zui	+	−	+	+
duan	+	−	+	+	jun	+	−	+	+	zun	+	−	+	+
dui	+	−	−	+	za	+	−	+	−	zuo	+	+	+	+
dun	+	−	+	+	zai	+	−	+	+					

说明：

① 很多不送气声母和韵母、声调的搭配没有阳平的音节形式。

② 从韵母角度来看，合口呼中仅有 u、uo 和不送气声母相拼有阳平的形式，其他的合口呼和不送气声母相拼没有阳平形式。

表 5.10 浊声母与韵母、四声搭配的音节表

	阴平	阳平	上声	去声		阴平	阳平	上声	去声		阴平	阳平	上声	去声
ma	+	+	+	+	ni	+	+	+	+	liang	−	+	+	+
mai	−	+	+	+	nian	+	+	+	+	liao	+	+	+	+
man	+	+	+	+	niang	−	+	−	+	lie	+	−	+	+
mang	+	+	+	−	niao	−	−	+	+	lin	+	+	+	+
mao	+	+	+	+	nie	+	+	−	+	ling	−	+	+	+
mei	−	+	+ ·		nin	+	−	−	−	liu	+	+	+	+
men	+	+	−	+	ning	−	+	+	+	long	+	+	+	+
meng	+	+	+	+	niu	+	+	+	+	lou	+	+	+	+
mi	+	+	+	+	nong	+	−	−	+	lü	+	+	+	+
mian	−	+	+	+	nou	−	+	−	+	lu	+	+	+	+
miao	+	+	+	+	nu	−	+	+ ·	+	luan	−	+	+	+
mie	+	−	−	+	nü	−	−	+	+	lüe	−	−	+	+

	阴平	阳平	上声	去声		阴平	阳平	上声	去声		阴平	阳平	上声	去声
min	−	+	+	−	nuan	−	−	+	−	lun	+	+	+	+
ming	−	+	+	+	nüe	−	−	−	+	luo	+	+	+	+
miu	−	−	−	+	nun	−	−	+	+	ran	−	+	+	+
mo	+	+	+	+	nuo	−	+	−	+	rang	+	+	+	+
mou	+	+	+	−	la	+	+	+	+	rao	−	+	+	+
mu	−	+	+	+	lai	−	+	+	+	re	−	−	+	+
na	−	+	+	+	lan	−	+	+	+	ren	−	+	+	+
nai	−	−	+	+	lang	+	+	+	+	reng	+	+	+	−
nan	+	+	+	+	lao	+	+	+	+	ri	−	−	−	+
nang	+	+	+	+	le	−	+	−	+	rong	−	+	+	+
nao	+	+	+	+	lei	+	+	+	+	rou	−	+	−	+
ne	−	+	−	+	leng	+	+	+	+	ru	−	+	+	+
nei	−	−	+	+	li	+	+	+	+	rui	−	+	+	+
nen	−	−	−	+	lia	−	−	+	−	ruo	−	−	−	+
neng	−	+	−	−	lian	−	+	+	+					

说明:

①由于语音历史演变的原因，浊声母和韵母、声调的搭配形式很少是阴平的。例如：以 r 作为声母形成的音节的形式除了 rang 和 reng 有阴平外，其他的都没有阴平形式；以 n 作声母形成的音节形式除了 ni、nian、nie、niu（均为齐齿呼）有阴平形式外，其他的也没有阴平形式。

②miu、nen、ri、nou、nüe 仅有去声的音节形式。

表5.11 擦音（除 r 外）和韵母、声调搭配的音节表

	阴平	阳平	上声	去声		阴平	阳平	上声	去声		阴平	阳平	上声	去声
fa	+	+	+	+	hun	+	+	−	+	shui	−	+	+	+
fan	+	+	+	+	huo	+	+	+	+	shun	−	−	+	+
fang	+	+	+	+	sa	+	−	+	+	shuo	+	−	−	+
fei	+	+	+	+	sai	+	−	+	−	si	+	−	+	+
fen	+	+	+	+	san	+	−	+	+	song	+	+	+	+
feng	+	+	+	+	sang	+	−	+	+	sou	+	−	+	+
fo	−	+	−	+	sao	+	−	+	+	su	+	+	−	+

	阴平	阳平	上声	去声		阴平	阳平	上声	去声		阴平	阳平	上声	去声
fou	–	–	+	–	se	–	–	–	+	suan	+	–	–	+
fu	+	+	+	+	sen	+	–	–	–	sui	+	+	+	+
ha	+	+	+	+	seng	+	–	–	–	sun	+	–	+	+
hai	+	+	+	+	sha	–	+	+	+	suo	+	–	+	–
han	+	+	+	+	shai	+	–	+	+	xi	+	+	+	+
hang	+	+	+	+	shan	+	–	+	+	xia	+	+	+	+
hao	+	+	+	+	shang	+	–	+	+	xian	+	+	+	+
he	+	+	–	+	shao	+	+	+	+	xiang	+	+	+	+
hei	+	–	–	–	she	+	+	+	+	xiao	+	+	+	+
hen	–	+	+	+	shai	–	+	–	+	xie	+	+	+	+
heng	+	+	–	+	shen	+	+	+	+	xin	+	+	+	+
hong	+	+	+	+	sheng	+	+	+	+	xing	+	+	+	+
hou	+	+	+	+	shi	+	+	+	+	xiong	+	+	–	+
hu	+	+	+	+	shou	+	+	+	+	xiu	+	+	–	+
hua	+	+		+	shu	+	+	+	+	xu	+	+	+	+
huai	–	+	–	+	shua	+	–	+	+	xuan	+	+	+	+
huan	+	+	+	+	shuai	+	–	+	+	xue	+	+	+	+
huang	+	+	+	+	shuan	+	–	–	+	xun	+	+	–	+
hui	+	+	+	+	shuang	+	–	+	–					

说明:

① 以 f 为声母的音节形式除了 fo 仅有阳平、fou 仅有上声外,其他的四声俱全。

② hen 和 heng 都有阳平和去声的音节形式,但两者的阴平和上声音节的情况则截然相反,hen 无阴平、有上声,而 heng 有阴平、无上声。

③ 以舌尖音 s 作为声母,除了 song、su、sui(都是合口呼)有阳平的音节形式外,其他均没有阳平的音节形式。

④ sen 和 seng 仅有阴平音节形式,而相对应的 shen 和 sheng 四声俱全。

五、拼音方法

(一)基本音节拼音的方法

1. 两拼法

把声母和韵母直接拼合起来。

c + ao→cao   b + iao→biao

b + a→ba   d + i→di

d + un→dun   j + iang→jiang

这种方法较常用于没有介音的音节拼合，因为在小学学习汉语拼音阶段，并不单独学习 iao、iang、uan、uang 等这些带介音的韵母，而仅仅学习 ao、ang、an 等类似没有介音的韵母。

2. 三拼法

把音节分成声母、介音（韵头）、韵身（韵腹和韵尾的合称）三个部分进行拼合。

j + i + ang→jiang   k + u + ang→kuang

j + ü + an→juan   l + i + ao→liao

p + i + ao→piao   q + u + an→quan

这种分析方法把介音单独分离出来，所以不需要再单独学习 iang、uan、iao、uang、uan 这些带介音的韵母，无疑减轻了学习的负担，所以碰到有介音韵母拼合时常常使用这种方法。

3. 声介合拼法

先把声母和介音拼合起来，然后再和韵身进行拼合。

ji + ang→jiang   shu + ai→shuai

ti + ao→tiao   xi + ao→xiao

zhu + an→zhuan   pi + e→pie

这种拼音法经过两次拼合才能达到最终的目的，相对于其他方法而言稍显复杂些，所以不太常用。

4. 整体认读法

直接读出音节，不需要把音节分成几个部分，然后再进行拼合。这种方法要求必须熟练掌握基本音节，否则无法直呼出来。上述的四种方法最为常用的是两拼法和三拼法；有介音时常常使用三拼法，没有介音时常常使用两拼法。

（二）音节定调的方法

要读准音节，除了注意声母、韵母的拼合外，还要读准其声调，常用的定调方法有：

1. 数调法

先把声母、韵母拼合在一起，然后从阴平开始按照阴平—阳平—上声—去声的顺序依次数，一直数到目的声调为止。例如：

duò（舵）：d + uo→duō—duó—duǒ—duò

chǔn（蠢）：ch + un→chūn—chún—chǔn

初学拼音的人或者读不准阴平、阳平、上声、去声的人可以试着用这种方法正确区分四种声调，为直呼声调打下基础。

2. 韵身定调法

把声调附着在韵身上，然后再和音节的其他部分进行拼合。例如：

kuài （侩）：k + u + ài→kuài

duàn （段）：d + u + àn→duàn

3. 韵母定调法

把声调附着在韵母身上，然后再和音节的其他部分进行拼合。例如：

guàn （盥）：g + uàn→guàn

huǎng （谎）：h + uǎng→huǎng

4. 音节定调法

把声母和韵母拼合成一个基本音节，在此基础上直接呼出声调。例如：

lán （婪）：l + an→lán

diàn （玷）：d + ian→diàn

资料

《普通话水平测试用普通话词语表》易读错词语

（1）声调易读错词语

卑鄙 bēi bǐ	乘车 chéng chē	惩罚 chéng fá	从容 cóng róng
悼念 dào niàn	框架 kuàng jià	比较 bǐ jiào	骨髓 gǔ suǐ
号召 hào zhào	暂时 zàn shí	穴道 xué dào	夹道 jiá dào
保持 bǎo chí	本领 běn lǐng	彼此 bǐ cǐ	编辑 biān jí
处于 chǔ yú	并且 bìng qiě	捕捞 bǔ lāo	参与 cān yù
阐明 chǎn míng	颤抖 chàn dǒu	成绩 chéng jì	崇拜 chóng bài
挫折 cuò zhé	答案 dá àn	档案 dàng'àn	逮捕 dài bǔ
讽刺 fěng cì	俘虏 fú lǔ	抚摸 fǔ mō	感慨 gǎn kǎi
高涨 gāo zhǎng	铁轨 tiě guǐ	罕见 hǎn jiàn	痕迹 hén jì
呼吁 hū yù	湖泊 hú pō	疾病 jí bìng	即使 jí shǐ
既然 jì rán	刊登 kān dēng	题目 tí mù	渴望 kě wàng
连接 lián jiē	蚂蚁 mǎ yǐ	勉强 miǎn qiǎng	面积 miàn jī
模拟 mó nǐ	偶尔 ǒu ěr	胚胎 pēi tāi	气氛 qì fēn
奇迹 qí jì	曲折 qū zhé	然而 rán ér	燃烧 rán shāo
仍然 réng rán	儒家 rú jiā	稍微 shāo wēi	设置 shè zhì
适宜 shì yí	书籍 shū jí	脱离 tuō lí	危险 wēi xiǎn
侮辱 wǔ rǔ	狭窄 xiá zhǎi	冶金 yě jīn	胸脯 xiōng pú
雪白 xuě bái	研究 yán jiū	兴奋 xīng fèn	相互 xiāng hù
已经 yǐ jīng	抑制 yì zhì	医疗 yī liáo	拥有 yōng yǒu
涌现 yǒng xiàn	友谊 yǒu yì	与其 yǔ qí	约束 yuē shù

诊断 zhěn duàn	安逸 ān yì	按捺 àn nà	盎然 àng rán
白桦 bái huà	褒贬 bāo biǎn	撇开 piē kāi	撇捺 piě nà
琢磨 zuó mo	背脊 bèi jǐ	笨拙 bèn zhuō	迸发 bèng fā
笔迹 bǐ jì	编纂 biān zuǎn	摈弃 bìn qì	冰雹 bīng báo
病菌 bìng jūn	布匹 bù pǐ	裁军 cái jūn	惨死 cǎn sǐ
嘈杂 cáo zá	巢穴 cháo xué	沉吟 chén yín	驰骋 chí chěng
崇敬 chóng jìng	揣摩 chuǎi mó	怀揣 huái chuāi	低洼 dī wā
创口 chuāng kǒu	篡改 cuàn gǎi	结婚 jié hūn	灯塔 dēng tǎ
叮嘱 dīng zhǔ	跌落 diē luò	订正 dìng zhèng	颠簸 diān bǒ
豆浆 dòu jiāng	船桨 chuán jiǎng	笃信 dǔ xìn	扼要 è yào
帆船 fān chuán	繁衍 fán yǎn	梵文 fàn wén	绯闻 fēi wén
氛围 fēn wéi	焚烧 fén shāo	风靡 fēng mǐ	附和 fù hè
杆菌 gǎn jūn	秆子 gǎn zi	渔竿 yú gān	戈壁 gē bì
供销 gōng xiāo	公仆 gōng pú	勾当 gòu dàng	呵斥 hē chì
恍然 huǎng rán	幌子 huǎng zi	谎言 huǎng yán	讥讽 jī fěng
嫉妒 jí dù	混沌 hún dùn	浑浊 hún zhuó	混浊 hùn zhuó
棘手 jí shǒu	给养 jǐ yǎng	肩胛 jiān jiǎ	缄默 jiān mò
舰艇 jiàn tǐng	矫健 jiǎo jiàn	秸秆 jiē gǎn	劫持 jié chí
皎洁 jiǎo jié	脚趾 jiǎo zhǐ	精髓 jīng suǐ	拘泥 jū nì
矩形 jǔ xíng	颈椎 jǐng zhuī	窘迫 jiǒng pò	纠葛 jiū gé
倔强 juè jiàng	慷慨 kāng kǎi	苛求 kē qiú	渴求 kě qiú
棱角 léng jiǎo	懒散 lǎn sǎn	理应 lǐ yīng	涟漪 lián yī
脸颊 liǎn jiá	潦倒 liáo dǎo	镣铐 liào kào	流失 liú shī
流逝 liú shì	蛮横 mán hèng	谩骂 màn mà	闷热 mēn rè
泯灭 mǐn miè	拟人 nǐ rén	宁愿 nìng yuàn	诽谤 fěi bàng
镊子 niè zi	谄媚 chǎn mèi	鞭笞 biān chī	血泊 xuè pō
载重 zài zhòng	针砭 zhēn biān	缄默 jiān mò	挣揣 zhèng chuài
心扉 xīn fēi	沼泽 zhǎo zé	剽窃 piāo qiè	杳然 yǎo rán
黝黑 yǒu hēi	轻佻 qīng tiāo	揩油 kāi yóu	匪穴 fěi xué
倨傲 jù ào	稍息 shào xī	呕吐 ǒu tù	请帖 qǐng tiě
窥视 kuī shì	颔联 hàn lián	炫耀 xuàn yào	荫凉 yìn liáng
阴凉 yīn liáng	哄抢 hōng qiǎng	哄骗 hǒng piàn	起哄 qǐ hòng
佣金 yòng jīn	女佣 nǚ yōng	晕船 yùn chuán	枸杞 gǒu qǐ
窈窕 yǎo tiǎo	炮制 páo zhì	漂白 piǎo bái	瞥见 piē jiàn
估计 gū jì	篇章 piān zhāng	歧视 qí shì	绮丽 qǐ lì

谦逊 qiān xùn	虔诚 qián chéng	翘首 qiáo shǒu	悄然 qiǎo rán
翘望 qiáo wàng	顷刻 qǐng kè	权衡 quán héng	撒谎 sā huǎng
山峦 shān luán	深邃 shēn suì	倏然 shū rán	树冠 shù guān
水獭 shuǐ tǎ	伺机 sì jī	怂恿 sǒng yǒng	搜刮 sōu guā
逃窜 táo cuàn	剔除 tī chú	题词 tí cí	桅杆 wéi gān
畏缩 wèi suō	萎缩 wěi suō	肖像 xiào xiàng	袖珍 xiù zhēn
炫耀 xuàn yào	皮靴 pí xuē	俨然 yǎn rán	糟蹋 zāo tà
拯救 zhěng jiù	诸侯 zhū hóu	纵横 zòng héng	混淆 hùn xiáo
憧憬 chōng jǐng	绚丽 xuàn lì	喷香 pèn xiāng	鳏夫 guān fū
根茎 gēn jīng	分外 fèn wài	床榻 chuáng tà	眩晕 xuàn yūn
渲染 xuàn rǎn	询问 xún wèn	讯问 xùn wèn	徇私 xùn sī
作坊 zuō fang	组织 zǔ zhī	租金 zū jīn	蜚声 fēi shēng
北京 běi jīng	没有 méi yǒu	住持 zhù chí	脂肪 zhī fáng
咄咄 duō duō	哈达 hǎ dá	华山 huà shān	可汗 kè hán
教室 jiào shì	背包 bēi bāo	投奔 tóu bèn	菲薄 fěi bó
干瘪 gān biě	瘪三 biē sān	答应 dā yìng	芳菲 fāng fēi
恶心 ě xīn	颠倒 diān dǎo	耽搁 dān gē	供认 gòng rèn
反倒 fǎn dào	供给 gōng jǐ	山谷 shān gǔ	龟裂 jūn liè
号称 hào chēng	绷脸 běng liǎn	劈叉 pǐ chà	叉腰 chā yāo
济南 jǐ nán	执拗 zhí niù	冲床 chòng chuáng	自个儿 zì gěr
晃眼 huǎng yǎn	豁口 huò kǒu	结构 jié gòu	太监 tài jiàn
登载 dēng zǎi	瓜葛 guā gé	症结 zhēng jié	中肯 zhòng kěn
拮据 jié jū	坎坷 kǎn kě	笼罩 lǒng zhào	猫腰 máo yāo
启蒙 qǐ méng	蒙古 měng gǔ	撒种 sǎ zhǒng	散漫 sǎn màn
属于 shǔ yú	瞩望 zhǔ wàng	刷白 shuà bái	遂心 suì xīn
鲜见 xiǎn jiàn	踏步 tà bù	压轴 yā zhóu	旋转 xuán zhuàn
舌苔 shé tāi	恪守 kè shǒu	字帖 zì tiè	妥帖 tuǒ tiē
呕吐 ǒu tù	应用 yìng yòng	赠与 zèng yǔ	诸葛 zhū gě
骨碌 gū lu	王冠 wáng guān	道观 dào guàn	吭气 kēng qì
横财 hèng cái	糊弄 hù nong	虚晃 xū huǎng	几乎 jī hū
夹缝 jiā fèng	强求 qiǎng qiú	尽管 jǐn guǎn	眼泡 yǎn pāo
几何 jǐ hé	照片 zhào piàn	切题 qiè tí	曲调 qǔ diào
腥臊 xīng sāo	煞白 shà bái	胡同 hú tòng	应届 yìng jiè
与会 yù huì	缝隙 fèng xì	只身 zhī shēn	只管 zhǐ guǎn
请柬 qǐng jiǎn	妩媚 wǔ mèi	轶事 yì shì	蹩脚 bié jiǎo

妇孺 fù rú　　诤友 zhèng yǒu　　尽快 jǐn kuài　　汩汩 gǔ gǔ

瑰丽 guī lì　　刽子 guì zi　　亨通 hēng tōng　　莴苣 wō jù

无赖 wú lài　　狗獾 gǒu huān　　惶恐 huáng kǒng　　讳言 huì yán

教诲 jiào huì　　毋庸 wú yōng　　昏眩 hūn xuàn　　贫瘠 pín jí

佳节 jiā jié　　嘉奖 jiā jiǎng　　分析 fēn xī　　侥幸 jiǎo xìng

台阶 tái jiē　　泾渭 jīng wèi　　迥然 jiǒng rán　　负疚 fù jiù

袭击 xí jī　　盘踞 pán jù　　浚河 jùn hé　　亢奋 kàng fèn

懵懂 měng dǒng　　匡谬 kuāng miù　　诳人 kuāng rén　　迁徙 qiān xǐ

青睐 qīng lài　　凛冽 lǐn liè　　弥补 mí bǔ　　牛腩 niú nǎn

蹑足 niè zú　　宁静 níng jìng　　狞笑 níng xiào　　驽马 nú mǎ

弩箭 nǔ jiàn　　滂沱 pāng tuó　　苔藓 tái xiǎn　　刨除 páo chú

纰漏 pī lòu　　癖好 pǐ hào　　仪器 yí qì　　维护 wéi hù

骈文 pián wén　　沏茶 qī chá　　违约 wéi yuē　　修葺 xiū qì

迄今 qì jīn　　唯一 wéi yī　　砌墙 qì qiáng　　谴词 qiǎn cí

呛人 qiàng rén　　祛除 qū chú　　濡染 rú rǎn　　被褥 bèi rù

丧服 sāng fú　　飒爽 sà shuǎng　　介绍 jiè shào　　奢侈 shē chǐ

侍候 shì hòu　　剔除 tī chú　　颐养 yí yǎng　　倚靠 yǐ kào

容易 róng yì　　雍容 yōng róng　　迂回 yū huí　　昭示 zhāo shì

舆论 yú lùn　　咂嘴 zā zuǐ　　仄声 zè shēng　　憎恨 zēng hèn

札记 zhá jì　　召集 zhào jí　　遮挡 zhē dǎng　　症候 zhèng hòu

旗帜 qí zhì　　质量 zhì liàng　　接踵 jiē zhǒng　　恣意 zì yì

佝偻 gōu lóu　　谙熟 ān shú　　夹袄 jiá ǎo　　匕首 bǐ shǒu

秕谷 bǐ gǔ　　翻译 fān yì　　孵化 fū huà　　束缚 shù fù

敷衍 fū yǎn　　跛脚 bǒ jiǎo　　查缉 chá jī　　沉闷 chén mèn

唇膏 chún gāo　　成殓 chéng liàn　　逞能 chěng néng　　嗤笑 chī xiào

传播 chuán bō　　戳穿 chuō chuān　　辞藻 cí zǎo　　拊手 fǔ shǒu

窜改 cuàn gǎi　　弹力 dàn lì　　裤裆 kù dāng　　跌宕 diē dàng

悼唁 dào yàn　　踮脚 diǎn jiǎo　　仰视 yǎng shì　　繁缛 fán rù

(2) 声母易读错词语

孢子 bāo zǐ　　粗糙 cū cāo　　分泌 fēn mì　　腐朽 fǔ xiǔ

机械 jī xiè　　畸形 jī xíng　　纤维 xiān wéi　　秩序 zhì xù

贮存 zhù cún　　姿势 zī shì　　包庇 bāo bì　　濒临 bīn lín

怅惘 chàng wǎng　　打颤 dǎ zhàn　　堤坝 dī bà　　提防 dī fang

对峙 duì zhì　　发酵 fā jiào　　巷道 xiàng dào　　寒战 hán zhàn

哭泣 kū qì　　湖畔 hú pàn　　漂泊 piāo bó　　扁舟 piān zhōu

活泼 huó pō

鞭挞 biān tà

恫吓 dòng hè

气馁 qì něi

押解 yā jiè

坍塌 tān tā

挈带 qiè dài

高亢 gāo kàng

霎时 shà shí

甬道 yǒng dào

贮备 zhù bèi

伫立 zhù lì

刹那 chà nà

琛宝 chēn bǎo

赡养 shàn yǎng

蓄养 xù yǎng

胡诌 hú zhōu

侗族 dòng zú

复辟 fù bì

淙淙 cóng cóng

缔结 dì jié

伺候 cì hòu

鸟瞰 niǎo kàn

澎湃 péng pài

菜畦 cài qí

憔悴 qiáo cuì

缫丝 sāo sī

弄堂 lòng táng

轧钢 zhá gāng

翱翔 áo xiáng

鱼鳔 yú biào

疮痍 chuāng yí

邸宅 dǐ zhái

豢养 huàn yǎng

讣告 fù gào

泥淖 ní nào

膀胱 páng guāng

赚钱 zhuàn qián

奇葩 qí pā

市侩 shì kuài

丰稔 fēng rěn

妊娠 rèn shēn

角逐 jué zhú

石笋 shí sǔn

糟粕 zāo pò

粽子 zòng zi

麻痹 má bì

单于 chán yú

嗔怒 chēn nù

似的 shì de

屹立 yì lì

骤雨 zhòu yǔ

同胞 tóng bāo

整饬 zhěng chì

簇拥 cù yōng

歼灭 jiān miè

眼睑 yǎn jiǎn

铿锵 kēng qiāng

蹒跚 pán shān

接洽 jiē qià

引擎 yǐn qíng

稽留 jī liú

屏除 bǐng chú

粘贴 zhān tiē

悲恸 bēi tòng

摈弃 bìn qì

疵点 cī diǎn

诋毁 dǐ huǐ

打诨 dǎ hùn

撼动 hàn dòng

狙击 jū jī

粗犷 cū guǎng

冗长 rǒng cháng

膝盖 xī gài

愆期 qiān qī

色子 shǎi zi

真谛 zhēn dì

自诩 zì xǔ

戏谑 xì xuè

证券 zhèng quàn

功勋 gōng xūn

裨益 bì yì

赔偿 péi cháng

炽热 chì rè

翩跹 piān xiān

老妪 lǎo yù

姓晁 xìng cháo

蓓蕾 bèi lěi

阔绰 kuò chuò

皲裂 cūn liè

老趼 lǎo jiǎn

菁华 jīng huá

乜斜 miē xié

苗圃 miáo pǔ

悭吝 qiān lìn

龋齿 qǔ chǐ

稽首 jī shǒu

徜徉 cháng yáng

岿然 kuī rán

贲门 bēn mén

豺狼 chái láng

淳朴 chún pǔ

谛听 dì tīng

奇数 jī shù

恍然 huǎng rán

媲美 pì měi

悚然 sǒng rán

朔月 shuò yuè

膏肓 gāo huāng

毗邻 pí lín

擦拭 cā shì

妃嫔 fēi pín

偏颇 piān pō

荫庇 yìn bì

桎梏 zhì gù

损失 sǔn shī

波浪 bō làng

惆怅 chóu chàng

禅让 shàn ràng

长吁 cháng xū

宝藏 bǎo zàng

汤匙 tāng chí

开辟 kāi pì

回纥 Huí hé

傣族 dǎi zú

秘鲁 bì lǔ

沮丧 jǔ sàng

虐待 nüè dài

蹊跷 qī qiāo

掮客 qián kè

小觑 xiǎo qù

溃败 kuì bài

瓜蔓 guā wàn

哺育 bǔ yù

崩坍 bēng tān

犯怵 fàn chù

痤疮 cuó chuāng

缔造 dì zào

幡然 fān rán

犄角 jī jiǎo

亟待 jí dài　　　　校对 jiào duì　　　　下颌 xià hé　　　　譬如 pì rú

蜷曲 quán qū

(3) 韵母易读错词语

沉着 chén zhuó　　成熟 chéng shú　　飞跃 fēi yuè　　　角色 jué sè

咳嗽 ké sòu　　　模样 mú yàng　　　奴隶 nú lì　　　　努力 nǔ lì

钥匙 yào shi　　　宾客 bīn kè　　　沉没 chén mò　　　称职 chèn zhí

刚劲 gāng jìng　　核对 hé duì　　　开凿 kāi záo　　　露骨 lù gǔ

裸露 luǒ lù　　　蓦然 mò rán　　　暖和 nuǎn huo　　　肋骨 lèi gǔ

刁悍 diāo hàn　　埋怨 mán yuàn　　寒碜 hán chen　　　雕镌 diāo juān

曲轴 qū zhóu　　　慰藉 wèi jiè　　　相称 xiāng chèn　　爪牙 zhǎo yá

着落 zhuó luò　　着想 zhuó xiǎng　着眼 zhuó yǎn　　阻塞 zǔ sè

手癣 shǒu xuǎn　　金钗 jīn chāi　　咯血 kǎ xiě　　　勒索 lè suǒ

脉搏 mài bó　　　抹布 mā bù　　　呜咽 wū yè　　　殷勤 yīn qín

攒聚 cuán jù　　　猜度 cāi duó　　　舷窗 xián chuāng　挟制 xié zhì

携手 xié shǒu　　酗酒 xù jiǔ　　　摘取 zhāi qǔ　　　砧板 zhēn bǎn

投掷 tóu zhì　　　浸渍 jìn zì　　　柏树 bǎi shù　　　河蚌 hé bàng

剥皮 bō pí　　　薄饼 báo bǐng　　薄弱 bó ruò　　　只得 zhǐ dé

黜罢 chù bà　　　句读 jù dòu　　　呵欠 hē qiàn　　　徘徊 pái huái

咀嚼 jǔ jué　　　贿赂 huì lù　　　摞起 luò qǐ　　　愤懑 fèn mèn

木讷 mù nè　　　嫩芽 nèn yá　　　隐匿 yǐn nì　　　玩弄 wán nòng

抨击 pēng jī　　　披衣 pī yī　　　十坯 shí pī　　　解剖 jiě pōu

亲家 qìng jiā　　洗涮 xǐ shuàn　　游说 yóu shuì　　悖逆 bèi nì

河浜 hé bāng　　碑拓 bēi tà　　　省略 shěng lüè　　宠物 chǒng wù

醇香 chún xiāng　磋商 cuō shāng　水泵 shuǐ bèng　　弹劾 tán hé

脉脉 mòmò　　　拓本 tà běn　　　拓荒 tuò huāng　　粤菜 yuè cài

堆积 duī jī

(4) 声母和韵母都易读错词语

粳米 jīng mǐ　　　给以 gěi yǐ　　　供给 gōng jǐ　　　湍流 tuān liú

狭隘 xiá ài　　　啜泣 chuò qì　　　绰号 chuò hào　　涤纶 dí lún

干涸 gān hé　　　皈依 guī yī　　　横亘 héng gèn　　赧然 nǎn rán

惬意 qiè yì　　　思忖 sī cǔn　　　绦虫 tāo chóng　　提携 tí xié

阴霾 yīn mái　　造诣 zào yì　　　灼热 zhuó rè　　　岑寂 cén jì

瞠目 chēng mù　　凹陷 āo xiàn　　翁媪 wēng ǎo　　怆然 chuàng rán

辍学 chuò xué　　佝偻 gōu lóu　　鳜鱼 guì yú　　　引吭 yǐn háng

怯懦 qiè nuò　　薅草 hāo cǎo　　抓阄 zhuā jiū　　　喟然 kuì rán

仓廪 cāng lǐn　　联袂 lián mèi　　分娩 fēn miǎn　　酝酿 yùn niàng

浚河 jùn hé　　遗赠 yí zèng　　绰约 chuò yuē　　殒灭 yǔn miè

瀑布 pù bù　　小憩 xiǎo qì　　关卡 guān qiǎ　　天堑 tiān qiàn

嵌入 qiàn rù　　地壳 dì qiào　　慑服 shè fú　　摄影 shè yǐng

舐犊 shì dú　　枢纽 shū niǔ　　涎水 xián shuǐ　　叶韵 xié yùn

星宿 xīng xiù　　殷红 yān hóng　　赝品 yàn pǐn　　痄子 yào zi

笑靥 xiào yè　　谒见 yè jiàn　　摇曳 yáo yè　　游弋 yóu yì

无垠 wú yín　　须臾 xū yú　　破绽 pò zhàn　　陟山 zhì shān

惴惴 zhuì zhuì　　谆谆 zhūn zhūn　　郴州 chēn zhōu　　乳臭 rǔ xiù

咖喱 gā lí　　吮吸 shǔn xī　　粟类 sù lèi　　鬼祟 guǐ suì

倜傥 tì tǎng　　殄灭 tiǎn miè　　迢迢 tiáo tiáo　　荼毒 tú dú

斡旋 wò xuán　　可恶 kě wù　　捭阖 bǎi hé　　采撷 cǎi xié

丛冢 cóng zhǒng　　蹙额 cù'é　　迭出 dié chū　　讹人 é rén

丰腴 fēng yú　　蛊惑 gǔ huò　　纶巾 guān jīn　　蚝油 háo yóu

脚踝 jiǎo huái　　抉择 jué zé　　阒然 qù rán　　夙愿 sù yuàn

椭圆 tuǒ yuán　　文苑 wén yuàn　　陨落 yǔn luò

（5）轻读重读两可词语

白天 bái tiān　　报酬 bào chou　　别人 bié rén　　玻璃 bō li

长处 cháng chù　　成分 chéng fèn　　诚实 chéng shí　　出来 chū lái

出去 chū qù　　刺激 cì jī　　聪明 cōng míng　　答复 dá fù

底下 dǐ xià　　地下 dì xià　　懂得 dǒng de　　多少 duō shǎo

对不起 duì bù qǐ　　反正 fǎn zhèng　　分量 fèn liàng　　父亲 fù qīn

干净 gān jìng　　感激 gǎn jī　　跟前 gēn qián　　公平 gōng píng

工人 gōng rén　　费用 fèi yòng　　固执 gù zhí　　过来 guò lái

过去 guò qù　　好处 hǎo chù　　喉咙 hóu lóng　　后面 hòu miàn

花费 huā fèi　　回来 huí lái　　回去 huí qù　　机会 jī huì

家具 jiā jù　　价钱 jià qián　　讲究 jiǎng jiū　　进来 jìn lái

进去 jìn qù　　觉得 jué de　　会计 kuài jì　　来不及 lái bù jí

力量 lì liàng　　里面 lǐ miàn　　里边 lǐ biān　　老人家 lǎo rén jiā

了不起 liǎo bù qǐ　　逻辑 luó jí　　毛病 máo bìng　　棉花 mián huā

摸索 mō suǒ　　母亲 mǔ qīn　　哪里 nǎ lǐ　　佩服 pèi fú

菩萨 pú sà　　葡萄 pú tao　　妻子 qī zi　　起来 qǐ lái

气氛 qì fēn　　前景 qián jǐng　　情形 qíng xíng　　情绪 qíng xù

任务 rèn wù　　容易 róng yì　　上来 shàng lái　　上面 shàng miàn

上去 shàng qù　　身份 shēn fèn　　神气 shén qì　　舍不得 shě bu dé

使得 shǐ dé	势力 shì lì	熟悉 shú xī	说法 shuō fǎ
太阳 tài yáng	态度 tài dù	听见 tīng jiàn	外边 wài biān
外面 wài miàn	味道 wèi dào	西瓜 xī guā	下边 xià biān
下面 xià miàn	下来 xià lái	下去 xià qù	显得 xiǎn de
想法 xiǎng fǎ	小姐 xiǎo jiě	小心 xiǎo xīn	晓得 xiǎo de
心里 xīn lǐ	新鲜 xīn xiān	烟囱 yān cōng	摇晃 yáo huàng
夜里 yè lǐ	已经 yǐ jīng	意见 yì jiàn	意识 yì shí
因为 yīn wèi	应付 yìng fù	用处 yòng chù	右边 yòu biān
愿意 yuàn yì	早晨 zǎo chén	照顾 zhào gù	折磨 zhé mó
这里 zhè lǐ	值得 zhí dé	主人 zhǔ rén	嘱咐 zhǔ fù
资格 zī gé	左边 zuǒ biān	把手 bǎ shǒu	摆布 bǎi bù
摆弄 bǎi nòng	摆设 bǎi shè	褒贬 bāo biǎn	报应 bào yìng
北边 běi biān	本钱 běn qián	鼻涕 bí tì	别致 bié zhì
尺寸 chǐ cùn	吃不 chī bù	抽屉 chōu tì	搭讪 dā shàn
当铺 dàng pù	得罪 dé zuì	点缀 diǎn zhuì	打交道 dǎ jiāo dào
惦记 diàn jì	东边 dōng biān	短处 duǎn chù	翻腾 fān téng
分寸 fēn cùn	大不 dà bù	风水 fēng shuǐ	扶手 fú shǒu
服侍 fú shì	斧头 fǔ tóu	十粮 shí liáng	告卜 gào bǔ
公家 gōng jiā	功劳 gōng láo	恭维 gōng wéi	勾当 gōu dàng
估量 gū liàng	害处 hài chù	行家 háng jiā	和气 hé qì
荷包 hé bāo	滑稽 huá jī	荒唐 huāng táng	黄瓜 huáng guā
恍惚 huǎng hū	晦气 huì qì	火气 huǒ qì	伙食 huǒ shí
祸害 huò hài	忌讳 jì huì	缰绳 jiāng shéng	禁不住 jīn bu zhù
近视 jìn shì	看不起 kàn bu qǐ	考究 kǎo jiū	苦头 kǔ tóu
魁梧 kuí wú	拉拢 lā lǒng	牢骚 láo sāo	冷清 lěng qīng
伶俐 líng lì	琉璃 liú lí	露水 lù shuǐ	埋伏 mái fú
卖弄 mài nong	玫瑰 méi guī	眉目 méi mù	门面 mén miàn
免得 miǎn de	牡丹 mǔ dān	难处 nán chù	泥鳅 ní qiū
挪动 nuó dòng	喷嚏 pēn tì	牌坊 pái fāng	碰见 pèng jiàn
排场 pái chǎng	琵琶 pí pá	篇幅 piān fú	撇开 piē kāi
泼辣 pō là	破绽 pò zhàn	敲打 qiāo dǎ	俏皮 qiào pí
瞧见 qiáo jiàn	亲事 qīn shì	轻巧 qīng qiǎo	洒脱 sǎ tuō
神仙 shén xiān	生日 shēng rì	尸首 shī shǒu	手巾 shǒu jīn
算盘 suàn pán	孙女 sūn nǚ	太监 tài jiān	提拔 tí bá
体谅 tǐ liàng	体面 tǐ miàn	替换 tì huàn	通融 tōng róng

透亮 tòu liàng	徒弟 tú dì	围裙 wéi qún	喜鹊 xǐ què
薪水 xīn shuǐ	修行 xiū xíng	义气 yì qì	益处 yì chù
樱桃 yīng táo	鸳鸯 yuān yāng	月季 yuè jì	匀称 yún chèn
糟蹋 zāo tà	渣滓 zhā zǐ	照应 zhào yìng	阵势 zhèn shì
证人 zhèng rén	侄女 zhí nǚ	指头 zhǐ tou（或 zhí tou）	志气 zhì qì
周到 zhōu dào	住处 zhù chù	座位 zuò wèi	

注：① "不"嵌在词语中间时，既可以读轻声也可以读原有的调值。

②趋向动词"来、去"处在动词的末尾时，既可以读轻声也可以读原有的调值。

③方位词"里、面、边、上、下"，既可以读轻声也可以读原有的调值。

④可轻读、可重读的这些词语，有的读轻、读重意义上没有什么差异，有的读轻读重在意义上有一定的区别。

第二节　普通话语流音变

一、变调

（一）什么是语流音变

人们说话时，不是孤立地发出一个个音节，而是把音节组成一连串自然的"语流"。在连续发音形成的语流中，由于相邻音节的相互影响，有些音节的读音发生了一定的变化，这就是语流音变。

普通话的语流音变现象主要包括变调、轻声、儿化、语气词"啊"的变读等。掌握和运用普通话语流音变规律，可以使语音自然和谐而不生硬。

（二）什么是变调

普通话的四个声调是单个音节发音时的声调。在语流中，有些音节的声调因相邻音节声调的影响会发生音高变化，这就是变调。变调主要有两种：上声的变调和"一""不"的变调。

（三）上声的变调

普通话上声是降升调，调值为214。上声处在阴平、阳平、上声、去声前面都会产生变调。上声只有在单念或处在词语、句子的末尾时才有可能读完整的原调。

上声的变调规则如下：

1. 上声与非上声相连时的变调

上声在非上声（阴平、阳平、去声、轻声）前变成半上，调值由214变为21。例如：

（1）上声＋阴平

首都　解剖　普通　紧张　摆脱　北方　许多　导师　野心　保温

（2）上声＋阳平

祖国　导游　朗读　警察　导航　法庭　草原　考察　改革

（3）上声＋去声

礼貌　武汉　想念　考试　讨论　土地　保护　挑战　典范　本质

（4）上声＋轻声

矮子　耳朵　老婆　尾巴　里头　嘴巴　伙计　首饰　早晨　口袋

2．上声与上声相连时的变调

两个上声相连时，前一个上声变成阳平，调值由214变为35。例如：

上声＋上声：

水果　首长　简短　理想　懒散　海岛　美好　广场　母语　勇敢

三个上声连在一起，则按语音停顿情况来变：在第二个上声字后停顿，前两个上声一律变成阳平，调值由214变为35；在第一个上声字后停顿，第一个字变成半上，调值变为21，第二个字变成阳平，调值变为35。

在第二个字后停顿：

展览/馆　蒙古/语　选举/法　打靶/场　水彩/笔　管理/组　演讲/稿　手写/体

在第一个字后停顿：

小/两口　纸/老虎　冷/处理　耍/笔杆　好/领导　党/小组　很/勇敢　小/拇指

三个以上上声相连，按语意和气息自然划分节拍，再按照以上说到的变调规则进行发音。例如：

我很/了解/你。

请你/给我/五把/小/雨伞。

理想/永远/很/美好。

发音训练

1．练习要领。

上声变调的一般规则是"前变后不变"。即在语流中，上声作"前字"时变调，作"后字"（处于词句末尾）时不变调。

2．发音练习。

（1）词语练习

组织　小心　隐瞒　敏捷　挑逗　老实　举止　保险　影响　也许　感慨　美好

手写体　洗脸水　老保守　厂党委

（2）朗读片段

①这使我们都很惊奇！这又怪又丑的石头，原来是天上的啊！它补过天，在天上发过

热、闪过光，我们的先祖或许仰望过它，它给了他们光明、向往、憧憬；而它落下来了，在污土里，荒草里，一躺就是几百年了！

（节选自贾平凹《丑石》）

②其实你在很久以前并不喜欢牡丹，因为它总被人作为富贵膜拜。后来你目睹了一次牡丹的落花，你相信所有的人都会为之感动：一阵清风徐来，娇艳鲜嫩的盛期牡丹忽然整朵整朵地坠落，铺撒一地绚丽的花瓣。那花瓣落地时依然鲜艳夺目，如同一只奉上祭坛的大鸟脱落的羽毛，低吟着壮烈的悲歌离去。

（节选自张抗抗《牡丹的拒绝》）

（四）"一""不"的变调

"一""不"在这些情况下念本调：单独念；出现在词句末尾；"一"表日期或序数时，"不"在非去声前。"一""不"在其他情况下要进行变调：

1. "一"的变调规则

（1）"一"在阴平、阳平、上声前，变为去声

例如：

①"一"＋阴平

一杯　一棵　一生　一端　一经

②"一"＋阳平

一头　一同　一直　一旁　一条

③"一"＋上声

一统　一起　一手　一体　一举

（2）"一"在去声前，变为阳平

例如：

一切　一致　一阵　一半　一次　一定　一律　一度　一概　一道

（3）"一"夹在重叠式动词中间念轻声

例如：

尝一尝　看一看　洗一洗　说一说　笑一笑　问一问　学一学　瞧一瞧

2. "不"的变调规则

（1）"不"在去声前变为阳平

例如：

不幸　不但　不便　不利　不顾　不错　不测　不料　不愿　不愧

（2）"不"夹在语词中间读轻声

例如：

行不行　会不会　甜不甜　吃不吃　嫩不嫩　像不像　走不了　来不及

发音训练

1. 练习要领

"一"和"不"的变调都以它们后边的音节为变调条件，即"前变后不变"；如果"一""不"夹在词语中间则变读为轻声。

2. 发音练习

(1) 词语练习

一身　一行　一早　一起　一贯　不要　不必　不见　不管　不行

一朝一夕　一心一意　一丝一毫　一往无前　一见如故　一表人才

不伦不类　不尴不尬　不屈不挠　不知所云　不寒而栗　不共戴天

(2) 朗读片段

①我们于日用必需的东西以外，必须还有一点无用的游戏与享乐，生活才觉得有意思。我们看夕阳，看秋河，看花，听雨，闻香，喝不求解渴的酒，吃不求饱的点心，都是生活上必要的——虽然是无用的装点，而且是愈精练愈好。可怜现在的中国生活，却是极端地干燥粗鄙，别的不说，我在北京彷徨了十年，终未曾吃到好点心。

(节选自周作人《北京的茶食》)

②雨季的果子，是杨梅。卖杨梅的都是苗族女孩子，戴一顶小花帽子，穿着扳尖的绣了满帮花的鞋，坐在人家阶石的一角，不时吆唤一声："卖杨梅——"，声音娇娇的。她们的声音使得昆明雨季的空气更加柔和了。昆明的杨梅很大，有一个乒乓球那样大，颜色黑红黑红的，叫做"火炭梅"。这个名字起得真好，真是像一球烧得炽红的火炭！一点都不酸！我吃过苏州洞庭山的杨梅、井冈山的杨梅，好像都比不上昆明的火炭梅。

(节选自汪曾祺《昆明的雨》)

(3) 朗读小故事

①一个妄想自己是老鼠的男人，终于获准可以从精神病院出院了。

可是，他竟在医院出口处呆立不动，不敢出去。

医生觉得奇怪，问其理由。

"因为那边有猫。"

"但你不是已经知道你不是老鼠了吗？"

"确实不错，但猫可能不知道呀！"

②有一对新婚夫妇，两人相约，婚后一定要力行节约，不能乱花钱。

有一天，先生下班后，跟在公共汽车后面一路跑回家，跑得上气不接下气。

"亲爱的，我今天省了两块钱，因为我没有花钱搭公共汽车，而是跟在公共汽车后面跑回来的，省钱又健身。怎么样？很棒吧！"

"你呀，笨死了！才省两块钱，你就这么高兴啊？"太太很不高兴的训斥起来，"你怎么不会跟在一辆出租车后面跑回来，这样至少可以省几十块钱的车费了！"

二、轻声

（一）什么是轻声

在一连串音节组成的词或句子里，某些音节失去了它原有的声调，读得又轻又短，这就是轻声。轻声是音节连读时产生的一种变调现象，不是一个独立的调类。轻声一定出现在词语和句子中，没有独立存在的轻声音节。

（二）轻声的语音特性

轻声的语音特性是由音长和音高这两个主要因素构成的。

从音长上看，轻声音节的音长一般说来大大缩短，一个含有轻声音节的双音节词语发音时，可以把原本两个节拍的音长调整为：轻声音节读成近乎半拍，而前一个非轻声音节读成近乎一拍半。

从音高上看，轻声音节失去原有的声调调值，变为新的调值形式。

（三）轻声音节的调值

轻声是普通话四声的一种特殊变调，这种变调总是根据前一个音节声调的调值决定后一个轻声音节的调值，而与后一个音节原调调值没有关系。

具体地说，普通话轻声音节的调值有以下两种形式。

1. 轻声在非上声（阴平、阳平、去声）后，读短促的低降调，调值为31

例如：

（1）阴平＋轻声

玻璃　休息　知道　机灵　舒服　跟头　折腾　清楚　叔叔　疙瘩

（2）阳平＋轻声

头发　粮食　萝卜　麻烦　活泼　泥鳅　白天　朋友　抬举　行李

（3）去声＋轻声

豆腐　意思　骆驼　漂亮　扇子　吓唬　爱人　热闹　任务　应酬

2. 轻声在上声后，读短促的微升调，调值为34

例如：

眼睛　耳朵　体面　老实　已经　口袋　马虎　使唤　脊梁　祖宗

（四）必读轻声音节

普通话中的必读轻声音节大都带有一定的规律性，如带有附着性（附着在别的词或语素后边），缺乏独立性。带有规律性读轻声的词语主要有以下几种：

1. 结构助词"的、地、得"和动态助词"着、了、过"

例如:

我的　他的　偷偷地　飞快地　走得动

睡了　好了　微笑着　走着　去过

2. 语气词"吧、吗、呢、啊"等

例如:

去吧　放心吧　轻吗　还早呢　谁呢　是啊

3. 名词和代词的后缀"子、头、们、巴、么"等

例如:

桌子　燕子　帽子　兔子　房子　骨头　拳头　甜头　丫头　石头

嘴巴　结巴　哑巴　泥巴　尾巴　我们　同学们　这么　怎么　什么

4. 叠音词和动词的重叠形式后面的字

例如:

弟弟　奶奶　太太　娃娃　星星　坐坐　看看　打听打听　商量商量

5. 用在名词、代词后面表示方位的语素或词"上、下、边、面、里"

例如:

山上　路上　楼上　树下　阳光下　南边　前边　里面　后面　屋里

6. 用在动词、形容词后面表示趋向的词"来、去、开、起来、下去"等

例如:

进来　出来　过去　拿去　躲开　打开　藏起来　好起来　坐下去　溜出去

7. 嵌在词语中的"一、不"

例如:

坐一坐　想一想　去不去　好不好

普通话中还有一部分规律性不强,但习惯上必读轻声的词语。例如:

苗条　呵欠　粮食　好处　窗户　舒服　学问　名堂　出息　木匠

脾气　糊涂　动静　报酬　冤枉

发音训练

1. 练习要领。

训练时要注意领会轻声音节发音轻而短促的特点,注重掌握带有规律性的轻声词的共性特征。

2. 发音。

(1) 有规律的轻声词训练

看着　跑了　好吧　来过

偷偷地　馒头　我们

房子　床上　屋里　底下

过来　出去　打开　好起来

星星　看看　试一试　要不要

（2）必读轻声词

爱人	包袱	胳膊	疙瘩	工夫	姑娘	故事	棺材	官司	规矩
闺女	含糊	核桃	合同	狐狸	葫芦	活泼	伙计	机灵	家伙
见识	街坊	结实	戒指	精神	客气	口袋	困难	喇叭	懒得
老婆	老实	老爷	里头	力气	利落	凉快	粮食	玻璃	啰嗦
萝卜	骆驼	麻烦	马虎	买卖	忙活	苗条	明白	名堂	名字
模糊	脑袋	难为	能耐	暖和	盘算	佩服	朋友	琵琶	脾气
便宜	葡萄	漂亮	亲戚	清楚	热闹	人家	认识	傻子	扫帚
商量	少爷	牲口	生意	师傅	石榴	实在	使唤	收拾	舒服
算计	踏实	抬举	体面	挑剔	铁匠	委屈	希罕	吓唬	先生
相声	消息	笑话	兄弟	休息	秀才	学问	衙门	哑巴	胭脂
烟筒	眼睛	秧歌	养活	吆喝	妖精	衣服	意思	影子	应酬
冤枉	运气	在乎	咱们	扎实	招呼	折腾	指甲	嘱咐	主意

（3）绕口令

①一二三、三二一，一二三四五六七。七种果子摆七样，苹果、桃儿、石榴、柿子、李子、栗子、梨。

②毛毛和涛涛，赛跑又跳高，毛毛跳不过涛涛，涛涛跑不过毛毛，毛毛起得早，教涛涛练跑，涛涛起得早，教毛毛跳高，毛毛跳高跳过了涛涛，涛涛跑步跑过了毛毛。

③打南边来了个喇嘛，手里提着个鳎目；打北边来了个哑巴，腰里别着个喇叭。手提着鳎目的喇嘛，要拿鳎目换哑巴腰里别着的喇叭；腰里别着喇叭的哑巴，不肯拿喇叭换喇嘛手里提着的鳎目。手里提着鳎目的喇嘛打了腰里别着喇叭的哑巴一鳎目，腰里别着喇叭的哑巴打了手里提着鳎目的喇嘛一喇叭。

（4）朗读片段

①燕子去了，有再来的时候；杨柳枯了，有再青的时候；桃花谢了，有再开的时候。但是，聪明的，你告诉我，我们的日子为什么一去不复返呢？——是有人偷了他们罢：那是谁？又藏在何处呢？是他们自己逃走了罢：现在又到了哪里呢？

（节选自朱自清《匆匆》）

②这女人编着席。不久在她的身子下面，就编成了一大片。她像坐在一片洁白的雪地上，也像坐在一片洁白的云彩上。她有时望望淀里，淀里也是一片银白世界。水面笼起一层薄薄透明的雾，风吹过来，带着新鲜的荷叶荷花香。但是大门还没关，丈夫还没回来。

（节选自孙犁《荷花淀》）

三、儿化

（一）什么是儿化

普通话的儿化现象主要由词尾"儿"变化而来。

词尾"儿"本是一个独立的音节，由于它在口语中处于轻读的地位，长期与前面的音节流利地连读而产生音变，"儿"失去了独立性，"化"到前一个音节里，只保留一个卷舌动作，使两个音节融合成为一个音节，前面音节里的韵母发生了或多或少的变化，这种现象就是"儿化"。例如，"花儿"只能读成一个音节，发"hua"音时要在韵尾带上卷舌动作（-r）。

我们把这种带有卷舌色彩的韵母称作"儿化韵"。

（二）儿化发音的基本规则

儿化的发音取决于韵母的末尾音素是否便于发生卷舌动作。

1. 便于卷舌

便于卷舌，是指韵母的末尾音素是舌位较低或较后的元音（a、e、o、u），舌尖有足够的空间卷起。儿化时原韵母不变，直接卷舌。

例如：

a > ar	刀把儿	号码儿	找茬儿
ia > iar	掉价儿	一下儿	豆芽儿
ua > uar	麻花儿	脑瓜儿	大褂儿
e > er	个儿	打嗝儿	逗乐儿
ie > ier	半截儿	小鞋儿	锅贴儿
üe > üer	旦角儿	木橛儿	
o > or	粉末儿	土坡儿	耳膜儿
uo > uor	被窝儿	大伙儿	邮戳儿
ao > aor	好好儿	口罩儿	口哨儿
iao > iaor	面条儿	火苗儿	小鸟儿
u > ur	碎步儿	纹路儿	有数儿
ou > our	老头儿	门口儿	纽扣儿
iou > iour	一溜儿	抓阄儿	皮球儿

2. 不便于卷舌

不便于卷舌，是指韵母的末尾音素是前、高元音（i、ü），舌尖元音（-i），或鼻韵尾（n、ng），末尾音素的舌位与卷舌动作发生冲突。不便于卷舌韵母儿化时，发音器官自动将这些高舌位音素做了处理，发音要领分别为以下几点：

（1）主要元音是 i、ü，在后面加 er

例如：

i > i er　　　　玩意儿　　　米粒儿　　　垫底儿

ü > ü er　　　　金鱼儿　　　小曲儿　　　毛驴儿

（2）丢掉韵尾 i、n、ng，主要元音（i、ü 除外）卷舌。后鼻韵母丢掉韵尾 ng 后，主要元音要同时鼻化

例如：

ai > ar	小孩儿	鞋带儿	壶盖儿
uai > uar	一块儿		
ei > er	刀背儿	摸黑儿	倍儿（棒）
uei > uer	京味儿	一会儿	跑腿儿
an > ar	门槛儿	老伴儿	脸蛋儿
ian > iar	心眼儿	差点儿	冒尖儿
uan > uar	好玩儿	大碗儿	饭馆儿
üan > üar	人缘儿	烟卷儿	绕远儿
en > er	嗓门儿	大婶儿	纳闷儿
uen > uer	三轮儿	冰棍儿	没准儿
ang > ar（鼻化）	帮忙儿	药方儿	赶趟儿
iang > iar（鼻化）	鼻梁儿	好样儿	透亮儿
uang > uar（鼻化）	天窗儿	蛋黄儿	
eng > er（鼻化）	麻绳儿	板凳儿	门缝儿
ong > or（鼻化）	胡同儿	小葱儿	果冻儿
iong > ior（鼻化）	小熊儿		

（3）丢掉韵尾 n、ng，主要元音 i、ü 后面加 er。后鼻韵母丢掉韵尾 ng 后，主要元音要同时鼻化

例如：

in > i er　　　　今儿　　　皮筋儿　　　脚印儿

ün > ü er　　　　合群儿　　　花裙儿

ing > i er（鼻化）　电影儿　　打鸣儿　　火星儿

（4）丢掉舌尖元音 –i（前）、–i（后），加 er

例如：

–i（前）＞er　　　瓜子儿　　小字儿　　没词儿

–i（后）＞er　　　果汁儿　　树枝儿　　年三十儿

发音训练

1. 练习要领

儿化发音的主要特点是把"儿"（卷舌动作 r）"化"在与它结合的韵母上，要读得柔软、自然。

2. 发音练习

（1）儿化发音基本练习

把儿　价码儿　打杂儿　名牌儿　加塞儿

快板儿　老伴儿　包干儿　杂院儿　手绢儿

别针儿　走神儿　刀刃儿　打盹儿　胖墩儿

石子儿　挑刺儿　墨汁儿　记事儿　锯齿儿

肚脐儿　玩意儿　有劲儿　送信儿　今儿

小曲儿　痰盂儿　有趣儿　花裙儿　合群儿

（2）绕口令

①进了门儿，倒杯水儿，喝了两口运运气儿。顺手拿起小唱本儿，唱一曲儿，又一曲儿，练完了嗓子我练嘴皮儿。绕口令儿，练字音儿，还有单弦儿牌子曲儿。小快板儿，大鼓词儿，又说又唱我真带劲儿！

②有个小孩儿叫小兰儿，挑着水桶上庙台儿，摔了个跟头儿拣了个钱儿，又打醋，又买盐儿，还买了一个小饭碗儿。小饭碗儿，真好玩儿，红花儿绿叶儿镶金边儿，中间儿有个小红点儿。

（3）朗读片段

最妙的是下点儿小雪呀。看吧，山上的矮松越发的青黑，树尖儿上顶着一髻儿白花，好像日本看护妇。山尖儿全白了，给蓝天镶上一道银边。山坡上，有的地方雪厚点儿，有的地方草色还露着；这样，一道儿白，一道儿暗黄，给山们穿上一件带水纹儿的花衣；看着看着，这件花衣好像被风儿吹动，叫你希望看见一点儿更美的山的肌肤。等到快日落的时候，微黄的阳光斜射在山腰上，那点儿薄雪好像忽然害羞，微微露出点儿粉色。就是下小雪吧，济南是受不住大雪的，那些小山太秀气。

（节选自老舍《济南的冬天》）

（4）朗读小故事

猴吃西瓜

猴儿王找到个大西瓜。可是怎么吃呢？这个猴儿啊是从来也没吃过西瓜。忽然，他想出一条妙计，于是就把所有的猴儿都召集来了，对大家说："今天我找到一个大西瓜，这个西瓜的吃法嘛，我是全知道的，不过我要考验一下你们的智慧，看你们谁能说出西瓜的吃法，要是说对了，我可以多赏他一份儿；要是说错了，我可要惩罚他！"

小毛猴儿一听，搔了搔腮说："我知道，吃西瓜是吃瓤儿！"猴儿王刚想同意，"不对，我不同意小毛猴儿的意见！"一个短尾巴猴儿说："我清清楚楚地记得，我和我爸爸到我姑妈家去的时候，吃过甜瓜，吃甜瓜是吃皮儿，我想西瓜是瓜，甜瓜也是瓜，当然该吃皮儿啦！"大家一听，有道理，可到底谁对呢？于是都不由地把眼光集中到一只老猴儿身上，老猴儿一看，觉得出头露面的机会来了，就清了清嗓子说道："吃西瓜嘛，当然……是吃皮儿啦，我从小就吃西瓜，而且一直是吃皮儿，我想我之所以老而不死，也正是由于吃西瓜皮儿的缘故！"

有些猴儿早等急了，一听老猴儿也这么说，就跟着嚷起来，"对，吃西瓜吃皮儿！""吃西瓜吃皮儿！"猴儿王一看，认为已经找到了正确的答案，就向前跨了一步，开言道："对！大家说的都对，吃西瓜是吃皮儿！哼，就小毛猴儿崽子说吃西瓜是吃瓤儿，那就叫他一个人吃，咱们大家都吃西瓜皮儿！"于是西瓜一刀两断，小毛猴儿吃瓤儿，大家伙儿是共分西瓜皮儿。

有个猴儿吃了两口。就捅了捅旁边的说："哎，我说这可不是滋味啊！"

"咳——老弟，我常吃西瓜，西瓜嘛，就这味儿……"

四、语气词"啊"的音变

（一）什么是"啊"的音变

语气词"啊"在口语中往往出现在句末和句中停顿处，它会受到前面一个音节的末尾音素的影响而发生连读音变。我们把这种变化，叫做语气词"啊"的音变。

（二）"啊"的音变规则

"啊"的音变发音取决于"啊"之前音节的末尾音素。

1. "啊"之前音节的末尾音素是舌面元音 a、o、e、i、ü 时，"啊"音变为 ya（呀）

例如：

画呀　真多呀　唱歌啊　写呀　对啊　注意呀　争取呀　去啊

2. 其他"啊"音变都是将"啊"之前音节的末尾音素作为"啊"的韵头或声母，连读成音

例如：

u（ao）—wa：	真苦啊	好瘦啊	手真巧啊
n—na：	看啊	好人啊	小心啊
ng—nga：	大声唱啊	行不行啊	冲啊
—i（前）—/za/：	几次啊	真自私啊	第四啊
—i（后）—/ra/：	是啊	什么事啊	谁值日啊

发音训练

1. 练习要领

先将"啊"前面音节的末尾音素适度夸张延长，再与后面的"啊"自然连读。书面上虽然都写成"啊"，在读说时要注意按照规律变读。

2. 发音练习

读下列语句，注意"啊"的音变：

（1）这又怪又丑的石头，原来是天上的啊！

（2）然而，火光啊……毕竟……毕竟就在前头！

（3）我仰望一碧蓝天，心底轻声呼喊：家乡的桥啊，我梦中的桥！

（4）清晨，当第一束阳光射进舷窗时，它便敞开美丽的歌喉，唱啊唱，嘤嘤有韵，宛如春水淙淙。

（5）是啊，我们有自己的祖国，小鸟也有它的归宿，人和动物都是一样啊，哪儿也不如故乡好！

（6）人生会有多少个第一次啊！

（7）推开门一看，嗬！好大的雪啊！

（8）大约潭是很深的，故能蕴蓄着这样奇异的绿；仿佛蔚蓝的天融了一块在里面似的，这才这般的鲜润啊。

（9）我想张开两臂抱住她，但这是怎样一个妄想啊。

（10）在它看来，狗该是多么庞大的怪物啊！

测试篇

第六章 词汇语法测试指导

教学目标：

  本章主要介绍普通话词汇语法测试项说明及其应试提示。学生通过学习与训练可掌握词汇语法的测试规律及常见的错误和缺陷类型，从而能从容应对考试。

第一节 词汇语法测试

  这项测试的目的是重点考查应试人掌握普通话词汇、语法的程度。此项成绩占总分的10%，即10分。共包括三个内容：

  1. 考查应试人掌握普通话词汇的情况。在《普通话水平测试实施大纲》第三部分"普通话和方言常用词语对照表"，选列10组普通话和方言说法不同的词语，由应试人判断哪种说法是普通话的词语。错一组扣0.25分。

  在《普通话水平测试实施大纲》第三部分共列出了2572条普通话词语，与上海、厦门、广州、梅州、长沙五个方言点在说法上不同的词语对照。这些词语是从第二部分［表一］的8455条词语范围内，根据方言与普通话的对照选编的。应试者要在认真学习第二部分［表一］的基础上强化学习这2572条词语的用法。因此，学习训练这些词语不仅是这五个方言点所代表的方言区的应试者的事情，其他应试者也要认真准备。

  2. 考查应试人掌握量词的情况。在《普通话水平测试实施大纲》第四部分"普通话和方言常见的语法差异"中［二］"常见量词的选择"中抽选出5个量词，同时列出分别可以与之搭配的10个名词，由应试人现场组合。搭配错误的每次扣0.5分。

  《普通话水平测试实施大纲》共列出45个量词，并在量词后列出常见的能与之搭配的若干名词或者这个量词的使用范围。应试者要辨明在方言里容易搭配错误的用法着重进行训练。

  3. 考查应试人普通话语法的规范程度。在《普通话水平测试实施大纲》第四部分中选出5组普通话和方言在语序或表达方式上不一致的短语或短句，由应试人判定符合普通话语法规范的形式。判断失误每次扣0.5分。

  这项测试虽然是考查词汇语法的，但在口头回答时如果属于答案的部分读音有错误，也要扣分。每次字音错误扣0.1分。

作为方言区的考生,应特别注意所处方言区与普通话之间的语法差别,特别是南方方言区的受测人,方言与普通话之间的语法差别很大,应特别注意纠正平时的方言语法,注意普通话的词汇和语法规范。

第二节 各方言特征及训练要领

我国语言学家根据汉语方言的不同特点,把汉语划分为七大方言,分别是北方方言、湘方言、赣方言、吴方言、闽方言、粤方言和客家方言。在这七大方言内部,仍存在不同的次方言区。不同方言区方言与普通话之间的差别最集中地表现在语音上,其次是在词汇上,某些方言的语法和普通话也有一些差别。本节主要分析不同方言的词汇语法特征及其与普通话之间的差别,以帮助不同方言区的受测者更好地学好普通话。由于湘方言与北方方言之间差别较少,赣方言与客家方言有不少共同点,因此略去。

一、北方方言

(一)概述

官话方言通称北方方言,即广义的北方话,一般所谓"大北方话"。在汉语各大方言中,官话方言有它突出的地位和影响。近1000年来,中国许多优秀的文学作品,从唐宋白话到元曲到明清小说,都是在北方话的基础上创作的,再加以北京为中心的北方话通行地区从元代以来一直是中国政治、经济、文化高度集中的心脏地带,向来官场上办事交际,都使用北方话,因而有"官话"的名称。实际上它是汉语各方言区的人共同使用的交际语言,现在全国推行的普通话,就是在"官话"的基础上发展起来的现代汉民族共同语。

官话方言通行于长江以北各省全部汉族地区;长江下游镇江以上、九江以下沿江地带;湖北省除东南角以外的全部地区;广西壮族自治区北部和湖南省西北角地区;云南、四川、贵州三省少数民族区域以外的全部汉族地区。此外,在非官话方言区中,还有少数由于历史原因而形成的官话方言岛。如海南岛崖县、儋县的"军话",福建南平城关的"土官话",长乐洋屿的"京都话"等,使用人口7亿以上。

官话方言内部按其语言特点一般可以分为4个支系,即4个方言片(或称4个次方言):华北官话、西北官话、西南官话和江淮官话。

华北官话即狭义的北方话,它通行于北京、天津两市,河北、河南、山东、辽宁、吉林、黑龙江等省以及内蒙古自治区的一部分。其中东北三省和河北省的方言最接近民族共同语——普通话。

西北官话通行于山西、陕西、甘肃等省以及青海、宁夏、内蒙古的一部分地区。新疆汉族使用的语言也属西北官话。

西南官话通行于湖北省大部分地区（东南部、东部除外）、云南、贵州、四川三省汉族地区以及湖南、广西两省北缘地带。西南官话地域辽阔，但内部比较一致。

江淮官话俗称下江官话，通行于安徽省长江两岸地区，江苏省长江以北大部分地区（徐州一带除外），长江南岸镇江以上、南京以下地区，以及江西省沿江地带。

（二）特点

1. 词汇方面

（1）双音节词特别占优势。双音节词在汉语中是整个词汇里占比重最大的一部分，在官话方言中表现得尤为突出，如许多在官话方言中加"子"而成为双音节词的，在其他方言中往往是没有"子"的单音节词，如"稻子"在南方方言或叫"稻"（吴方言、闽方言），或叫"禾"（客家方言、湘方言、赣方言、粤方言）；"谷子"在南方方言或叫"谷"（吴、湘、赣、客家、粤等方言），或叫"粟"（闽方言）；"相片"一词在官话方言区各地大都叫"相片"或"相片儿"，而南方各方言，除客家、赣方言仍用双音节"相片"外，吴方言、粤方言、闽方言都是单音节词，或叫"照"（吴方言苏州话），或叫"相"（粤方言、闽方言）。

（2）古代语词保留得比较少。尽管每个汉语方言都继承了不少古代汉语的语词，但是相对而言，官话方言区各地方言保留古语词的现象比较少。例如"眼睛"一词，官话方言区各地大都说"眼睛"，而闽方言至今仍叫"目"，粤方言仍叫"眼"，保留了古代汉语对这一人体器官的名称；又如"站立"一词，除官话方言区及湘方言外，吴方言叫"立"，闽、粤、客家、赣等方言叫"企"，都沿用了古代汉语的说法；此外，还有一批极常见的生活用词，南方各方言保留了古代的说法，而官话方言则采用了跟现代汉语普通话一致的说法。如"看"是官话方言普遍通用的；而粤方言、闽方言（部分地区）却用古代的语词"睇"。

（3）外来借词比较少。和南方诸方言比较，官话方言中外来的借词比较少。南方闽、粤等地向来为出海门户，与外国接触多，方言中较易借入外语语词，如闽方言中借入不少印度尼西亚—马来语词，粤方言中借入不少英语语词。有时候同一个事物，官话方言与南方各方言却采用不同的词语来表达，显示出"外来"词与"土产"词的差别。例如"水泥"一词，粤方言区有人叫"士敏土"，吴方言叫"水门汀"，都是英语"cement"的译音；闽方言叫"番家灰""红毛灰"之类，也显示出外来的色彩，而官话方言大多数和共同语一样，用"水泥"（部分地方叫"洋灰"）这个地道的汉语语词。又如照相用的"胶卷"，官话方言各地都叫"胶卷"，而粤方言、闽方言、客家方言却都采用英语"film"的译音词"菲林"。

（4）语气词比较少，用法比较概括。和南方各方言比较，官话方言的语气词比较少，用法更加概括，分工不那么细。例如常见的语气词"呢、吗、啊"之类，官话方言跟共同语是一致的，而南方吴、粤等方言的语气词则丰富得多。

2. 语法方面

（1）构词方面，修饰性的词素一般在前。如除西南官话偶有"鸡公""鸡母"一类说法外，各地官话大都是"公鸡""母鸡""客人""拖鞋"等说法，不像南方某些方言把修饰性的词素加在后面。如"鸡公""人客""鞋拖"（闽方言）之类。

（2）运用语音内部曲折变化表现语法意义的现象比较少。除个别地方外，官话方言很少有语法学上所谓"构形法"，即"狭义形态"的东西，粤方言、闽方言用变音的方式来表现某种语法意义的现象在官话方言中很少见。

（3）结构助词"的、地、得"的运用。官话方言中不少地方有结构助词"的、地、得"，用途各不相同。这几个结构助词以北方官话用得最为普遍，已进入共同语的语法体系中。在官话以外的南方各大方言中，却很少见，就是有类似的结构助词，也不像官话方言那样"的、地、得"分工明确，用法不混。

（4）重叠式的运用范围相当广。官话方言的重叠式内容相当丰富，使用范围相当广泛。例如亲属称呼，南方闽、粤、客家、吴等方言一般都不用重叠式，多用单音节词素前加"阿"来称呼，如"阿爸""阿弟""阿嫂"之类。而在官话方言中，则普遍用重叠音节的方式来称呼人，如"哥哥""舅舅""爸爸""嫂嫂""叔叔"之类。又如某些常用的名词，在南方各方言中是不能重叠的，在官话方言中却以重叠的形式出现，如"星星"一词。在西南官话、西北官话中，重叠表示附加的小义。如成都话"盘盘"意为"盘儿"，"眼眼"意为"眼儿"，"豆豆"意为"豆儿"，西安话"帽帽"意为"帽儿"。西北官话有的地方量词和指示词也可以重叠，如西安话中量词重叠表示计量方式："这米不卖升升"（不按升卖）；指示词重叠表示所指的具体位置："你的站在这这等着"（你们站在这儿等着），这些重叠的用法在南方各大方言中都是没有的。

（5）量词的使用比较概括。官话方言中最常用的量词"个"用途很广，可以用在许多事物上面，虚的实的，都能和"个"配搭。称人一般在官话方言中用"个"和"位"（尊称），而在其他各大方言中，却用各种不同的量词，并往往在量词的选用中体现出一定的感情色彩和修辞风格。例如粤方言，既有"这位先生""那个同学"等合乎规范的叫法，而在某些场合，也有"呢条老坑"（这个老头儿）等指人量词的独特用法。

（6）官话方言中一个句子里可出现两个"了"字，前者表示动作、行为的完成，后者作为句末的语气词。如："他吃了饭了"，这种用法在南方各方言中比较少见。

（7）表示被动的介词比较多。在被动句里，表被动的词在官话方言中除了用"被"以外，还可以用"给"（他给人骂了）、"受"（小张受人欺负）、"让"（老鼠让猫逮住了）、"叫（教）"（我今天叫雨淋了一场）等。

（8）官话方言疑问句有两类不同的格式。一类是北方官话用的，跟共同语一样，有"是什么？""好吗？""是不是？"等句式；另一类是西南官话（云南、贵州）及江淮官话用的，跟共同语不一样，有"可是""可好?""是不?"等句式。

二、闽方言

(一) 概述

闽方言，又称闽语，俗称"福佬话"，是汉语七大方言中语言现象最复杂、内部分歧最大的一个方言。

闽方言主要通行于福建、广东、台湾三省和浙江省南部，以及江西、广西、江苏三省的个别地区，使用人口约 4000 万。

台湾省的 21 个县市中，除约占人口 2% 的高山族地区说高山语，台北、彰化之间的中坜、竹东、苗栗及新竹等地和南部屏东、高雄等县市，以及东部花莲、台东的部分地区通行客家方言外，其余各地的汉族居民都说闽方言，约占全省人口的 3/4 以上。浙江省南部泰顺、苍南、洞头、玉环等县的大部分和平阳县西部的少数地区，以及舟山群岛普陀、嵊泗县的一部分地区也说闽方言。

散居南洋群岛、中南半岛的华侨和华裔中，数百万人祖祖辈辈也以闽方言作为"母语"。在新加坡、马来西亚、菲律宾、印度尼西亚、泰国、缅甸以及印度支那各国的华裔社区中，闽方言也是主要的社会交际语之一。

闽方言按其语言特点大致分为 5 个方言片：闽南方言、闽东方言、闽北方言、闽中方言和莆仙方言。闽南方言是闽方言中使用人口最多、通行范围最广的一片，包括福建省内以厦门、漳州、泉州三市为中心的 24 个县市。福建省以外各地通行的闽方言，基本上也属于闽南方言。闽南方言以厦门话为代表，潮州话、文昌话也分别在广东东部和海南岛有较大的影响。闽东方言通行于福建省东部，包括以福州为中心的闽江下游地区和以福安为中心的山区，共 18 个县市，以福州话为代表。闽北方言通行于福建省北部建瓯、建阳、南平（乡区）、崇安、松溪、政和、浦城（南部），以建瓯话为代表。闽中方言通行于福建省中部永安、三明、沙县，以永安话为代表。莆仙方言通行于福建省东部沿海的莆田、仙游，以莆田话为代表。

(二) 特点

1. 词汇方面

闽方言有一大批属于本方言区常见而其他方言区少见的方言词。这些方言词有两个特点：一是继承古代的语词多，二是单音节词多。例如："卵"（蛋）、"目"（眼睛）、"涂"（泥土）、"暴"（晒）、"拍"（打）等，都可以从古籍中找到出处，也都是单音节词。此外，也有一部分闽方言词来自外语。这些外来词大都来自印度尼西亚—马来语，形成了闽方言词汇中的独特色彩，例如厦门话"雪文"（肥皂）来自"sabon"，"道郎"（帮助）来自"tolong"，"洞葛"（手杖）来自"tongkat"，"斟"（接吻）来自"chium"。也有一些来历不易判明的方言词，例如"扬"（抽打）等。

在闽方言的五个片中，有许多方言词是各片共有的，但也有不少方言词只存在于某一些地方。大致说来，在五个闽方言片中，闽东、闽南、莆仙三个沿海片词汇上比较一致，而闽北、闽中两个片，则有不少和闽东、闽南、莆仙不一样的语词。

2. 语法方面

（1）数词"一"和指示词"这""那"的省略。量词前面的数词"一"或指示代词"这"（"那"）在闽方言中往往可以省略，量词直接与名词组合。例如潮州话"张画雅绝"（这张画很漂亮），"只鸡肥死"（这只鸡很肥）。与此相关，指示代词"这""那"不能直接修饰名词，如普通话"这人很好"在闽方言说成"只个人很好"，不能说"只人很好"；同样，"这书"也只能说"只本书"，不能说"只书"。

（2）形容词—量词—名词的结构形式在闽方言各地普遍存在，但能和量词直接组合的形容词不多，最常用的是"大"和"细"（小）。例如厦门话"大只牛"、"细泡灯"等。

（3）动词"有"的特殊用法。闽方言动词"有"的用法很多，其中之一是放在动词的前面，表示完成时态。例如：福州话"我有收着汝个批"（我收到了你的信），厦门话"伊有食我无食"（他吃了我没吃），台北话"我有买"（我买了），潮州话"你有睇电影阿无?"（你看了电影没有）。

（4）宾语提前的现象比较常见。如"苹果买两斤"（买两斤苹果）的说法就很普遍。普通话"主语—动词—宾语"的句式在闽方言中常加上一个介词"共"（或"甲"），并把宾语提到动词前面，例如"我共汝讲"（我告诉你）。

（5）动词"去"常用作补语，表示动作行为已成为结果，相当于"已经"的意思，例如"飞去了"（已经飞了），"死去了"（已经死了），"碗破去了"（碗已经破了）。

（6）特殊的比较方式。闽方言的比较句有特别的结构，我国福建、台湾的闽方言多用"甲—较—形容词—乙"表示，如厦门话"伊较悬（高）我"，台北话"高雄较大新竹"。也有简单一点的表达方式："甲—形容词—乙"，如福州话"伊悬（高）我"。广东省内的闽方言（潮州话、海南话）比较的方式略有不同："甲—形容词—过—乙"如潮州话"牛大过猪"。闽方言的等式比较，常用形容词"平"的重叠来表示"一样"，例如："我共伊平平悬"（我跟他一样高）。

（7）"把"字句的表达方式。闽方言"把"字句的表达方式是把宾语提到最前面，后面跟一个"甲伊"（把它）即"宾语—甲伊—动词"，闽南方言片各地普遍通行这种说法。

三、吴方言

（一）概述

吴方言习惯上称吴语，也叫江浙话或江南话。"吴"是古代地域名称的沿用。

吴方言通行于江苏南部、上海、浙江、江西东北部、福建西北角和安徽南部的一部分地区，大约有 110 多个县市，使用人口 7000 万左右。

（二）特点

在词汇语法上吴语也有许多独特的特点，吴方言的词汇受北方方言的影响较大，较现代化的词汇的汉字写法和普通话大致相近，只是读音上有一定的差别。而固有词汇系统和北方方言有显著不同，有些甚至没有对应的汉字形式。

四、客家方言

（一）概述

客家民系的共同语言即客家方言。客家方言又称客方言、客话、客家话，属于汉语七大方言之一。从分布上看，主要在福建、广东、江西、湖南、台湾、四川等 6 个省，海外有马来西亚、新加坡、印度尼西亚等地。具体说，国内主要分布在：福建闽西地区的长汀县、连城、上杭等 8 个县；广东梅州、惠州、蕉岭等 16 县市；江西南部宁都、瑞金、兴国等 14 县市。此外，非纯客县，如福建南靖、平和、绍安、龙岩；广东潮州、海丰、韶关、东莞；江西铜鼓、广昌、永丰等不少县市的许多地区也讲客家话。此外，台湾、海南、四川、湖南等不同程度地分布着客家话。依据内部的差异，客家话大体可以分为三个类型：以长汀话为代表的闽西客家话，以梅县话为代表的粤东客家话，以赣县蟠龙话为代表的赣南客家话。进一步，可以分为如下八片：汀州片（又称闽客片）、粤台片、粤中片、惠州片、粤北片、宁龙片、于桂片及铜鼓片。

（二）特点

在词汇语法方面，客家方言最明显的是保留了不少古汉语词语。如"禾（稻子）、食（吃）、索（绳子）、面（脸）"。还有一些具有本方言特色的词，如"目珠（眼睛）、目汁（眼泪）"等。在语法上，常用一些如"老、公、子、哩、头"等前缀、后缀；用一些特定的助词或词语（如"黎、咧"等）表示动作时态；通过变化指示代词和声调变化区分近指和远指等。

五、粤方言

（一）概述

又称粤语，俗称广东话、广府话，当地人称白话，是汉语七大方言中语言现象较为复杂、保留古音特点和古词语较多、内部分歧较小的一个方言。

粤方言通行于广东、广西境内，以广州话为中心，使用人口约 4000 万。

（二）特点

1．词汇方面

（1）保持大量的古汉语。有些口语词在中原地区消亡了，却保留在粤语方言中，如"噷气"是西晋时的汉语口语，中原地区早不用了，粤语方言一直沿用至今；另一类语词直至今天，还是沿用中原语音来读，如"来"，粤语方言念成"嚟"。粤语方言中很多是古汉语，例如：食（吃）、行（走）、走（跑）、著（穿）、面（脸）、饮（喝）、畀（给）、斟（倒）、闹（骂）、晓（知道）、翼（翅膀）、晏（迟）、滚水（开水）、倾偈（交谈）、下昼（下午）及趁墟（赶集）等，都是古词语。

（2）与吴越（楚）语言有许多相近之处。如：须同苏，逃同徒，酒同走，毛同无，早同祖等。粤语称美好事物为"靓"，如今苏州、宁波等地仍用此语。粤语的"咐多"，实为吴越的"介多"。粤语自称我们为"我毗"，吴越称"侬吪"，"侬"是吴越古音。吴越语的"黄、王"读音不分，两广也同样如此。

（3）特殊词汇很多。如"菜"叫"餸"，"能干"叫"叻"，"什么"叫"乜嘢"，"睡"叫"瞓"等。广州人喜爱创造形象生动的俗语和俚语统称为惯用语。例如：八卦，即爱管闲事，爱讲是非；牛一，戏称生日；手信，送与亲友的礼物等。

（4）吸收外来语成分多。唐宋时期吸收阿拉伯语，如邋遢（脏），清至民国时期则大量吸收英语，如波（球），呔（车胎），买飞（买票）等。特别是近年来，粤语方言的发展变化较大，吸收了很多外来语，词汇创造量十分丰富，甚至将英语直译成粤语方言，如将 party 说成"派对"，show 说成"秀"，cool 说成"酷"等。

（5）词语结构特殊。粤语方言的名词重叠成分多。如：口多多（多嘴），心思思（心想），眼白白（睁眼）等；或者将动词、形容词重叠，如：搞搞震（搞事），湿湿碎（琐碎）等。

2．语法方面

（1）喜欢倒装。如普通话的"要紧"，粤语方言说成"紧要"；粤语方言将"客人"说成"人客"，将"公鸡"叫做"鸡公"，将"母鸡"叫做"鸡乸""鸡项"等，这些用词都带有古越语痕迹。

（2）语法颠倒。粤语方言含双宾语的句式，语序排列正好同普通话颠倒，如普通话习惯说"我给你送礼物"，粤语的习惯说法是"我送礼物畀你"；普通话说"你先吃"，粤语方言说"你食先"等。粤语方言是"主语＋谓语＋直接宾语（事或物）＋间接宾语（人）"，两个宾语的语法词序与汉语不同，如粤方言说"我年纪大过你"，普通话则说"我年纪比你大"。

（3）喜用民间俚语。请看下面一段粤语方言：昨天"潮流兴""炒更"，今天又兴"跳槽"。今天"老世"把你"炒鱿鱼"，明天说不定你会"炒""波士"。所以你要自己"执生"，也就是"食自己"，同时还要"识嘟"才会"超到两餐"。这一段话尽管你每个字都认识，但其中的意思只有懂粤语的人才明白，粤语方言的奥妙堪值品味。

六、常见问题及训练对策

（一）词汇

方言地区的人听、说普通话时在词汇上常见的毛病有三种：一是听时不知所云，说时无从表达；二是听得有误，说得不清；三是理解含糊，表达不准。原因是或受到方言的影响，或是作品的阅读不够，书面语修养不高。方言区的人学习普通话必须从考察自己平时说普通话的常见毛病入手，对词汇方面的问题进行分类解决。

（二）语法

常见的语法错误表现在以下几个方面：一是把方言的说法直接套用到普通话中，虽然意义不变，但不符合普通话表达习惯。例如普通话的"随便"，闽方言说"芒/青采/兴才"，普通话中"随便看看"不少人就说成"芒看看"；再如"喝醉酒"，闽方言说"食酒醉"，福建人常说成"吃酒醉"、"喝酒醉"。二是把方言的说法直接套用到普通话中，但方言的说法与普通话的说法之间在意义上并不完全对应。例如在闽方言的一部分地区，"不敢"兼有"不敢"与"不能"两个意义，普通话的"你不能去"当地人往往说成"你不敢去"，造成歧义。比如广西方言说"我不比他好"，意思是"我没有他好"。孤立地看，这句话没有语法错误，因为普通话中也有这样的句式。但是普通话中"我不比他好"包含两层意思，第一层是"我没有他好"，第二层是"我和他一样"。广西话"我不比他好"只能表达前一层意思，如果要表达的是后一层意思，这种说法就错了。所以对于这一类句式，只有在一定的语言环境中才能判断出正误来。三是不明白与方言对应的普通话说法，却选用了普通话中一种不合适的表达方法。如福州口语"天乍光"译成普通话是"天刚亮"，但当地人说普通话译成"天才亮"，福州话副词"乍"兼有普通话时间副词"刚"和"才"两个意思，而普通话的"刚"和"才"却不同义，造成了不准确的情况。上面提到的语法错误，在语法、语序和词汇方面都有所表现，因此，方言区的人员在训练普通话时要特别注重语法训练。

第七章　朗读测试指导

教学目标：

通过学习与训练，让学生能够读准作品中每一个音节的声母、韵母和声调，掌握连读音变、停连、重音和语调等朗读技巧，流畅地朗读作品。

第一节　朗读测试项说明

一、朗读测试的目的、要求

国家颁布的《普通话水平测试大纲》对朗读测试的目的做了详细的规定："测查应试人使用普通话朗读书面作品的水平。在测查声母、韵母、声调读音标准程度的同时，重点测查连读音变、停连、语调以及流畅程度。"测试的要求是从《普通话水平测试实施纲要》第五部分朗读材料（1~60号）中选取。评分以朗读作品的前400个音节（不含标点符号和括注的音节）为限。

这里非常强调应试人在朗读中连读音变、停连、语调以及流畅程度，是否符合普通话规范。朗读的测试重点并不是对应试人朗读技巧的测试，而是对应试人运用普通话朗读书面材料的能力和水平的判定。此项测试从语音、语调、停顿、限时五个方面进行考查。

二、朗读测试的评分细则

朗读测试成绩占普通话测试总分的30%，即30分。评分情况如下。

1. 错读、漏读、增读（每个音节扣0.1分）。

2. 声母或韵母的系统性语音缺陷（视程度扣0.5分、1分、2分）。

3. 语调偏误（视程度扣0.5分、1分、2分）。

4. 停连不当（视程度扣0.5分、1分、2分）。

5. 朗读不流畅（包括回读，视程度扣0.5分、1分、2分）。

6. 超时（扣4分）。

三、朗读测试训练的要求及应试提示

（一）训练要求

1. 语音规范

读准每个字词的声、韵、调，注意连读音变，容易读错的字词要查找后用拼音标记下来，对于语音缺陷问题，要掌握科学的方法，反复训练。

2. 语速适中

语速指语言的速度，它不仅表现为音节的长度，更表现为音节与音节之间的疏密度和语调的"音长"。朗读中应该采取适中的语速。应试者若是没有认真准备而造成语速过快或过慢将影响朗读的水平。

3. 停连恰当

在朗读训练时，对每一篇朗读作品的语句，都要找准其恰当的停连位置，不要"见字读音"，造成停连不当。

4. 语调准确

在朗读训练时，对每一篇朗读作品都应该认真反复地读，对朗读作品中的句子所应选用的语调仔细推敲。只有多读才能掌握好正确的字调，掌握好恰当的句调，克服语调偏误的现象。

5. 朗读流畅

只有经过反复训练，对作品内容的熟练度才会提升，应试者应克服朗读中"回读"、"误读"、"磕巴"，以及"漏读"、"增读"等不流畅现象。

（二）应试提示

1. 心理准备

过于紧张或过于懈怠，都是不好的心理状态，它会影响朗读的正常发挥，应尽力克服。正确的朗读心理应该是充满自信，以积极主动的心态参与应试，这样才能引发强烈的朗读愿望，发挥最佳朗读状态。

2. 应试前准备

应试前先抽签决定篇目，然后准备几分钟。首先快速浏览材料，找出自己平时容易读错的字词，确认它们的正确读音；然后，找准难点句段的断句、停顿；确立感情基调，最后最好能有感情地小声朗读一遍，才能做到胸有成竹。

3. 应试时注意事项

应试时若是遇上读错或误读句子的情况时，应采取"将错就错"的应对措施，千万不要"回读"或"纠错读"，这样将导致更多的失分。下面我们将按照《普通话水平测试实施纲要》的要求和朗读的评分标准从语音的规范、朗读的语调、朗读的停连等几个方面进行训练。

第二节　朗读测试指导

一、朗读概述

朗读，是一种运用声音技术将书面语言转化为有声语言的再创作活动。它对提高人们的阅读能力、语言学习能力、思维能力以及教师口语表达能力都起着重要作用，为此，应该掌握朗读的基本要求并按照这些要求训练朗读能力。说话是人们为了达到交际目的，运用有声语言交流思想、表达感情、传递信息的一种言语实践活动。它有叙述、描述、议论、说明4种表达方式。说话还是一种没有文字凭借的表达方式，本章主要训练即兴演讲、交谈、论辩等方面的说话能力。

（一）朗读的性质

朗读，是一种运用声音技术将书面语言转化为有声语言的再创作活动，是具有较高审美价值的艺术化的口语表达，是更能表情达意、言志传神的口头活语言。随着人们文化素养的提高，对朗读提出了更高、更多的要求，人们已经不再满足于照字读音的"念书"，而是要求朗读不仅要清晰、响亮、富有感染力，还要准确地表达书面语的内涵。朗读已经成为一门口头表达艺术，它要求朗读者对所诵读的文字作品进行再加工、再创作。所谓再创作，就是在深入理解和感受作品的基础上，通过富有感染力的声音，准确、鲜明、声情并茂地再现原作的思想内涵和精神特质。

（二）朗读的作用

朗读是一种具有较高文化品位的口语表达形式，它在人们的学习、工作和生活中起着非常重要的作用。

首先，朗读是一种提高人们的阅读能力和语言学习能力的重要手段。通过朗读，人们可以加深对作品的理解和感受，从而提高阅读作品的能力；同时，作品中优美的语言、准确的语词以及语言表达的技巧，还会对朗读者产生潜移默化的影响，在"润物细无声"的朗读过程中，提高了朗读者的语言学习能力和语言鉴赏能力，从而有效地提高朗读者的"内语言"能力。

其次，朗读是训练思维能力、提高口语表达能力的有效方法。思维和口语有着极为密切的关系。朗读，可以提高一个人的思维能力。在分析、感受作品的过程中，作品的思路、层次的构成、文气的贯通以及作品中优美的画面、鲜明的人物形象、复杂的情感等，对朗读者的逻辑力、分析力、理解判断力和想象力、创造力的提高都会有所帮助。通过朗读，还可以使朗读者积累大量的词汇。因为朗读的过程，也是广泛吸取古今中外名家语言精华的过程。作品中丰富的词语、精湛的句式结构、美妙的修辞方法都在丰富着朗读者的语言宝库。朗读的过程是一个反复实践、不断提高的过程，这一过程本身，就是一个提高口语表达能力的过程。

再次，朗读对教师口语能力的训练起着承上启下的作用。因为朗读训练是教师口语训练的有机组成部分，是普通话正音训练的继续，也是说话训练的开始。在普通话学习阶段，所掌握的声母、韵母、声调等知识，在发音训练中所学到的用气发声、共鸣控制、吐字归音等技能，都将在朗读训练的实践中得以融会贯通。朗读训练还是教师口语表达训练的开始。教师口语的表达，是一个由内部语言转化为外部有声语言的复杂过程。而朗读，则是把作品的书面语言转换为有声语言。在有声语言的实践中，口腔的开合、文字的正音辨调、语句的表情达意以及语言表达的技能技巧，都将是教师口语表达所迫切需要的基本功。

最后，朗读的过程还是一个审美享受的过程。通过朗读，可以使朗读者和听众深切地感受到作品所表现的生活美、自然美和艺术美。朗读者抑扬顿挫地朗读，又使听众感受到汉语语言的音乐美。

二、朗读测试指导

（一）深刻理解作品

理解是朗读的前提。朗读前，必须充分理解作品，深刻感受作品的内容和形式；还要进一步了解作品写作的时代背景和作者本人的主观意向。因为任何一部作品都离不开它所处的时代，每部作品都会有时代的烙印，都会渗透作者的主观感受。只有把握了作品的这些相关方面，语言表达的艺术效果才会渐入佳境。理解作品，主要包括以下两个方面：

1. 阅读作品

阅读作品是朗读准备工作的第一步，首先要了解作品说了什么。比如《卖火柴的小女孩》这篇文章，就叙述了除夕之夜，一个无家可归的小女孩冻死街头的故事。故事运用对比手法，把现实的"冷"与幻觉中的"热"加以对照，深刻揭露了现实世界的黑暗和悲惨。

2. 感受作品

感受作品、把握作品是朗读的关键一环。要朗读好一篇作品，首先要逐字逐句地阅读，一遍遍地反复思考，认真感受其中的每一个情景，领会其中的每一个观点，使作品里叙述的人物、事件在脑海里"活"起来。在此基础上，要根据朗读的需要，对作品的布局、结构进行总体的设计，比如对段落进行归并、划分等。其次要正确把握作品的主题。主题是作品的中心思想，是一篇文章的"灵魂"和"统帅"，也是一篇文章所要表达的中心意思。抓准了作品的主题，会使朗读的目的更加明确，使朗读"内明于心，外达于人"。

再次要注意把握作品的语言风格。语言风格是不同作者或作品在语言表达的整体风貌上所表现出来的个性特征。比如许地山《落花生》的朴素，巴金《海上日出》的明朗，高尔基《海燕》的豪放，等等。只有准确地把握作品的语言风格，才能传神地朗读出作品的独特韵味。

（二）明确朗读目的，确定朗读的感情基调

朗读的过程是朗读者对文章进行"二度创作"的过程。明确了朗读目的，就有了处理文章感情基调的基础。感情基调是指作品的基本情调和朗读者的情感态度。确定朗读的感情基调，就是要求朗读者把握作品总的感情色彩，并确定好自己的情感态度。朗读者只有从作品的人物、事件或作者的倾向及语言风格等方面去认真揣摩，才能恰当地把握住作品的基调。感情色彩有喜、怒、哀、乐之分，态度有肯定、否定、赞扬、批评之别，朗读者要从作品各方面的综合因素上去揣摩作品总的情感特色，确定朗读的态度。确定朗读的基调要注意两点：第一，基调要恰当，态度要鲜明。每篇作品都有其特定的感情色彩，朗读者应该在理解、感受中深入开掘，自然而然地把朗读者的态度融化在作品内容里，既保持作品基调，又有鲜明的朗读态度。如，汪国真的诗歌如小桥流水，亲切自然，还有几分羞涩；杜甫的诗则沉郁顿挫，富有"兼济天下"的忧患意识。第二，基调既要统一，又要有变化。作品的基调是一种整体感，是作品各部分具体感的总和，是各个局部的有机综合。但是各局部也必然会有其各显区别的、发生变化的具体色彩，这就要注意基调统一中的变化。如《卖火柴的小女孩》的基调是亲切爱怜、压抑愤懑，但那幻觉中的温暖、短暂的喜悦，表明了这个小女孩对幸福的憧憬和追求。这里，在亲切爱怜、压抑愤懑的基调中，出现了短暂的兴奋、明快的色彩。总之，只有明确了朗读目的，把握住了作品基调，才能把作品内容在情与声的统一中表现得更加充分、完美。

（三）关注听众，注意引发听众共鸣

朗读的过程实质上是一个朗读者和听众交流的过程。朗读没有听众，不可能实现朗读目的，所以朗读者首先应该做到"心中有人"；进而考虑到所面对的听众的身份，比如年龄、职业、种族、文化背景等因素，由此决定朗读时以何种态势与听众进行情感交流，以达成双方对作品内容的共识，从而产生共鸣，达到朗读的最佳效果。如果给幼儿园的小朋友朗读，朗读时语气应亲切生动，语调富有变化，表情丰富灵活，从而引起小听众的共鸣；如果听众是大学、中学学生，朗读者就要在表达更深刻的题旨和表达更丰富的感情等方面下工夫。另外，朗读过程中还要注意观察听众的反应，根据听众反馈的信息，及时调整自己，主动与听众交流，激发听众的情绪，千方百计把自己的有声语言送进听众的心里，让听众随着朗读者的情感跌宕而产生相应的心理反应。

（四）掌握朗读技巧

朗读技巧是实现朗读目的的重要手段，是对作品语言进行有声创作所进行的设计和处理。朗读之前，先要对作品有一个总体把握，如全篇的基调是什么，文章的开头、发展、高潮、结局应运用什么技巧来表现，哪里应该重读，哪里应该停顿的时间较长，哪里语速应该加快，哪里应该换气，等等，一一作出详细的安排，然后试读几遍，感受一下安排是否妥当，不当之处应再进一步调整，直到能把文章的思想感情和艺术成就完美地表达出来。

三、朗读技巧

对于特定的朗读作品，应试人可以先根据作品的思想内容确定其感情基调，然后根据其感情基调来确定全篇节奏和语速，最后根据上下文文意确定朗读时语音的轻重、停连和句调等。

（一）停连

停连是指朗读语流中声音的顿歇和连接，它受制于朗读者的生理需要与心理活动等因素。从生理角度来说，朗读者不可能一口气把一篇作品读完，中间总要停下来换气和进行气息调节，这就需要停顿。气息调节好后继续朗读，这又需要连接。从心理角度来讲，朗读作品句子的语法结构、内容的逻辑关系、感情的逐步变化被朗读者进行了认真的审视与揣摩后，引起心灵感应，并在原创作的基础上运用有声语言进行再创作时，才能更准确地选择与确定停顿和连接的位置。因此，停连恰当与否，会影响作品内容的表达。在朗读过程中，尤其要处理好停顿位置。

例如："别的动物的嘴∧只会吃东西，人类的嘴除了吃东西∧还会说话。"

这句除了在有逗号处要停顿外，还必须在前一分句中的"嘴"和后一分句中的"东西"之后分别安排一个小小的停顿。若不这样，而在后一分句的"吃"后面停顿，那就肯定违背了原文的意思，弄出"东西还会说话"的笑话了。

停顿，指语句或词语之间声音上的间歇，用／、∧、⌒标示。

1. 语法停顿

语法停顿是反映一句话里语法关系的停顿。在书面语里最明显地表现为标点，因此语法停顿时间的长短同标点大致相应，一般是：句号（问号、叹号）＞分号、冒号＞逗号＞顿号。例如：

（1）记得在小学里读书的时候，／班上有一位"能文"的大师兄，／在一篇作文的开头写下这么两句："∧鹦鹉能言，／不离于禽；∧猩猩能言，／不离于兽。"⌒我们看了都非常佩服。

（2）正是因为说话跟吃饭、／走路一样的平常，∧人们才不去想它究竟是怎么回事儿。

在没有标点的地方常常也有一些表示语法关系的停顿：较长的主语和谓语之间，动词和较长的宾语之间，较长的附加成分和中心语之间，较长的联合成分之间。

（3）这三件事儿／都是极不平常的。

（4）这就使／我越来越深刻地感觉到∧谁是我们最可爱的人。

（5）原子是由带正电的原子核／和核外带负电的电子∧组成的物质化学变化中的最小微粒。

语法是语言的结构规律。任何语言的句子都是由一定数量的词按照一定的语法规律排列组合起来的。朗读时，根据句子结构关系有目的地停顿，会使表达变得脉络分明，层次清楚。例如：

（6）α伟大的人／之所以伟大，／B就在于∧他决不做逼人尊重的人所作出的／那种倒人胃口的∧蠢事。

这是一个前果后因式的因果复句，由两个分句组成。分句α表示结果，比较简单，读时只需在关联词语"之所以"前作短暂停顿；分句B表示原因，比较长，结构较为复杂，读时中间需要多次停顿。首先，要弄清分句B的结构关系与结构层次：整个分句的第一层为动宾结构，"就在于"是谓语，后面的部分是宾语；第二层为主谓结构，主语是"他"，谓语是"决不做……蠢事"，这又是个动宾结构。朗读分句B时，停顿的位置首先应该选择在第一层的动宾之间，即"就在于"之后，其次，停顿的位置还应选择在第二层谓语"决不做……蠢事"的动宾之间，而这一层的宾语前面的限制语有多层关系，又要作一次停顿，中心语"蠢事"前的停顿稍长。

在朗读时一定要考虑到句子成分语法结构的完整性，不能将一个关系密切的结构单位肢解开来，或将关系不十分密切的语言单位捏合在一起，例如：

（7）叶徒相似，其∧实味不同。

（8）忠之属也，可∧以一战。

（9）这就是被誉为／"世界民居奇葩"、／世上独一无二的／神话般的山区建筑模式的／客家人∧民居。

有人将"其∧实味不同"、"可∧以一战"、"客家人∧民居"读成"其实∧味不同"、"可以∧一战"、"客家∧人民居"，显然是错误的。再如：

（10）语言学跟∧跟语言学有关系的一些问题

这是著名语言大师赵元任先生的一篇讲演题目。题目中出现了两个跟字，其意义是不一样的，第一个"跟"是连词，第二个"跟"是介词，朗读时，两个"跟"字中间一定要停顿。

以上所讲的都是句中和句间的停顿。在一篇文章中，通常段落之间的停顿比句间的停顿要长，层次之间的停顿又比段落之间的停顿长。

2. 强调停顿

为了强调某个事物或突出某个语意、某种感情所用的停顿，叫做强调停顿。这种停顿是由说话人的意图和感情决定的，所以没有确定的规律。它可以跟语法停顿一致，也可以在语法停顿的基础上改变停顿的长短，还可以跟语法停顿不一致。例如：

（1）谁是我们／最可爱的人呢？

（2）这不是很伟大的/奇观吗?

（3）语言，也就是说话，好像是/极其稀松平常的事儿。

（4）更妙的是，这只鹅从盘子里跳下来，背上插着刀和叉，蹒跚地在地板上走着，一直向这个穷苦的小女孩走来。⌒这时候，火柴灭了，⌒她面前只有一堵又厚又冷的墙。

（二）重音

朗读时，为了实现朗读目的，强调或突出词、短语、甚至某个音节，强调或突出的部分就称为重音，也叫重读。重音经常在独立完整的语句中出现，因此，也称"语句重音"。重音是体现语句目的的重要手段。朗读时，必须区分句子中哪些词是主要的，哪些词是次要的，并使次要的词从属于主要的词。一个独立完整的句子，只能有一个主要重音，重音在语句中的位置，没有固定格式，只有从朗读目的、愿望出发，在深刻理解和感受作品内容的基础上，才能准确地确定重音的位置。如果把朗读目的比喻成"一条红线"，语句重音就像一颗颗珍珠，用重音体现目的，犹如"红线穿珠"，一穿到底。重音不是"加重声音"的简称，突出重音的方法，多种多样。重音轻读、拖长也是突出，可以快中显慢，也可重中见轻，还可高低相间，虚实互转、前后顿歇……把握重音就是要处理好重音与非重音、主要重音与次要重音的关系，要学会在朗读时把非重音、次要重音"带过去"的本领。一般来说，凡可以区分程度轻重，突出某种性质、动作、范围、感情或提示注意的词或短语，都应该重读。

1. 语法重音

在不表示什么特殊的思想和感情的情况下，根据语法结构的特点而把句子的某些部分读得稍重一点的，叫做语法重音，它的主要规律有以下四种。

一般短句的谓语部分常重读。例如：

（1）今天是星期六。

（2）山朗润起来了，水涨起来了，太阳的脸红起来了。

谓语动词后的宾语常重读。例如：

（3）这两句话有问题。

句子的修饰、补充成分常重读。例如：

（4）风里带来些新翻的泥土的气息。（定语）

（5）慢慢儿一步一步地努力向上面升起来。（状语）

（6）树叶儿却绿得发亮，小草儿也青得逼你的眼。（补语）

某些疑问代词和指示代词常重读。例如：

（7）今天谁值日?

（8）这是一本书。

（9）你为什么光喊加把劲而让自己的手放在衣袋里呢?

（10）为什么偏白白走这一遭啊?

2．强调重音

为了表示某种特殊的思想和感情而把句子的某些词语读得特别重的现象，叫做强调重音，它的强度大于语法重音。

语句中什么地方该读强调重音没有固定的规律，往往由说话的目的而定。同样一句话，说话目的不同，强调重音也就不一样。

现以"我没叫他买书"为例，说明重音对表达的重要作用。

（1）<u>我</u>没叫他买书。——是别人叫他买的，与我无关。

（2）我<u>没</u>叫他买书。——我压根儿就不知道这回事。

（3）我没叫<u>他</u>买书。——我叫的是别人。

（4）我没叫他<u>买</u>书。——我叫他去借书的。

（5）我没叫他<u>书</u>。——我叫他买其他东西的。

从以上例句可以看出，重音位置不同，意义也就有明显的区别。所以，在朗读中一定要很好地理解作品，以确定重音的正确位置。

生活中，人们对自己说话的目的性、针对性是较明确的，所以一般不会说错，注意强调重音。但朗读却不同，绝大多数情况下读的是别人的文章，这就要求朗读者深入理解文章的思想内容，准确把握每句话的针对性、目的性，只有这样才能找准强调重音。可以说，没有准确的语句重音，朗读就难以达到准确地表情达意的目的。当然，语句中也有些地方通常总是读强调重音的，如表示比喻、夸张、对比、呼应、递进等意义的词语。

（1）比喻：要论中国人，必须不被<u>搽在表面的自欺欺人的脂粉</u>所诓骗，却看看他的<u>筋骨和脊梁</u>，自信力的有无，状元宰相的文章是不足为据的，要自己去看地底下。

（2）夸张：这棵圣诞树，比她去年圣诞节……看到的<u>还要大</u>，<u>还要美</u>。翠绿的树枝上点着<u>几千支</u>明晃晃的蜡烛。……只见圣诞树上的烛光越升越高，最后简直<u>成了天空中闪烁的星星</u>。

（3）对比：别的<u>动物</u>都吃<u>生</u>的，只有<u>人类</u>会烧<u>熟</u>了吃。

（4）呼应：<u>谁</u>在读英语？——<u>我</u>在读英语。你在读<u>什么</u>？——我在读<u>英语</u>。

（5）递进：两年以前，我们总自夸着"地大物博"是事实，不久就不再自夸了，只希望着国联，也是事实，现在是<u>既不夸自己</u>，<u>也不信国联</u>，改为一味求神拜佛，怀古伤今了——却也是事实。

重音一般用增加声音强度来表达，还可以用提高字调、拖长字音、一字一顿、重音轻读等方式来表达。另外，强调重音还常常伴随有强调停顿。例如：

<u>中国人</u>/失掉<u>自信力</u>了吗？（增加音强并兼用停顿）

树叶儿却绿得发亮，小草儿也青得/<u>逼</u>你的眼。（提高字调并兼用停顿）

自信其实<u>是</u>/早就失掉了的。（拖长字音并兼用停顿）

然而，在这笼罩之下，我们有并不失掉自信力的/<u>中国人在</u>。（一字一顿并兼用停顿）

风<u>轻</u>悄悄的，草软绵绵的。（重音轻读）

（三）句调

句调是指语句声音的高低升降变化。句子的升降是贯串于整个句子的，只是在句末音节（指句尾最后一个非轻声音节）上表现得特别明显。句调能表示语气（陈述、感叹、祈使、疑问）和说话人的感情、态度。例如：

我赞美白杨树。↓（降调、陈述语气）

你赞美白杨树？↑（升调、疑问语气）

句调大致可分为降抑调、扬升调、平直调、曲折调四种。

1. 降抑调

前高后低，语势渐降。一般用于陈述句、感叹句和祈使句，表示肯定、坚决、赞美、祝愿等感情。例如：

（1）这是虽在北方风雪的压迫下却保持着倔强挺立的一种树。↓

（2）我们有并不失掉自信力的中国人在。↓

（3）白杨树实在是不平凡的，我赞美白杨树！↓

（4）啊！请把我带走吧！↓

（5）可爱的小鸟和善良的水手结成了朋友。↓

（6）完工后就送给你吧。↓

（7）他一次次昏迷过去，又一次次地苏醒过来，心中只有一个念头：一定要活着回去。↓

2. 扬升调

前低后高，语势上升。部分疑问句用升调。一般句中暂停的地方也用升调。升调还用于表示号召、鼓动、反问、设问等。例如：

（1）这是他的衬衣？↑

（2）同学们上公园去了，你不去？↑

（3）小姐，您是哪国人？喜欢渥太华吗？↑

（4）怎么妈妈的妈妈也喜欢吃鱼头？↑

3. 平直调

全句语势平直舒缓，没有明显的升降变化。用于不带特殊感情的陈述和说明，还可以表示庄严、悲痛、冷淡等感情。例如：

（1）人类的视觉最发达，可是语言诉之于听觉。→

（2）于是有人慨叹曰：中国人失掉自信力了。→

（3）车队像一条河，缓缓地流在深冬的风里……→

（4）今天夜里到明天，晴到多云，东南风三到四级。→

（5）中国共产党中央委员会讣告。→

（6）夕阳落山不久，西方的天空，还燃烧着一片橘红色的晚霞。→

4. 曲折调

表示讽刺、怀疑、双关等语气，一般是在心情比较特殊的情况下用曲折调。曲折调有时先升后降，有时先降再升，呈波浪形，用"～"标示。例如：

（1）啊呀呀～，你放了道台了，还说不阔～？现在有三房姨太太，出门便是八抬的大轿，还说不阔～？吓，什么都瞒不过我～。

（2）"别人在这儿找不到金子后便远远地离开，而我的'金～子'是在这块土地里，只有诚实的人用勤劳才能采集到。"

（3）可怜的虫子！这样盲目地爬行，～什么时候才能爬到墙头呢？

（四）节奏与速度

在朗读中，朗读者由一定的思想感情的波澜起伏所形成的、在有声语言的表达上显示出来的快与慢、抑与扬、轻与重、虚与实等各种循环交替的声音形式，就叫节奏。

1. 节奏

节奏是就整篇作品说的，因此，节奏不完全等于速度，而速度是构成节奏的主要内容。

朗读所形成的节奏，种类很多，主要有以下几种类型：

紧张型——急促、紧张、气急、音短；

轻快型——多扬、少抑、轻快、欢畅；

高亢型——语势向高峰逐步推进，高昂、爽朗；

低沉型——语势抑闷、沉重，语音缓慢、偏暗；

凝重型——多抑少扬，语音沉着、坚实、有力；

舒缓型——气长而稳，语音舒展自如。

学会恰当地确定节奏类型，正确地运用节奏进行表情达意很重要。需要注意的是，每一种节奏类型都是对作品的全局性概括，并不是每一句话都符合这一类型。朗读实践证明，善于从具体作品、具体层次、具体思想感情中确定节奏类型，但又不拘泥于某种类型，根据需要，合理转换，才是真正地把握了节奏。

2. 语速

语速是口头语言的快慢变化，它也是使语言富有表现力的一种重要手段。朗读时，如果没有语速的变化或语速变化不当，就会影响内容的表达和感情的抒发。

语速是由所要表达的内容和感情决定的。一般说来，凡是在急促、紧张的地方，或在兴奋、激动、愤怒、惊慌的情绪下，语速要快一些；凡在庄重、严肃、一般性陈述的地方，或在平静、悲哀、思念的情绪下，语速要慢一些。例如：

（1）等他们走后，我惊慌失措地发现，再也找不到回家的那条孤寂的小道了。像只无头苍蝇，我到处乱钻，衣裤上挂满了芒刺。太阳已经落山。而此时此刻，家里一定开始吃晚餐了，双亲正盼着我回家……想着想着，我不由得背靠着一棵树，伤心地呜呜大哭起来……

这段文字写的是太阳已经落山，"我"却迷了路，一筹莫展，气氛很紧张，"我"的心情也十分惊慌。朗读时语速要快一些，才能烘托出当时的气氛和"我"的心情。

（2）大雪整整下了一夜，今天早晨，天放晴了，太阳出来了，推开门一看，嗬！好大的雪啊！山川、河流、树木、房屋，全部罩上了一层厚厚的雪，万里江山，变成了银妆玉砌的世界，落光了叶子的柳树上挂满了毛茸茸亮晶晶的银条儿；而那些冬夏常青的松树和柏树上，则挂满了蓬松松沉甸甸的雪球儿。一阵风吹来，树枝轻轻地摇晃，美丽的银条和雪球儿簌簌地落下来，玉屑似的雪末儿随风飘扬，映着清晨的阳光，显出一道道五光十色的彩虹。

这是一段写景的文字，属于一般性的陈述，表现了作者悠然宽松的情绪，朗读时语速要慢一些，才能更好地表现出优美的意境和作者对大自然的热爱。

第三节　普通话水平测试用60篇朗读作品

作品1号

Nà shì lì zhēng shàng yóu de yì zhǒng shù　bǐ zhí de gàn　bǐ zhí de zhī　Tā de gàn
那　是　力　争　上　游　的　一　种　树，笔　直　的　干，笔　直　的　枝。它　的　干

ne　tōng cháng shì zhàng bǎ gāo　xiàng shì jiā yǐ rén gōng shì de　yí zhàng yǐ nèi jué wú
呢，通　常　是　丈　把　高，像　是　加　以　人　工　似　的，一　丈　以　内，绝　无

páng zhī　tā suǒ yǒu de yā zhī ne　yí lǜ xiàng shàng　ér qiě jǐn jǐn kào lǒng　yě xiàng shì
旁　枝；它　所　有　的　桠　枝　呢，一　律　向　上，而　且　紧　紧　靠　拢，也　像　是

jiā yǐ rén gōng shì de　chéng wéi yí shù　jué wú héng xié yì chū　tā de kuān dà de yè zǐ
加　以　人　工　似　的，成　为　一　束，绝　无　横　斜　逸　出；它　的　宽　大　的　叶　子

yě shì piàn piàn xiàng shàng　jǐ hū méi yǒu xié shēng de　gèng bú yòng shuō dào chuí le
也　是　片　片　向　上，几　乎　没　有　斜　生　的，更　不　用　说　倒　垂　了；

tā de pí　guāng huá ér yǒu yín sè de yùn quān　wēi wēi fàn chū dàn qīng sè　Zhè shì suī zài
它　的　皮，光　滑　而　有　银　色　的　晕　圈，微　微　泛　出　淡　青　色。这　是　虽　在

běi fāng de fēng xuě de yā pò xià què bǎo chí zhe jué jiàng tǐng lì de yì zhǒng shù　Nǎ pà
北　方　的　风　雪　的　压　迫　下　却　保　持　着　倔　强　挺　立　的　一　种　树！哪　怕

zhǐ yǒu wǎn lái cū xì ba　tā què nǔ lì xiàng shàng fā zhǎn　gāo dào zhàng xǔ liǎng
只　有　碗　来　粗　细　罢，它　却　努　力　向　上　发　展，高　到　丈　许，两

zhàng　cān tiān sǒng lì　bù zhé bù náo　duì kàng zhe xī běi fēng
丈，参　天　耸　立，不　折　不　挠，对　抗　着　西　北　风。

Zhè jiù shì bái yáng shù xī běi jí pǔ tōng de yì zhǒng shù rán ér jué bú shì píng fán
这就是白杨树，西北极普通的一种树，然而决不是平凡

de shù
的树！

Tā méi yǒu pó suō de zī tài méi yǒu qū qū pán xuán de qiú zhī yě xǔ nǐ yào shuō tā
它没有婆娑的姿态，没有屈曲盘旋的虬枝，也许你要说它

bù měi lì rú guǒ měi shì zhuān zhǐ pó suō huò héng xié yì chū zhī lèi ér yán
不美丽，——如果美是专指"婆娑"或"横斜逸出"之类而言，

nà me bái yáng shù suàn bù dé shù zhōng de hǎo nǚ zǐ dàn shì tā què shì wěi àn zhèng
那么，白杨树算不得树中的好女子；但是它却是伟岸，正

zhí pǔ zhì yán sù yě bù quē fá wēn hé gèng bú yòng tí tā de jiān qiáng bù qū yǔ tǐng
直，朴质，严肃，也不缺乏温和，更不用提它的坚强不屈与挺

bá tā shì shù zhōng de wěi zhàng fū Dāng nǐ zài jī xuě chū róng de gāo yuán shàng zǒu
拔，它是树中的伟丈夫！当你在积雪初融的高原上走

guò kàn jiàn píng tǎn de dà dì shàng ào rán tǐng lì zhè me yī zhū huò yī pái bái yáng shù
过，看见平坦的大地上傲然挺立这么一株或一排白杨树，

nán dào nǐ jiù zhǐ jué de shù zhǐ shì shù nán dào nǐ jiù bù xiǎng dào tā de pǔ zhì yán sù
难道你就只觉得树只是树，难道你就不想到它的朴质，严肃

jiān qiáng bù qū zhì shǎo yě xiàng zhēng le běi fāng de nóng mín nán dào nǐ jìng yì diǎnr
坚强不屈，至少也象征了北方的农民；难道你竟一点

yě bù lián xiǎng dào zài dí hòu de guǎng dà tǔ dì shàng dào chù yǒu jiān qiáng bù qū
儿也不联想到，在敌后的广大土地上，到处有坚强不屈，

jiù xiàng zhè bái yáng shù yí yàng ào rán tǐng lì de shǒu wèi tā men jiā xiāng de shào bīng
就像这白杨树一样傲然挺立的守卫他们家乡的哨兵！

Nán dào nǐ yòu bù gèng yuǎn yì diǎn xiǎng dào zhè yàng zhī zhī yè yè kào jǐn tuán jié lì
难道你又不更远一点想到这样枝枝叶叶靠紧团结，力

qiú shàng jìn de bái yáng shù wǎn rán xiàng zhēng le jīn tiān zài huá běi píng yuán zòng héng
求上进的白杨树，宛然象征了今天在华北平原纵横

jué dàng yòng xuè xiě chū xīn zhōng guó lì shǐ de nà zhǒng jīng shén hé yì zhì
决荡用血写出新中国历史的那种精神和意志。

节选自茅盾《白杨礼赞》

作品2号

Liǎng gè tóng líng de nián qīng rén tóng shí shòu gù yú yì jiā diàn pù bìng qiě ná tóng
两个同龄的年轻人同时受雇于一家店铺，并且拿同

yàng de xīn shuǐ
样的薪水。

Kě shì yí duàn shí jiān hòu jiào ā nuò dé de nà gè xiǎo huǒ zǐ qīng yún zhí shàng ér
可是一段时间后，叫阿诺德的那个小伙子青云直上，而

那个叫布鲁诺的小伙子却仍在原地踏步。布鲁诺很不满意老板的不公正待遇。终于有一天他到老板那儿发牢骚了。

老板一边耐心地听着他的抱怨,一边在心里盘算着怎样向他解释清楚他和阿诺德之间的差别。

"布鲁诺先生,"老板开口说话了,"您现在到集市上去一下,看看今天早上有什么卖的。"

布鲁诺从集市上回来向老板汇报说,今早集市上只有一个农民拉了一车土豆在卖。

"有多少?"老板问。

布鲁诺赶快戴上帽子又跑到集上,然后回来告诉老板一共四十袋土豆。

"价格是多少?"

布鲁诺又第三次跑到集上问来了价格。

"好吧,"老板对他说,"现在请您坐到这把椅子上一句话也不要说,看看阿诺德怎么说。"

阿诺德很快就从集市上回来了。向老板汇报说到现在为止只有一个农民在卖土豆,一共四十口袋,价格是多少多少;土豆质量很不错,他带回来一个让老板看看。这个农民一个钟头以后还会弄来几箱西红柿,据他看价格非常公道。昨天他们铺子的西红柿卖得很快,库存已经不多了。他想这么便宜的西红柿,老板肯定会要进一些的,

suǒ yǐ tā bù jǐn dài huí le yí gè xī hóng shì zuò yàng pǐn　ér qiě bǎ nà gè nóng mín yě dài
所 以 他 不 仅 带 回 了 一 个 西 红 柿 做 样 品，而 且 把 那 个 农 民 也 带

lái le tā xiàn zài zhèng zài wài miàn děng huí huà ne
来 了，他 现 在 正 在 外 面 等 回 话 呢。

　　Cǐ shí lǎo bǎn zhuǎn xiàng le bù lǔ nuò shuō　xiàn zài nín kěn dìng zhī dào wèi shén
　　此 时 老 板 转 向 了 布 鲁 诺，说："现 在 您 肯 定 知 道 为 什

me ā nuò dé de xīn shuǐ bǐ nín gāo le ba
么 阿 诺 德 的 薪 水 比 您 高 了 吧！"

节选自张健鹏、胡足青主编《故事时代》中《差别》

作品3号

　　Wǒ cháng cháng yí hàn wǒ jiā mén qián nà kuài chǒu shí　tā hēi yǒu yǒu de wò zài nà
　　我 常 常 遗 憾 我 家 门 前 那 块 丑 石：它 黑 黝 黝 地 卧 在 那

lǐ　niú shì de mú yàng　shéi yě bù zhī dào shì shén ma shí hòu liú zài zhè lǐ de　shéi yě bù
里，牛 似 的 模 样；谁 也 不 知 道 是 什 么 时 候 留 在 这 里 的，谁 也 不

qù lǐ huì tā　Zhǐ shì mài shōu shí jié　mén qián tān le mài zǐ　nǎi nǎi zǒng shì shuō　zhè
去 理 会 它。只 是 麦 收 时 节，门 前 摊 了 麦 子，奶 奶 总 是 说：这

kuài chǒu shí　duō zhàn dì miàn ya　chōu kōng bǎ tā bān zǒu ba
块 丑 石，多 占 地 面 呀，抽 空 把 它 搬 走 吧。

　　Tā bú xiàng hàn bái yù nà yàng de xì nì　kě yǐ kè zì diāo huā　yě bú xiàng dà qīng
　　它 不 像 汉 白 玉 那 样 的 细 腻，可 以 刻 字 雕 花，也 不 像 大 青

shí nà yàng de guāng huá　kě yǐ gōng lái huàn shā chuí bù　Tā jìng jìng de wò zài nà lǐ
石 那 样 的 光 滑，可 以 供 来 浣 纱 捶 布。它 静 静 地 卧 在 那 里，

yuàn biān de huái yīn méi yǒu bì fù tā　huā ér yě bú zài zài tā shēn biān shēng zhǎng
院 边 的 槐 阴 没 有 庇 覆 它，花 儿 也 不 再 在 它 身 边 生 长。

Huāng cǎo biàn fán yǎn chū lái　zhī màn shàng xià　màn màn de　tā jìng xiù shàng le lǜ tái
荒 草 便 繁 衍 出 来，枝 蔓 上 下，慢 慢 地，它 竟 锈 上 了 绿 苔、

hēi bān　Wǒ men zhè xiē zuò hái zǐ de　yě tǎo yàn qǐ tā lái　céng gě huǒ yào bān zǒu tā
黑 斑。我 们 这 些 做 孩 子 的，也 讨 厌 起 它 来，曾 合 伙 要 搬 走 它，

dàn lì qì yòu bù zú　Suī shí shí zhòu mà tā　xián qì tā　yě wú kě nài hé　zhǐ hǎo rén tā
但 力 气 又 不 足；虽 时 时 咒 骂 它，嫌 弃 它，也 无 可 奈 何，只 好 任 它

liú zài nà lǐ le
留 在 那 里 了。

　　Zhōng yǒu yí rì　cūn zǐ lǐ lái le yí gè tiān wén xué jiā　Tā zài wǒ jiā mén qián lù
　　终 有 一 日，村 子 里 来 了 一 个 天 文 学 家。他 在 我 家 门 前 路

guò　tū rán fā xiàn le zhè kuài shí tóu　yǎn guāng lì jí jiù lā zhí le　Tā zài méi yǒu lí
过，突 然 发 现 了 这 块 石 头，眼 光 立 即 就 拉 直 了。他 再 没 有 离

kāi　jiù zhù le xià lái　Yǐ hòu yòu lái le hǎo xiē rén　dōu shuō zhè shì yí kuài yǔn shí　cóng
开，就 住 了 下 来；以 后 又 来 了 好 些 人，都 说 这 是 一 块 陨 石，从

tiān shàng luò xià lái yǐ jīng yǒu èr sān bǎi nián le shì yí jiàn liǎo bù qǐ de dōng xī bù jiǔ
天 上 落 下 来 已 经 有 二 三 百 年 了，是 一 件 了 不 起 的 东 西。不 久
biàn lái le chē xiǎo xīn yì yì de jiāng tā yùn zǒu le
便 来 了 车，小 心 翼 翼 地 将 它 运 走 了。

　　Zhè shǐ wǒ men dōu hěn jīng jǐ zhè yòu guài yòu chǒu de shí tóu yuán lái shì tiān
　　这 使 我 们 都 很 惊 奇，这 又 怪 又 丑 的 石 头，原 来 是 天
shàng de a Tā bǔ guò tiān zài tiān shàng fā guò rè shǎn guò guāng wǒ men de xiān zǔ
上 的 啊！它 补 过 天，在 天 上 发 过 热、闪 过 光，我 们 的 先 祖
huò xǔ yǎng wàng guò tā tā gěi le tā men guāng míng xiàng wǎng chōng jǐng ér tā là
或 许 仰 望 过 它，它 给 了 他 们 光 明、向 往、憧 憬；而 它 落
xià lái le zài wū tǔ lǐ huāng cǎo lǐ yì tǎng jiù shì jǐ bǎi nián le
下 来 了，在 污 土 里，荒 草 里，一 躺 就 是 几 百 年 了！

　　Wǒ gǎn dào zì jǐ de wú zhī yě gǎn dào le chǒu shí de wěi dà wǒ shèn zhì yuàn hèn
　　我 感 到 自 己 的 无 知，也 感 到 了 丑 石 的 伟 大，我 甚 至 怨 恨
tā zhè ma duō nián jìng huì mò mò de rěn shòu zhe zhè yí qiè ér wǒ yòu lì jí shēn shēn
它 这 么 多 年 竟 会 默 默 地 忍 受 着 这 一 切！而 我 又 立 即 深 深
de gǎn dào tā nà zhǒng bù qū yú wù jiè jì mò de shēng cún de wěi dà
地 感 到 它 那 种 不 屈 于 误 解、寂 寞 的 生 存 的 伟 大。

节选自贾平凹《丑石》

作品 4 号

　　Zài dá ruì bā suì de shí hou yǒu yì tiān tā xiǎng qù kàn diàn yǐng yīn wèi méi yǒu qián
　　在 达 瑞 八 岁 的 时 候，有 一 天 他 想 去 看 电 影。因 为 没 有 钱，
tā xiǎng shì xiàng bà mā yào qián hái shi zì jǐ zhèng qián Zuì hòu tā xuǎn zé le hòu zhě
他 想 是 向 爸 妈 要 钱，还 是 自 己 挣 钱。最 后 他 选 择 了 后 者。
tā zì jǐ tiáo zhì le yì zhǒng qì shuǐ xiàng guò lù de xíng rén chū shòu Kě nà shí zhèng
他 自 己 调 制 了 一 种 汽 水，向 过 路 的 行 人 出 售。可 那 时 正
shì hán lěng de dōng tiān méi yǒu rén mǎi zhǐ yǒu liǎng gè rén lì wài tā de bà ba hé
是 寒 冷 的 冬 天，没 有 人 买，只 有 两 个 人 例 外——他 的 爸 爸 和
mā mā
妈 妈。

　　Tā ǒu rán yǒu yí gè hé fēi cháng chéng gōng de shāng rén tán huà de jī huì dāng tā
　　他 偶 然 有 一 个 和 非 常 成 功 的 商 人 谈 话 的 机 会。当 他
duì shāng rén jiǎng shù le zì jǐ de pò chǎn shǐ hòu shāng rén gěi le tā liǎng gè zhòng
对 商 人 讲 述 了 自 己 的 "破 产 史"后，商 人 给 了 他 两 个 重
yào de jiàn yì yī shì cháng shì wèi bié rén jiě jué yí gè nán tí èr shì bǎ jīng lì jí zhōng
要 的 建 议：一 是 尝 试 为 别 人 解 决 一 个 难 题；二 是 把 精 力 集 中
zài nǐ zhī dào de nǐ huì de hé nǐ yōng yǒu de dōng xī shàng
在 你 知 道 的、你 会 的 和 你 拥 有 的 东 西 上 。

Zhè liǎng gè jiàn yì hěn guān jiàn　yīn wèi duì yú yí gè bā suì de hái zi ér yán　tā bù
这 两 个 建 议 很 关 键。因 为 对 于 一 个 八 岁 的 孩 子 而 言,他 不

huì zuò de shì qing hěn duō　Yú shì tā chuān guò dà jiē xiǎo xiàng　bù tíng de sī kǎo rén
会 做 的 事 情 很 多。于 是 他 穿 过 大 街 小 巷,不 停 地 思 考:人

men huì yǒu shén me nán tí　tā yòu rú hé lì yòng zhè gè jī huì
们 会 有 什 么 难 题,他 又 如 何 利 用 这 个 机 会?

Yì tiān　chī zǎo fàn shí fù qīn ràng dá ruì qù qǔ bào zhǐ　měi guó de sòng bào yuán
一 天 ,吃 早 饭 时 父 亲 让 达 瑞 去 取 报 纸。美 国 的 送 报 员

zǒng shì bǎ bào zhǐ cóng huā yuán lí ba de yí gè tè zhì de guǎn zǐ lǐ sāi jìn lái　jiǎ rú nǐ
总 是 把 报 纸 从 花 园 篱 笆 的 一 个 特 制 的 管 子 里 塞 进 来。假 如 你

xiǎng chuān zhe shuì yī shū shū fú fú de chī zǎo fàn hé kàn bào zhǐ　jiù bì xū lí kāi wēn
想 穿 着 睡 衣 舒 舒 服 服 地 吃 早 饭 和 看 报 纸,就 必 须 离 开 温

nuǎn de fáng jiān　mào zhe hán fēng　dào huā yuán qù qǔ　suī rán lù duǎn　dàn shí fēn má
暖 的 房 间,冒 着 寒 风,到 花 园 去 取。虽 然 路 短,但 十 分 麻

fan
烦。

Dāng dá ruì wèi fù qīn qǔ bào zhǐ de shí hou　yí gè zhǔ yi dàn shēng le　dàng tiān tā
当 达 瑞 为 父 亲 取 报 纸 的 时 候,一 个 主 意 诞 生 了。当 天 他

jiù àn xiǎng lín jū de mén líng　duì tā men shuō　měi gè yuè zhǐ xū fù gěi tā yì měi yuán
就 按 响 邻 居 的 门 铃,对 他 们 说,每 个 月 只 需 付 给 他 一 美 元,

tā jiù měi tiān zǎo shang bǎ bào zhǐ sāi dào tā men de fáng mén dǐ xia　dà duō shù rén dōu
他 就 每 天 早 上 把 报 纸 塞 到 他 们 的 房 门 底 下。大 多 数 人 都

tóng yì le　hěn kuài tā yǒu le qī shí duō gè gù kè　yí gè yuè hòu　dāng tā ná dào zì jǐ
同 意 了,很 快 他 有 了 七 十 多 个 顾 客。一 个 月 后,当 他 拿 到 自 己

zhuàn de qián shí　jué de zì jǐ jiǎn zhí shì fēi shàng le tiān
赚 的 钱 时,觉 得 自 己 简 直 是 飞 上 了 天。

Hěn kuài tā yòu yǒu le xīn de jī huì　tā ràng tā de gù kè měi tiān bǎ lā jī dài fàng
很 快 他 又 有 了 新 的 机 会,他 让 他 的 顾 客 每 天 把 垃 圾 袋 放

zài mén qián　rán hòu yóu tā zǎo shang yùn dào lā jī tǒng lǐ　měi gè yuè jiā yī měi yuán
在 门 前,然 后 由 他 早 上 运 到 垃 圾 桶 里,每 个 月 加 一 美 元。

zhī hòu tā hái xiǎng chū le xǔ duō hái zi zhuàn qián de bàn fǎ　bìng bǎ tā jǐ jié chéng
之 后 他 还 想 出 了 许 多 孩 子 赚 钱 的 办 法,并 把 它 集 结 成

shū　shū míng wéi　ér tóng zhèng qián de èr bǎi wǔ shí gè zhǔ yi　wèi cǐ dá ruì shí èr
书,书 名 为《儿 童 挣 钱 的 二 百 五 十 个 主 意》。为 此,达 瑞 十 二

suì shí jiù chéng le chàng xiāo shū zuò jiā　shí wǔ suì yǒu le zì jǐ de tán huà jié mù　shí
岁 时 就 成 了 畅 销 书 作 家,十 五 岁 有 了 自 己 的 谈 话 节 目,十

qī suì jiù yōng yǒu le jǐ bǎi wàn měi yuán
七 岁 就 拥 有 了 几 百 万 美 元。

节选自〔德〕博多·舍费尔《达瑞的故事》,刘志明译

作品 5 号

这是入冬以来，胶东半岛上第一场雪。

雪纷纷扬扬，下得很大。开始还伴着一阵儿小雨，不久就只见大片大片的雪花从彤云密布的天空中飘落下来。地面上一会儿就白了。冬天的山村，到了夜里就万籁俱寂，只听得雪花簌簌地不断往下落，树木的枯枝被雪压断了，偶尔咯吱一声响。

大雪整整下了一夜。今天早晨，天放晴了，太阳出来了。推开门一看，嗬！好大的雪啊！山川、河流、树木、房屋，全都罩上了一层厚厚的雪，万里江山变成了粉妆玉砌的世界。落光了叶子的柳树上挂满了毛茸茸、亮晶晶的银条儿，而那些冬夏常青的松树和柏树上，则挂满了蓬松松沉甸甸的雪球儿。一阵风吹来，树枝轻轻地摇晃，美丽的银条儿和雪球儿簌簌地落下来，玉屑似的雪末儿随风飘扬，映着清晨的阳光，显出一道道五光十色的彩虹。

大街上的积雪足有一尺多深，人踩上去，脚底下发出咯吱咯吱的响声。一群群孩子在雪地里堆雪人，掷雪球儿。那欢乐的叫喊声，把树枝上的雪都震落下来了。

俗话说，"瑞雪兆丰年"。这个话有充分的科学根据，

bìng bù shì yí jù mí xìn de chéng yǔ hán dōng dà xuě kě yǐ dòng sǐ yí bù fen yuè dōng
并 不 是 一 句 迷 信 的 成 语。寒 冬 大 雪,可 以 冻 死 一 部 分 越 冬

de hài chóng róng huà le de shuǐ shèn jìn tǔ céng shēn chù yòu néng gōng yìng zhuāng
的 害 虫;融 化 了 的 水 渗 进 土 层 深 处,又 能 供 应// 庄

jia shēng zhǎng de xū yào wǒ xiāng xìn zhè yì chǎng shí fēn jí shí de dà xuě yí dìng huì
稼 生 长 的 需 要。我 相 信 这 一 场 十 分 及 时 的 大 雪,一 定 会

cù jìn míng nián chūn jì zuò wù yóu qí shì xiǎo mài de fēng shōu yǒu jīng yàn de lǎo nóng
促 进 明 年 春 季 作 物,尤 其 是 小 麦 的 丰 收。有 经 验 的 老 农

bǎ xuě bǐ zuò shì mài zǐ de mián bèi dōng tiān mián bèi gài de yuè hòu míng chūn
把 雪 比 做 是 " 麦 子 的 棉 被 "。冬 天 " 棉 被 " 盖 得 越 厚, 明 春

mài zǐ jiù zhǎng de yuè hǎo suǒ yǐ yòu yǒu zhè yàng yí jù yàn yǔ dōng tiān mài gài
麦 子 就 长 得 越 好,所 以 又 有 这 样 一 句 谚 语:" 冬 天 麦 盖

sān céng bèi lái nián zhěn zhe mán tóu shuì
三 层 被,来 年 枕 着 馒 头 睡 "。

Wǒ xiǎng zhè jiù shì rén men wèi shén me bǎ jí shí de dà xuě chēng wéi ruì xuě
我 想,这 就 是 人 们 为 什 么 把 及 时 的 大 雪 称 为 " 瑞 雪 "

de dào lǐ ba
的 道 理 吧。

节选自峻青《第一场雪》

作品 6 号

Wǒ cháng xiǎng dú shū rén shì shì jiān xìng fú rén yīn wèi tā chú le yōng yǒu xiàn shí
我 常 想 读 书 人 是 世 间 幸 福 人,因 为 他 除 了 拥 有 现 实

de shì jiè zhī wài hái yōng yǒu lìng yí gè gèng wéi hào hàn yě gèng wéi fēng fù de shì jiè
的 世 界 之 外,还 拥 有 另 一 个 更 为 浩 瀚 也 更 为 丰 富 的 世 界。

xiàn shí de shì jiè shì rén rén dōu yǒu de ér hòu yí gè shì jiè què wéi dú shū rén suǒ dú
现 实 的 世 界 是 人 人 都 有 的,而 后 一 个 世 界 却 为 读 书 人 所 独

yǒu yóu cǐ wǒ xiǎng nà xiē shī qù huò bù néng yuè dú de rén shì duō ma de bú xìng tā
有。由 此 我 想,那 些 失 去 或 不 能 阅 读 的 人 是 多 么 的 不 幸,他

men de sàng shī shì bù kě bǔ cháng de shì jiān yǒu zhū duō de bù píng děng cái fù de bù
们 的 丧 失 是 不 可 补 偿 的。世 间 有 诸 多 的 不 平 等,财 富 的 不

píng děng quán lì de bù píng děng ér yuè dú néng lì de yōng yǒu huò sàng shī què tǐ
平 等,权 力 的 不 平 等,而 阅 读 能 力 的 拥 有 或 丧 失 却 体

xiàn wèi jīng shén de bù píng děng
现 为 精 神 的 不 平 等。

Yí gè rén de yì shēng zhǐ néng jīng lì zì jǐ yōng yǒu de nà yí fèn xīn yuè nà yí
一 个 人 的 一 生,只 能 经 历 自 己 拥 有 的 那 一 份 欣 悦,那 一

fèn kǔ nàn yě xǔ zài jiā shàng tā qīn zì wén zhī de nà yì xiē guān yú zì shēn yǐ wài de
份 苦 难,也 许 再 加 上 他 亲 自 闻 知 的 那 一 些 关 于 自 身 以 外 的

经历和经验。然而，人们通过阅读，却能进入不同时空的诸多他人的世界。这样，具有阅读能力的人，无形间获得了超越有限生命的无限可能性。阅读不仅使他多识了草木虫鱼之名，而且可以上溯远古下及未来，饱览存在的与非存在的奇风异俗。

更为重要的是，读书加惠于人们的不仅是知识的增广，而且还在于精神的感化与陶冶。人们从读书学做人，从那些往哲先贤以及当代才俊的著述中学得他们的人格。人们从《论语》中学得智慧的思考，从《史记》中学得严肃的历史精神，从《正气歌》中学得人格的刚烈，从马克思学得人世//的激情，从鲁迅学得批判精神，从托尔斯泰学得道德的执着。歌德的诗句刻写着睿智的人生，拜伦的诗句呼唤着奋斗的热情。一个读书人，一个有机会拥有超乎个人生命体验的幸运人。

节选自谢冕《读书人是幸福人》

作品7号

一天，爸爸下班回到家已经很晚了，他很累也有点儿烦，他发现五岁的儿子靠在门旁正等着他。

"爸，我可以问您一个问题吗？"

"什么问题？""爸，您一小时可以赚多少钱？""这与你

wú guān　　nǐ wèi shén me wèn zhè ge wèn tí　　fù qīn shēng qì de shuō
无 关，你 为 什 么 问 这 个 问 题？"父 亲 生 气 地 说。

　　Wǒ zhǐ shì xiǎng zhī dào　　qǐng gào sù wǒ　　nín yì xiǎo shí zhuàn duō shǎo qián　　xiǎo
"我 只 是 想 知 道，请 告 诉 我，您 一 小 时 赚 多 少 钱？"小

háir　　āi qiú dào　　jiǎ rú nǐ yí dìng yào zhī dào de huà　　wǒ yì xiǎo shí zhuàn èr shí měi
孩 儿 哀 求 道。"假 如 你 一 定 要 知 道 的 话，我 一 小 时 赚 二 十 美

jīn
金。"·

　　O　　xiǎo háir　　dī xià le tóu　　jiē zhe yòu shuō　　bà　　kě yǐ jiè wǒ shí měi jīn
"哦，"小 孩 儿 低 下 了 头，接 着 又 说，"爸，可 以 借 我 十 美 金

māa　　fù qīn fā nù le　　rú guǒ nǐ zhǐ shì yào jiè qián qù mǎi háo wú yì yì de wán jù
吗？"父 亲 发 怒 了："如 果 你 只 是 要 借 钱 去 买 毫 无 意 义 的 玩 具

de huà　　gěi wǒ huí dào nǐ de fáng jiān shuì jiào qù　　hǎo hǎo xiǎng xiǎng wèi shén me nǐ huì
的 话，给 我 回 到 你 的 房 间 睡 觉 去。好 好 想 想 为 什 么 你 会

nà me zì sī　　wǒ měi tiān xīn kǔ gōng zuò　　méi shí jiān hé nǐ wánr　　xiǎo hái zǐ de
那 么 自 私。我 每 天 辛 苦 工 作，没 时 间 和 你 玩 儿 小 孩 子 的

yóu xì
游 戏。"

　　Xiǎo háir　　mò mò de huí dào zì jǐ de fáng jiān guān shàng mén
小 孩 儿 默 默 地 回 到 自 己 的 房 间 关 上 门。

　　Fù qīn zuò xià lái hái zài shēng qì　　hòu lái　　tā píng jìng xià lái le　　xīn xiǎng tā kě néng
父 亲 坐 下 来 还 在 生 气。后 来，他 平 静 下 来 了。心 想 他 可 能

duì hái zi tài xiōng le　　huò xǔ hái zi zhēn de hěn xiǎng mǎi shén me dōng xi　　zài shuō
对 孩 子 太 凶 了——或 许 孩 子 真 的 很 想 买 什 么 东 西，再 说

tā píng shí hěn shǎo yào guò qián
他 平 时 很 少 要 过 钱。

　　Fù qīn zǒu jìn hái zi de fáng jiān　　nǐ shuì le ma　　bà　　hái méi yǒu　　wǒ hái xǐng
父 亲 走 进 孩 子 的 房 间："你 睡 了 吗？""爸，还 没 有，我 还 醒

zhe　　hái zi huí dá
着。"孩 子 回 答。

　　Wǒ gāng cái kě néng duì nǐ tài xiōng le　　fù qīn shuō　　wǒ bù yīng gāi fā nà me
"我 刚 才 可 能 对 你 太 凶 了，"父 亲 说，"我 不 应 该 发 那 么

dà de huǒ ér　　zhè shì nǐ yào de shí měi jīn　　bà　　xiè xiè nín　　hái zi gāo xìng de
大 的 火 儿——这 是 你 要 的 十 美 金。""爸，谢 谢 您。"孩 子 高 兴 地

cóng zhěn tóu xià ná chū yì xiē bèi nòng zhòu de chāo piào　　màn màn de shǔ zhe
从 枕 头 下 拿 出 一 些 被 弄 皱 的 钞 票，慢 慢 地 数 着。

　　Wèi shén me nǐ yǐ jing yǒu qián le hái yào　　fù qīn bù jiě de wèn
"为 什 么 你 已 经 有 钱 了 还 要？"父 亲 不 解 地 问。

　　Yīn wèi yuán lái bú gòu　　dàn xiàn zài còu gòu le　　hái zi huí dá　　bà　　wǒ xiàn zài
"因 为 原 来 不 够，但 现 在 凑 够 了。"孩 子 回 答："爸，我 现 在

yǒu　　èr shí měi jīn le　　wǒ kě yǐ xiàng nín mǎi yí gè xiǎo shí de shí jiān ma　　míng tiān qǐng
有//二 十 美 金 了，我 可 以 向 您 买 一 个 小 时 的 时 间 吗？明 天 请

zǎo yì diǎnr huí jiā wǒ xiǎng hé nín yì qǐ chī wǎn cān
早 一 点 儿 回 家——我 想 和 您 一 起 吃 晚 餐。"

节选自唐继柳编译《二十美金的价值》

作品8号

Wǒ ài yuè yè dàn wǒ yě ài xīng tiān cóng qián zài jiā xiāng qī bā yuè de yè wǎn zài
我 爱 月 夜,但 我 也 爱 星 天。从 前 在 家 乡 七 八 月 的 夜 晚 在

tíng yuàn lǐ nà liáng de shí hou wǒ zuì ài kàn tiān shàng mì mì má má de fán xīng wàng
庭 院 里 纳 凉 的 时 候,我 最 爱 看 天 上 密 密 麻 麻 的 繁 星。望

zhe xīng tiān wǒ jiù huì wàng jì yí qiè fǎng fú huí dào le mǔ qīn de huái lǐ shì de
着 星 天,我 就 会 忘 记 一 切,仿 佛 回 到 了 母 亲 的 怀 里 似 的。

Sān nián qián zài nán jīng wǒ zhù de dì fāng yǒu yí dào hòu mén měi wǎn wǒ dǎ kāi
三 年 前 在 南 京 我 住 的 地 方 有 一 道 后 门,每 晚 我 打 开

hòu mén biàn kàn jiàn yí gè jìng jì de yè xià mian shì yí piàn cài yuán shàng mian shì
后 门,便 看 见 一 个 静 寂 的 夜。下 面 是 一 片 菜 园,上 面 是

xīng qún mì bù de lán tiān xīng guāng zài wǒ men de ròu yǎn lǐ suī rán wēi xiǎo rán ér tā
星 群 密 布 的 蓝 天。星 光 在 我 们 的 肉 眼 里 虽 然 微 小,然 而 它

shǐ wǒ men jué de guāng míng wú chù bù zài nà shí hòu wǒ zhèng zài dú yì xiē tiān wén xué
使 我 们 觉 得 光 明 无 处 不 在。那 时 候 我 正 在 读 一 些 天 文 学

de shū yě rèn de yì xiē xīng xīng hǎo xiàng tā men jiù shì wǒ de péng you tā men cháng
的 书,也 认 得 一 些 星 星,好 像 它 们 就 是 我 的 朋 友,它 们 常

cháng zài hé wǒ tán huà yí yàng
常 在 和 我 谈 话 一 样。

Rú jīn zài hǎi shàng měi wǎn hé fán xīng xiāng duì wǒ bǎ tā men rèn de hěn shú le
如 今 在 海 上,每 晚 和 繁 星 相 对,我 把 它 们 认 得 很 熟 了。

wǒ tǎng zài cāng miàn shàng yǎng wàng tiān kōng shēn lán sè de tiān kōng lǐ xuán zhe wú
我 躺 在 舱 面 上,仰 望 天 空。深 蓝 色 的 天 空 里 悬 着 无

shù bàn míng bàn mèi de xīng chuán zài dòng xīng yě zài dòng tā men shì zhè yàng dī
数 半 明 半 昧 的 星。船 在 动,星 也 在 动,它 们 是 这 样 低,

zhēn shì yáo yáo yù zhuì ne jiàn jiàn de wǒ de yǎn jīng mó hu le wǒ hǎo xiàng kàn jiàn wú
真 是 摇 摇 欲 坠 呢!渐 渐 地 我 的 眼 睛 模 糊 了,我 好 像 看 见 无

shù yíng huǒ chóng zài wǒ de zhōu wéi fēi wǔ hǎi shàng de yè shì róu hé de shì jìng jì de
数 萤 火 虫 在 我 的 周 围 飞 舞。海 上 的 夜 是 柔 和 的,是 静 寂 的,

shì mèng huàn de wǒ wàng zhe xǔ duō rèn shi de xīng wǒ fǎng fú kàn jiàn tā men zài duì
是 梦 幻 的。我 望 着 许 多 认 识 的 星,我 仿 佛 看 见 它 们 在 对

wǒ zhǎ yǎn wǒ fǎng fú tīng jiàn tā men zài xiǎo shēng shuō huà zhè shí wǒ wàng jì le yí
我 眨 眼,我 仿 佛 听 见 它 们 在 小 声 说 话。这 时 我 忘 记 了 一

qiè zài xīng de huái bào zhōng wǒ wēi xiào zhe wǒ chén shuì zhe wǒ jué de zì jǐ shì yí
切。在 星 的 怀 抱 中 我 微 笑 着,我 沉 睡 着。我 觉 得 自 己 是 一

gè xiǎo hái zǐ   xiàn zài shuì zài mǔ qīn de huái lǐ le
个 小 孩 子，现 在 睡 在 母 亲 的 怀 里 了。

　　Yǒu yí yè   nà ge zài gē lún bō shàng chuán de yīng guó rén zhǐ gěi wǒ kàn tiān shàng
　　有 一 夜，那 个 在 哥 伦 波 上 船 的 英 国 人 指 给 我 看 天 上

de jù rén tā yòng shǒu zhǐ zhe   nà sì kē míng liàng de xīng shì tóu xià miàn de jǐ kē
的 巨 人。他 用 手 指 着：// 那 四 颗 明 亮 的 星 是 头，下 面 的 几 颗

shì shēn zǐ zhè jǐ kē shì shǒu nà jǐ kē shì tuǐ hé jiǎo hái yǒu sān kē xīng suàn shì yāo
是 身 子，这 几 颗 是 手，那 几 颗 是 腿 和 脚，还 有 三 颗 星 算 是 腰

dài jīng tā zhè yī fān zhǐ diǎn wǒ guǒ rán kàn qīng chu le nà ge tiān shàng de jù rén
带。经 他 这 一 番 指 点，我 果 然 看 清 楚 了 那 个 天 上 的 巨 人。

kàn nà ge jù rén hái zài pǎo ne
看，那 个 巨 人 还 在 跑 呢！

节选自巴金《繁星》

作品 9 号

　　Jià rì dào hé tān shàng zhuàn zhuan kàn jiàn xǔ duō hái zi zài fàng fēng zheng yì gēn
　　假 日 到 河 滩 上 转 转，看 见 许 多 孩 子 在 放 风 筝。一 根

gēn cháng cháng de yǐn xiàn yì tóu jì zài tiān shàng yì tóu jì zài dì shàng hái zi tóng
根 长 长 的 引 线，一 头 系 在 天 上，一 头 系 在 地 上，孩 子 同

fēng zheng dōu zài tiān yǔ de zhī jiān yōu dàng lián xīn yě bèi yōu dàng de huǎng huǎng hū hū
风 筝 都 在 天 与 地 之 间 悠 荡，连 心 也 被 悠 荡 得 恍 恍 惚 惚

le hǎo xiàng yòu huí dào le tóng nián
了，好 像 又 回 到 了 童 年。

　　Er shí de fàng fēng zheng dà duō shì zì jǐ de zhǎng bèi huò jiā rén biān zā de jǐ gēn
　　儿 时 的 放 风 筝，大 多 是 自 己 的 长 辈 或 家 人 编 扎 的，几 根

xiāo de hěn báo de miè yòng xì shā xiàn zā chéng gè zhǒng niǎo shòu de zào xíng hú shàng
削 得 很 薄 的 篾，用 细 纱 线 扎 成 各 种 鸟 兽 的 造 型，糊 上

xuě bái de zhǐ piàn zài yòng cǎi bǐ gōu lè chū miàn kǒng yǔ chì bǎng de tú àn tōng cháng
雪 白 的 纸 片，再 用 彩 笔 勾 勒 出 面 孔 与 翅 膀 的 图 案。通 常

zā de zuì duō de shì lǎo diāo měi rénr huā hú dié děng
扎 得 最 多 的 是 "老 雕" "美 人 儿" "花 蝴 蝶" 等。

　　Wǒ men jiā qián yuàn jiù yǒu wèi shū shu shàn zā fēng zheng yuǎn jìn wén míng tā
　　我 们 家 前 院 就 有 位 叔 叔，擅 扎 风 筝，远 近 闻 名。他

zā de fēng zheng bù zhǐ tǐ xíng hǎo kàn sè cǎi yàn lì fàng fēi de gāo yuǎn hái zài fēng
扎 得 风 筝 不 只 体 型 好 看，色 彩 艳 丽，放 飞 得 高 远，还 在 风

zheng shàng bēng yí yè yòng pú wěi xiāo chéng de mó piàn jīng fēng yì chuī fā chū
筝 上 绷 一 叶 用 蒲 苇 削 成 的 膜 片，经 风 一 吹，发 出 "

wēng wēng de shēng xiǎng fǎng fú shì fēng zheng de gē chàng zài lán tiān xià bō yáng
嗡 嗡" 的 声 响，仿 佛 是 风 筝 的 歌 唱，在 蓝 天 下 播 扬，

gěi kāi kuò de tiān dì zēng tiān le wú jìn de yùn wèi gěi chí dàng de tóng xīn dài lái jǐ fēn
给 开 阔 的 天 地 增 添 了 无 尽 的 韵 味，给 驰 荡 的 童 心 带 来 几 分

fēng kuáng
疯 狂 。

　　Wǒ men nà tiáo hú tòngr de zuǒ lín yòu shè de hái zi men fàng de fēng zheng jǐ hū
　　我 们 那 条 胡 同 的 左 邻 右 舍 的 孩 子 们 放 的 风 筝 几 乎

dōu shì shū shu biān zā de tā de fēng zheng bú mài qián shéi shàng mén qù yào jiù gěi
都 是 叔 叔 编 扎 的。他 的 风 筝 不 卖 钱，谁 上 门 去 要，就 给

shéi tā lè yì zì jǐ tiē qián mǎi cái liào
谁，他 乐 意 自 己 贴 钱 买 材 料。

　　Hòu lái zhè wèi shū shu qù le hǎi wài fàng fēng zheng yě jiàn yǔ hái zi men yuǎn lí
　　后 来，这 位 叔 叔 去 了 海 外，放 风 筝 也 渐 与 孩 子 们 远 离

le bú guò nián nián shū shu gěi jiā xiāng xiě xìn zǒng bù wàng tí qǐ ér shí de fàng fēng
了。不 过 年 年 叔 叔 给 家 乡 写 信，总 不 忘 提 起 儿 时 的 放 风

zheng xiāng gǎng huí guī zhī hòu tā zài jiā xìn zhōng shuō dào tā zhè zhǐ bèi gù xiāng fàng
筝。香 港 回 归 之 后，他 在 家 信 中 说 到，他 这 只 被 故 乡 放

fēi dào hǎi wài de fēng zheng jǐn guǎn piāo dàng yóu yì jīng mù fēng yǔ kě nà xiàn tóur
飞 到 海 外 的 风 筝，尽 管 飘 荡 游 弋，经 沐 风 雨，可 那 线 头

Yì zhí zài gù xiāng hé qīn rén shǒu zhōng qiān zhe rú jīn piāo de tài lèi le yě gāi yào
儿 一 直 在 故 乡 和// 亲 人 手 中 牵 着，如 今 飘 得 太 累 了，也 该 要

huí guī dào jiā xiāng hé qīn rén shēn biān lái le
回 归 到 家 乡 和 亲 人 身 边 来 了。

　　Shì de wǒ xiǎng bù guāng shì shū shu wǒ men měi gè rén dōu shì fēng zheng zài mā
　　是 的。我 想，不 光 是 叔 叔，我 们 每 个 人 都 是 风 筝，在 妈

mā shǒu zhōng qiān zhe cóng xiǎo fàng dào dà zài cóng jiā xiāng fàng dào zǔ guó zuì xū yào
妈 手 中 牵 着，从 小 放 到 大，再 从 家 乡 放 到 祖 国 最 需 要

de dì fāng qù a
的 地 方 去 啊！

节选自李恒瑞《风筝畅想曲》

作品10号

　　Bà bù dǒng de zěn yàng biǎo dá ài shǐ wǒ men yì jiā rén róng qià xiāng chǔ de shì wǒ
　　爸 不 懂 得 怎 样 表 达 爱，使 我 们 一 家 人 融 洽 相 处 的 是 我

mā tā zhǐ shì měi tiān shàng bān xià bān ér mā zé bǎ wǒ men zuò guò de cuò shì kāi liè
妈。他 只 是 每 天 上 班 下 班，而 妈 则 把 我 们 做 过 的 错 事 开 列

qīng dān rán hòu yóu tā lái zé mà wǒ men
清 单，然 后 由 他 来 责 骂 我 们。

　　Yǒu yí cì wǒ tōu le yí kuài táng guǒ tā yào wǒ bǎ tā sòng huí qù gào sù mài táng
　　有 一 次 我 偷 了 一 块 糖 果，他 要 我 把 它 送 回 去，告 诉 卖 糖

de shuō shì wǒ tōu lái de   shuō wǒ yuàn yì tì tā chāi xiāng xiè huò zuò wéi péi cháng   dàn
的 说 是 我 偷 来 的， 说 我 愿 意 替 他 拆 箱 卸 货 作 为 赔 偿 。但

mā ma què míng bai wǒ zhǐ shì gè hái zi
妈 妈 却 明 白 我 只 是 个 孩 子。

　　Wǒ zài yùn dòng chǎng dǎ qiū qiān diē duàn le tuǐ zài qián wǎng yī yuàn tú zhōng yì
　　我 在 运 动 场 打 秋 千 跌 断 了 腿，在 前 往 医 院 途 中 一

zhí bào zhe wǒ de shì wǒ mā bà bǎ qì chē tíng zài jí zhěn shì mén kǒu tā men jiào tā
直 抱 着 我 的，是 我 妈。爸 把 汽 车 停 在 急 诊 室 门 口，他 们 叫 他

shǐ kāi shuō nà kòng wèi shì liú gěi jǐn jí chē liàng tíng fàng de bà tīng le biàn jiào rǎng
驶 开，说 那 空 位 是 留 给 紧 急 车 辆 停 放 的。爸 听 了 便 叫 嚷

dào nǐ yǐ wéi zhè shì shén me chē lǚ yóu chē
道："你 以 为 这 是 什 么 车？旅 游 车？"

　　Zài wǒ shēng rì huì shàng bà zǒng shì xiǎn de yǒu xiē bú dà xiāng chèn tā zhǐ shì
　　在 我 生 日 会 上，爸 总 是 显 得 有 些 不 大 相 称。他 只 是

máng yú chuī qì qiú bù zhì cān zhuō zuò zá wù bǎ chā zhe là zhú de dàn gāo tuī guò lái
忙 于 吹 气 球，布 置 餐 桌，做 杂 务。把 插 着 蜡 烛 的 蛋 糕 推 过 来

ràng wǒ chuī de shì wǒ mā
让 我 吹 的，是 我 妈。

　　Wǒ fān yuè zhào xiàng cè shí rén men zǒng shì wèn   nǐ bà ba shì shén me yàng zǐ
　　我 翻 阅 照 相 册 时，人 们 总 是 问："你 爸 爸 是 什 么 样 子

de tiān xiǎo de tā lǎo shì máng zhe tì bié rén pāi zhào mā hé wǒ xiào róng kě jū de yì
的?"天 晓 得!他 老 是 忙 着 替 别 人 拍 照。妈 和 我 笑 容 可 掬 地 一

qǐ pāi de zhào piàn duō de bù kě shèng shù
起 拍 的 照 片，多 得 不 可 胜 数。

　　Wǒ jì de mā yǒu yí cì jiào tā jiào wǒ qí zì xíng chē wǒ jiào tā bié fàng shǒu dàn
　　我 记 得 妈 有 一 次 叫 他 教 我 骑 自 行 车。我 叫 他 别 放 手，但

tā què shuō shì yīng gāi fàng shǒu de shí hou le wǒ shuāi dǎo zhī hòu mā pǎo guò lái fú
他 却 说 是 应 该 放 手 的 时 候 了。我 摔 倒 之 后，妈 跑 过 来 扶

wǒ bà què huī shǒu yào tā zǒu kāi wǒ dāng shí shēng qì jí le jué xīn yào gěi tā diǎn ér
我，爸 却 挥 手 要 她 走 开。我 当 时 生 气 极 了，决 心 要 给 他 点 儿

yán sè kàn yú shì wǒ mǎ shàng pá shàng zì xíng chē ér qiě zì jǐ qí gěi tā kàn tā zhǐ
颜 色 看。于 是 我 马 上 爬 上 自 行 车，而 且 自 己 骑 给 他 看。他 只

shì wēi xiào
是 微 笑。

　　Wǒ niàn dà xué shí suǒ yǒu de jiā xìn dōu shì mā xiě de tā   chú le jì zhī piào wài
　　我 念 大 学 时，所 有 的 家 信 都 是 妈 写 的。他// 除 了 寄 支 票 外，

hái jì guò yī fēng duǎn jiǎn gěi wǒ shuō yīn wéi wǒ bù zài cǎo píng shàng tī zú qiú le suǒ
还 寄 过 一 封 短 柬 给 我，说 因 为 我 不 在 草 坪 上 踢 足 球 了，所

yǐ tā de cǎo píng zhǎng de hěn měi
以 他 的 草 坪 长 得 很 美。

　　Měi cì wǒ dǎ diàn huà huí jiā tā sì hū dōu xiǎng gēn wǒ shuō huà dàn jié guǒ zǒng
　　每 次 我 打 电 话 回 家，他 似 乎 都 想 跟 我 说 话，但 结 果 总

shì shuō　　wǒ jiào nǐ mā lái jiē
是 说 ："我 叫 你 妈 来 接。"

Wǒ jié hūn shí diào yǎn lèi de shì wǒ mā　tā zhǐ shì dà shēng xǐng le yí xià bí zǐ
我 结 婚 时，掉 眼 泪 的 是 我 妈。他 只 是 大 声 擤 了 一 下 鼻 子，

biàn zǒu chū fáng jiān
便 走 出 房 间。

Wǒ cóng xiǎo dào dà dōu tīng tā shuō　　nǐ dào nǎ li qù　shén me shí hou huí jiā　qì
我 从 小 到 大 都 听 他 说 ："你 到 哪 里 去？什 么 时 候 回 家？汽

chē yǒu mei yǒu qì yóu　bù　bù zhǔn qù　bà wán quán bù zhī dào zěn yàng biǎo dá ài
车 有 没 有 汽 油？不，不 准 去。"爸 完 全 不 知 道 怎 样 表 达 爱。

chú fēi
除 非……

Huì bu huì shì tā yǐ jing biǎo dá le　ér wǒ què wèi néng chá jué
会 不 会 是 他 已 经 表 达 了，而 我 却 未 能 察 觉？

节选自〔美〕艾尔玛·邦贝克《父亲的爱》

作品 11 号

Yí gè dà wèn tí yì zhí pán jù zài wǒ nǎo dai lǐ
一 个 大 问 题 一 直 盘 踞 在 我 脑 袋 里：

Shì jiè bēi zěn me huì yǒu rú cǐ jù dà de xī yǐn lì　chú qù zú qiú běn shēn de mèi lì
世 界 杯 怎 么 会 有 如 此 巨 大 的 吸 引 力？除 去 足 球 本 身 的 魅 力

zhī wài　hái yǒu shén me chāo hū qí shàng ér gèng wěi dà de dōng xi
之 外，还 有 什 么 超 乎 其 上 而 更 伟 大 的 东 西？

Jìn lái guān kàn shì jiè bēi hū rán cóng zhōng dé dào le dá àn　shì yóu yú yì zhǒng wú
近 来 观 看 世 界 杯，忽 然 从 中 得 到 了 答 案：是 由 于 一 种 无

shàng chóng gāo de jīng shén qíng gǎn　　guó jiā róng yù gǎn
上 崇 高 的 精 神 情 感——国 家 荣 誉 感！

Dì qiú shàng de rén dū huì yǒu guó jiā de gài niàn　dàn wèi bì shí shí dōu yǒu guó jiā de
地 球 上 的 人 都 会 有 国 家 的 概 念，但 未 必 时 时 都 有 国 家 的

gǎn qíng　wǎng wǎng rén dào yì guó　sī niàn jiā xiāng　xīn huái gù guó　zhè guó jiā gài niàn
感 情。往 往 人 到 异 国，思 念 家 乡，心 怀 故 国，这 国 家 概 念

jiù biàn de yǒu xiě yǒu ròu　ài guó zhī qíng lái de fēi cháng jù tǐ　ér xiàn dài shè huì　kē
就 变 得 有 血 有 肉，爱 国 之 情 来 得 非 常 具 体。而 现 代 社 会，科

jì chāng dá　xìn xī kuài jié　shì shì shàng wǎng　shì jiè zhēn shì tài xiǎo tài xiǎo　guó jiā de
技 昌 达，信 息 快 捷，事 事 上 网，世 界 真 是 太 小 太 小，国 家 的

jiè xiàn shì hū yě bù nà me qīng xī le　zài shuō zú qiú zhèng zài kuài sù shì jiè huà　píng rì
界 限 似 乎 也 不 那 么 清 晰 了。再 说 足 球 正 在 快 速 世 界 化，平 日

lǐ gè guó qiú yuán pín fán zhuǎn huì　wǎng lái suí yì　zhì shǐ yuè lái yuè duō de guó jiā lián
里 各 国 球 员 频 繁 转 会，往 来 随 意，致 使 越 来 越 多 的 国 家 联

赛都具有国际的因素。球员们不论国籍,只效力于自己的俱乐部,他们比赛时的激情中完全没有爱国主义的因子。

然而,到了世界杯大赛,天下大变。各国球员都回国效力,穿上与光荣的国旗同样色彩的服装。在每一场比赛前,还高唱国歌以宣誓对自己祖国的挚爱与忠诚。一种血缘情感开始在全身的血管里燃烧起来,而且立刻热血沸腾。

在历史时代,国家间经常发生对抗,好男儿戎装卫国。国家的荣誉往往需要以自己的生命去//换取。但在和平时代,唯有这种国家之间大规模对抗性的大赛,才可以唤起那种遥远而神圣的情感,那就是:为祖国而战!

节选自冯骥才《国家荣誉感》

作品 12 号

夕阳落山不久,西方的天空,还燃烧着一片橘红色的晚霞。大海,也被这霞光染成了红色,而且比天空的景色更要壮观。因为它是活动的,每当一排排波浪涌起的时候,那映照在浪峰上的霞光,又红又亮,简直就像一片片霍霍燃烧着的火焰,闪烁着,消失了。而后面的一排,又闪烁着,滚动着,涌了过来。

天空的霞光渐渐地淡下去了,深红的颜色变成了绯红，绯红又变为浅红。最后，当这一切红光都消失了的时候，那突然显得高而远了的天空，则呈现出一片肃穆的神色。最早出现的启明星，在这蓝色的天幕上闪烁起来了。它是那么大，那么亮，整个广漠的天幕上只有它在那里放射着令人注目的光辉，活像一盏悬挂在高空的明灯。

　　夜色加浓，苍空中的"明灯"越来越多了。而城市各处的真的灯火也次第亮了起来，尤其是围绕在海港周围山坡上的那一片灯光，从半空倒映在乌蓝的海面上，随着波浪，晃动着，闪烁着，像一串流动着的珍珠，和那一片片密布在苍穹里的星斗互相辉映，煞是好看。

　　在这幽美的夜色中，我踏着软绵绵的沙滩，沿着海边，慢慢地向前走去。海水，轻轻地抚摸着细软的沙滩，发出温柔的//刷刷声。晚来的海风，清新而又凉爽。我的心里，有着说不出的兴奋和愉快。

　　夜风轻飘飘地吹拂着，空气中飘荡着一种大海和田禾相混合的香味儿，柔软的沙滩上还残留着白天太阳炙晒的余温。那些在各个工作岗位上劳动了一天的人们，三三两两地来到这软绵绵的沙滩上，他们浴着凉爽的海风，望着那缀满了星星的夜空，尽情地说

xiào jìn qíng de xiū qì
笑， 尽 情 地 休 憩。

节选自峻青《海滨仲夏夜》

作品 13 号

　　Shēng mìng zài hǎi yáng lǐ dàn shēng jué bú shì ǒu rán de hǎi yáng de wù lǐ hé huà
　　生 命 在海 洋 里 诞 生 绝不是偶 然 的，海 洋 的物 理 和 化
xué xìng zhì shǐ tā chéng wéi yùn yù yuán shǐ shēng mìng de yáo lán
学 性 质，使 它 成 为 孕 育 原 始 生 命 的 摇 篮。

　　Wǒ men zhī dào shuǐ shì shēng wù de zhòng yào zǔ chéng bù fen xǔ duō dòng wù zǔ
　　我 们 知 道，水 是 生 物 的 重 要组 成 部分，许 多 动 物组
zhī de hán shuǐ liàng zài bǎi fēn zhī bā shí yǐ shàng ér yì xiē hǎi yáng shēng wù de hán shuǐ
织 的 含 水 量 在 百 分 之 八十 以 上 ，而一些 海 洋 生 物 的含 水
liàng gāo dá bǎi fēn zhī jiǔ shí wǔ shuǐ shì xīn chén dài xiè de zhòng yào méi jiè méi yǒu tā
量 高 达百 分 之 九十五。水 是 新 陈 代 谢 的 重 要 媒介，没 有 它，
tǐ nèi de yí xì liè shēng lǐ hé shēng wù huà xué fǎn yìng jiù wú fǎ jìn xíng shēng mìng yě
体 内 的 一系 列 生 理 和 生 物 化 学 反 应 就 无 法 进 行 ， 生 命 也
jiù tíng zhǐ yīn cǐ zài duǎn shí qī nèi dòng wù quē shuǐ yào bǐ quē shǎo shí wù gèng jiā wēi
就 停 止。因 此，在 短 时 期 内 动 物 缺 水 要 比 缺 少 食 物 更 加 危
xiǎn shuǐ duì jīn tiān de shēng mìng shì rú cǐ zhòng yào tā duì cuì ruò de yuán shǐ shēng
险。水 对 今 天 的 生 命 是 如 此 重 要，它 对 脆 弱 的 原 始 生
mìng gèng shì jǔ zú qīng zhòng le shēng mìng zài hǎi yáng lǐ dàn shēng jiù bú huì yǒu
命 ， 更 是 举 足 轻 重 了。生 命 在 海 洋 里 诞 生 ，就 不 会 有
quē shuǐ zhī yōu
缺 水 之 忧。

　　Shuǐ shì yì zhǒng liáng hǎo de róng jì hǎi yáng zhōng hán yǒu xǔ duō shēng mìng suǒ
　　水 是 一 种 良 好的 溶 剂。海 洋 中 含 有 许 多 生 命 所
bì xū de wú jī yán rú lǜ huà nà lǜ huà jiǎ tàn suān yán lín suān yán hái yǒu róng jiě
必 需 的 无 机 盐，如 氯 化 钠、氯 化 钾、碳 酸 盐、磷 酸 盐，还 有 溶 解
yǎng yuán shǐ shēng mìng kě yǐ háo bù fèi lì de cóng zhōng xī qǔ tā suǒ xū yào de yuán
氧 ，原 始 生 命 可 以 毫 不 费 力 地 从 中 吸 取 它 所 需 要 的 元
sù
素。

　　Shuǐ jù yǒu hěn gāo de rè róng liàng jiā zhī hǎi yáng hào dà rèn píng xià jì liè rì pù
　　水 具 有 很 高 的 热 容 量 ，加 之 海 洋 浩 大 ，任 凭 夏 季 烈日 曝
shài dōng jì hán fēng sǎo dàng tā de wēn dù biàn huà què bǐ jiào xiǎo yīn cǐ jù dà de
晒 ，冬 季 寒 风 扫 荡 ，它 的 温 度 变 化 却 比 较 小。因 此，巨大 的
hǎi yáng jiù xiàng shì tiān rán de wēn xiāng shì yùn yù yuán shǐ shēng mìng de
海 洋 就 像 是 天 然 的 " 温 箱 " ，是 孕 育 原 始 生 命 的

wēn chuáng
温 床 。

Yáng guāng suī rán wéi shēng mìng suǒ bì xū dàn shì yáng guāng zhōng de zǐ wài xiàn
阳 光 虽 然 为 生 命 所 必 需，但 是 阳 光 中 的 紫 外 线

què yǒu è shā yuán shǐ shēng mìng de wēi xiǎn shuǐ néng yǒu xiào de xī shōu zǐ wài xiàn
却 有 扼 杀 原 始 生 命 的 危 险。水 能 有 效 地 吸 收 紫 外 线，

yīn ér yòu wèi yuán shǐ shēng mìng tí gōng le tiān rán de píng zhàng
因 而 又 为 原 始 生 命 提 供 了 天 然 的 " 屏 障 "。

Zhè yí qiè dōu shì yuán shǐ shēng mìng dé yǐ chǎn shēng hé fā zhǎn de bì yào
这 一 切 都 是 原 始 生 命 得 以 产 生 和 发 展 的 必 要

tiáo jiàn
条 件。//

节选自童裳亮《海洋与生命》

作品 14 号

Dú xiǎo xué de shí hou wǒ de wài zǔ mǔ qù shì le wài zǔ mǔ shēng qián zuì téng ài
读 小 学 的 时 候，我 的 外 祖 母 去 世 了。外 祖 母 生 前 最 疼 爱

wǒ wǒ wú fǎ pái chú zì jǐ de yōu shāng měi tiān zài xué xiào de cāo chǎng shàng yì
我，我 无 法 排 除 自 己 的 忧 伤，每 天 在 学 校 的 操 场 上 一

quānr yòu yì quānr de pǎo zhe pǎo de lèi dǎo zài dì shàng pū zài cǎo píng shàng
圈 儿 又 一 圈 儿 地 跑 着，跑 得 累 倒 在 地 上，扑 在 草 坪 上

tòng kū
痛 哭。

Nà āi tòng de rì zi duàn duàn xù xù de chí xù le hěn jiǔ bà ba mā ma yě bù zhī
那 哀 痛 的 日 子，断 断 续 续 地 持 续 了 很 久，爸 爸 妈 妈 也 不 知

dào rú hé ān wèi wǒ tā men zhī dào yǔ qí piàn wǒ shuō wài zǔ mǔ shuì zháo le hái bù
道 如 何 安 慰 我。他 们 知 道 与 其 骗 我 说 外 祖 母 睡 着 了，还 不

rú duì wǒ shuō shí huà wài zǔ mǔ yǒng yuǎn bú huì huí lái le
如 对 我 说 实 话：外 祖 母 永 远 不 会 回 来 了。

Shén me shì yǒng yuǎn bú huì huí lái ne wǒ wèn zhe
" 什 么 是 永 远 不 会 回 来 呢？" 我 问 着。

Suǒ yǒu shí jiān lǐ de shì wù dōu yǒng yuǎn bú huì huí lái nǐ de zuó tiān guò qù
" 所 有 时 间 里 的 事 物，都 永 远 不 会 回 来。你 的 昨 天 过 去，

tā jiù yǒng yuǎn biàn chéng zuó tiān nǐ bù néng zài huí dào zuó tiān bà ba yǐ qián yě hé
它 就 永 远 变 成 昨 天，你 不 能 再 回 到 昨 天。爸 爸 以 前 也 和

nǐ yí yàng xiǎo xiàn zài yě bù néng huí dào nǐ zhè me xiǎo de tóng nián le yǒu yì tiān nǐ
你 一 样 小，现 在 也 不 能 回 到 你 这 么 小 的 童 年 了；有 一 天 你

huì zhǎng dà nǐ huì xiàng wài zǔ mǔ yí yàng lǎo yǒu yì tiān nǐ dù guò le nǐ de shí jiān
会 长 大，你 会 像 外 祖 母 一 样 老；有 一 天 你 度 过 了 你 的 时 间，

jiù yǒng yuǎn bú huì huí lái le bà ba shuō
就 永 远 不 会 回 来 了。"爸爸 说 。

Bà ba děng yú gěi wǒ yí gè mí yǔ zhè mí yǔ bǐ kè běn shàng de rì lì guà zài
爸爸 等 于 给 我 一 个 谜语, 这 谜语 比 课 本 上 的 "日 历 挂 在

qiáng bì yì tiān sī qù yí yè shǐ wǒ xīn li zháo jí hé yí cùn guāng yīn yí cùn jīn
墙 壁, 一 天 撕 去 一 页, 使 我 心 里 着 急"和 "一 寸 光 阴 一 寸 金,

cùn jīn nán mǎi cùn guāng yīn hái ràng wǒ gǎn dào kě pà yě bǐ zuò wén běn shàng de
寸 金 难 买 寸 光 阴"还 让 我 感 到 可 怕;也 比 作 文 本 上 的 "

guāng yīn sì jiàn rì yuè rú suō gèng ràng wǒ jué de yǒu yì zhǒng shuō bù chū de zī wèi
光 阴 似 箭,日 月 如 梭"更 让 我 觉 得 有 一 种 说 不 出 的 滋味。

Shí jiān guò de nà me fēi kuài shǐ wǒ de xiǎo xīn yǎnr lǐ bù zhǐ shì zháo jí hái yǒu
时 间 过 得 那 么 飞 快, 使 我 的 小 心 眼 儿 里 不 只 是 着 急,还 有

bēi shāng yǒu yì tiān wǒ fàng xué huí jiā kàn dào tài yáng kuài luò shān le jiù xià jué xīn
悲 伤 。有 一 天 我 放 学 回 家, 看 到 太 阳 快 落 山 了,就 下 决 心

shuō wǒ yào bǐ tài yáng gèng kuài de huí jiā wǒ kuáng bēn huí qù zhàn zài tíng yuàn
说:"我 要 比 太 阳 更 快 地 回 家。"我 狂 奔 回 去, 站 在 庭 院

qián chuǎn qì de shí hou kàn dào tài yáng hái lòu zhe bàn biān liǎn wǒ gāo xìng de tiào
前 喘 气 的 时 候, 看 到 太 阳 //还 露 着 半 边 脸,我 高 兴 地 跳

yuè qǐ lái nà yì tiān wǒ pǎo yíng le tài yáng yǐ hòu wǒ jiù shí cháng zuò nà yàng de yóu
跃 起 来,那 一 天 我 跑 赢 了 太 阳。以 后 我 就 时 常 做 那 样 的 游

xì yǒu shí hé tài yáng sài pǎo yǒu shí hé xī běi fēng bǐ kuài yǒu shí yī gè shǔ jià cái
戏, 有 时 和 太 阳 赛 跑, 有 时 和 西 北 风 比 快, 有 时 一 个 暑 假 才

néng zuò wán de zuò yè wǒ shí tiān jiù zuò wán liǎo nà shí wǒ sān nián jí cháng cháng
能 做 完 的 作 业, 我 十 天 就 做 完 了;那 时 我 三 年 级, 常 常

bǎ gē gē wǔ nián jí de zuò yè ná lái zuò měi yí cì bǐ sài shèng guò shí jiān wǒ jiù kuài
把 哥 哥 五 年 级 的 作 业 拿 来 做。每 一 次 比 赛 胜 过 时 间, 我 就 快

lè dé bù zhī dào zěn me xíng róng
乐 得 不 知 道 怎 么 形 容 。

Rú guǒ jiāng lái wǒ yǒu shén me yào jiāo gěi wǒ de hái zi wǒ huì gào sù tā jiǎ ruò nǐ
如 果 将 来 我 有 什 么 要 教 给 我 的 孩 子,我 会 告 诉 他:假 若 你

yì zhí hé shí jiān bǐ sài nǐ jiù kě yǐ chéng gōng
一 直 和 时 间 比 赛,你 就 可 以 成 功!

节选自(台湾)林清玄《和时间赛跑》

作品 15 号

Sān shí nián dài chū hú kuò zài běi jīng dà xué rén jiào shòu jiǎng kè shí tā cháng cháng
三 十 年 代 初, 胡 适 在 北 京 大 学 任 教 授。讲 课 时 他 常 常

duì bái huà wén dà jiā chēng zàn yǐn qǐ yì xiē zhǐ xǐ huan wén yán wén ér bù xǐ huan bái
对 白 话 文 大 加 称 赞,引 起 一 些 只 喜 欢 文 言 文 而 不 喜 欢 白

话文的学生的不满。

一次，胡适正讲得得意的时候，一位姓魏的学生突然站了起来，生气地问："胡先生，难道说白话文就毫无缺点吗？"胡适微笑着回答说："没有。"那位学生更加激动了："肯定有！白话文废话太多，打电报用字多，花钱多。"胡适的目光顿时变亮了。轻声地解释说："不一定吧！前几天有位朋友给我打来电报，请我去政府部门工作，我决定不去，就回电拒绝了。复电是用白话写的，看来也很省字。请同学们根据我这个意思，用文言文写一个回电，看看究竟是白话文省字，还是文言文省字？"胡教授刚说完，同学们立刻认真地写了起来。

十五分钟过去，胡适让同学举手，报告用字的数目，然后挑了一份用字最少的文言电报稿，电文是这样写的：

"才疏学浅，恐难胜任，不堪从命。"白话文的意思是：学问不深，恐怕很难担任这个工作，不能服从安排。

胡适说，这份写得确实不错，仅用了十二个字。但我的白话电报却只用了五个字：

"干不了，谢谢！"

胡适又解释说："干不了"就有才疏学浅、恐难胜任的意思；"谢谢"既//对朋友的介绍表示感谢，又有拒绝的意思。

suǒ yǐ fèi huà duō bù duō bìng bú kàn tā shì wén yán wén hái shi bái huà wén zhǐ yào zhù
所 以，废 话 多 不 多，并 不 看 它 是 文 言 文 还 是 白 话 文，只 要 注

yì xuǎn yòng zì cí bái huà wén shì kě yǐ bǐ wén yán wén gèng shěng zì de
意 选 用 字 词，白 话 文 是 可 以 比 文 言 文 更 省 字 的。

节选自陈灼主编《实用汉语中级教程》（上）中《胡适的白话电报》

作品 16 号

Hěn jiǔ yǐ qián zài yí gè qī hēi de qiū tiān de yè wǎn wǒ fàn zhōu zài xī bó lì yà
很 久 以 前，在 一 个 漆 黑 的 秋 天 的 夜 晚，我 泛 舟 在 西 伯 利 亚

yì tiáo yīn sēn sēn de hé shàng chuán dào yí gè zhuǎn wān chù zhǐ jiàn qián mian hēi qū
一 条 阴 森 森 的 河 上。船 到 一 个 转 弯 处，只 见 前 面 黑 黢

qū de shān fēng xià mian yì xīng huǒ guāng mò dì yì shǎn
黢 的 山 峰 下 面 一 星 火 光 蓦 地 一 闪。

Huǒ guāng yòu míng yòu liàng hǎo xiàng jiù zài yǎn qián
火 光 又 明 又 亮，好 像 就 在 眼 前……

Hǎo la xiè tiān xiè dì wǒ gāo xìng de shuō mǎ shàng jiù dào guò yè de dì
"好 啦，谢 天 谢 地！"我 高 兴 地 说，"马 上 就 到 过 夜 的 地

fāng la
方 啦！"

Chuán fū niǔ tóu cháo shēn hòu de huǒ guāng wàng le yì yǎn yòu bù yǐ wéi rán de
船 夫 扭 头 朝 身 后 的 火 光 望 了 一 眼，又 不 以 为 然 地

huá qǐ jiǎng lái
划 起 桨 来。

Yuǎn zhe ne
"远 着 呢！"

Wǒ bù xiāng xìn tā de huà yīn wèi huǒ guāng chōng pò méng lóng de yè sè míng míng
我 不 相 信 他 的 话，因 为 火 光 冲 破 朦 胧 的 夜 色，明 明

zài nàr shǎn shuò bú guò chuán fū shì duì de shì shí shàng huǒ guāng dí què hái yuǎn
在 那 儿 闪 烁。不 过 船 夫 是 对 的，事 实 上，火 光 的 确 还 远

zhe ne
着 呢。

Zhè xiē hēi yè de huǒ guāng de tè diǎn shì qū sàn hēi àn shǎn shǎn fā liàng jìn zài
这 些 黑 夜 的 火 光 的 特 点 是：驱 散 黑 暗，闪 闪 发 亮，近 在

yǎn qián lìng rén shén wǎng zhà yí kàn zài huá jǐ xià jiù dào le qí shí què hái yuǎn
眼 前，令 人 神 往。乍 一 看，再 划 几 下 就 到 了……其 实 却 还 远

zhe ne
着 呢！……

Wǒ men zài qī hēi rú mò de hé shàng yòu huá le hěn jiǔ yí gè gè xiá gǔ hé xuán yá
我 们 在 漆 黑 如 墨 的 河 上 又 划 了 很 久。一 个 个 峡 谷 和 悬 崖，

yíng miàn shǐ lái   yòu xiàng hòu yí qù   fǎng fú xiāo shī zài máng máng de yuǎn fāng   ér huǒ
迎 面 驶 来，又 向 后 移 去，仿 佛 消 失 在 茫 茫 的 远 方，而 火

guāng què yī rán tíng zài qián tóu   shǎn shǎn fā liàng   lìng rén shén wǎng   yī rán shì zhè
光 却 依 然 停 在 前 头，闪 闪 发 亮，令 人 神 往 —— 依 然 是 这

me jìn   yòu yī rán shì nà me yuǎn
么 近，又 依 然 是 那 么 远……

　　Xiàn zài   wú lùn shì zhè tiáo bèi xuán yá qiào bì de yīn yǐng lǒng zhào de qī hēi de hé
　　现 在，无 论 是 这 条 被 悬 崖 峭 壁 的 阴 影 笼 罩 的 漆 黑 的 河

liú   hái shi nà yì xīng míng liàng de huǒ guāng   dōu jīng cháng fú xiàn zài wǒ de nǎo jì   zài
流，还 是 那 一 星 明 亮 的 火 光，都 经 常 浮 现 在 我 的 脑 际，在

zhè yǐ qián hé zài zhè yǐ hòu   céng yǒu xǔ duō huǒ guāng   sì hū jìn zài zhǐ chǐ   bù zhǐ shǐ
这 以 前 和 在 这 以 后，曾 有 许 多 火 光，似 乎 近 在 咫 尺，不 止 使

wǒ yì rén xīn chí shén wǎng   kě shì shēng huó zhī hé què réng rán zài nà yīn sēn sēn de liǎng
我 一 人 心 驰 神 往。可 是 生 活 之 河 却 仍 然 在 那 阴 森 森 的 两

àn zhī jiān liú zhe   ér huǒ guāng yě yī jiù fēi cháng yáo yuǎn   yīn cǐ   bì xū jiā jìn huá jiǎng
岸 之 间 流 着，而 火 光 也 依 旧 非 常 遥 远。因 此，必 须 加 劲 划 桨
……

　　Rán ér   huǒ guāng a   bì jìng   bì jìng jiù   zài qián tóu
　　然 而，火 光 啊……毕 竟……毕 竟 就// 在 前 头！……

节选自 ［俄］柯罗连科《火光》，张铁夫译

作品 17 号

　　Duì yú yí gè zài běi píng zhù guàn de rén   xiàng wǒ   dōng tiān yào shi bù guā fēng   biàn
　　对 于 一 个 在 北 平 住 惯 的 人，像 我，冬 天 要 是 不 刮 风，便

jué de shì qí jì   jǐ nán de dōng tiān shì méi yǒu fēng shēng de   duì yú yí gè gāng yóu lún
觉 得 是 奇 迹；济 南 的 冬 天 是 没 有 风 声 的。对 于 一 个 刚 由 伦

dūn huí lái de rén   xiàng wǒ   dōng tiān yào néng kàn de jiàn rì guāng   biàn jué de shì guài
敦 回 来 的 人，像 我，冬 天 要 能 看 得 见 日 光，便 觉 得 是 怪

shì   jǐ nán de dōng tiān shì xiǎng qíng de   zì rán   zài rè dài de dì fāng   rì guāng yǒng
事；济 南 的 冬 天 是 响 晴 的。自 然，在 热 带 的 地 方，日 光 永

yuǎn shì nà me dú   xiǎng liàng de tiān qì   fǎn yǒu diǎnr   jiào rén hài pà   kě shì zài běi
远 是 那 么 毒，响 亮 的 天 气，反 有 点 儿 叫 人 害 怕。可 是，在 北

fāng de dōng tiān   ér néng yǒu wēn qíng de tiān qì   jǐ nán zhēn děi suàn gè bǎo dì
方 的 冬 天，而 能 有 温 晴 的 天 气，济 南 真 得 算 个 宝 地。

　　Shè ruò dān dān shì yǒu yáng guāng   nà yě suàn bu liǎo chū qí   qǐng bì shàng yǎn jing
　　设 若 单 单 是 有 阳 光，那 也 算 不 了 出 奇。请 闭 上 眼 睛

xiǎng   yí gè lǎo chéng   yǒu shān yǒu shuǐ   quán zài tiān dǐ xia shài zhe yáng guāng   nuǎn
想：一 个 老 城，有 山 有 水，全 在 天 底 下 晒 着 阳 光，暖

huo ān shì de shuì zhe   zhǐ děng chūn fēng lái bǎ tā men huàn xǐng   zhè shì bu shì lǐ xiǎng
和 安 适 地 睡 着，只 等 春 风 来 把 它 们 唤 醒，这 是 不 是 理 想

的 境 界？小 山 把 济 南 围 了 个 圈 儿，只 有 北 边 缺 着 点 口 儿。

这 一 圈 小 山 在 冬 天 特 别 可 爱，好 像 是 把 济 南 放 在 一 个 小

摇 篮 里，它 们 安 静 不 动 地 低 声 地 说："你 们 放 心 吧，这 儿

准 保 暖 和。"真 的，济 南 的 人 们 在 冬 天 是 面 上 含 笑 的。

他 们 一 看 那 些 小 山，心 中 便 觉 得 有 了 着 落，有 了 依 靠。他

们 由 天 上 看 到 山 上，便 不 知 不 觉 地 想 起：明 天 也 许 就

是 春 天 了 吧？这 样 的 温 暖，今 天 夜 里 山 草 也 许 就 绿 起 来 了

吧？就 是 这 点 儿 幻 想 不 能 一 时 实 现，他 们 也 并 不 着 急，因

为 这 样 慈 善 的 冬 天，干 什 么 还 希 望 别 的 呢！

最 妙 的 是 下 点 儿 小 雪 呀。看 吧，山 上 的 矮 松 越 发 的 青

黑，树 尖 儿 上 顶 // 着 一 髻 儿 白 花，好 像 日 本 看 护 妇。山 尖

儿 全 白 了，给 蓝 天 镶 上 一 道 银 边。山 坡 上，有 的 地 方 雪

厚 点 儿，有 的 地 方 草 色 还 露 着；这 样，一 道 儿 白，一 道 儿 暗

黄，给 山 们 穿 上 一 件 带 水 纹 儿 的 花 衣；看 着 看 着，这

件 花 衣 好 像 被 风 儿 吹 动，叫 你 希 望 看 见 一 点 儿 更 美 的

山 的 肌 肤。等 到 快 日 落 的 时 候，微 黄 的 阳 光 斜 射 在 山

腰 上，那 点 儿 薄 雪 好 像 忽 然 害 羞，微 微 露 出 点 儿 粉 色。就

是 下 小 雪 吧，济 南 是 受 不 住 大 雪 的，那 些 小 山 太 秀 气。

节选自老舍《济南的冬天》

作品18号

纯朴的家乡村边有一条河，曲曲弯弯，河中架一弯石桥，弓样的小桥横跨两岸。

每天，不管是鸡鸣晓月，日丽中天，还是月华泻地，小桥都印下串串足迹，洒落串串汗珠。那是乡亲为了追求多棱的希望，兑现美好的遐想。弯弯小桥，不时荡过轻吟低唱，不时露出舒心的笑容。

因而，我稚小的心灵，曾将心声献给小桥：你是一弯银色的新月，给人间普照光辉；你是一把闪亮的镰刀，割刈着欢笑的花果；你是一根晃悠悠的扁担，挑起了彩色的明天！哦，小桥走进我的梦中。

我在飘泊他乡的岁月，心中总涌动着故乡的河水，梦中总看到弓样的小桥。当我访南疆探北国，眼帘闯进座座雄伟的长桥时，我的梦变得丰满了，增添了赤橙黄绿青蓝紫。

三十多年过去，我带着满头霜花回到故乡，第一紧要的便是去看望小桥。

啊！小桥呢？它躲起来了？河中一道长虹，浴着朝霞熠熠闪光。哦，雄浑的大桥敞开胸怀，汽车的呼啸、摩托的笛音、自行车的叮铃，合奏着进行交响乐；南来的钢筋、花布，

běi wǎng de gān chéng jiā qín huì chū jiāo liú huān yuè tú
北 往 的 柑 橙 、家 禽，绘 出 交 流 欢 悦 图……

A tuì biàn de qiáo chuán dì le jiā xiāng jìn bù de xiāo xi tòu lù le jiā xiāng fù yù
啊! 蜕 变 的 桥，传 递 了 家 乡 进 步 的 消 息，透 露 了 家 乡 富 裕

de shēng yīn shí dài de chūn fēng měi hǎo de zhuī qiú wǒ mò dì jì qǐ ér shí chàng gěi
的 声 音。时 代 的 春 风，美 好 的 追 求，我 蓦 地 记 起 儿 时 唱 // 给

xiǎo qiáo de gē é míng yàn yàn de tài yáng zhào yào le fāng xiāng tián mì de huā guǒ
小 桥 的 歌，哦，明 艳 艳 的 太 阳 照 耀 了，芳 香 甜 蜜 的 花 果

pěng lái le wǔ cǎi bān lán de suì yuè lā kāi le
捧 来 了，五 彩 斑 斓 的 岁 月 拉 开 了!

Wǒ xīn zhōng chōng dòng de hé shuǐ jī dàng qǐ tián měi de làng huā wǒ yǎng wàng
我 心 中 涌 动 的 河 水，激 荡 起 甜 美 的 浪 花。我 仰 望

yí bì lán tiān xīn dǐ qīng shēng hū hǎn jiā xiāng de qiáo a wǒ mèng zhōng de qiáo
一 碧 蓝 天，心 底 轻 声 呼 喊：家 乡 的 桥 啊，我 梦 中 的 桥!

节选自郑莹《家乡的桥》

作品 19 号

Sān bǎi duō nián qián jiàn zhù shè jì shī lái yī ēn shòu mìng shè jì le yīng guó wēn
三 百 多 年 前，建 筑 设 计 师 莱 伊 恩 受 命 设 计 了 英 国 温

shì shì zhèng fǔ dà tīng tā yùn yòng gōng chéng lì xué de zhī shi yī jù zì jǐ duō nián de
泽 市 政 府 大 厅。他 运 用 工 程 力 学 的 知 识，依 据 自 己 多 年 的

shí jiàn qiǎo miào de shè jì le zhǐ yòng yì gēn zhù zǐ zhī chēng de dà tīng tiān huā bǎn yī
实 践，巧 妙 地 设 计 了 只 用 一 根 柱 子 支 撑 的 大 厅 天 花 板。一

nián yǐ hòu shì zhèng fǔ quán wēi rén shì jìn xíng gōng chéng yàn shōu shí què shuō zhǐ
年 以 后，市 政 府 权 威 人 士 进 行 工 程 验 收 时，却 说 只

yòng yì gēn zhù zǐ zhī chēng tiān huā bǎn tài wēi xiǎn yāo qiú lái yī ēn zài duō jiā jǐ gēn
用 一 根 柱 子 支 撑 天 花 板 太 危 险，要 求 莱 伊 恩 再 多 加 几 根

zhù zǐ
柱 子。

Lái yī ēn zì xìn zhǐ yào yì gēn jiān gù de zhù zǐ zú yǐ bǎo zhèng dà tīng ān quán tā
莱 伊 恩 自 信 只 要 一 根 坚 固 的 柱 子 足 以 保 证 大 厅 安 全，他

de gù zhí rě nǎo le shì zhèng guān yuán xiǎn xiē bèi sòng shàng fǎ tíng tā fēi cháng
的 "固 执" 惹 恼 了 市 政 官 员，险 些 被 送 上 法 庭。他 非 常

kǔ nǎo jiān chí zì jǐ yuán xiān de zhǔ zhāng ba shì zhèng guān yuán kěn dìng huì lìng zhǎo
苦 恼，坚 持 自 己 原 先 的 主 张 吧，市 政 官 员 肯 定 会 另 找

rén xiū gǎi shè jì bù jiān chí ba yòu yǒu bèi zì jǐ wèi rén de zhǔn zé máo dùn le hěn
人 修 改 设 计；不 坚 持 吧，又 有 悖 自 己 为 人 的 准 则。矛 盾 了 很

cháng yí duàn shí jiān lái yī ēn zhōng yú xiǎng chū le yì tiáo miào jì tā zài dà tīng lǐ
长 一 段 时 间，莱 伊 恩 终 于 想 出 了 一 条 妙 计，他 在 大 厅 里

增加了四根柱子，不过这些柱子并未与天花板接触，只不过是装装样子。

三百多年过去了，这个秘密始终没有被人发现。直到前两年，市政府准备修缮大厅的天花板，才发现莱伊恩当年的"弄虚作假"。消息传出后，世界各国的建筑专家和游客云集，当地政府对此也不加掩饰，在新世纪到来之际，特意将大厅作为一个旅游景点对外开放，旨在引导人们崇尚和相信科学。

作为一名建筑师，莱伊恩并不是最出色的。但作为一个人，他无疑非常伟大，这种//伟大表现在他始终恪守着自己的原则，给高贵的心灵一个美丽的住所：哪怕是遭遇到最大的阻力，也要想办法抵达胜利。

节选自游宇明《坚守你的高贵》

作品 20 号

自从传言有人在萨文河畔散步时无意发现了金子后，这里便常有来自四面八方的淘金者。他们都想成为富翁，于是寻遍了整个河床，还在河床上挖出很多大坑，希望借助它们找到更多的金子。的确，有一些人找到了，但另外一些人因为一无所得而只好扫兴归去。

也有不甘心落空的，便驻扎在这里，继续寻找。彼得·弗雷

tè jiù shì qí zhōng yì yuán   tā zài hé chuáng fù jìn mǎi le yí kuài méi rén yào de tǔ dì
特 就 是 其 中 一 员 。他 在 河 床 附近 买 了 一 块 没 人 要 的 土 地，

yí gè rén mò mò de gōng zuò   tā wèi le zhǎo jīn zi   yǐ bǎ suǒ yǒu de qián dōu yā zài zhè
一 个 人 默 默 地 工 作。他 为 了 找 金 子，已 把 所 有 的 钱 都 押 在 这

kuài tǔ dì shàng   tā mái tóu kǔ gàn le jǐ gè yuè   zhí dào tǔ dì quán biàn chéng le kēng
块 土 地 上 。他 埋 头 苦 干 了 几 个 月 ，直 到 土 地 全 变 成 了 坑

kēng wā wā   tā shī wàng le   tā fān biàn le zhěng kuài tǔ dì   dàn lián yì dīng diǎnr
坑 洼 洼，他 失 望 了——他 翻 遍 了 整 块 土 地，但 连 一 丁 点 儿

jīn zi dōu méi kàn jiàn
金 子 都 没 看 见。

　　Liù gè yuè hòu   tā lián mǎi miàn bāo de qián dōu méi yǒu le   yú shì tā zhǔn bèi lí kāi
　　六 个 月 后，他 连 买 面 包 的 钱 都 没 有 了。于 是 他 准 备 离 开

zhèr   dào bié chù qù móu shēng
这 儿 到 别 处 去 谋 生 。

　　Jiù zài tā jí jiāng lí qù de qián yī yí wǎn shang tiān xià qǐ le qīng pén dà yǔ bìng
　　就 在 他 即 将 离 去 的 前 一 一 晚 上 ，天 下 起 了 倾 盆 大 雨，并

qiě yí xià jiù shì sān tiān sān yè   yǔ zhōng yú tíng le   bǐ de zǒu chū xiǎo mù wū fā xiàn
且 一 下 就 是 三 天 三 夜。雨 终 于 停 了，彼 得 走 出 小 木 屋，发 现

yǎn qián de tǔ dì kàn shàng qù hǎo xiàng hé yǐ qián bù yí yàng   kēng kēng wā wā yǐ bèi
眼 前 的 土 地 看 上 去 好 像 和 以 前 不 一 样：坑 坑 洼 洼 已 被

dà shuǐ chōng shuā píng zhěng   sōng ruǎn de tǔ dì shàng zhǎng chū yì céng lǜ róng róng de
大 水 冲 刷 平 整，松 软 的 土 地 上 长 出 一 层 绿 茸 茸 的

xiǎo cǎo
小 草。

　　Zhè lǐ méi zhǎo dào jīn zi   bǐ de hū yǒu suǒ wù de shuō   dàn zhè tǔ dì hěn féi
　　"这 里 没 找 到 金 子，"彼 得 忽 有 所 悟 地 说，"但 这 土 地 很 肥

wò wǒ kě yǐ yòng lái zhòng huā bìng qiě ná dào zhèn shàng qù mài gěi nà xiē fù rén tā
沃，我 可 以 用 来 种 花，并 且 拿 到 镇 上 去 卖 给 那 些 富 人，他

men yí dìng huì mǎi xiē huā zhuāng bàn tā men huá lì de kè   tīng   rú guǒ zhēn shì zhè
们 一 定 会 买 些 花 装 扮 他 们 华 丽 的 客//厅。如 果 真 是 这

yàng de huà   nà me wǒ yí dìng huì zhuàn xǔ duō qián yǒu zhāo yí rì wǒ yě huì chéng wéi
样 的 话，那 么 我 一 定 会 赚 许 多 钱，有 朝 一 日 我 也 会 成 为

fù rén
富 人……"

　　Yú shì tā liú le xià lái bǐ de huā le bù shǎo jīng lì péi yù huā miáo bù jiǔ tián de
　　于 是 他 留 了 下 来。彼 得 花 了 不 少 精 力 培 育 花 苗，不 久 田 地

lǐ zhǎng mǎn le měi lì jiāo yàn de gè sè xiān huā
里 长 满 了 美 丽 娇 艳 的 各 色 鲜 花。

　　Wǔ nián yǐ hòu bǐ de zhōng yú shí xiàn le tā de mèng xiǎng   chéng le yí gè fù
　　五 年 以 后，彼 得 终 于 实 现 了 他 的 梦 想 —— 成 了 一 个 富

wēng   wǒ shì wéi yī de yí gè zhǎo dào zhēn jīn de rén   tā shí cháng bù wú jiāo ào de
翁。"我 是 唯 一 的 一 个 找 到 真 金 的 人！"他 时 常 不 无 骄 傲 地

告诉别人，"别人在这儿找不到金子后便远远地离开，而我的'金子'是在这块土地里，只有诚实的人用勤劳才能采集到。"

节选自陶猛译《金子》

作品21号

我在加拿大学习期间遇到过两次募捐，那情景至今使我难以忘怀。

一天，我在渥太华的街上被两个男孩子拦住去路。他们十来岁，穿得整整齐齐，每人头上戴着个做工精巧、色彩鲜艳的纸帽，上面写着"为帮助患小儿麻痹的伙伴募捐。"其中的一个，不由分说就坐在小凳上给我擦起皮鞋来，另一个则彬彬有礼地发问："小姐，您是哪国人？喜欢渥太华吗？""小姐，在你们国家有没有小孩儿患小儿麻痹？谁给他们医疗费？"一连串的问题，使我这个有生以来头一次在众目睽睽之下让别人擦鞋的异乡人，从近乎狼狈的窘态中解脱出来。我们像朋友一样聊起天儿来……

几个月之后，也是在街上。一些十字路口处或车站坐着几位老人。他们满头银发，身穿各种老式军装，上面布满了大大小小形形色色的徽章、奖章，每人手捧一大束鲜花，有水仙、石竹、玫瑰及叫不出名字的，一色雪白。

匆 匆 过 往 的 行 人 纷 纷 止 步,把 钱 投 进 这 些 老 人 身 旁 的
白 色 木 箱 内,然 后 向 他 们 微 微 鞠 躬,从 他 们 手 中 接 过
一 朵 花。我 看 了 一 会 儿,有 人 投 一 两 元,有 人 投 几 百 元,还
有 人 掏 出 支 票 填 好 后 投 进 木 箱。那 些 老 军 人 毫 不 注 意 人
们 捐 多 少 钱,一 直 不 // 停 地 向 人 们 低 声 道 谢。同 行 的
朋 友 告 诉 我,这 是 为 纪 念 二 次 大 战 中 参 战 的 勇 士,募 捐
救 济 残 废 军 人 和 烈 士 遗 孀,每 年 一 次;认 捐 的 人 可 谓 踊 跃,
而 且 秩 序 井 然,气 氛 庄 严。有 些 地 方,人 们 还 耐 心 地 排 着 队。
我 想,这 是 因 为 他 们 都 知 道:正 是 这 些 老 人 们 的 流 血 牺
牲 换 来 了 包 括 他 们 信 仰 自 由 在 内 的 许 许 多 多。

我 两 次 把 那 微 不 足 道 的 一 点 儿 钱 捧 给 他 们,只 想 对 他
们 说 声 "谢 谢"。

节选自青白《捐诚》

作品 22 号

没 有 一 片 绿 叶,没 有 一 缕 炊 烟,没 有 一 粒 泥 土,没 有 一 丝
花 香,只 有 水 的 世 界,云 的 海 洋。

一 阵 台 风 袭 过,一 只 孤 单 的 小 鸟 无 家 可 归,落 到 被 卷 到
洋 里 的 木 板 上,乘 流 而 下,姗 姗 而 来,近 了,近 了!……

忽 然,小 鸟 张 开 翅 膀,在 人 们 头 顶 盘 旋 了 几 圈 儿,"
噗 啦"一 声 落 到 了 船 上。许 是 累 了?还 是 发 现 了 "新 大 陆"?

shuǐ shǒu niǎn tā tā bù zǒu zhuā tā tā guāi guāi de luò zài zhǎng xīn kě ài de xiǎo niǎo
水 手 撵 它 它 不 走，抓 它，它 乖 乖 地 落 在 掌 心。可 爱 的 小 鸟
hé shàn liáng de shuǐ shǒu jié chéng le péng you
和 善 良 的 水 手 结 成 了 朋 友。

Qiáo tā duō měi lì jiāo qiǎo de xiǎo zuǐ zhuó lǐ zhe lǜ sè de yǔ máo yā zǐ yàng
瞧，它 多 美 丽，娇 巧 的 小 嘴，啄 理 着 绿 色 的 羽 毛，鸭 子 样
de biǎn jiǎo chéng xiàn chū chūn cǎo de é huáng shuǐ shǒu men bǎ tā dài dào cāng lǐ gěi
的 扁 脚，呈 现 出 春 草 的 鹅 黄。水 手 们 把 它 带 到 舱 里，给
tā dā pù ràng tā zài chuán shàng ān jiā luò hù měi tiān bǎ fēn dào de yí sù liào tǒng
它 "搭 铺"，让 它 在 船 上 安 家 落 户，每 天，把 分 到 的 一 塑 料 筒
dàn shuǐ yún gěi tā hē bǎ cóng zǔ guó dài lái de xiān měi de yú ròu fēn gěi tā chī tiān
淡 水 匀 给 它 喝，把 从 祖 国 带 来 的 鲜 美 的 鱼 肉 分 给 它 吃，天
cháng rì jiǔ xiǎo niǎo hé shuǐ shǒu de gǎn qíng rì qū dǔ hòu qīng chén dāng dì yī shù
长 日 久，小 鸟 和 水 手 的 感 情 日 趋 笃 厚。清 晨，当 第 一 束
yáng guāng shè jìn xián chuāng shí tā biàn chǎng kāi měi lì de gē hóu chàng a chàng
阳 光 射 进 舷 窗 时，它 便 敞 开 美 丽 的 歌 喉，唱 啊 唱，
yīng yīng yǒu yùn wǎn rú chūn shuǐ cóng cóng rén lèi gěi tā yǐ shēng mìng tā háo bù qiān
嘤 嘤 有 韵，宛 如 春 水 淙 淙。人 类 给 它 以 生 命，它 毫 不 悭
lìn de bǎ zì jǐ de yì shù qīng chūn fèng xiàn gěi le bǔ yù tā de rén kě néng dōu shì zhè
吝 地 把 自 己 的 艺 术 青 春 奉 献 给 了 哺 育 它 的 人。可 能 都 是 这
yàng yì shù jiā men de qīng chūn zhǐ huì xiàn gěi zūn jìng tā men de rén
样？艺 术 家 们 的 青 春 只 会 献 给 尊 敬 他 们 的 人。

Xiǎo niǎo gěi yuǎn háng shēng huó méng shàng le yì céng làng màn sè diào fǎn háng
小 鸟 给 远 航 生 活 蒙 上 了 一 层 浪 漫 色 调。返 航
shí rén men ài bù shì shǒu liàn liàn bù shě de xiǎng bǎ tā dài dào yì xiāng kě xiǎo niǎo
时，人 们 爱 不 释 手，恋 恋 不 舍 地 想 把 它 带 到 异 乡。可 小 鸟
qiáo cuì le jǐ shuǐ bù hē wèi ròu bù chī yóu liàng de yǔ máo shī qù le guāng zé shì
憔 悴 了，给 水，不 喝！喂 肉，不 吃！油 亮 的 羽 毛 失 去 了 光 泽。是
a wǒ men yǒu zì jǐ de zǔ guó xiǎo niǎo yě yǒu tā de guī sù rén hé dòng wù dōu shì
啊，我//们 有 自 己 的 祖 国，小 鸟 也 有 它 的 归 宿，人 和 动 物 都 是
yí yàng a nǎr yě bù rú gù xiāng hǎo
一 样 啊，哪 儿 也 不 如 故 乡 好！

Cí ài de shuǐ shǒu men jué dìng fàng kāi tā ràng tā huí dào dà hǎi de yáo lán qù huí
慈 爱 的 水 手 们 决 定 放 开 它，让 它 回 到 大 海 的 摇 篮 去，回
dào lán sè de gù xiāng qù lí bié qián zhè ge dà zì rán de péng you yǔ shuǐ shǒu men liú
到 蓝 色 的 故 乡 去。离 别 前，这 个 大 自 然 的 朋 友 与 水 手 们 留
yǐng jì niàn tā zhàn zài xǔ duō rén de tóu shàng jiān shàng zhǎng shàng gē bo shàng
影 纪 念。它 站 在 许 多 人 的 头 上，肩 上，掌 上，胳 膊 上，
yǔ wèi yǎng guò tā de rén men yì qǐ róng jìn nà lán sè de huà miàn
与 喂 养 过 它 的 人 们，一 起 融 进 那 蓝 色 的 画 面……

节选自王文杰《可爱的小鸟》

作品 23 号

纽约的冬天常有大风雪,扑面的雪花不但令人难以睁开眼睛,甚至呼吸都会吸入冰冷的雪花。有时前一天晚上还是一片晴朗,第二天拉开窗帘,却已经积雪盈尺,连门都推不开了。

遇到这样的情况,公司、商店常会停止上班,学校也通过广播,宣布停课。但令人不解的是,惟有公立小学,仍然开放。只见黄色的校车,艰难地在路边接孩子,老师则一大早就口中喷着热气,铲去车子前后的积雪,小心翼翼地开车去学校。

据统计,十年来纽约的公立小学只因为超级暴风雪停过七次课。这是多么令人惊讶的事。犯得着在大人都无须上班的时候让孩子去学校吗?小学的老师也太倒霉了吧?

于是,每逢大雪而小学不停课时,都有家长打电话去骂。妙的是,每个打电话的人,反应全一样——先是怒气冲冲地责问,然后满口道歉,最后笑容满面地挂上电话。原因是,学校告诉家长:

在纽约有许多百万富翁,但也有不少贫困的家庭。后者白天开不起暖气,供不起午餐,孩子的营养全靠学校里免费的中饭,甚至可以多拿些回家当晚餐。学校停课一

天，穷孩子就受一天冻，挨一天饿，所以老师们宁愿自己

苦一点儿，也不能停课。//

或许有家长会说：何不让富裕的孩子在家里，让贫穷的

孩子去学校享受暖气和营养午餐呢？

学校的答复是：我们不愿让那些穷苦的孩子感到他们

是在接受救济，因为施舍的最高原则是保持受施者的尊严。

节选自（台湾）刘墉《课不能停》

作品24号

十年，在历史上不过是一瞬间。只要稍加注意，人们就

会发现：在这一瞬间里，各种事物都悄悄经历了自己的千

变万化。

这次重新访日，我处处感到亲切和熟悉，也在许多方

面发觉了日本的变化。就拿奈良的一个角落来说吧，我重

游了为之感受很深的唐招提寺，在寺内各处匆匆走了一

遍，庭院依旧，但意想不到还看到了一些新的东西。其中

之一，就是近几年从中国移植来的"友谊之莲"。

在存放鉴真遗像的那个院子里，几株中国莲昂然挺

立，翠绿的宽大荷叶正迎风而舞，显得十分愉快。开花的季

节已过，荷花朵朵已变为莲蓬累累。莲子的颜色正在由青

转紫，看来已经成熟了。

Wǒ jīn bu zhù xiǎng yīn yǐ zhuǎi huà wéi guǒ
我 禁 不 住 想 ：" 因 " 已 转 化 为 " 果 "。

Zhōng guó de lián huā kāi zài rì běn rì běn de yīng huā kāi zài zhōng guó zhè bù shi
中 国 的 莲 花 开 在 日 本 ，日 本 的 樱 花 开 在 中 国 ，这 不 是

ǒu rán wǒ xī wàng zhè yàng yì zhǒng shèng kuàng yán xù bù shuāi kě néng yǒu rén bù xīn
偶 然 。我 希 望 这 样 一 种 盛 况 延 续 不 衰 。可 能 有 人 不 欣

shǎng huā dàn jué bú huì yǒu rén xīn shǎng luò zài zì jǐ miàn qián de pào dàn
赏 花 ，但 决 不 会 有 人 欣 赏 落 在 自 己 面 前 的 炮 弹 。

Zài zhè xiē rì zǐ lǐ wǒ kàn dào le bù shǎo duō nián bú jiàn de lǎo péng you yòu jié
在 这 些 日 子 里 ，我 看 到 了 不 少 多 年 不 见 的 老 朋 友 ，又 结

shí le yī xiē xīn péng you dà jiā xǐ huan shè jí de huà tí zhī yī jiù shì gǔ cháng ān hé
识 了 一 些 新 朋 友 。大 家 喜 欢 涉 及 的 话 题 之 一 ，就 是 古 长 安 和

gǔ nài liáng nà hái yòng de zháo wèn ma péng you men miǎn huái guò qù zhèng shì zhǔ
古 奈 良 。那 还 用 得 着 问 吗 ，朋 友 们 缅 怀 过 去 ，正 是 瞩

wàng wèi lái zhǔ mù yú wèi lái de rén men bì jiāng huò dé wèi lái
望 未 来 。瞩 目 于 未 来 的 人 们 必 将 获 得 未 来 。

Wǒ bù lì wài yě xī wàng yí gè měi hǎo de wèi lái
我 不 例 外 ，也 希 望 一 个 美 好 的 未 来 。

Wèi le zhōng rì rén mín zhī jiān de yǒu yì wǒ jiāng bù làng fèi jīn hòu shēng mìng
为 // 了 中 日 人 民 之 间 的 友 谊 ，我 将 不 浪 费 今 后 生 命

de měi yí shùn jiān
的 每 一 瞬 间 。

节选自严文井《莲花和樱花》

作品 25 号

Méi yǔ tán shǎn shǎn de lǜ sè zhāo yǐn zhe wǒ men wǒ men kāi shǐ zhuī zhuō tā nà lí
梅 雨 潭 闪 闪 的 绿 色 招 引 着 我 们 ，我 们 开 始 追 捉 她 那 离

hé de shén guāng le jiū zhe cǎo pān zhe luàn shí xiǎo xīn tàn shēn xià qù yòu jū gōng
合 的 神 光 了 。揪 着 草 ，攀 着 乱 石 ，小 心 探 身 下 去 ，又 鞠 躬

guò le yī gè shí qióng mén biàn dào le wāng wāng yī bì de tán biān le
过 了 一 个 石 穹 门 ，便 到 了 汪 汪 一 碧 的 潭 边 了 。

Pù bù zài jīn xiù zhī jiān dàn shì wǒ de xīn zhōng yǐ méi yǒu pù bù le wǒ de xīn suí
瀑 布 在 襟 袖 之 间 ，但 是 我 的 心 中 已 没 有 瀑 布 了 。我 的 心 随

tán shuǐ de lǜ ér yáo dàng nà zuì rén de lǜ ya fǎng fú yī zhāng jí dà jí dà de hé yè
潭 水 的 绿 而 摇 荡 。那 醉 人 的 绿 呀 ！仿 佛 一 张 极 大 极 大 的 荷 叶

pū zhe mǎn shì qí yì de lǜ ya wǒ xiǎng zhāng kāi liǎng bì bào zhù tā dàn zhè shì zěn
铺 着 ，满 是 奇 异 的 绿 呀 。我 想 张 开 两 臂 抱 住 她 ，但 这 是 怎

yàng yí gè wàng xiǎng a
样 一 个 妄 想 啊 。

站在水边，望到那面，居然觉着有些远呢！这平铺着、厚积着的绿，着实可爱。她松松地皱缬着，像少妇拖着的裙幅；她滑滑的明亮着，像涂了"明油"一般，有鸡蛋清那样软，那样嫩；她又不杂些尘滓，宛然一块温润的碧玉，只清清的一色——但你却看不透她！

我曾见过北京什刹海拂地的绿杨，脱不了鹅黄的底子，似乎太淡了。我又曾见过杭州虎跑寺近旁高峻而深密的"绿壁"，丛叠着无穷的碧草与绿叶的，那又似乎太浓了。其余呢，西湖的波太明了，秦淮河的也太暗了。可爱的，我将什么来比拟你呢？我怎么比拟得出呢？大约潭是很深的，故能蕴蓄着这样奇异的绿；仿佛蔚蓝的天融了一块在里面似的，这才这般的鲜润啊。

那醉人的绿呀！我若能裁你以为带，我将赠给那轻盈的//舞女，她必能临风飘举了。我若能挹你以为眼，我将赠给那善歌的盲妹，她必明眸善睐了。我舍不得你，我怎舍得你呢？我用手拍着你，抚摩着你，如同一个十二三岁的小姑娘。我又掬你入口，便是吻着她了。我送你一个名字，我从此叫你"女儿绿"，好吗？

第二次到仙岩的时候，我不禁惊诧于梅雨潭的绿了。

节选自朱自清《绿》

作品26号

我们家的后园有半亩空地，母亲说："让它荒着怪可惜的，你们那么爱吃花生，就开辟出来种花生吧。"我们姐弟几个都很高兴，买种，翻地，播种，浇水，没过几个月，居然收获了。

母亲说："今晚我们过一个收获节，请你们父亲也来尝尝我们的新花生，好不好？"我们都说好。母亲把花生做成了好几样食品，还吩咐就在后园的茅亭里过这个节。

晚上天色不太好，可是父亲也来了，实在很难得。

父亲说："你们爱吃花生吗？"

我们争着答应："爱！"

"谁能把花生的好处说出来？"

姐姐说："花生的味美。"

哥哥说："花生可以榨油。"

我说："花生的价钱便宜，谁都可以买来吃，都喜欢吃。这就是它的好处。"

父亲说："花生的好处很多，有一样最可贵：它的果实埋在地里，不像桃子、石榴、苹果那样，把鲜红嫩绿的果实高高地挂在枝头上，使人一见就生爱慕之心。你们看它矮

ǎi de cháng zài dì shàng　děng dào chéng shú le　yě bù néng lì kè fēn biàn chū lái tā yǒu
矮 地 长 在 地 上 ，等 到 成 熟 了,也 不 能 立 刻 分 辨 出 来 它 有

mei yǒu guǒ shí　bì xū wā chū lái cái zhī dào
没 有 果 实, 必 须 挖 出 来 才 知 道 。"

Wǒ men dōu shuō shì　mǔ qīn yě diǎn diǎn tóu
我 们 都 说 是, 母 亲 也 点 点 头 。

Fù qīn jiē xià qù shuō　suǒ yǐ nǐ men yào xiàng huā shēng　tā suī rán bù hǎo kàn
父 亲 接 下 去 说 ："所 以 你 们 要 像 花 生 ，它 虽 然 不 好 看,

kě shì hěn yǒu yòng　bù shi wài biǎo hǎo kàn ér méi yǒu shí yòng de dōng xi
可 是 很 有 用, 不 是 外 表 好 看 而 没 有 实 用 的 东 西 。"

Wǒ shuō　nà me　rén yào zuò yǒu yòng de rén　bù yào zuò zhǐ jiǎng tǐ miàn　ér duì
我 说 ："那 么 ，人 要 做 有 用 的 人 ，不 要 做 只 讲 体 面 ，而 对

bié rén méi yǒu hǎo chu de rén le
别 人 没 有 好 处 的 人 了 。" //

Fù qīn shuō　duì　zhè shì wǒ duì nǐ men de xī wàng
父 亲 说 ："对 。这 是 我 对 你 们 的 希 望 。"

Wǒ men tán dào yè shēn cái sàn　huā shēng zuò de shí pǐn dōu chī wán liǎo　fù qīn de
我 们 谈 到 夜 深 才 散 。花 生 做 的 食 品 都 吃 完 了, 父 亲 的

huà què shēn shēn de yìn zài wǒ de xīn shàng
话 却 深 深 地 印 在 我 的 心 上 。

节选自许地山《落花生》

作品 27 号

Wǒ dǎ liè guī lái　yán zhe huā yuán de lín yīn lù zǒu zhe　gǒu pǎo zài wǒ qián bian
我 打 猎 归 来, 沿 着 花 园 的 林 阴 路 走 着 。狗 跑 在 我 前 边 。

Tū rán　gǒu fàng màn jiǎo bù　niè zú qián xíng　hǎo xiàng xiù dào le qián bian yǒu shén
突 然 ，狗 放 慢 脚 步, 蹑 足 潜 行 ，好 像 嗅 到 了 前 边 有 什

me yě wù
么 野 物 。

Wǒ shùn zhe lín yīn lù wàng qù　kàn jiàn le yì zhī zuǐ biān hái dài huáng sè　tóu shàng
我 顺 着 林 阴 路 望 去, 看 见 了 一 只 嘴 边 还 带 黄 色 、头 上

shēng zhe róu máo de xiǎo má què　fēng měng liè de chuī dǎ zhe lín yīn lù shang de bái huà
生 着 柔 毛 的 小 麻 雀 。风 猛 烈 地 吹 打 着 林 阴 路 上 的 白 桦

shù　má què cóng cháo lǐ diē luò xià lái　ái ái de fú zài dì shàng　gū lì wú yuán de
树, 麻 雀 从 巢 里 跌 落 下 来, 呆 呆 地 伏 在 地 上 , 孤 立 无 援 地

zhāng kāi liǎng zhī yǔ máo hái wèi fēng mǎn de xiǎo chì bǎng
张 开 两 只 羽 毛 还 未 丰 满 的 小 翅 膀 。

Wǒ de gǒu màn màn xiàng tā kào jìn　hū rán　cóng fù jìn yì kē shù shàng fēi xià yì
我 的 狗 慢 慢 向 它 靠 近 。忽 然 ，从 附 近 一 棵 树 上 飞 下 一

zhǐ hēi xiōng pú de lǎo má què xiàng yì kē shí zǐ shì de luò dào gǒu de gēn qián lǎo má
只 黑 胸 脯 的 老 麻 雀， 像 一 颗 石 子 似 的 落 到 狗 的 跟 前。老 麻

què quán shēn dào shù zhe yǔ máo jīng kǒng wàn zhuàng fā chū jué wàng qī cǎn de jiào
雀 全 身 倒 竖 着 羽 毛， 惊 恐 万 状，发 出 绝 望、凄 惨 的 叫

shēng jiē zhe xiàng lòu chū yá chǐ dà zhāng zhe de gǒu zuǐ pū qù
声 ， 接 着 向 露 出 牙 齿、大 张 着 的 狗 嘴 扑 去。

Lǎo má què shì měng pū xià lái jiù hù yòu qiǎo de tā yòng shēn tǐ yǎn hù zhe zì jǐ
老 麻 雀 是 猛 扑 下 来 救 护 幼 雀 的。它 用 身 体 掩 护 着 自 己

de yòu ér dàn tā zhěng gè xiǎo xiǎo de shēn tǐ yīn kǒng bù ér zhàn lì zhe tā xiǎo
的 幼 儿……但 它 整 个 小 小 的 身 体 因 恐 怖 而 战 栗 着， 它 小

xiǎo de shēng yīn yě biàn de cū bào sī yǎ tā zài xī shēng zì jǐ
小 的 声 音 也 变 得 粗 暴 嘶 哑，它 在 牺 牲 自 己！

Zài tā kàn lái gǒu gāi shì duō me páng dà de guài wù a rán ér tā hái shi bù néng
在 它 看 来， 狗 该 是 多 么 庞 大 的 怪 物 啊！然 而， 它 还 是 不 能

zhàn zài zì jǐ gāo gāo de ān quán de shù zhī shàng yì zhǒng bǐ tā de lǐ zhì gèng
站 在 自 己 高 高 的、安 全 的 树 枝 上……一 种 比 它 的 理 智 更

qiáng liè de lì liang shǐ tā cóng nàr pū xià shēn lái
强 烈 的 力 量，使 它 从 那 儿 扑 下 身 来。

Wǒ de gǒu zhàn zhù le xiàng hòu tuì le tuì kàn lái tā yě gǎn dào le zhè zhǒng
我 的 狗 站 住 了， 向 后 退 了 退……看 来，它 也 感 到 了 这 种

lì liang
力 量 。

Wǒ gǎn jǐn huàn zhù jīng huāng shī cuò de gǒu rán hòu wǒ huái zhe chóng jìng de xīn
我 赶 紧 唤 住 惊 慌 失 措 的 狗，然 后 我 怀 着 崇 敬 的 心

qíng zǒu kāi le
情 ， 走 开 了。

Shì a qǐng bù yào jiàn xiào wǒ chóng jìng nà zhǐ xiǎo xiǎo de yīng yǒng de niǎor
是 啊，请 不 要 见 笑。我 崇 敬 那 只 小 小 的、英 勇 的 鸟 儿，

wǒ chóng jìng tā nà zhǒng ài de chōng dòng hé lì liang
我 崇 敬 它 那 种 爱 的 冲 动 和 力 量。

Ai wǒ xiǎng bǐ sǐ hé sǐ de kǒng jù gèng qiáng dà zhǐ yǒu yī kào tā yī kào zhè
爱，我 想，比// 死 和 死 的 恐 惧 更 强 大。只 有 依 靠 它，依 靠 这

zhǒng ài shēng mìng cái néng wéi chí xià qù fā zhǎn xià qù
种 爱，生 命 才 能 维 持 下 去，发 展 下 去。

节选自 ［俄］屠格涅夫《麻雀》，巴金译

作品 28 号

Nà nián wǒ liù suì lí wǒ jiā jìn yí jiàn zhī yáo de xiǎo shān pō páng yǒu yí gè zǎo yǐ
那 年 我 六 岁。离 我 家 仅 一 箭 之 遥 的 小 山 坡 旁，有 一 个 早 已

被废弃的采石场，双亲从来不准我去那儿，其实那儿风景十分迷人。

一个夏季的下午，我随着一群小伙伴偷偷上那儿去了。就在我们穿越了一条孤寂的小路后，他们却把我一个人留在原地，然后奔向"更危险的地带"了，

等他们走后，我惊慌失措地发现，再也找不到要回家的那条孤寂的小道了。像只无头的苍蝇，我到处乱钻，衣裤上挂满了芒刺。太阳已经落山，而此时此刻，家里一定开始吃晚餐了，双亲正盼着我回家……想着想着，我不由得背靠着一棵树，伤心地呜呜大哭起来……

突然，不远处传来了声声柳笛。我像找到了救星，急忙循声走去。一条小道边的树桩上坐着一位吹笛人，手里还正削着什么。走近细看，他不就是被大家称为"乡巴佬儿"的卡廷吗？

"你好，小家伙儿，"卡廷说，"看天气多美，你是出来散步的吧？"

我怯生生地点点头，答道："我要回家了。"

"请耐心等上几分钟，"卡廷说，"瞧，我正在削一支柳笛，差不多就要做好了，完工后就送给你吧！"

卡廷边削边不时把尚未成形的柳笛放在嘴里试吹一下。没过多久，一支柳笛便递到我手中。我俩在一阵阵清

cuì yuè ěr de dí yīn　　zhōng　　tà shàng le guī tú
脆 悦 耳 的 笛 音// 中 , 踏 上 了 归 途……

　　Dāng shí　wǒ xīn zhōng zhǐ chōng mǎn gǎn jī　ér jīn tiān　dāng wǒ zì jǐ yě chéng le
　　当 时, 我 心 中 只 充 满 感 激, 而 今 天 , 当 我 自 己 也 成 了

zǔ fù shí　què tū rán lǐng wù dào tā yòng xīn zhī liáng kǔ　nà tiān dāng tā tīng dào wǒ de
祖 父 时, 却 突 然 领 悟 到 他 用 心 之 良 苦! 那 天 当 他 听 到 我 的

kū shēng shí　biàn pàn dìng wǒ yí dìng mí le lù　dàn tā bìng bù xiǎng zài hái zi miàn qián
哭 声 时, 便 判 定 我 一 定 迷 了 路, 但 他 并 不 想 在 孩 子 面 前

bàn yǎn　jiù xīng de jué sè　yú shì chuī xiǎng liǔ dí yǐ biàn ràng wǒ néng fā xiàn tā　bìng
扮 演 "救 星" 的 角 色, 于 是 吹 响 柳 笛 以 便 让 我 能 发 现 他, 并

gēn zhe tā zǒu chū kùn jìng　jiù zhè yàng　kǎ tíng xiān sheng yǐ xiāng xià rén de chún pǔ
跟 着 他 走 出 困 境! 就 这 样 , 卡 廷 先 生 以 乡 下 人 的 纯 朴,

bǎo hù le　yí gè xiǎo nán hái ér qiáng liè de zì zūn
保 护 了 一 个 小 男 孩 儿 强 烈 的 自 尊。

节选自唐若水译《迷途笛音》

作品 29 号

　　Zài hào hàn wú yín de shā mò lǐ　yǒu yí piàn měi lì de lǜ zhōu　lǜ zhōu lǐ cáng zhe
　　在 浩 瀚 无 垠 的 沙 漠 里, 有 一 片 美 丽 的 绿 洲, 绿 洲 里 藏 着

yì kē shǎn guāng de zhēn zhū　zhè kē zhēn zhū jiù shì dūn huáng mò gāo kū　tā zuò luò zài
一 颗 闪 光 的 珍 珠。 这 颗 珍 珠 就 是 敦 煌 莫 高 窟。 它 坐 落 在

wǒ guó gān sù shěng dūn huáng shì sān wēi shān hé míng shā shān de huái bào zhōng
我 国 甘 肃 省 敦 煌 市 三 危 山 和 鸣 沙 山 的 怀 抱 中 。

　　Míng shā shān dōng lù shì píng jūn gāo dù wèi shí qī mǐ de yá bì　zài yì qiān liù bǎi
　　鸣 沙 山 东 麓 是 平 均 高 度 为 十 七 米 的 崖 壁。 在 一 千 六 百

duō mǐ cháng de yá bì shàng　záo yǒu dà xiǎo dòng kū qī bǎi yú gè　xíng chéng le guī mó
多 米 长 的 崖 壁 上 , 凿 有 大 小 洞 窟 七 百 余 个, 形 成 了 规 模

hóng wěi de shí kū qún　qí zhōng sì bǎi jiǔ shí èr gè dòng kū zhōng　gòng yǒu cǎi sè sù
宏 伟 的 石 窟 群。 其 中 四 百 九 十 二 个 洞 窟 中 , 共 有 彩 色 塑

xiàng liǎng qiān yì bǎi yú zūn　gè zhǒng bì huà gòng sì wàn wǔ qiān duō píng fāng mǐ　mò
像 两 千 一 百 余 尊, 各 种 壁 画 共 四 万 五 千 多 平 方 米。 莫

gāo kū shì wǒ guó gǔ dài wú shù yì shù jiàng shī liú gěi rén lèi de zhēn guì wén huà
高 窟 是 我 国 古 代 无 数 艺 术 匠 师 留 给 人 类 的 珍 贵 文 化

yí chǎn
遗 产 。

　　Mò gāo kū de cǎi sù　měi yì zūn dōu shì yí jiàn jīng měi de yì shù pǐn　zuì dà de yǒu
　　莫 高 窟 的 彩 塑, 每 一 尊 都 是 一 件 精 美 的 艺 术 品。 最 大 的 有

jiǔ céng lóu nà me gāo　zuì xiǎo de hái bù rú yí gè shǒu zhǎng dà　zhè xiē cǎi sù gè xìng
九 层 楼 那 么 高 , 最 小 的 还 不 如 一 个 手 掌 大。 这 些 彩 塑 个 性

鲜明，神态各异。有慈眉善目的菩萨，有威风凛凛的天王，还有强壮勇猛的力士……

莫高窟壁画的内容丰富多彩，有的是描绘古代劳动人民打猎、捕鱼、耕田、收割的情景，有的是描绘人们奏乐、舞蹈、演杂技的场面，还有的是描绘大自然的美丽风光。其中最引人注目的是飞天。壁画上的飞天，有的臂挎花篮，采摘鲜花；有的反弹琵琶，轻拨银弦；有的倒悬身子，自天而降；有的彩带飘拂，漫天遨游；有的舒展着双臂，翩翩起舞。看着这些精美动人的壁画，就像走进了//灿烂辉煌的艺术殿堂。

莫高窟里还有一个面积不大的洞窟——藏经洞。洞里曾藏有我国古代的各种经卷、文书、帛画、刺绣、铜像等共六万多件。由于清朝政府腐败无能，大量珍贵的文物被外国强盗掠走。仅存的部分经卷，现在陈列于北京故宫等处。

莫高窟是举世闻名的艺术宝库。这里的每一尊彩塑、每一幅壁画、每一件文物，都是中国古代人民智慧的结晶。

节选自小学《语文》第六册中《莫高窟》

作品 30 号

其实你在很久以前并不喜欢牡丹,因为它总被人作为富贵膜拜。后来你目睹了一次牡丹的落花,你相信所有的人都会为之感动:一阵清风徐来,娇艳鲜嫩的盛期牡丹忽然整朵整朵地坠落,铺撒一地绚丽的花瓣。那花瓣落地时依然鲜艳夺目,如同一只奉上祭坛的大鸟脱落的羽毛,低吟着壮烈的悲歌离去。

牡丹没有花谢花败之时,要么烁于枝头,要么归于泥土,它跨越萎顿和衰老,由青春而死亡,由美丽而消遁。它虽美却不吝惜生命,即使告别也要展示给人最后一次的惊心动魄。

所以在这阴冷的四月里,奇迹不会发生。任凭游人扫兴和诅咒,牡丹依然安之若素。它不苟且、不俯就、不妥协、不媚俗,甘愿自己冷落自己。它遵循自己的花期自己的规律,它有权利为自己选择每年一度的盛大节日。它为什么不拒绝寒冷?

天南海北的看花人,依然络绎不绝地涌入洛阳城。人们不会因牡丹的拒绝而拒绝它的美。如果它再被贬谪十次,也许它就会繁衍出十个洛阳牡丹城。

于是你在无言的遗憾中感悟到,富贵与高贵只是一字之差。同人一样，花儿也是有灵性的，更有品位之高低。品位这东西为气为魂为//筋骨为神韵，只可意会。你叹服牡丹卓而不群之姿，方知品位是多么容易被世人忽略或是漠视的美。

节选自张抗抗《牡丹的拒绝》

作品 31 号

森林涵养水源，保持水土，防止水旱灾害的作用非常大。据专家测算，一片十万亩面积的森林，相当于一个两百万立方米的水库，这正如农谚所说的："山上多栽树，等于修水库。雨多它能吞，雨少它能吐。"

说起森林的功劳，那还多得很。它除了为人类提供木材及许多种生产、生活的原料之外，在维护生态环境方面也是功劳卓著。它用另一种"能吞能吐"的特殊功能孕育了人类。因为地球在形成之初，大气中的二氧化碳含量很高，氧气很少，气温也高，生物是难以生存的。大约在四亿年之前，陆地才产生了森林。森林慢慢将大气中的二氧化碳吸收，同时吐出新鲜氧气，调节气温：这才具备了人类生存的条件，地球上才最终有了人类。

森林，是地球生态系统的主体，是大自然的总调度室，是

dì qiú de lǜ sè zhī fèi sēn lín wéi hù dì qiú shēng tài huán jìng de zhè zhǒng néng tūn
地球的绿色之肺。森林维护地球生态环境的这种"能吞

néng tǔ de tè shū gōng néng shì qí tā rèn hé wù tǐ dōu bù néng qǔ dài de rán ér yóu
能吐"的特殊功能是其他任何物体都不能取代的。然而，由

yú dì qiú shàng de rán shāo wù zēng duō èr yǎng huà tàn de pái fàng liàng jí jù zēng jiā
于地球上的燃烧物增多，二氧化碳的排放量急剧增加，

shǐ de dì qiú shēng tài huán jìng jí jù è huà zhǔ yào biǎo xiàn wéi quán qiú qì hòu biàn
使得地球生态环境急剧恶化，主要表现为全球气候变

nuǎn shuǐ fèn zhēng fā jiā kuài gǎi biàn le qì liú de xún huán shǐ qì hòu biàn huà jiā jù
暖，水分蒸发加快，改变了气流的循环，使气候变化加剧，

cóng ér yǐn fā rè làng jù fēng bào yǔ hóng lào jí gān hàn
从而引发热浪、飓风、暴雨、洪涝及干旱。

Wèi le shǐ dì qiú de zhè ge néng tūn néng tǔ de lǜ sè zhī fèi huī fù jiàn zhuàng
为了//使地球的这个"能吞能吐"的绿色之肺恢复健壮，

yǐ gǎi shàn shēng tài huán jìng yì zhì quán qiú biàn nuǎn jiǎn shǎo shuǐ hàn děng zì rán zāi
以改善生态环境，抑制全球变暖，减少水旱等自然灾

hài wǒ men yīng gāi dà lì zào lín hù lín shǐ měi yí zuò huāng shān dōu lǜ qǐ lái
害，我们应该大力造林、护林，使每一座荒山都绿起来。

节选自《中考语文课外阅读试题精选》中《"能吞能吐"的森林》

作品 32 号

Péng you jí jiāng yuǎn xíng
朋友即将远行。

Mù chūn shí jié yòu yāo le jǐ wèi péng you zài jiā xiǎo jù suī rán dōu shì jí shú de
暮春时节，又邀了几位朋友在家小聚。虽然都是极熟的

péng you què shì zhōng nián nán dé yí jiàn ǒu ěr diàn huà lǐ xiāng yù yě wú fēi shì jǐ
朋友，却是终年难得一见，偶尔电话里相遇，也无非是几

gōu xún cháng huà yì guō xiǎo mǐ xī fàn yì dié dà tóu cài yì pán zì jiā niàng zhì de pào
句寻常话。一锅小米稀饭，一碟大头菜，一盘自家酿制的泡

cài yì zhǐ xiàng kǒu mǎi huí de kǎo yā jiǎn jiǎn dān dān bú xiàng qǐng kè dào xiàng jiā rén
菜，一只巷口买回的烤鸭，简简单单，不像请客，倒像家人

tuán jù
团聚。

Qí shí yǒu qíng yě hǎo ài qíng yě hǎo jiǔ ér jiǔ zhī dū huì zhuǎi huà wéi qīn qíng
其实，友情也好，爱情也好，久而久之都会转化为亲情。

Shuō yě qí guài hé xīn péng you huì tán wén xué tán zhé xué tán rén shēng dào lǐ
说也奇怪，和新朋友会谈文学、谈哲学、谈人生道理

děng děng hé lǎo péng you què zhǐ huà jiā cháng chái mǐ yóu yán xì xì suì suì zhǒng
等等，和老朋友却只话家常，柴米油盐，细细碎碎，种

种琐事。很多时候，心灵的契合已经不需要太多的言语来表达。

朋友新烫了个头，不敢回家见母亲，恐怕惊骇了老人家，却欢天喜地来见我们，老朋友颇能以一种趣味性的眼光欣赏这个改变。

年少的时候，我们差不多都在为别人而活，为苦口婆心的父母活，为循循善诱的师长活，为许多观念、许多传统的约束力而活。年岁逐增，渐渐挣脱外在的限制与束缚，开始懂得为自己活，照自己的方式做一些自己喜欢的事，不在乎别人的批评意见，不在乎别人的诋毁流言，只在乎那一份随心所欲的舒坦自然。偶尔，也能够纵容自己放浪一下，并且有一种恶作剧的窃喜。

就让生命顺其自然，水到渠成吧，犹如窗前的//乌柏，自生自落之间，自有一份圆融丰满的喜悦。春雨轻轻落着，没有诗，没有酒，有的只是一份相知相属的自在自得。

夜色在笑语中渐渐沉落，朋友起身告辞，没有挽留，没有送别，甚至也没有问归期。

已经过了大喜大悲的岁月，已经过了伤感流泪的年华，知道了聚散原来是这样的自然和顺理成章，懂得这点，便懂得珍惜每一次相聚的温馨，离别便也欢喜。

节选自（台湾）杏林子《朋友和其他》

作品 33 号

Wǒ men zài tián yě sàn bù　wǒ　wǒ de mǔ qīn　wǒ de qī zǐ hé ér zǐ
我 们 在 田 野 散 步：我，我 的 母 亲，我 的 妻 子 和 儿 子。

Mǔ qīn běn bú yuàn chū lái de　tā lǎo le　shēn tǐ bù hǎo　zǒu yuǎn yì diǎnr　jiù jiào
母 亲 本 不 愿 出 来 的。她 老 了，身 体 不 好，走 远 一 点 儿 就 觉
de hěn lèi　wǒ shuō　zhèng yīn wèi rú cǐ　cái yīng gāi duō zǒu zǒu　mǔ qīn xìn fú dì diǎn
得 很 累。我 说，正 因 为 如 此，才 应 该 多 走 走。母 亲 信 服 地 点
diǎn tóu　biàn qù ná wài tào　tā xiàn zài hěn tīng wǒ de huà　jiù xiàng wǒ xiǎo shí hòu hěn
点 头，便 去 拿 外 套。她 现 在 很 听 我 的 话，就 像 我 小 时 候 很
tīng tā de huà yí yàng
听 她 的 话 一 样。

Zhè nán fāng chū chūn de tián yě　dà kuài xiǎo kuài de xīn lǜ suí yì dì pū zhe　yǒu de
这 南 方 初 春 的 田 野，大 块 小 块 的 新 绿 随 意 地 铺 着，有 的
nóng　yǒu de dàn　shù shàng de nèn yá yě mì le　tián lǐ de dōng shuǐ yě gū gū de qǐ zhe
浓，有 的 淡，树 上 的 嫩 芽 也 密 了，田 里 的 冬 水 也 咕 咕 地 起 着
shuǐ pào　zhè yí qiè dōu shǐ rén xiǎng zhe yī yàng dōng xī　　shēng mìng
水 泡。这 一 切 都 使 人 想 着 一 样 东 西—— 生 命。

Wǒ hé mǔ qīn zǒu zài qián mian　wǒ de qī zǐ hé ér zǐ zǒu zài hòu mian　xiǎo jiā huo
我 和 母 亲 走 在 前 面，我 的 妻 子 和 儿 子 走 在 后 面。小 家 伙
tū rán jiào qǐ lái　　qián mian shì mā mā hé ér zǐ　hòu mian yě shì mā mā hé ér zǐ　wǒ
突 然 叫 起 来："前 面 是 妈 妈 和 儿 子，后 面 也 是 妈 妈 和 儿 子。"我
men dōu xiào le
们 都 笑 了。

Hòu lái fā shēng le fēn qí　mǔ qīn yào zǒu dài lù　dài lù píng shùn　wǒ de ér zǐ yào
后 来 发 生 了 分 歧；母 亲 要 走 大 路，大 路 平 顺；我 的 儿 子 要
zǒu xiǎo lù　xiǎo lù yǒu yì si　bù guò　yí qiè dōu qǔ jué yú wǒ　wǒ de mǔ qīn lǎo le　tā
走 小 路，小 路 有 意 思。不 过，一 切 都 取 决 于 我。我 的 母 亲 老 了，她
zǎo yǐ xí guàn tīng cóng tā qiáng zhuàng de ér zǐ　wǒ de ér zǐ hái xiǎo　tā hái xí guàn
早 已 习 惯 听 从 她 强 壮 的 儿 子；我 的 儿 子 还 小，他 还 习 惯
tīng cóng tā gāo dà de fù qīn　qī zǐ ne　zài wài miàn　tā zǒng shì tīng wǒ de　yí shà shí
听 从 他 高 大 的 父 亲；妻 子 呢，在 外 面，她 总 是 听 我 的。一 霎 时
wǒ gǎn dào le zé rèn de zhòng dà　wǒ xiǎng zhǎo yí gè liǎng quán de bàn fǎ　zhǎo bù chū
我 感 到 了 责 任 的 重 大。我 想 找 一 个 两 全 的 办 法，找 不 出；
wǒ xiǎng chāi sǎn yì jiā rén　fēn chéng liǎng lù　gè dé qí suǒ　zhōng bù yuàn yì　wǒ jué
我 想 拆 散 一 家 人，分 成 两 路，各 得 其 所，终 不 愿 意。我 决
dìng wěi qu ér zǐ　yīn wéi wǒ bàn tóng tā de shí rì hái cháng　wǒ shuō　　zǒu dài lù
定 委 屈 儿 子，因 为 我 伴 同 他 的 时 日 还 长。我 说："走 大 路。"

Dàn shì mǔ qīn mō mō sūn ér de xiǎo nǎo guā　biàn le zhǔ yi　　hái shi zǒu xiǎo lù
但 是 母 亲 摸 摸 孙 儿 的 小 脑 瓜，变 了 主 意："还 是 走 小 路

吧。"她的眼随小路望去：那里有金色的菜花，两行整齐的桑树，//尽头一口水波粼粼的鱼塘。"我走不过去的地方，你就背着我。"母亲对我说。

这样，我们在阳光下，向着那菜花、桑树和鱼塘走去。到了一处，我蹲下来，背起了母亲；妻子也蹲下来，背起了儿子。我和妻子都是慢慢地，稳稳地，走得很仔细，好像我背上的同她背上的加起来，就是整个世界。

节选自莫怀戚《散步》

作品34号

地球上是否真的存在"无底洞"？按说地球是圆的，由地壳、地幔和地核三层组成，真正的"无底洞"是不应存在的，我们所看到的各种山洞、裂口、裂缝，甚至火山口也都只是地壳浅部的一种现象。然而中国一些古籍却多次提到海外有个深奥莫测的无底洞。事实上地球上确实有这样一个"无底洞"。

它位于希腊亚各斯古城的海滨。由于濒临大海，大涨潮时，汹涌的海水便会排山倒海般地涌入洞中，形成一股湍湍的急流。据测，每天流入洞内的海水量达三万多吨。奇怪的是，如此大量的海水灌入洞中，却从来没有把洞灌满。曾有人怀疑，这个"无底洞"，会不会就像石灰

yán dì qū de lòu dǒu   shù jǐng   luò shuǐ dòng yí lèi de dì xíng   rán ér cóng èr shí shì jǐ
岩 地 区 的 漏 斗、竖 井、落 水 洞 一 类 的 地 形。然 而 从 二 十 世 纪

sān shí nián dài yǐ lái   rén men jiù zuò le duō zhǒng nǔ lì qǐ tú xún zhǎo tā de chū kǒu
三 十 年 代 以 来，人 们 就 做 了 多 种 努 力 企 图 寻 找 它 的 出 口，

què dōu shì wǎng fèi xīn jī
却 都 是 枉 费 心 机。

　　Wèi le jiē kāi zhè ge mì mì   yī jiǔ wǔ bā nián měi guó dì lǐ xué huì pài chū yī zhī kǎo
　　为 了 揭 开 这 个 秘 密，一 九 五 八 年 美 国 地 理 学 会 派 出 一 支 考

chá duì   tā men bǎ yì zhǒng jīng jiǔ bù biàn de dài sè rǎn liào róng jiě zài hǎi shuǐ zhōng
察 队，他 们 把 一 种 经 久 不 变 的 带 色 染 料 溶 解 在 海 水 中，

guān chá rǎn liào shì rú hé suí zhe hǎi shuǐ yì qǐ chén xià qù   jiē zhe yòu chá kàn le fù jìn
观 察 染 料 是 如 何 随 着 海 水 一 起 沉 下 去。接 着 又 察 看 了 附 近

hǎi miàn yǐ jí dǎo shàng de gè tiáo hé   hú   mǎn huái xī wàng de xún zhǎo zhè zhǒng dài
海 面 以 及 岛 上 的 各 条 河、湖，满 怀 希 望 地 寻 找 这 种 带

yán sè de shuǐ   jié guǒ lìng rén shī wàng   nán dào shì hǎi shuǐ liàng tài dà bǎ yǒu sè shuǐ xī
颜 色 的 水，结 果 令 人 失 望。难 道 是 海 水 量 太 大 把 有 色 水 稀

shì de tài dàn   yǐ zhì wú fǎ fā xiàn
释 得 太 淡，以 致 无 法 发 现？//

　　Zhì jīn shéi yě bù zhī dào wèi shén me zhè lǐ de hǎi shuǐ huì méi wán méi liǎo de   lòu
　　至 今 谁 也 不 知 道 为 什 么 这 里 的 海 水 会 没 完 没 了 地 "漏"

xià qù zhè ge   wú dǐ dòng de chū kǒu yòu zài nǎ li   měi tiān dà liàng de hǎi shuǐ jiū jìng
下 去，这 个 "无 底 洞" 的 出 口 又 在 哪 里，每 天 大 量 的 海 水 究 竟

dōu liú dào nǎ li qù le
都 流 到 哪 里 去 了？

节选自罗伯特·罗威尔《神秘的 "无底洞"》

作品 35 号

　　Wǒ zài é guó jiàn dào de jǐng wù zài méi yǒu bǐ tuō ěr sī tài mù gèng hóng wěi   gèng
　　我 在 俄 国 见 到 的 景 物 再 没 有 比 托 尔 斯 泰 墓 更 宏 伟、更

gǎn rén de
感 人 的。

　　Wán quán àn zhào tuō ěr sī tài de yuàn wàng   tā de fén mù chéng le shì jiān zuì měi
　　完 全 按 照 托 尔 斯 泰 的 愿 望，他 的 坟 墓 成 了 世 间 最 美

de   gěi rén yìn xiàng zuì shēn kè de fén mù   tā zhǐ shì shù lín zhōng de yí gè xiǎo xiǎo de
的，给 人 印 象 最 深 刻 的 坟 墓。它 只 是 树 林 中 的 一 个 小 小 的

cháng fāng xíng tǔ qiū   shàng mian kāi mǎn xiān huā   méi yǒu shí zì jià   méi yǒu mù bēi
长 方 形 土 丘，上 面 开 满 鲜 花 —— 没 有 十 字 架，没 有 墓 碑，

méi yǒu mù zhì míng   lián tuō ěr sī tài zhè ge míng zi yě méi yǒu
没 有 墓 志 铭，连 托 尔 斯 泰 这 个 名 字 也 没 有。

这位比谁都感到受自己的声名所累的伟人，却像偶尔被发现的流浪汉，不为人知的士兵，不留名姓地被人埋葬了。谁都可以踏进他最后的安息地，围在四周稀疏的木栅栏是不关闭的——保护列夫·托尔斯泰得以安息的没有任何别的东西，惟有人们的敬意；而通常，人们却总是怀着好奇，去破坏伟人墓地的宁静。

这里，逼人的朴素禁锢住任何一种观赏的闲情，并且不容许你大声说话。风儿俯临，在这座无名者之墓的树木之间飒飒响着，和暖的阳光在坟头嬉戏；冬天，白雪温柔地覆盖这片幽暗的圭土地。无论你在夏天或冬天经过这儿，你都想像不到，这个小小的、隆起的长方体里安放着一位当代最伟大的人物。

然而，恰恰是这座不留姓名的坟墓，比所有挖空心思用大理石和奢华装饰建造的坟墓更扣人心弦。在今天这个特殊的日子//里，到他的安息地来的成百上千人中间，没有一个有勇气，哪怕仅仅从这幽暗的土丘上摘下一朵花留作纪念。人们重新感到，世界上再没有比托尔斯泰最后留下的、这座纪念碑式的朴素坟墓，更打动人心的了。

节选自〔奥〕茨威格《世间最美的坟墓》，张厚仁译

作品36号

我国的建筑，从古代的宫殿到近代的一般住房，绝大部

分是对称的，左边怎么样，右边怎么样。苏州园林可绝不讲究对称，好像故意避免似的。东边有了一个亭子或者一道回廊，西边决不会来一个同样的亭子或者一道同样的回廊。这是为什么？我想，用图画来比方，对称的建筑是图案画，不是美术画，而园林是美术画，美术画要求自然之趣，是不讲究对称的。

苏州园林里都有假山和池沼。

假山的堆叠，可以说是一项艺术而不仅是技术。或者是重峦叠嶂，或者是几座小山配合着竹子花木，全在乎设计者和匠师们生平多阅历，胸中有丘壑，才能使游览者攀登的时候忘却苏州城市，只觉得身在山间。

至于池沼，大多引用活水。有些园林池沼宽敞，就把池沼作为全园的中心，其他景物配合着布置。水面假如成河道模样，往往安排桥梁。假如安排两座以上的桥梁，那就一座一个样，决不雷同。

池沼或河道的边沿很少砌齐整的石岸，总是高低屈曲任其自然。还在那儿布置几块玲珑的石头，或者种些花草，这也是为了取得从各个角度看都成一幅画的效果。池沼里养着金鱼或各色鲤鱼，夏秋季节荷花或睡莲开//放，游览者看"鱼戏莲叶间"，又是入画的一景。

节选自叶圣陶《苏州园林》

作品 37 号

一位访美中国女作家，在纽约遇到一位卖花的老太太。老太太穿着破旧，身体虚弱，但脸上的神情却是那样祥和兴奋。女作家挑了一朵花说："看起来，你很高兴。"老太太面带微笑地说："是的，一切都这么美好，我为什么不高兴呢？""对烦恼，你倒真能看得开。"女作家又说了一句。没料到，老太太的回答更令女作家大吃一惊："耶稣在星期五被钉上十字架时，是全世界最糟糕的一天，可三天后就是复活节。所以，当我遇到不幸时，就会等待三天，这样一切就恢复正常了。"

"等待三天"，多么富于哲理的话语，多么乐观的生活方式。它把烦恼和痛苦抛下，全力去收获快乐。

沈从文在"文革"期间，陷入了非人的境地。可他毫不在意，他在咸宁时给他的表侄、画家黄永玉写信说："这里的荷花真好，你若来……"身陷苦难却仍为荷花的盛开欣喜赞叹不已，这是一种趋于澄明的境界，一种旷达洒脱的胸襟，一种面临磨难坦荡从容的气度，一种对生活童子般的热爱和对美好事物无限向往的生命情感。

由此可见，影响一个人快乐的，有时并不是困境及磨难，而是一个人的心态。如果把自己浸泡在积极、乐观、向上的心

tài zhōng   kuài lè bì rán huì   zhàn jù nǐ de měi yì tiān
态　中，快乐必然会//占据你的每一天。

节选自《态度创造快乐》

作品 38 号

Tài shān jí dǐng kàn rì chū   lì lái bèi miáo huì chéng shí fēn zhuàng guān de qí jǐng
泰山极顶看日出，历来被描绘成十分壮观的奇景。
yǒu rén shuō   dēng tài shān ér kàn bù dào rì chū   jiù xiàng yì chū dà xì méi yǒu xì yǎn
有人说：登泰山而看不到日出，就像一出大戏没有戏眼，
wèi ér zhōng jiū yǒu diǎn guǎ dàn
味儿终究有点寡淡。

Wǒ qù pá shān nà tiān   zhèng gǎn shàng gè nán dé de hǎo tiān   wàn lǐ cháng kōng
我去爬山那天，正赶上个难得的好天，万里长空，
yún cai sī ér dōu bù jiàn   sù cháng   yān wù téng téng de shān tóu   xiǎn de méi mù fēn
云彩丝儿都不见。素常，烟雾腾腾的山头，显得眉目分
míng   tóng bàn men dōu xīn xǐ de shuō   míng tiān zǎo chen zhǔn kě yǐ kàn jiàn rì chū
明。同伴们都欣喜地说："明天早晨准可以看见日出
le   wǒ yě shì bào zhe zhè zhǒng xiǎng tóu   pá shàng shān qù
了。"我也是抱着这种想头，爬上山去。

Yí lù cóng shān jiǎo wǎng shàng pá   xì kàn shān jǐng   wǒ jué de guà zài yǎn qián de bù
一路从山脚往上爬，细看山景，我觉得挂在眼前的不
shi wǔ yuè dú zūn de tài shān   què xiàng yì fú guī mó jīng rén de qīng lǜ shān shuǐ huà
是五岳独尊的泰山，却像一幅规模惊人的青绿山水画，
cóng xià mian dào zhǎn kāi lái   zài huà juàn zhōng zuì xiān lòu chū de shì shān gēn dǐ nà zuò
从下面倒展开来。在画卷中最先露出的是山根底那座
míng cháo jiàn zhù dài zōng fáng   màn màn de biàn xiàn chū wáng mǔ chí   dòu mǔ gōng   jīng
明朝建筑岱宗坊，慢慢地便现出王母池、斗母宫、经
shí yù   shān shì yì céng bǐ yì céng shēn   yì dié bǐ yì dié jī   céng céng dié dié   bù zhī hái
石峪。山是一层比一层深，一叠比一叠奇，层层叠叠，不知还
huì yǒu duō shēn duō jī   wàn shān cóng zhōng   shí ér diǎn rǎn zhe jí qí gōng xì de rén
会有多深多奇，万山丛中，时而点染着极其工细的人
wù   wáng mǔ chí bàng de lǚ zǔ diàn lǐ yǒu bù shǎo zūn míng sù   sù zhe lǚ dòng bīn děng
物。王母池旁的吕祖殿里有不少尊明塑，塑着吕洞宾等
yì xiē rén   zī tài shén qíng shì nà yàng yǒu shēng qì   nǐ kàn le   bù jīn huì tuō kǒu zàn tàn
一些人，姿态神情是那样有生气，你看了，不禁会脱口赞叹
shuō   huó la
说："活啦。"

Huà juàn jì xù zhǎn kāi   lǜ yīn sēn sēn de bǎi dòng lòu miàn bú tài jiǔ   biàn lái dào duì
画卷继续展开，绿阴森森的柏洞露面不太久，便来到对

松山。两面奇峰对峙着，满山峰都是奇形怪状的老松，年纪怕都有上千岁了，颜色竟那么浓，浓得好像要流下来似的。来到这儿，你不妨权当一次画里的写意人物，坐在路旁的对松亭里，看看山色，听听流//水和松涛。

一时间，我又觉得自己不仅是在看画卷，却又像是在零零乱乱翻着一卷历史稿本。

节选自杨朔《泰山极顶》

作品 39 号

育才小学校长陶行知在校园看到学生王友用泥块砸自己班上的同学，陶行知当即喝止了他，并令他放学后到校长室去。无疑，陶行知是要好好教育这个"顽皮"的学生。那么他是如何教育的呢？

放学后，陶行知来到校长室，王友已经等在门口准备挨训了。可一见面，陶行知却掏出一块糖果送给王友，并说："这是奖给你的，因为你按时来到这里，而我却迟到了。"王友惊疑地接过糖果。

随后，陶行知又掏出一块糖果放到他手里，说："这第二块糖果也是奖给你的，因为当我不让你再打人时，你立即就住手了，这说明你很尊重我，我应该奖你。"王友更惊疑了，他眼睛睁得大大的。

陶行知又掏出第三块糖果塞到王友手里，说："我调查过了，你用泥块砸那些男生，是因为他们不守游戏规则，欺负女生；你砸他们，说明你很正直善良，且有批评不良行为的勇气，应该奖励你啊！"王友感动极了，他流着眼泪后悔地喊道："陶……陶校长你打我两下吧！我砸的不是坏人，而是自己的同学啊……"

陶行知满意地笑了，他随即掏出第四块糖果递给王友，说："为你正确地认识错误，我再奖给你一块糖果，只可惜我只有这一块糖果了。我的糖果//没有了，我看我们的谈话也该结束了吧！"说完，就走出了校长室。

节选自《教师博览·百期精华》中《陶行知的"四块糖果"》

作品 40 号

享受幸福是需要学习的，当它即将来临的时刻需要提醒。人可以自然而然地学会感官的享乐，却无法天生地掌握幸福的韵律。灵魂的快意同器官的舒适像一对孪生兄弟，时而相傍相依，时而南辕北辙。

幸福是一种心灵的震颤。它像会倾听音乐的耳朵一样，需要不断地训练。

简而言之，幸福就是没有痛苦的时刻。它出现的频率并不像我们想像的那样少。人们常常只是在幸福的金马车已经驶过去很远时,才拣起地上的金鬃毛说,原来我见过它。

人们喜爱回味幸福的标本,却忽略它披着露水散发清香的时刻。那时候我们往往步履匆匆,瞻前顾后不知在忙着什么。

世上有预报台风的,有预报蝗灾的,有预报瘟疫的,有预报地震的。没有人预报幸福。

其实幸福和世界万物一样,有它的征兆。

幸福常常是朦胧的,很有节制地向我们喷洒甘霖。你不要总希望轰轰烈烈的幸福,它多半只是悄悄地扑面而来。你也不要企图把水龙头拧得更大,那样它会很快地流失。你需要静静地以平和之心,体验它的真谛。

幸福绝大多数是朴素的。它不会像信号弹似的,在很高的天际闪烁红色的光芒。它披着本色的外衣,亲//切温暖地包裹起我们。

幸福不喜欢喧嚣浮华,它常常在暗淡中降临。贫困中相濡以沫的一块糕饼,患难中心心相印的一个眼神,父亲一次粗糙的抚摸,女友一张温馨的字条……这都是千金难买的幸福啊。像一粒粒缀在旧绸子上的红宝石,在凄凉中愈发熠熠夺目。

节选自毕淑敏《提醒幸福》

作品 41 号

Zài lǐ yuē rè nèi lú de yí gè pín mín kū lǐ yǒu yí gè nán hái zi tā fēi cháng xǐ
在里约热内卢的一个贫民窟里，有一个男孩子，他非常喜

huan zú qiú kě shì yòu mǎi bù qǐ yú shì jiù tī sù liào hé tī qì shuǐ píng tī cóng lā jī
欢足球，可是又买不起，于是就踢塑料盒，踢汽水瓶，踢从垃圾

xiāng lǐ jiǎn lái de yē zǐ ké tā zài hú tòng lǐ tī zài néng zhǎo dào de rèn hé yí piàn
箱里拣来的椰子壳。他在胡同里踢，在能找到的任何一片

kōng dì shàng tī
空地上踢。

Yǒu yì tiān dāng tā zài yí chù gān hé de shuǐ táng lǐ měng tī yí gè zhū páng guāng
有一天，当他在一处干涸的水塘里猛踢一个猪膀胱

shí bèi yí wèi zú qiú jiào liàn kàn jiàn le tā fā xiàn zhè ge nán hái ér tī de hěn xiàng shì
时，被一位足球教练看见了。他发现这个男孩儿踢得很像是

nà me huí shì jiù zhǔ dòng tí chū yào sòng gěi tā yí gè zú qiú xiǎo nán hái ér dé dào zú
那么回事，就主动提出要送给他一个足球。小男孩儿得到足

qiú hòu tī de gèng mài jìn le bù jiǔ tā jiù néng zhǔn què de bǎ qiú tī jìn yuǎn chù suí yì
球后踢得更卖劲了。不久，他就能准确地把球踢进远处随意

bǎi fàng de yí gè shuǐ tǒng lǐ
摆放的一个水桶里。

Shèng dàn jié dào le hái zi de mā mā shuō wǒ men méi yǒu qián mǎi shèng dàn lǐ
圣诞节到了，孩子的妈妈说："我们没有钱买圣诞礼

wù sòng gěi wǒ men de ēn rén jiù ràng wǒ men wèi tā qí dǎo ba
物送给我们的恩人，就让我们为他祈祷吧。"

Xiǎo nán hái ér gēn suí mā mā qí dǎo wán bì xiàng mā mā yào le yì bǎ chǎn zǐ biàn
小男孩儿跟随妈妈祈祷完毕，向妈妈要了一把铲子便

pǎo le chū qù tā lái dào yí zuò bié shù qián de huā yuán lǐ kāi shǐ wā kēng
跑了出去。他来到一座别墅前的花园里，开始挖坑。

Jiù zài tā kuài yào wā hǎo kēng de shí hou cóng bié shù lǐ zǒu chū yí gè rén lái wèn
就在他快要挖好坑的时候，从别墅里走出一个人来，问

xiǎo háir zài gàn shén me hái zi tái qǐ mǎn shì hàn zhū de liǎn dànr shuō jiào
小孩儿在干什么，孩子抬起满是汗珠的脸蛋儿，说："教

liàn shèng dàn jié dào le wǒ méi yǒu lǐ wù sòng gěi nín wǒ yuàn gěi nín de shèng dàn
练，圣诞节到了，我没有礼物送给您，我愿给您的圣诞

shù wā yí gè shù kēng
树挖一个树坑。"

Jiào liàn bǎ xiǎo nán hái ér cóng shù kēng lǐ lā shàng lái shuō wǒ jīn tiān dé dào le
教练把小男孩儿从树坑里拉上来，说，我今天得到了

shì jiè shàng zuì hǎo de lǐ wù míng tiān nǐ jiù dào wǒ de xùn liàn chǎng qù ba
世界上最好的礼物。明天你就到我的训练场去吧。

Sān nián hòu   zhè wèi shí qī suì de nán hái ér zài dì liù jiè zú qiú jǐn biāo sài shàng dú
三 年 后，这 位 十 七 岁 的 男 孩 儿 在 第 六 届 足 球 锦 标 赛 上 独

jìn èr shí yī qiú wèi bā xī dì yī cì pěng huí le jīn bēi   yí gè yuán lái bù   wéi shì rén
进 二 十 一 球，为 巴 西 第 一 次 捧 回 了 金 杯。一 个 原 来 不// 为 世 人

suǒ zhī de míng zi   bèi lì suí zhī chuán biàn shì jiè
所 知 的 名 字——贝 利，随 之 传 遍 世 界。

节选自刘燕敏《天才的造就》

作品 42 号

Jì de wǒ shí sān suì shí hé mǔ qīn zhù zài fǎ guó dōng nán bù de nài sī chéng mǔ
记 得 我 十 三 岁 时，和 母 亲 住 在 法 国 东 南 部 的 耐 斯 城。母

qīn méi yǒu zhàng fū yě méi yǒu qīn qi gòu qīng kǔ de dàn tā jīng cháng néng ná chū lìng
亲 没 有 丈 夫，也 没 有 亲 戚，够 清 苦 的，但 她 经 常 能 拿 出 令

rén chī jīng de dōng xi bǎi zài wǒ miàn qián tā cóng lái bù chī ròu yí zài shuō zì jǐ shì
人 吃 惊 的 东 西，摆 在 我 面 前。她 从 来 不 吃 肉，一 再 说 自 己 是

sù shí zhě rán ér yǒu yī tiān wǒ fā xiàn mǔ qīn zhèng zǐ xì de yòng yì xiǎo kuài suì miàn
素 食 者。然 而 有 一 天，我 发 现 母 亲 正 仔 细 地 用 一 小 块 碎 面

bāo cā nà gěi wǒ jiān niú pái yòng de yóu guō wǒ míng bái le tā chèn zì jǐ wèi sù shí zhě
包 擦 那 给 我 煎 牛 排 用 的 油 锅。我 明 白 了 她 称 自 己 为 素 食 者

de zhēn zhèng yuán yīn
的 真 正 原 因。

Wǒ shí liù suì shí mǔ qīn chéng le nài sī shì měi méng lǚ guǎn de nǚ jīng lǐ zhè shí
我 十 六 岁 时，母 亲 成 了 耐 斯 市 美 蒙 旅 馆 的 女 经 理。这 时，

tā gèng máng lù le yì tiān tā tān zài yǐ zi shàng liǎn sè cāng bái zuǐ chún fā huī mǎ
她 更 忙 碌 了。一 天，她 瘫 在 椅 子 上，脸 色 苍 白，嘴 唇 发 灰。马

shàng zhǎo lái yī shēng zuò chū zhěn duàn tā shè qǔ le guò duō de yí dǎo sù zhí dào
上 找 来 医 生，做 出 诊 断：她 摄 取 了 过 多 的 胰 岛 素。直 到

zhè shí wǒ cái zhī dào mǔ qīn duō nián yì zhí duì wǒ yǐn mán de jí tòng   táng niào bìng
这 时 我 才 知 道 母 亲 多 年 一 直 对 我 隐 瞒 的 疾 痛——糖 尿 病。

Tā de tóu wāi xiàng zhěn tóu yì biān tòng kǔ de yòng shǒu zhuā náo xiōng kǒu chuáng
她 的 头 歪 向 枕 头 一 边，痛 苦 地 用 手 抓 挠 胸 口。床

jià shàng fāng zé guà zhe yì méi wǒ yī jiǔ sān èr nián yíng dé nài sī shì shào nián pīng
架 上 方，则 挂 着 一 枚 我 一 九 三 二 年 赢 得 耐 斯 市 少 年 乒

pāng qiú guàn jūn de yín zhì jiǎng zhāng
乓 球 冠 军 的 银 质 奖 章。

A shì duì wǒ de měi hǎo qián tú de chōng jǐng zhī chēng zhe tā huó xià qù wèi le gěi
啊，是 对 我 的 美 好 前 途 的 憧 憬 支 撑 着 她 活 下 去，为 了 给

tā nà huāng táng de mèng zhì shǎo jiā yì diǎn zhēn shí de sè cǎi wǒ zhǐ néng jì xù nǔ lì
她 那 荒 唐 的 梦 至 少 加 一 点 真 实 的 色 彩，我 只 能 继 续 努 力，

与时间竞争,直至一九三八年我被征入空军。巴黎很快失陷,我辗转调到英国皇家空军。刚到英国就接到了母亲的来信。这些信是由在瑞士的一个朋友秘密地转到伦敦,送到我手中的。

现在我要回家了,胸前佩带着醒目的绿黑两色的解放十字绶//带,上面挂着五六枚我终身难忘的勋章,肩上还佩带着军官肩章。到达旅馆时,没有一个人跟我打招呼。原来,我母亲在三年半以前就已经离开人间了。

在她死前的几天中,她写了近二百五十封信,把这些信交给她在瑞士的朋友,请这个朋友定时寄给我。就这样,在母亲死后的三年半的时间里,我一直从她身上吸取着力量和勇气——这使我能够继续战斗到胜利那一天。

节选自〔法〕罗曼·加里《我的母亲独一无二》

作品 43 号

生活对于任何人都非易事,我们必须有坚韧不拔的精神。最要紧的,还是我们自己要有信心。我们必须相信,我们对每一件事情都具有天赋的才能,并且,无论付出任何代价,都要把这件事完成。当事情结束的时候,你要能问心无愧地说:"我已经尽我所能了。"

有一年的春天,我因病被迫在家里休息数周。我注视着我的女儿们所养的蚕正在结茧，这使我很感兴趣。望着这些蚕执著地、勤奋地工作，我感到我和它们非常相似。像它们一样，我总是耐心地把自己的努力集中在一个目标上。我之所以如此，或许是因为有某种力量在鞭策着我——正如蚕被鞭策着去结茧一般。

近五十年来，我致力于科学研究，而研究，就是对真理的探讨。我有许多美好快乐的记忆。少女时期我在巴黎大学，孤独地过着求学的岁月；在后来献身科学的整个时期，我丈夫和我专心致志，像在梦幻中一般，坐在简陋的书房里艰辛地研究，后来我们就在那里发现了镭。

我永远追求安静的工作和简单的家庭生活。为了实现这个理想，我竭力保持宁静的环境，以免受人事的干扰和盛名的拖累。

我深信，在科学方面我们有对事业而不是//对财富的兴趣。我的惟一奢望是在一个自由国家中，以一个自由学者的身份从事研究工作。

我一直沉醉于世界的优美之中，我所热爱的科学也不断增加它崭新的远景。我认定科学本身就具有伟大的美。

节选自 [波兰] 玛丽·居里《我的信念》，剑捷译

作品44号

我为什么非要教书不可？是因为我喜欢当教师的时间

ān pái biǎo hé shēng huó jié zòu　qī　bā　jiǔ sān gè yuè gěi wǒ tí gōng le jìn xíng huí gù
安 排 表 和 生 活 节 奏。七、八、九 三 个 月 给 我 提 供 了 进 行 回 顾、

yán jiū　xiě zuò de liáng jī　bìng jiāng sān zhě yǒu jī róng hé　ér shàn yú huí gù yán jiū
研 究、写 作 的 良 机，并 将 三 者 有 机 融 合，而 善 于 回 顾、研 究

hé zǒng jié zhèng shì yōu xiù jiào shī sù zhì zhōng bù kě quē shǎo de chéng fèn
和 总 结 正 是 优 秀 教 师 素 质 中 不 可 缺 少 的 成 分。

Gàn zhè háng gěi le wǒ duō zhǒng duō yàng de　gān quán qù pǐn cháng zhǎo yōu xiù
干 这 行 给 了 我 多 种 多 样 的 "甘 泉" 去 品 尝，找 优 秀

de shū jí qù yán dú dào　xiàng yá da hé shí jì shì jiè lǐ qù fā xiàn jiào xué gōng zuò
的 书 籍 去 研 读，到 "象 牙 塔" 和 实 际 世 界 里 去 发 现。教 学 工 作

gěi wǒ tí gōng le jì xù xué xí de shí jiān bǎo zhèng　yǐ jí duō zhǒng tú jìng　jī yù hé
给 我 提 供 了 继 续 学 习 的 时 间 保 证，以 及 多 种 途 径、机 遇 和

tiǎo zhàn
挑 战。

Rán ér　wǒ ài zhè yì háng de zhēn zhèng yuán yīn　shì ài wǒ de xué shēng　xué shēng
然 而，我 爱 这 一 行 的 真 正 原 因，是 爱 我 的 学 生。学 生

men zài wǒ de yǎn qián chéng zhǎng　biàn huà　dāng jiào shī yì wèi zhe qīn lì　chuàng
们 在 我 的 眼 前 成 长、变 化。当 教 师 意 味 着 亲 历 "创

zào　guò chéng de fā shēng　qià sì qīn shǒu fù yǔ yì tuán ní tǔ yǐ shēng mìng méi
造" 过 程 的 发 生 —— 恰 似 亲 手 赋 予 一 团 泥 土 以 生 命，没

yǒu shén me bǐ mù dǔ tā kāi shǐ hū xī gèng jī dòng rén xīn de le
有 什 么 比 目 睹 它 开 始 呼 吸 更 激 动 人 心 的 了。

Quán lì wǒ yě yǒu le　wǒ yǒu quán lì qù qǐ fā yòu dǎo　qù jī fā zhì huì de huǒ
权 利 我 也 有 了：我 有 权 利 去 启 发 诱 导，去 激 发 智 慧 的 火

huā　qù wèn fèi xīn sī kǎo de wèn tí　qù zàn yáng huí dá de cháng shì　qù tuī jiàn shū jí
花，去 问 费 心 思 考 的 问 题，去 赞 扬 回 答 的 尝 试，去 推 荐 书 籍，

qù zhǐ diǎn mí jīn　hái yǒu shén me bié de quán lì néng yǔ zhī xiāng bǐ ne
去 指 点 迷 津。还 有 什 么 别 的 权 利 能 与 之 相 比 呢？

Ér qiě　jiāo shū huán gěi wǒ jīn qián hé quán lì zhī wài de dōng xī　nà jiù shì ài xīn
而 且，教 书 还 给 我 金 钱 和 权 利 之 外 的 东 西，那 就 是 爱 心。

bù jǐn yǒu duì xué shēng de ài　duì shū jí de ài　duì zhī shi de ài　hái yǒu jiào shī cái néng
不 仅 有 对 学 生 的 爱，对 书 籍 的 爱，对 知 识 的 爱，还 有 教 师 才 能

gǎn shòu dào de duì　tè bié xué shēng de ài　zhè xiē xué shēng　yǒu rú míng wán bù líng
感 受 到 的 对 "特 别" 学 生 的 爱。这 些 学 生，有 如 冥 顽 不 灵

de ní kuài　yóu yú jiē shòu le lǎo shī de chì ài cái bó fā le shēng jī
的 泥 块，由 于 接 受 了 老 师 的 炽 爱 才 勃 发 了 生 机。

Suǒ yǐ　wǒ ài jiāo shū　hái yīn wèi　zài nà xiē bó fā shēng jī de　tè　bié xué
所 以，我 爱 教 书，还 因 为，在 那 些 勃 发 生 机 的 "特// 别" 学

shēng shēn shàng　wǒ yǒu shí fā xiàn zì jǐ hé tā men hū xī xiāng tōng　yōu lè yǔ gòng
生 身 上，我 有 时 发 现 自 己 和 他 们 呼 吸 相 通，忧 乐 与 共。

节选自〔美〕彼得·基·贝得勒《我为什么当教师》

作品 45 号

中国西部我们通常是指黄河与秦岭相连一线以西，包括西北和西南的十二个省、市、自治区。这块广袤的土地面积为五百四十六万平方公里，占国土总面积的百分之五十七；人口二点八亿，占全国总人口的百分之二十三。

西部是华夏文明的源头。华夏祖先的脚步是顺着水边走的：长江上游出土过元谋人牙齿化石，距今约一百七十万年；黄河中游出土过蓝田人头盖骨，距今约七十万年。这两处古人类都比距今约五十万年的北京猿人资格更老。

西部地区是华夏文明的重要发源地，秦皇汉武以后，东西方文化在这里交汇融合，从而有了丝绸之路的驼铃声声，佛院深寺的暮鼓晨钟。敦煌莫高窟是世界文化史上的一个奇迹，它在继承汉晋艺术传统的基础上，形成了自己兼收并蓄的恢宏气度，展现出精美绝伦的艺术形式和博大精深的文化内涵。秦始皇兵马俑、西夏王陵、楼兰古国、布达拉宫、三星堆、大足石刻等历史文化遗产，同样为世界所瞩目，成为中华文化重要的象征。

西部地区又是少数民族及其文化的集萃地,几乎包括了我国所有的少数民族。在一些偏远的少数民族地区,仍保留//了一些久远时代的艺术品种,成为珍贵的"活化石",如纳西古乐、戏曲、剪纸、刺绣、岩画等民间艺术和宗教艺术。特色鲜明、丰富多彩,犹如一个巨大的民族民间文化艺术宝库。

我们要充分重视和利用这些得天独厚的资源优势,建立良好的民族民间文化生态环境,为西部大开发做出贡献。

节选自《中考语文课外阅读试题精选》中《西部文化和西部开发》

作品 46 号

高兴,这是一种具体的被看得到摸得着的事物所唤起的情绪。它是心理的,更是生理的。它容易来也容易去,谁也不应该对它视而不见失之交臂,谁也不应该总是做那些使自己不高兴也使旁人不高兴的事。让我们说一件最容易做也最令人高兴的事吧,尊重你自己,也尊重别人,这是每一个人的权利,我还要说这是每一个人的义务。

快乐,它是一种富有概括性的生存状态、工作状态。它几乎是先验的,它来自生命本身的活力,来自宇宙、地球和人间的吸引,它是世界的丰富、绚丽、阔大、悠久的体现。

快乐还是一种力量,是埋在地下的根脉。消灭一个人的快乐比挖掘掉一棵大树的根要难得多。

欢欣,这是一种青春的、诗意的情感。它来自面向着未来伸开双臂奔跑的冲力,它来自一种轻松而又神秘、朦胧而又隐秘的激动,它是激情即将到来的预兆,它又是大雨过后的比下雨还要美妙得多也久远得多的回味……

喜悦,它是一种带有形而上色彩的修养和境界。与其说它是一种情绪,不如说它是一种智慧、一种超拔、一种悲天悯人的宽容和理解,一种饱经沧桑的充实和自信,一种光明的理性,一种坚定//的成熟,一种战胜了烦恼和庸俗的清明澄澈。它是一潭清水,它是一抹朝霞,它是无边的平原,它是沉默的地平线,多一点儿、再多一点儿喜悦吧,它是翅膀,也是归巢。它是一杯美酒,也是一朵永远开不败的莲花。

节选自王蒙《喜悦》

作品 47 号

在湾仔,香港最热闹的地方,有一棵榕树,它是最贵的一棵树,不光在香港,在全世界,都是最贵的。

树,活的树,又不卖何言其贵?只因它老,它粗,是香港百年沧桑的活见证,香港人不忍看着它被砍伐,或者被

yí zǒu　biàn gēn yào zhàn yòng zhè piàn shān pō de jiàn zhù zhě tán tiáo jiàn　kě yǐ zài zhèr
移 走 ，便 跟 要 占 用 这 片 山 坡 的 建 筑 者 谈 条 件 ：可 以 在 这

jiàn dà lóu gài shāng shà　dàn yī bù zhǔn kǎn shù　èr bù zhǔn nuó shù　bì xū bǎ tā
儿 建 大 楼 盖 商 厦 ，但 一 不 准 砍 树 ，二 不 准 挪 树 ，必 须 把 它

yuán dì jīng xīn yǎng qǐ lái　chéng wéi xiāng gǎng nào shì zhōng de yì jǐng　tài gǔ dà shà de
原 地 精 心 养 起 来 ，成 为 香 港 闹 市 中 的 一 景 。太 古 大 厦 的

jiàn shè zhě zuì hòu qiān le hé tong　zhàn yòng zhè ge dà shān pō jiàn háo huá shāng shà de
建 设 者 最 后 签 了 合 同 ，占 用 这 个 大 山 坡 建 豪 华 商 厦 的

xiān jué tiáo jiàn shì tóng yì bǎo hù zhè kē lǎo shù
先 决 条 件 是 同 意 保 护 这 棵 老 树 。

　　Shù cháng zài bàn shān pō shàng　jì huà jiāng shù xià miàn de chéng qiān shàng wàn
　　树 长 在 半 山 坡 上 ，计 划 将 树 下 面 的 成 千 上 万

dūn shān shí quán bù tāo kōng qǔ zǒu　téng chū dì fāng lái gài lóu　bǎ shù jià zài dà lóu
吨 山 石 全 部 掏 空 取 走 ，腾 出 地 方 来 盖 楼 ，把 树 架 在 大 楼

shàng mian　fǎng fú tā yuán běn shì cháng zài lóu dǐng shàng shì de　jiàn shè zhě jiù dì zào
上 面 ，仿 佛 它 原 本 是 长 在 楼 顶 上 似 的 。建 设 者 就 地 造

le yí gè zhí jìng shí bā mǐ　shēn shí mǐ de dà huā pén　xiān gù dìng hǎo zhè kē lǎo shù　zài
了 一 个 直 径 十 八 米 、深 十 米 的 大 花 盆 ，先 固 定 好 这 棵 老 树 ，再

zài dà huā pén dǐ xia gài lóu　guāng zhè yí xiàng jiù huā le liǎng qiān sān bǎi bā shí jiǔ wàn
在 大 花 盆 底 下 盖 楼 。光 这 一 项 就 花 了 两 千 三 百 八 十 九 万

gǎng bì　kān chēng shì zuì áng guì de bǎo hù cuò shī le
港 币 ，堪 称 是 最 昂 贵 的 保 护 措 施 了 。

　　Tài gǔ dà shà luò chéng zhī hòu　rén men kě yǐ chéng gǔn dòng fú tī yí cì dào wèi
　　太 古 大 厦 落 成 之 后 ，人 们 可 以 乘 滚 动 扶 梯 一 次 到 位 ，

lái dào tài gǔ dà shà de dǐng céng　chū hòu mén nàr　shì yí piàn zì rán jǐng sè　yì kē
来 到 太 古 大 厦 的 顶 层 ，出 后 门 ，那 儿 是 一 片 自 然 景 色 。一 棵

dà shù chū xiàn zài rén men miàn qián　shù gàn yǒu yì mǐ bàn cū　shù guān zhí jìng zú yǒu
大 树 出 现 在 人 们 面 前 ，树 干 有 一 米 半 粗 ，树 冠 直 径 足 有

èr shí duō mǐ　dú mù chéng lín　fēi cháng zhuàng guān　xíng chéng yí zuò yǐ tā wéi zhōng
二 十 多 米 ，独 木 成 林 ，非 常 壮 观 ，形 成 一 座 以 它 为 中

xīn de xiǎo gōng yuán　qǔ míng jiào　róng pǔ　shù qián mian　chā zhe tóng pái　shuō míng
心 的 小 公 园 ，取 名 叫 " 榕 圃 "。树 前 面 // 插 着 铜 牌 ，说 明

yuán yóu　cǐ qíng cǐ jǐng　rú bú kàn tóng pái de shuō míng　jué duì xiǎng bu dào jù shù gēn
原 由 。此 情 此 景 ，如 不 看 铜 牌 的 说 明 ，绝 对 想 不 到 巨 树 根

dǐ xia hái yǒu yí zuò hóng wěi de xiàn dài dà lóu
底 下 还 有 一 座 宏 伟 的 现 代 大 楼 。

节选自舒乙《香港：最贵的一棵树》

作品 **48** 号

　　Wǒ men de chuán jiàn jiàn de bī jìn róng shù le　wǒ yǒu jī huì kàn qīng tā de zhēn
　　我 们 的 船 渐 渐 地 逼 近 榕 树 了 ：我 有 机 会 看 清 它 的 真

miàn mù shì yì kē dà shù yǒu shù bù qīng de yā zhī zhī shàng yòu shēng gēn yǒu xǔ duō
面 目：是 一 棵 大 树，有 数 不 清 的 丫 枝，枝 上 又 生 根，有 许 多
gēn yì zhí chuí dào dì shàng shēn jìn ní tǔ lǐ yí bù fen shù zhī chuí dào shuǐ miàn cóng
根 一 直 垂 到 地 上，伸 进 泥 土 里。一 部 分 树 枝 垂 到 水 面，从
yuǎn chù kàn jiù xiàng yì kē dà shù xié tǎng zài shuǐ miàn shàng yí yàng
远 处 看，就 像 一 棵 大 树 斜 躺 在 水 面 上 一 样。

Xiàn zài zhèng shì zhī fán yè mào de shí jié zhè kē róng shù hǎo xiàng zài bǎ tā de quán
现 在 正 是 枝 繁 叶 茂 的 时 节。这 棵 榕 树 好 像 在 把 它 的 全
bù shēng mìng lì zhǎn shì gěi wǒ men kàn nà me duō de lǜ yè yí cù duī zài lìng yí cù
部 生 命 力 展 示 给 我 们 看。那 么 多 的 绿 叶，一 簇 堆 在 另 一 簇
de shàng mian bù liú yì diǎnr fèng xì cuì lǜ de yán sè míng liàng de zài wǒ men de
的 上 面，不 留 一 点 儿 缝 隙。翠 绿 的 颜 色 明 亮 地 在 我 们 的
yǎn qián shǎn yào sì hū měi yí piàn shù yè shàng dōu yǒu yí gè xīn de shēng mìng zài chàn
眼 前 闪 耀，似 乎 每 一 片 树 叶 上 都 有 一 个 新 的 生 命 在 颤
dòng zhè měi lì de nán guó de shù
动，这 美 丽 的 南 国 的 树！

Chuán zài shù xià bó le piàn kè àn shàng hěn shī wǒ men méi yǒu shàng qù péng you
船 在 树 下 泊 了 片 刻，岸 上 很 湿，我 们 没 有 上 去。朋 友
shuō zhè lǐ shì niǎo de tiān táng yǒu xǔ duō niǎo zài zhè kē shù shàng zuò wō nóng
说 这 里 是 "鸟 的 天 堂"，有 许 多 鸟 在 这 棵 树 上 做 窝，农
mín bù xǔ rén qù zhuō tā men wǒ fǎng fú tīng jiàn jǐ zhī niǎo pū chì de shēng yīn dàn shì
民 不 许 人 去 捉 它 们。我 仿 佛 听 见 几 只 鸟 扑 翅 的 声 音，但 是
děng dào wǒ de yǎn jing zhù yì de kàn nà li shí wǒ què kàn bu jiàn yì zhī niǎo de yǐng zǐ
等 到 我 的 眼 睛 注 意 地 看 那 里 时，我 却 看 不 见 一 只 鸟 的 影 子，
zhǐ yǒu wú shù de shù gēn lì zài dì shàng xiàng xǔ duō gēn mù zhuāng dì shì shī de dà
只 有 无 数 的 树 根 立 在 地 上，像 许 多 根 木 桩。地 是 湿 的，大
gài zhǎng cháo shí hé shuǐ cháng cháng chòng shàng àn qù niǎo de tiān táng lǐ méi yǒu
概 涨 潮 时 河 水 常 常 冲 上 岸 去。"鸟 的 天 堂" 里 没 有
yì zhī niǎo wǒ zhè yàng xiǎng dào chuán kāi le yí gè péng you bō zhe chuán huǎn huǎn
一 只 鸟，我 这 样 想 到。船 开 了，一 个 朋 友 拨 着 船，缓 缓
de liú dào hé zhōng jiān qù
地 流 到 河 中 间 去。

Dì èr tiān wǒ men huá zhe chuán dào yí gè péng you de jiā xiāng qù jiù shì nà ge
第 二 天，我 们 划 着 船 到 一 个 朋 友 的 家 乡 去，就 是 那 个
yǒu shān yǒu tǎ de dì fāng cóng xué xiào chū fā wǒ men yòu jīng guò nà niǎo de tiān
有 山 有 塔 的 地 方。从 学 校 出 发，我 们 又 经 过 那 "鸟 的 天
táng
堂"。

Zhè yí cì shì zài zǎo chen yáng guāng zhào zài shuǐ miàn shàng yě zhào zài shù shāo
这 一 次 是 在 早 晨，阳 光 照 在 水 面 上，也 照 在 树 梢
shàng yí qiè dōu xiǎn de fēi cháng guāng míng wǒ men de chuán yě zài shù xià bó le
上。一 切 都 // 显 得 非 常 光 明。我 们 的 船 也 在 树 下 泊 了

piàn kè
片 刻。

Qǐ chū sì zhōu wéi fēi cháng qīng jìng hòu lái hū rán qǐ le yì shēng niǎo jiào wǒ men
起初四周围非常清静。后来忽然起了一声鸟叫。我们
bǎ shǒu yì pāi biàn kàn jiàn yì zhī dà niǎo fēi le qǐ lái jiē zhe yòu kàn jiàn dì èr zhī dì
把手一拍,便看见一只大鸟飞了起来,接着又看见第二只,第
sān zhī wǒ men jì xù pāi zhǎng hěn kuài de zhè ge shù lín jiù biàn de hěn rè nao le dào
三只。我们继续拍掌,很快地这个树林就变得很热闹了。到
chù dōu shì niǎo shēng dào chù dōu shì niǎo yǐng dà de xiǎo de huā de hēi de yǒu de
处都是鸟声,到处都是鸟影。大的,小的,花的,黑的,有的
zhàn zài zhī shàng jiào yǒu de fēi qǐ lái zài pū chì bǎng
站在枝上叫,有的飞起来,在扑翅膀。

节选自巴金《小鸟的天堂》

作品 49 号

Yǒu zhè yàng yí gè gù shì
有这样一个故事。

Yǒu rén wèn shì jiè shàng shén me dōng xī de qì lì zuì dà huí dá fēn yún de hěn
有人问:世界上什么东西的气力最大?回答纷纭得很,
yǒu de shuō xiàng yǒu de shuō shī yǒu rén kāi wán xiào shì de shuō shì jīn
有的说"象",有的说"狮",有人开玩笑似的说:是"金
gāng jīn gāng yǒu duō shǎo qì lì dāng rán dà jiā quán bù zhī dào
刚",金刚有多少气力,当然大家全不知道。

Jié guǒ zhè yí qiè dá àn wán quán bù duì shì jiè shàng qì lì zuì dà de shì zhí wù de
结果,这一切答案完全不对,世界上气力最大的,是植物的
zhǒng zi yí lì zhǒng zi suǒ kě yǐ xiǎn xiàn chū lái de lì jiǎn zhí shì chāo yuè yí qiè
种子。一粒种子所可以显现出来的力,简直是超越一切。

Rén de tóu gài gǔ jié hé de fēi cháng zhì mì yǔ jiān gù shēng lǐ xué jiā hé jiě pōu
人的头盖骨,结合得非常致密与坚固,生理学家和解剖
xué zhě yòng jìn le yí qiè de fāng fǎ yào bǎ tā wán zhěng de fēn chū lái dōu méi yǒu zhè
学者用尽了一切的方法,要把它完整地分出来,都没有这
zhǒng lì qi hòu lái hū rán yǒu rén fā míng le yí gè fāng fǎ jiù shì bǎ yì xiē zhí wù de
种力气。后来忽然有人发明了一个方法,就是把一些植物的
zhǒng zi fàng zài yào pōu xī de tóu gài gǔ lǐ gěi tā yǐ wēn dù yǔ shī dù shǐ tā fā yá
种子放在要剖析的头盖骨里,给它以温度与湿度,使它发芽。
yì fā yá zhè xiē zhǒng zi biàn yǐ kě pà de lì liang jiāng yí qiè jī xiè lì suǒ bù néng
一发芽,这些种子便以可怕的力量,将一切机械力所不能
fēn kāi de gǔ gé wán zhěng de fēn kāi le zhí wù zhǒng zi de lì liang zhī dà rú cǐ
分开的骨骼,完整地分开了。植物种子的力量之大,如此

rú cǐ
如此。

　　Zhè yě xǔ tè shū le yì diǎnr　　cháng rén bù róng yì lǐ jiě　nà me　nǐ kàn jiàn
这，也许特殊了一点儿，常人不容易理解。那么，你看见

guò sǔn de chéng zhǎng ma　nǐ kàn jiàn guò bèi yà zài wǎ lì hé shí kuài xià miàn de yì kē
过笋的成长吗？你看见过被压在瓦砾和石块下面的一棵

xiǎo cǎo de shēng zhǎng ma　tā wèi zhe xiàng wǎng yáng guāng　wèi zhe dá chéng tā de
小草的生长吗？它为着向往阳光，为着达成它的

shēng zhī yì zhì　bù guǎn shàng miàn de shí kuài rú hé chóng　shí yǔ shí zhī jiān rú hé xiá
生之意志，不管上面的石块如何重，石与石之间如何狭，

tā bì dìng yào qū qu zhé zhé de　dàn shì wán qiáng bù qū de tòu dào dì miàn shàng lái　tā
它必定要曲曲折折地，但是顽强不屈地透到地面上来。它

de gēn wǎng tǔ rǎng zuān　tā de yá wǎng dì miàn tǐng　zhè shì yì zhǒng bù kě kàng jù de
的根往土壤钻，它的芽往地面挺，这是一种不可抗拒的

lì　zǔ zhǐ tā de shí kuài　jié guǒ yě bèi tā xiān fān　yí lì zhǒng zi de lì liang zhī dà
力，阻止它的石块，结果也被它掀翻，一粒种子的力量之大，//

rú cǐ rú cǐ
如此如此。

　　Méi yǒu yí gè rén jiāng xiǎo cǎo jiào zuò　dà lì shì　dàn shì tā de lì liang zhī dà，
没有一个人将小草叫做"大力士"，但是它的力量之大，

dí què shì shì jiè wú bǐ　zhè zhǒng lì shì yì bān rén kàn bu jiàn de shēng mìng lì　zhǐ yào
的确是世界无比。这种力是一般人看不见的生命力。只要

shēng mìng cún zài　zhè zhǒng lì jiù yào xiǎn xiàn　shàng miàn de shí kuài　sī háo bù zú yǐ
生命存在，这种力就要显现。上面的石块，丝毫不足以

zǔ dǎng　yīn wèi tā shì yì zhǒng　cháng qī kàng zhàn de lì　yǒu tán xìng　néng qū néng
阻挡。因为它是一种"长期抗战"的力；有弹性，能屈能

shēn de lì　yǒu rèn xìng　bù dá mù dì bù zhǐ de lì
伸的力；有韧性，不达目的不止的力。

　　　　　　　　　　　　　　　　　节选自夏衍《野草》

作品50号

　　Zhù míng jiào yù jiā bān jié míng céng jīng jiē dào yí gè qīng nián rén de qiú jiù diàn
著名教育家班杰明曾经接到一个青年人的求救电

huà　bìng yǔ nà ge xiàng wǎng chéng gōng　kě wàng zhǐ diǎn de qīng nián rén yāo hǎo le jiàn
话，并与那个向往成功、渴望指点的青年人约好了见

miàn de shí jiān hé dì diǎn
面的时间和地点。

　　Dài nà ge qīng nián rú yuē ér zhì shí　bān jié míng de fáng mén chǎng kāi zhe　yǎn qián
待那个青年如约而至时，班杰明的房门敞开着，眼前

的景象却令青年人颇感意外——班杰明的房间里乱七八糟、狼藉一片。

没等青年人开口，班杰明就招呼道："你看我这房间，太不整洁了，请你在门外等候一分钟，我收拾一下，你再进来吧。"一边说着，班杰明就轻轻地关上了房门。

不到一分钟的时间，班杰明就又打开了房门并热情地把青年人让进客厅。这时，青年人的眼前展现出另一番景象——房间内的一切已变得井然有序，而且有两杯刚刚倒好的红酒，在淡淡的香水气息里还漾着微波。

可是，没等青年人把满腹的有关人生和事业的疑难问题向班杰明讲出来，班杰明就非常客气地说道："干杯。你可以走了。"

青年人手持酒杯一下子愣住了，既尴尬又非常遗憾地说："可是，我……我还没向您请教呢……"

"这些……难道还不够吗？"班杰明一边微笑着，一边扫视着自己的房间，轻言细语地说，"你进来又有一分钟了。"

"一分钟……一分钟……"青年人若有所思地说："我懂了，您让我明白了一分钟的时间可以做许//多事情，可以改变许多事情的深刻道理。"

班杰明舒心地笑了。青年人把杯里的红酒一饮而尽，向班杰明连连道谢后，开心地走了。

Qí shí zhǐ yào bǎ wò hǎo shēng mìng de měi yì fēn zhōng yě jiù bǎ wò le lǐ xiǎng
其实，只要把握好生命的每一分钟，也就把握了理想

de rén shēng
的人生。

节选自纪广洋《一分钟》

作品51号

Yǒu gè tā bí zǐ de xiǎo nán háir yīn wèi liǎng suì shí de guò nǎo yán zhì lì shòu
有个塌鼻子的小男孩儿，因为两岁时得过脑炎，智力受

sǔn xué xí qǐ lái hěn chī lì dǎ gè bǐ fang bié rén xiě zuò wén néng xiě èr sān bǎi zì
损，学习起来很吃力。打个比方，别人写作文能写二三百字，

tā què zhǐ néng xiě sān wǔ háng dàn jí biàn zhè yàng de zuò wén tā tóng yàng néng xiě
他却只能写三五行。但即便这样的作文，他同样能写

de hěn dòng rén
得很动人。

Nà shì yí cì zuò wén kè tí mù shì yuàn wàng tā jí qí rèn zhēn de xiǎng le bàn
那是一次作文课，题目是《愿望》。他极其认真地想了半

tiān rán hòu jí rèn zhēn de xiě nà zuò wén jí duǎn zhǐ yǒu sān jù huà wǒ yǒu liǎng gè
天，然后极认真地写，那作文极短。只有三句话：我有两个

yuàn wàng dì yī gè shì mā mā tiān tiān xiào mī mī de kàn zhe wǒ shuō nǐ zhēn cōng
愿望，第一个是，妈妈天天笑眯眯地看着我说："你真聪

míng dì èr gè shì lǎo shī tiān tiān xiào mī mī de kàn zhe wǒ shuō nǐ yì diǎnr yě
明，"第二个是，老师天天笑眯眯地看着我说："你一点儿也

bù bèn
不笨。"

Yú shì jiù shì zhè piān zuò wén shēn shēn de dǎ dòng le tā de lǎo shī nà wèi mā mā
于是，就是这篇作文，深深地打动了他的老师，那位妈妈

shì de lǎo shī bù jǐn gěi le tā zuì gāo fēn zài bān shàng dài gǎn qíng de lǎng dú le zhè piān
式的老师不仅给了他最高分，在班上带感情地朗读了这篇

zuò wén hái yì bǐ yí huà de pī dào nǐ hěn cōng míng nǐ de zuò wén xiě de fēi cháng
作文，还一笔一画地批道：你很聪明，你的作文写得非常

gǎn rén qǐng fàng xīn mā mā kěn dìng huì gé wài xǐ huan nǐ de lǎo shī kěn dìng huì gé wài
感人，请放心，妈妈肯定会格外喜欢你的，老师肯定会格外

xǐ huan nǐ de dà jiā kěn dìng huì gé wài xǐ huan nǐ de
喜欢你的，大家肯定会格外喜欢你的。

Pěng zhe zuò wén běn tā xiào le bèng bèng tiào tiào de huí jiā le xiàng zhī xǐ què
捧着作文本，他笑了，蹦蹦跳跳地回家了，像只喜鹊。

dàn tā bìng méi yǒu bǎ zuò wén běn ná gěi mā mā kàn tā shì zài děng dài děng dài zhe yí
但他并没有把作文本拿给妈妈看，他是在等待，等待着一

gè měi hǎo de shí kè
个 美 好 的 时 刻。

　　Nà ge shí kè zhōng yú dào le   shì mā mā de shēng rì   yí gè yáng guāng càn làn
　　那 个 时 刻 终 于 到 了，是 妈 妈 的 生 日——一 个 阳 光 灿 烂

de xīng qī tiān   nà tiān tā qǐ de tè bié zǎo bǎ zuò wén běn zhuāng zài yí gè qīn shǒu zuò
的 星 期 天：那 天，他 起 得 特 别 早，把 作 文 本 装 在 一 个 亲 手 做

de měi lì de dà xìn fēng lǐ děng zhe mā mā xǐng lái mā mā gāng gāng zhēng yǎn xǐng lái
的 美 丽 的 大 信 封 里，等 着 妈 妈 醒 来。妈 妈 刚 刚 睁 眼 醒 来，

tā jiù xiào mī mī de zǒu dào mā mā gēn qián shuō   mā mā jīn tiān shì nín de shēng rì
他 就 笑 眯 眯 地 走 到 妈 妈 跟 前 说："妈 妈，今 天 是 您 的 生 日，

wǒ yào   sòng gěi nín yí jiàn lǐ wù
我 要 // 送 给 您 一 件 礼 物。"

　　Guǒ rán kàn zhe zhè piān zuò wén mā mā tián tián de chōng chū le liǎng háng rè lèi
　　果 然，看 着 这 篇 作 文，妈 妈 甜 甜 地 涌 出 了 两 行 热 泪，

yì bǎ lǒu zhù xiǎo nán hái ér lǒu de hěn jǐn hěn jǐn
一 把 搂 住 小 男 孩 儿，搂 得 很 紧 很 紧。

　　Shì de zhì lì kě yǐ shòu sǔn dàn ài yǒng yuǎn bú huì
　　是 的，智 力 可 以 受 损，但 爱 永 远 不 会。

节选自张玉庭《一个美丽的故事》

作品 52 号

　　Xiǎo xué de shí hou yǒu yí cì wǒ men qù hǎi biān yuǎn zú mā mā méi yǒu zuò biàn
　　小 学 的 时 候，有 一 次 我 们 去 海 边 远 足，妈 妈 没 有 做 便

fàn gěi le wǒ shí kuài qián mǎi wǔ cān hǎo xiàng zǒu le hěn jiǔ hěn jiǔ zhōng yú dào hǎi
饭，给 了 我 十 块 钱 买 午 餐。好 像 走 了 很 久，很 久，终 于 到 海

biān le dà jiā zuò xià lái biàn chī fàn huāng liáng de hǎi biān méi yǒu shāng diàn wǒ yí gè
边 了，大 家 坐 下 来 便 吃 饭，荒 凉 的 海 边 没 有 商 店，我 一 个

rén pǎo dào fáng fēng lín wài miàn qù jí rèn lǎo shī yào dà jiā bǎ chī shèng de fàn cài fēn
人 跑 到 防 风 林 外 面 去，级 任 老 师 要 大 家 把 吃 剩 的 饭 菜 分

gěi wǒ yì diǎnr   yǒu liǎng sān gè nán shēng liú xià yì diǎnr gěi wǒ hái yǒu yí gè nǚ
给 我 一 点 儿。有 两 三 个 男 生 留 下 一 点 儿 给 我，还 有 一 个 女

shēng tā de mǐ fàn bàn le jiàng yóu hěn xiāng wǒ chī wán de shí hou tā xiào mī mī de
生，她 的 米 饭 拌 了 酱 油，很 香。我 吃 完 的 时 候，她 笑 眯 眯 地

kàn zhe wǒ duǎn tóu fa liǎn yuán yuán de
看 着 我，短 头 发，脸 圆 圆 的。

　　Tā de míng zi jiào wēng xiāng yù
　　她 的 名 字 叫 翁 香 玉。

　　Měi tiān fàng xué de shí hou tā zǒu de shì jīng guò wǒ men jiā de yì tiáo xiǎo lù dài
　　每 天 放 学 的 时 候，她 走 的 是 经 过 我 们 家 的 一 条 小 路，带

着一位比她小的男孩儿，可能是弟弟。小路边是一条清澈见底的小溪，两旁竹阴覆盖，我总是远远地跟在她后面，夏日的午后特别炎热，走到半路她会停下来，拿手帕在溪水里浸湿，为小男孩儿擦脸。我也在后面停下来，把肮脏的手帕弄湿了擦脸，再一路远远跟着她回家。

后来我们家搬到镇上去了，过几年我也上了中学。有一天放学回家，在火车上，看见斜对面一位短头发、圆圆脸的女孩儿，一身素净的白衣黑裙。我想她一定不认识我了。火车很快到站了，我随着人群挤向门口，她也走近了，叫我的名字。这是她第一次和我说话。

她笑眯眯的，和我一起走过月台。以后就没有再见过//她了。

这篇文章收在我出版的《少年心事》这本书里。

书出版后半年，有一天我忽然收到出版社转来的一封信，信封上是陌生的字迹，但清楚地写着我的本名。

信里面说她看到了这篇文章心里非常激动，没想到在离开家乡，漂泊异地这么久之后，会看见自己仍然在一个人的记忆里，她自己也深深记得这其中的每一幕，只是没想到越过遥远的时空，竟然另一个人也深深记得。

节选自苦伶《永远的记忆》

作品53号

在繁华的巴黎大街的路旁，站着一个衣衫褴褛、头发斑白、双目失明的老人。他不像其他乞丐那样伸手向过路行人乞讨，而是在身旁立一块木牌，上面写着："我什么也看不见！"街上过往的行人很多，看了木牌上的字都无动于衷，有的还淡淡一笑，便姗姗而去了。

这天中午，法国著名诗人让·彼浩勒也经过这里。他看看木牌上的字，问盲老人："老人家，今天上午有人给你钱吗？"

盲老人叹息着回答："我，我什么也没有得到。"说着，脸上的神情非常悲伤。

让·彼浩勒听了，拿起笔悄悄地在那行字的前面添上了"春天到了，可是"几个字，就匆匆地离开了。

晚上，让·彼浩勒又经过这里，问那个盲老人下午的情况。盲老人笑着回答说："先生，不知为什么，下午给我钱的人多极了！"让·彼浩勒听了，摸着胡子满意地笑了。

"春天到了，可是我什么也看不见！"这富有诗意的语言，产生这么大的作用，就在于它有非常浓厚的感情色彩。是的，春天是美好的，那蓝天白云，那绿树红花，那莺歌燕舞，那流水人家，怎么不叫人陶醉呢？但这良辰美景，对于一个双目失明的人来说，只是一片漆黑。当人们想到这个盲老人，一生中竟连万紫千红的春天//都不曾看到，怎能不对他产生同情之心呢？

节选自小学《语文》第六册中《语言的魅力》

作品54号

有一次，苏东坡的朋友张鹗拿着一张宣纸来求他写一幅字，而且希望他写一点儿关于养生方面的内容。苏东坡思索了一会儿，点点头说："我得到了一个养生长寿古方，药只有四味，今天就赠给你吧。"于是，东坡的狼毫在纸上挥洒起来，上面写着："一曰无事以当贵，二曰早寝以当富，三曰安步以当车，四曰晚食以当肉。"

这哪里有药？张鹗一脸茫然地问。苏东坡笑着解释说，养生长寿的要诀，全在这四句里面。

所谓"无事以当贵"，是指人不要把功名利禄、荣辱过失考虑得太多，如能在情志上潇洒大度，随遇而安，无事以求，这比富贵更能使人终其天年。

"早寝以当富"，指吃好穿好、财货充足，并非就能使你长寿。对老年人来说，养成良好的起居习惯，尤其是早睡早起，比获得任何财富更加宝贵。

"安步以当车"，指人不要过于讲求安逸、肢体不劳，而应

duō yǐ bù xíng lái tì dài qí mǎ chéng chē duō yùn dòng cái kě yǐ qiáng jiàn tǐ pò tōng
多 以 步 行 来 替 代 骑 马 乘 车，多 运 动 才 可 以 强 健 体 魄，通

chàng qì xuè
畅 气 血。

　　Wǎn shí yǐ dàng ròu yì si shì rén yīng gāi yòng yǐ jī fāng shí wèi bǎo xiān zhǐ dài
　　"晚 食 以 当 肉"，意 思 是 人 应 该 用 已 饥 方 食、未 饱 先 止 代

tì duì měi wèi jiā yáo de tān chī wú yàn tā jìn yí bù jiě shì è le yǐ hòu cái jìn shí suī
替 对 美 味 佳 肴 的 贪 吃 无 厌。他 进 一 步 解 释，饿 了 以 后 才 进 食，虽

rán shì cū chá dàn fàn dàn qí xiāng tián kě kǒu huì shèng guò shān zhēn rú guǒ bǎo le hái
然 是 粗 茶 淡 饭，但 其 香 甜 可 口 会 胜 过 山 珍；如 果 饱 了 还

yào miǎn qiáng chī jí shǐ měi wèi jiā yáo bǎi zài yǎn qián yě nán yǐ xià yàn
要 勉 强 吃，即 使 美 味 佳 肴 摆 在 眼 前 也 难 以// 下 咽。

　　Sū dōng pō de sì wèi cháng shòu yào shí jì shang shì qiáng diào le qíng zhì shuì
　　苏 东 坡 的 四 味"长 寿 药"，实 际 上 是 强 调 了 情 志、睡

mián yùn dòng yǐn shí sì gè fāng miàn duì yǎng shēng cháng shòu de zhòng yào xìng zhè
眠、运 动、饮 食 四 个 方 面 对 养 生 长 寿 的 重 要 性，这

zhǒng yǎng shēng guān diǎn jí shǐ zài jīn tiān réng rán zhí dé jiè jiàn
种 养 生 观 点 即 使 在 今 天 仍 然 值 得 借 鉴。

　　　　　　　　　　　　　　节选自蒲昭和《赠你四味长寿药》

作品 55 号

　　Rén huó zhe zuì yào jǐn de shì xún mì dào nà piàn dài biǎo zhe shēng mìng lǜ sè hé rén
　　人 活 着，最 要 紧 的 是 寻 觅 到 那 片 代 表 着 生 命 绿 色 和 人

lèi xī wàng de cóng lín rán hòu xuǎn yì gāo gāo de zhī tóu zhàn zài nà li guān lǎn rén
类 希 望 的 丛 林，然 后 选 一 高 高 的 枝 头 站 在 那 里 观 览 人

shēng xiāo huà tòng kǔ yùn yù gē shēng yú yuè shì jiè
生，消 化 痛 苦，孕 育 歌 声，愉 悦 世 界！

　　Zhè kě zhēn shì yì zhǒng xiāo sǎ de rén shēng tài dù zhè kě zhēn shì yì zhǒng xīn jìng
　　这 可 真 是 一 种 潇 洒 的 人 生 态 度，这 可 真 是 一 种 心 境

shuǎng lǎng de qíng gǎn fēng mào
爽 朗 的 情 感 风 貌。

　　Zhàn zài lì shǐ de zhī tóu wēi xiào kě yǐ jiǎn miǎn xǔ duō fán nǎo zài nà li nǐ kě
　　站 在 历 史 的 枝 头 微 笑，可 以 减 免 许 多 烦 恼。在 那 里，你 可

yǐ cóng zhòng shēng xiàng suǒ bāo hán de tián suān kǔ là bǎi wèi rén shēng zhōng xún zhǎo
以 从 众 生 相 所 包 含 的 甜 酸 苦 辣、百 味 人 生 中 寻 找

nǐ zì jǐ nǐ jìng yù zhōng de nà diǎn ér kǔ tòng yě xǔ xiāng bǐ zhī xià zài yě nán yǐ
你 自 己；你 境 遇 中 的 那 点 儿 苦 痛，也 许 相 比 之 下，再 也 难 以

zhàn jù yì xí zhī dì nǐ huì jiào róng yì dì huò dé cóng bú yuè zhōng jiě tuō líng hún de lì
占 据 一 席 之 地；你 会 较 容 易 地 获 得 从 不 悦 中 解 脱 灵 魂 的 力

liang shǐ zhī bú zhì biàn de huī sè
量，使之不致变得灰色。

Rén zhàn de gāo xiē bú dàn néng yǒu xìng zǎo xiē lǐng lüè dào xī wàng de shǔ guāng
人站得高些，不但能有幸早些领略到希望的曙光，
hái néng yǒu xìng fā xiàn shēng mìng de lì tǐ de shī piān měi yí gè rén de rén shēng dōu
还能有幸发现生命的立体的诗篇。每一个人的人生，都
shì zhè shī piān zhōng de yì gè cí yí gè jù zi huò zhě yí gè biāo diǎn nǐ kě néng méi
是这诗篇中的一个词、一个句子或者一个标点。你可能没
yǒu chéng wéi yí gè měi lì de cí yí gè yǐn rén zhù mù dì jù zi yí gè jīng tàn hào dàn
有成为一个美丽的词，一个引人注目的句子，一个惊叹号，但
nǐ yī rán shì zhè shēng mìng de lì tǐ shī piān zhōng de yí gè yīn jié yí gè tíng dùn yí
你依然是这生命的立体诗篇中的一个音节、一个停顿、一
gè bì bù kě shǎo de zǔ chéng bù fen zhè zú yǐ shǐ nǐ fàng qì qián xián méng shēng wèi
个必不可少的组成部分。这足以使你放弃前嫌，萌生为
rén lèi yùn yù xīn de gē shēng de xìng zhì wèi shì jiè dài lái gèng duō de shī yì
人类孕育新的歌声的兴致，为世界带来更多的诗意。

Zuì kě pà de rén shēng jiàn jiě shì bǎ duō wéi de shēng cún tú jǐng kàn chéng píng
最可怕的人生见解，是把多维的生存图景看成平
miàn yīn wèi nà píng miàn shàng kè xià de dà duō shì níng gù le de lì shǐ guò qù de
面。因为那平面上刻下的大多是凝固了的历史——过去的
yí jì dàn huó zhe de rén men huó de què shì chōng mǎn zhe xīn shēng zhì huì de yóu
遗迹；但活着的人们，活得却是充满着新生智慧的，由//
bú duàn shì qù de xiàn zài zǔ chéng de wèi lái rén shēng bú néng xiàng mǒu xiē yú lèi
不断逝去的"现在"组成的未来。人生不能像某些鱼类
tǎng zhe yóu rén shēng yě bù néng xiàng mǒu xiē shòu lèi pá zhe zǒu ér yīng gāi zhàn zhe
躺着游，人生也不能像某些兽类爬着走，而应该站着
xiàng qián xíng zhè cái shì rén lèi yīng yǒu de shēng cún zī tài
向前行，这才是人类应有的生存姿态。

节选自［美］本杰明·拉什《站在历史的枝头微笑》

作品 56 号

Zhōng guó de dì yī dà dǎo tái wān shěng de zhǔ dǎo tái wān wèi yú zhōng guó dà lù
中国的第一大岛、台湾省的主岛台湾，位于中国大陆
jià de dōng nán fāng dì chǔ dōng hǎi hé nán hǎi zhī jiān gé zhe tái wān hǎi xiá hé dà lù
架的东南方，地处东海和南海之间，隔着台湾海峡和大陆
xiāng wàng tiān qì qíng lǎng de shí hou zhàn zài fú jiàn yán hǎi jiào gāo de dì fāng jiù kě
相望。天气晴朗的时候，站在福建沿海较高的地方，就可
yǐ yǐn yǐn yuē yuē de wàng jiàn dǎo shàng de gāo shān hé yún duǒ
以隐隐约约地望见岛上的高山和云朵。

Tái wān dǎo xíng zhuàng xiá cháng cóng dōng dào xī zuì kuān chù zhǐ yǒu yī bǎi sì shí
台湾岛形状狭长，从东到西，最宽处只有一百四十
duō gōng lǐ yóu nán zhì běi zuì cháng de dì fang yāo yǒu sān bǎi jiǔ shí duō gōng lǐ dì
多公里；由南至北，最长的地方约有三百九十多公里。地
xíng xiàng yí gè fǎng zhī yòng de suō zi
形像一个纺织用的梭子。

Tái wān dǎo shàng de shān mài zòng guàn nán běi zhōng jiān de zhōng yāng shān mài
台湾岛上的山脉纵贯南北，中间的中央山脉
yóu rú quán dǎo de jǐ liang xī bù wéi hǎi bá jìn sì qiān mǐ de yù shān shān mài shì
犹如全岛的脊梁。西部为海拔近四千米的玉山山脉，是
zhōng guó dōng bù de zuì gāo fēng quán dǎo yāo yǒu sān fēn zhī yī de dì fang shì píng dì
中国东部的最高峰。全岛约有三分之一的地方是平地，
qí yú wéi shān dì dǎo nèi yǒu duàn dài bān de pù bù lán bǎo shí shì de hú pō sì jì
其余为山地。岛内有缎带般的瀑布，蓝宝石似的湖泊，四季
cháng qīng de sēn lín hé guǒ yuán zì rán jǐng sè shí fēn yōu měi xī nán bù de ā lǐ shān
常青的森林和果园，自然景色十分优美。西南部的阿里山
hé rì yuè tán tái běi shì jiāo de dà tún shān fēng jǐng qū dōu shì wén míng shì jiè de yóu
和日月潭，台北市郊的大屯山风景区，都是闻名世界的游
lǎn shèng dì
览胜地。

Tái wān dǎo dì chǔ rè dài hé wēn dài zhī jiān sì miàn huán hǎi yǔ shuǐ chōng zú qì
台湾岛地处热带和温带之间，四面环海，雨水充足，气
wēn shòu dào hǎi yáng de tiáo jì dōng nuǎn xià liáng sì jì rú chūn zhè gěi shuǐ dào hé
温受到海洋的调剂，冬暖夏凉，四季如春，这给水稻和
guǒ mù shēng zhǎng tí gōng le yōu yuè de tiáo jiàn shuǐ dào gān zhe zhāng nǎo shì tái
果木生长提供了优越的条件。水稻、甘蔗、樟脑是台
wān de sān bǎo dǎo shang hái shèng chǎn xiān guǒ hé yú xiā
湾的"三宝"。岛上还盛产鲜果和鱼虾。

Tái wān dǎo hái shì yí gè wén míng shì jiè de hú dié wáng guó dǎo shang de hú dié
台湾岛还是一个闻名世界的"蝴蝶王国"。岛上的蝴蝶
gòng yǒu sì bǎi duō gè pǐn zhǒng qí zhōng yǒu bù shǎo shì shì jiè xī yǒu de zhēn guì pǐn
共有四百多个品种，其中有不少是世界稀有的珍贵品
zhǒng dǎo shàng hái yǒu bù shǎo niǎo yǔ huā xiāng de hú dié gǔ dǎo shàng jū mín lì
种。岛上还有不少鸟语花香的蝴//蝶谷，岛上居民利
yòng hú dié zhì zuò de biāo běn hé yì shù pǐn yuǎn xiāo xǔ duō guó jiā
用蝴蝶制作的标本和艺术品，远销许多国家。

节选自《中国的宝岛——台湾》

作品 57 号

Duì yú zhōng guó de niú wǒ yǒu zhe yì zhǒng tè bié zūn jìng de gǎn qíng
对于中国的牛，我有着一种特别尊敬的感情。

Liú gěi wǒ yìn xiàng zuì shēn de yào suàn zài tián lǒng shàng de yí cì xiāng yù
留给我印象最深的，要算在田垄上的一次"相遇"。

Yì qún péng you jiāo yóu wǒ lǐng tóu zài xiá zhǎi de qiān mò shàng zǒu zěn liào yíng
一群朋友郊游，我领头在狭窄的阡陌上走，怎料迎

miàn lái le jǐ tóu gēng niú xiá dào róng bú xià rén hé niú zhōng yǒu yì fāng yào ràng lù
面来了几头耕牛，狭道容不下人和牛，终有一方要让路。

tā men hái méi yǒu zǒu jìn wǒ men yǐ jīng yù jì dòu bù guò chù sheng kǒng pà nán miǎn
它们还没有走近，我们已经预计斗不过畜牲，恐怕难免

cǎi dào tián dì ní shuǐ lǐ nòng de xié wà yòu ní yòu shī le zhèng chí chú de shí hou dài
踩到田地泥水里，弄得鞋袜又泥又湿了。正踟蹰的时候，带

tóu de yì tóu niú zài lí wǒ men bù yuǎn de dì fang tíng xià lái tái qǐ tóu kàn kan shào
头的一头牛，在离我们不远的地方停下来，抬起头看看，稍

chí yí yí xià jiù zì dòng zǒu xià tián qù yí duì gēng niú quán gēn zhe tā lí kāi qiān mò
迟疑一下，就自动走下田去。一队耕牛，全跟着它离开阡陌，

cóng wǒ men shēn biān jīng guò
从我们身边经过。

Wǒ men dōu dāi le huí guò tóu lái kàn zhe shēn hè sè de niú duì zài lù de jìn tóu
我们都呆了，回过头来，看着深褐色的牛队，在路的尽头

xiāo shī hū rán jué de zì jǐ shòu le hěn dà de ēn huì
消失，忽然觉得自己受了很大的恩惠。

Zhōng guó de niú yǒng yuǎn chén mò de wèi rén zuò zhe chén zhòng de gōng zuò zài
中国的牛，永远沉默地为人做着沉重的工作。在

dà dì shàng zài chén guāng huò liè rì xià tā tuō zhe chén zhòng de lí dī tóu yí bù yòu
大地上，在晨光或烈日下，它拖着沉重的犁，低头一步又

yí bù tuō chū le shēn hòu yí liè yòu yí liè sōng tǔ hǎo ràng rén men xià zhǒng děng dào
一步，拖出了身后一列又一列松土，好让人们下种。等到

mǎn dì jīn huáng huò nóng xián shí hou tā kě néng hái děi dān dāng bān yùn fù zhòng de
满地金黄或农闲时候，它可能还得担当搬运负重的

gōng zuò huò zhōng rì rào zhe shí mò cháo tóng yì fāng xiàng zǒu bú jì chéng de lù
工作；或终日绕着石磨，朝同一方向，走不计程的路。

Zài tā chén mò de láo dòng zhōng rén biàn dé dào yīng dé de shōu cheng
在它沉默的劳动中，人便得到应得的收成。

Nà shí hou yě xǔ tā kě yǐ sōng yì jiān zhòng dàn zhàn zài shù xià chī jǐ kǒu nèn
那时候，也许，它可以松一肩重担，站在树下，吃几口嫩

cǎo ǒu ěr yáo yáo wěi ba bǎi bǎi ěr duo gǎn zǒu fēi fù shēn shàng de cāng ying yǐ jīng
草。偶尔摇摇尾巴，摆摆耳朵，赶走飞附身上的苍蝇，已经

suàn shì tā zuì xián shì de shēng huó le
算 是 它 最 闲 适 的 生 活 了。

Zhōng guó de niú méi yǒu chéng qún bēn pǎo de xí   guàn yǒng yuǎn chén chén shí
中 国 的 牛，没 有 成 群 奔 跑 的 习// 惯，永 远 沉 沉 实

shí de mò mò de gōng zuò píng xīn jìng qì zhè jiù shì zhōng guó de niú
实 的，默 默 地 工 作，平 心 静 气。这 就 是 中 国 的 牛！

节选自小思《中国的牛》

作品 58 号

Bù guǎn wǒ de mèng xiǎng néng fǒu chéng wéi shì shí shuō chū lái zǒng shì hǎo wán ér
不 管 我 的 梦 想 能 否 成 为 事 实，说 出 来 总 是 好 玩 儿

de
的：

Chūn tiān wǒ jiāng yào zhù zài háng zhōu èr shí nián qián jiù lì de èr yuè chū zài
春 天，我 将 要 住 在 杭 州。二 十 年 前，旧 历 的 二 月 初，在

xī hú wǒ kàn jiàn le nèn liǔ yǔ cài huā bì làng yǔ cuì zhú yóu wǒ kàn dào de nà diǎn ér
西 湖 我 看 见 了 嫩 柳 与 菜 花，碧 浪 与 翠 竹。由 我 看 到 的 那 点 儿

chūn guāng yǐ jing kě yǐ duàn dìng háng zhōu de chūn tiān bì dìng huì jiào rén zhěng tiān
春 光，已 经 可 以 断 定，杭 州 的 春 天 必 定 会 教 人 整 天

shēng huó zài shī yǔ tú huà zhī zhōng suǒ yǐ chūn tiān wǒ de jiā yīng dāng shì zài
生 活 在 诗 与 图 画 之 中。所 以，春 天 我 的 家 应 当 是 在

háng zhōu
杭 州。

Xià tiān wǒ xiǎng qīng chéng shān yīng dāng suàn zuò zuì lǐ xiǎng de dì fāng zài nà
夏 天，我 想 青 城 山 应 当 算 作 最 理 想 的 地 方。在 那

li wǒ suī rán zhǐ zhù guò shí tiān kě shì tā de yōu jìng yǐ shuān zhù le wǒ de xīn líng zài
里，我 虽 然 只 住 过 十 天，可 是 它 的 幽 静 已 拴 住 了 我 的 心 灵。在

wǒ suǒ kàn jiàn guò de shān shuǐ zhōng zhǐ yǒu zhè lǐ méi yǒu shǐ wǒ shī wàng dào chù dōu
我 所 看 见 过 的 山 水 中，只 有 这 里 没 有 使 我 失 望。到 处 都

shì lǜ mù zhī suǒ jí nà piàn dàn ér guāng rùn de lǜ sè dōu zài qīng qīng de chàn dòng
是 绿，目 之 所 及，那 片 淡 而 光 润 的 绿 色 都 在 轻 轻 地 颤 动，

fǎng fú yào liú rù kōng zhōng yǔ xīn zhōng shì de zhè ge lǜ sè huì xiàng yīn yuè dí qīng
仿 佛 要 流 入 空 中 与 心 中 似 的。这 个 绿 色 会 像 音 乐，涤 清

le xīn zhōng de wàn lǜ
了 心 中 的 万 虑。

Qiū tiān yí dìng yào zhù běi píng tiān táng shì shén me yàng zǐ wǒ bù zhī dào dàn shì
秋 天 一 定 要 住 北 平。天 堂 是 什 么 样 子，我 不 知 道，但 是

cóng wǒ de shēng huó jīng yàn qù pàn duàn běi píng zhī qiū biàn shì tiān táng lùn tiān qì bù
从 我 的 生 活 经 验 去 判 断，北 平 之 秋 便 是 天 堂。论 天 气，不

lěng bú rè lùn chī de píng guǒ lí shì zǐ zǎor pú táo měi yàng dōu yǒu ruò gān
冷 不 热。论 吃 的，苹 果 、梨 、柿 子 、枣 儿、葡 萄，每 样 都 有 若 干

zhǒng lùn huā cǎo jú huā zhǒng lèi zhī duō huā shì zhī jī kě yǐ jiǎ tiān xià xī shān yǒu
种 。论 花 草，菊 花 种 类 之 多，花 式 之 奇，可 以 甲 天 下。西 山 有

hóng yè kě jiàn běi hǎi kě yǐ huá chuán suī rán hé huā yǐ cán hé yè kě hái yǒu yí
红 叶 可 见，北 海 可 以 划 船 ——虽 然 荷 花 已 残，荷 叶 可 还 有 一

piàn qīng xiāng yī shí zhù xíng zài běi píng de qiū tiān shì méi yǒu yí xiàng bù shǐ rén mǎn
片 清 香。衣 食 住 行，在 北 平 的 秋 天，是 没 有 一 项 不 使 人 满

yì de
意 的。

　　Dōng tiān wǒ hái méi yǒu dǎ hǎo zhǔ yi chéng dū huò zhě xiāng dāng de hé shì suī
　　冬 天，我 还 没 有 打 好 主 意，成 都 或 者 相 当 的 合 适，虽

rán bìng bù zěn yàng hé nuǎn kě shì wèi le shuǐ xiān sù xīn là méi gè sè de chá huā
然 并 不 怎 样 和 暖，可 是 为 了 水 仙，素 心 腊 梅，各 色 的 茶 花，

fǎng fú jiù shòu yì diǎnr hán lěng yě pō zhí de qù le kūn míng de huā yě duō ér
仿 佛 就 受 一 点 儿 寒 // 冷，也 颇 值 得 去 了。昆 明 的 花 也 多，而

qiě tiān qì bǐ chéng dū hǎo kě shì jiù shū pū yǔ jīng měi ér pián yi de xiǎo chī yuǎn bù jí
且 天 气 比 成 都 好，可 是 旧 书 铺 与 精 美 而 便 宜 的 小 吃 远 不 及

chéng dū nà me duō hǎo ba jiù zàn zhè me guī dìng dōng tiān bú zhù chéng dū biàn zhù
成 都 那 么 多。好 吧，就 暂 这 么 规 定：冬 天 不 住 成 都 便 住

kūn míng ba
昆 明 吧。

　　Zài kàng zhàn zhōng wǒ méi néng fā guó nán cái wǒ xiǎng kàng zhàn shèng lì yǐ
　　在 抗 战 中，我 没 能 发 国 难 财。我 想，抗 战 胜 利 以

hòu wǒ bì néng kuò qǐ lái nà shí hòu jiǎ ruò fēi jī jiǎn jià yī èr bǎi yuán jiù néng mǎi
后，我 必 能 阔 起 来。那 时 候，假 若 飞 机 减 价，一 二 百 元 就 能 买

yí jià de huà wǒ jiù zì bèi yí jià zé huáng dào jí rì màn màn de fēi xíng
一 架 的 话，我 就 自 备 一 架，择 黄 道 吉 日 慢 慢 地 飞 行。

节选自老舍《住的梦》

作品 59 号

　　Wǒ bù yóu de tíng zhù le jiǎo bù cóng wèi jiàn guò kāi dé zhè yàng shèng de téng luó
　　我 不 由 得 停 住 了 脚 步，从 未 见 过 开 得 这 样 盛 的 藤 萝，

zhǐ jiàn yí piàn huī huáng de dàn zǐ sè xiàng yì tiáo pù bù cóng kōng zhōng chuí xià bú
只 见 一 片 辉 煌 的 淡 紫 色，像 一 条 瀑 布，从 空 中 垂 下，不

jiàn qí fā duān yě bú jiàn qí zhōng jí zhǐ shì shēn shēn qiǎn qiǎn de zǐ fǎng fú zài liú
见 其 发 端，也 不 见 其 终 极，只 是 深 深 浅 浅 的 紫，仿 佛 在 流

dòng zài huān xiào zài bù tíng dì shēng zhǎng zǐ sè de dà tiáo fú shàng fàn zhe diǎn
动，在 欢 笑，在 不 停 地 生 长。紫 色 的 大 条 幅 上 ，泛 着 点

diǎn yín guāng jiù xiàng bèng jiàn de shuǐ huā zǐ xì kàn shí cái zhī nà shì měi yī duǒ zǐ
点 银 光 ，就 像 迸 溅 的 水 花。仔 细 看 时，才 知 那 是 每 一 朵 紫
huā zhōng de zuì qiǎn dàn de bù fen zài hé yáng guāng hù xiāng tiǎo dòu
花 中 的 最 浅 淡 的 部 分，在 和 阳 光 互 相 挑 逗。

　　Zhè lǐ chú le guāng cǎi hái yǒu dàn dàn de fāng xiāng xiāng qì sì hū yě shì qiǎn zǐ
　　这 里 除 了 光 彩，还 有 淡 淡 的 芳 香。香 气 似 乎 也 是 浅 紫
sè de mèng huàn yì bān qīng qīng de lǒng zhào zhe wǒ hū rán jì qǐ shí duō nián qián jiā
色 的，梦 幻 一 般 轻 轻 地 笼 罩 着 我。忽 然 记 起 十 多 年 前，家
mén wài yě céng yǒu guò yí dà zhū zǐ téng luó tā yī bàng yì zhū kū huái pá dé hěn gāo
门 外 也 曾 有 过 一 大 株 紫 藤 萝，它 依 傍 一 株 枯 槐 爬 得 很 高，
dàn huā duǒ cóng lái dōu xī luò dōng yí suì xī yí chuàn líng dīng de guà zài shù shāo hǎo
但 花 朵 从 来 都 稀 落，东 一 穗 西 一 串 伶 仃 地 挂 在 树 梢，好
xiàng zài chá yán guān sè shì tàn shén me hòu lái suǒ xìng lián nà xī líng de huā chuàn yě
像 在 察 颜 观 色，试 探 什 么。后 来 索 性 连 那 稀 零 的 花 串 也
méi yǒu le yuán zhōng bié de zǐ téng huā jià yě dōu chāi diào gǎi zhòng le guǒ shù nà
没 有 了。园 中 别 的 紫 藤 花 架 也 都 拆 掉，改 种 了 果 树。那
shí de shuō fǎ shì huā hé shēng huó fǔ huà yǒu bì rán guān xì wǒ céng yí hàn de xiǎng
时 的 说 法 是，花 和 生 活 腐 化 有 必 然 关 系。我 曾 遗 憾 地 想：
zhè lǐ zài kàn bú jiàn téng luó huā le
这 里 再 看 不 见 藤 萝 花 了。

　　Guò le zhè me duō nián téng luó yòu kāi huā le ér qiě kāi dé zhè yàng shèng zhè
　　过 了 这 么 多 年，藤 萝 又 开 花 了，而 且 开 得 这 样 盛，这
yàng mì zǐ sè de pù bù zhē zhù le cū zhuàng de pán qiú wò lóng bān de zhī gàn bú duàn
样 密，紫 色 的 瀑 布 遮 住 了 粗 壮 的 盘 虬 卧 龙 般 的 枝 干，不 断
de liú zhe liú zhe liú xiàng rén de xīn dǐ
地 流 着，流 着，流 向 人 的 心 底。

　　Huā hé rén dōu huì yù dào gè zhǒng gè yàng de bú xìng dàn shì shēng mìng de cháng
　　花 和 人 都 会 遇 到 各 种 各 样 的 不 幸，但 是 生 命 的 长
hé shì wú zhǐ jìng de wǒ fǔ mō le yí xià nà xiǎo xiǎo de zǐ sè de huā cāng nà lǐ mǎn
河 是 无 止 境 的。我 抚 摸 了 一 下 那 小 小 的 紫 色 的 花 舱，那 里 满
zhuāng le shēng mìng de jiǔ niàng tā zhāng mǎn le fān zài zhè // shǎn guāng de huā de
装 了 生 命 的 酒 酿，它 张 满 了 帆，在 这 // 闪 光 的 花 的
hé liú shàng háng xíng tā shì wàn huā zhōng de yì duǒ yě zhèng shì yóu měi yí gè yì
河 流 上 航 行。它 是 万 花 中 的 一 朵，也 正 是 由 每 一 个 一
duǒ zǔ chéng le wàn huā càn làn de liú dòng de pù bù
朵，组 成 了 万 花 灿 烂 的 流 动 的 瀑 布。

　　Zài zhè qiǎn zǐ sè de guāng huī hé qiǎn zǐ sè de fāng xiāng zhōng wǒ bù jué jiā kuài
　　在 这 浅 紫 色 的 光 辉 和 浅 紫 色 的 芳 香 中，我 不 觉 加 快
le jiǎo bù
了 脚 步。

节选自宗璞《紫藤萝瀑布》

作品 60 号

在一次名人访问中，被问及上个世纪最重要的发明是什么时，有人说是电脑，有人说是汽车，等等。但新加坡的一位知名人士却说是冷气机。他解释，如果没有冷气，热带地区如东南亚国家，就不可能有很高的生产力，就不可能达到今天的生活水准。他的回答实事求是，有理有据。

看了上述报道，我突发奇想：为什么没有记者问："二十世纪最糟糕的发明是什么？"其实二〇〇二年十月中旬，英国的一家报纸就评出了"人类最糟糕的发明"。获此"殊荣"的，就是人们每天大量使用的塑料袋。

诞生于上个世纪三十年代的塑料袋，其家族包括用塑料制成的快餐饭盒、包装纸、餐用杯盘、饮料瓶、酸奶杯、雪糕杯等等。这些废弃物形成的垃圾，数量多、体积大、重量轻、不降解，给治理工作带来很多技术难题和社会问题。

比如，散落在田间、路边及草丛中的塑料餐盒，一旦被牲畜吞食，就会危及健康甚至导致死亡。填埋废弃塑料袋、塑料餐盒的土地，不能生长庄稼和树木，造成土地板结，而焚烧处理这些塑料垃圾，则会释放出多种化学有

dú qì tǐ   qí zhōng yì zhǒng chèn wèi èr ě yīng de huà hé wù dú xìng jí dà
毒 气 体，其 中 一 种 称 为 二 噁 英 的 化 合 物，毒 性 极 大。

　　Cǐ wài zài shēng chǎn sù liào dài sù liào cān hé de   guò chéng zhōng shǐ yòng de fú
　　此 外，在 生 产 塑 料 袋、塑 料 餐 盒 的// 过 程 中 使 用 的 氟

lì áng duì rén tǐ miǎn yì xì tǒng hé shēng tài huán jìng zào chéng de pò huài yě jí wéi
利 昂，对 人 体 免 疫 系 统 和 生 态 环 境 造 成 的 破 坏 也 极 为

yán zhòng
严 重。

节选自林光如《最糟糕的发明》

第八章 说话测试指导

教学目标：

　　本章主要介绍普通话水平测试中说话内容和应试技巧。通过学习，学生应了解说话的要求，避免方言语音、词汇、语法的影响，使自己具有流利地说标准普通话的能力，从而达到测试的要求，考出好成绩。

第一节 说话测试说明

　　这里的"说话"，指的是普通话水平测试中"说话"一项。这项测试的目的是考查应试人在没有文字凭借的情况下，说普通话的能力和所能达到的规范程度。它不是方言交际、一般口语交际以及行业口语交际中的说话，具有特指的意义。和朗读相比，说话可以更有效地考查应试人在自然状态下运用普通话语音、词汇、语法的能力。因为判断和朗读是有文字凭借的说话，应试人并不主动参与词语和句式的选择，因此，说话最能全面体现应试人普通话的真实水平。

一、说话测试项的目的与内容

　　国家颁布的《普通话水平测试大纲》对"说话"测试目的作了这样的规定：

　　"考查应试人在没有文字凭借的情况下，说普通话的能力和所能达到的规范程度。"

　　"普通话"以北京语音为标准音，以北方话为基础，以典范的现代白话文著作为语法规范，普通话水平测试中的"说话"测试就围绕这三方面进行。

　　首先是语音规范。测试时，用"语音面貌"来指称。它通过记录应试人说话时的语音失误以及相应存在的方音程度来判定应试人语音面貌的档次。

　　其次是词汇、语法规范程度。考查应试人在测试过程中是否使用了与普通话不一致的方言词汇，是否用了方言句式，根据其规范程度判定档次。

　　最后是说话是否自然、流畅的问题。它要考查应试人说话时普通话的语感，口语化的程度，有无磕碰等，根据具体情况判定档次。

二、说话测试项的评分

　　此项内容在普通话测试中所占分数，目前是测试总分的40％，共40分。分项评分为：

语音面貌 25 分，为测试总分的 25%，根据具体情况按 6 个档次来评分；

词汇、语法规范程度 10 分，为测试总分的 10%，根据具体情况按 3 个档次来评分；

自然、流畅程度 5 分，为测试总分的 5%，根据具体情况按 3 个档次来评分。

三、说话的要求

（一）规范程度

1. 语音的规范程度。语音的规范程度指在说话时语音准确、清晰，符合普通话声、韵、调的发音规范，掌握并熟练地使用语流音变。例如说"我的妈妈是一个老师"这句话，不但要能发准每个音节，如"是、师"是翘舌音，而且还应该清楚句子中"的、妈、个"要读轻声。

2. 词汇、语法的规范程度。词汇语法的规范程度指在说话时能准确运用普通话词汇，使用的句子符合普通话语法。例如"每天，我喜欢骑单车上班"中，"单车"是方言词，这句话不是正确的表达。

（二）自然流畅程度

自然流畅程度是指在说话时应思路清晰，主题集中，话语连贯，口语感强。"自然"指的是按日常口语的语音、语速来说话，亲切朴实，不要带着朗诵或背诵的腔调。"流畅"指不出现断断续续或机械地无意义重复的现象，语句简洁，避免口头禅。

四、受测对象易出现的问题

（一）语音不够标准，方音严重

说话不像前面的几个考项都有文字凭借，受测对象可以看着文字发音。说话不能看稿，只能边想内容边说，且说话是一串语音连续出现，难度较大。由于我们生活在方言区，大部分受测对象平时都用方言交流，一旦用普通话说话，要同时顾及说话内容及语音上的问题，难免顾此失彼，思考内容时往往把本来不太习惯的声、韵、调的发音发错，更不用说注意语流音变了。

（二）背稿、念稿现象多

说话不是背诵，更不是拿着稿子念。受测对象应知道书面语和口头语的重要区别：书面语是能用一个句子表达的不用两个句子，而口语是能用两个句子表达的不用一个句子表达。有些受测对象为了能更准确地发音，往往事先写好稿子并背下来，在测试时就背稿，这是违反说话原则的，在测试中会酌情扣分。还有一种情况是在说话的过程中断断续续，句子重复多或口头禅多，这说明受测对象准备不充分，不能流畅地说话，也会被酌情扣分。综合分析影响应试人说话自然流畅的因素有以下几个方面。

1. 语音底子较差，普通话应用水平不高。方言区的人受方言影响，说普通话时语音难点多。平时又以方言作为主要交际工具，习惯于用方言思维，用方言表达，一旦用普通话参加测试，临场表达时还得在脑子里把方言翻译成普通话，于是就出现了想一句说一句，甚至一句话都说不出来的情况。

2. 准备不充分。有的受测对象认为考前还有十五分钟的时间准备，等抽到题目了再考虑说话不迟。其实不然，受测对象应该对《普通话水平测试大纲》规定的 30 个说话题目做一定的准备，应试前先构思好话题的提纲，甚至可以先草拟说话的文字稿，然后反复说上几遍，测试时心中有底。有些受测对象写了说话稿，但写得像抒情散文或议论文，长句多，冷僻词用得多，又没有真正记熟，考试时又过分拘泥于原有的文字稿，一旦想不起来，说话就结结巴巴，很不连贯。还有一些应试人口头禅太多，如"这个""那么""然后"等，造成不流畅的现象。

第二节　说话测试指导

一、说话内容的准备

"说话"测试是普通话测试中难度最大的一项，除此以外的几项都是有文字凭借的测试，应试人在测试时照文字稿念，不用考虑如何组织语言，大脑中不存在内部组织语言并向外部语言转换的过程。而说话的方式是抽签确定说话题目，按题目准备内容，测试时按内容单向说话 3～4 分钟。内容准备充分与否，直接影响应试人的测试成绩。看下面这个例子：

我喜爱的职业……职业……职业有，比如说……军人，警察，医生，嗯，这些……这些都是我喜欢的职业。比如说军人……我小的时候……小的时候很崇拜他们，认为他们呢……他们都很威风，警察呢，警察呢也是一样，这些人呢……这些人都非常让我崇拜呢。

这是个典型的准备不充分的例子，应试人现说现想，现想现说，思维不连贯，表述不流畅，在这种情况下，要注意语音规范，恐怕很困难。

（一）研究说话题目

《普通话水平测试大纲》给定的说话题目从第一版的 50 个缩减到现在的 30 个，缩减了一些可能引起测试人感情大幅度起伏的题目，放宽了题目的范围，更利于测试人的发挥，但是较前 50 题相比，此次缩减的大多是叙述类的题目，也造成了应试人在内容准备上的难度。

在平时的准备过程中，应试人可以在以下几个方面予以准备：

1. 为题目归类

（1）记叙类题目

①说人

我尊敬的人

我的朋友

②说事

童年的记忆

难忘的旅行

我的假日生活

③叙事说人

我所在的集体

④介绍说明

我的学习生活

我的业余生活

我和体育

我的家乡

我喜欢的书刊

我喜欢的明星

我向往的地方

我喜爱的文学（或其他）艺术形式

我喜爱的职业（或专业）

我最喜爱的动物（或植物）

我知道的风俗

我喜欢的季节

我的成长之路

我喜欢的节日

（2）议论类题目

我的愿望

谈谈卫生与健康

学习普通话的体会

谈谈服饰

谈谈社会公德（或职业道德）

谈谈科技发展与社会生活

谈谈美食

谈谈个人修养

谈谈对环境保护的认识

购物（消费）的感受

应该注意的是，这些分类也不是绝对的。有些题目可以跨类，比如不少介绍说明类的和议论类的题目可以跨类，"我的愿望"、"谈谈服饰"，既可以说成议论性的题目，也可以按叙事类的题目来说。从说话的表达方式来讲，说人、叙事相对说明、议论难度要小一些，因此在不影响说话中心的基础上，应尽可能地将题目往叙事、说人方向上靠。在准备说话时要在题目归类上多下点工夫。

2. 合并说话题目，减少准备内容

在研究题目的基础上，我们可以发现，有些题目之间存在内在联系，我们可以将其合并，减少准备内容，更轻松地参加"说话"测试。

如"我尊敬的人"和"我的朋友"可以合并为一个说话题，"我的假日生活"和"难忘的旅行"、"我向往的地方"、"我的业余生活"等可以合并为一个话题……这样一来，我们可以减少准备内容。做这样的工作并不是投机取巧，而是要我们尽快确定说话内容，将注意力转移到如何使语音更为规范上来。

（二）准备说话内容，确定说话表达方式

1. 材料的准备

（1）准备足够 3~4 分钟说话的材料

人在说话时，按正常语速，每分钟大约说 170~180 个字节。应试人 3 分钟应准备 540 个左右的字节，4 分钟应准备 720 个左右的字节。但由于紧张等因素，应试人在测试时，往往有忘词现象，因此应多准备一些材料。

（2）按题目类别准备说话内容

①准备说一个人的材料

思考为什么要说他，围绕他选什么材料，突出他的什么个性特征、精神风貌等。

②准备一两件事

这些事是让人难忘的、感兴趣的、愉快的事。要清楚事情的来龙去脉、前因后果，事情发生、发展过程中的细节，表现事件的意义，加深听众的印象。

③准备好议论题目的材料

议论题目的材料可以从事实材料和理论材料两个方面去准备。事实材料最好是自己亲身经历的人、事、周围熟悉的人等，在考试中不易忘词。平时可以根据题目要求准备一些理论材料，不必很深奥，只要在说话中表明思想观点，明辨是非曲折就可以了。

2. 研究说话的表达方式

语言的基本表达方式是叙述、说明、议论、抒情。通常抒情并不单独存在，只是附着在其他方式上。30 个说话题目，基本是叙述、说明和议论的题目。从口语实践来看，应试人感觉议论最难，叙述最简单。

人在说话时，不可能纯粹只用一种语言表达方式来说话。应试人尽管抽到的题目是叙述类的或议论类的，在他说话时，都可能兼用几种语言表达方式，以下结合测试，谈谈在准备说话时，如何运用这三种语言表达方式。

（1）叙述

叙述是语言表达最基本的方式，也是应试人最擅长的方式。30 个说话题目绝大多数都可以主要采取"叙述"这种方式来表达。

叙述要求把事件的前因后果，发生、发展、结局说出来，要求说得清楚明白，有条理，过程完整。

测试前应做好如下准备工作：

①根据说话题目，确定说话内容：说什么事？涉及什么人？

②想清事情的来龙去脉：发生—发展—高潮—结局。

③确定叙述风格和态度：客观、冷静、朴素、平实、口语化。

④兼用议论表明自己对事情、人物的看法和观点，使这番话给人留下印象。

（2）议论

议论也是常用的语言表达方式，人们用它来阐明自己对人物、事物或事件的看法、态度。30 个说话题目中，有三分之一左右的题目，要求我们主要采取这种语言表达方式来说话。相对叙述而言，议论的难度要大些，这是因为议论要讲道理，讲道理靠的是人的逻辑思维能力、推理能力等，有的人逻辑思维能力并不强，大脑中理性材料储备得不多，自然就对议论性的题目感到为难。测试前的准备可以从如下几方面进行：

①化"议论"为"叙述"。从一件事入手去展开议论。先谈事实，再讲道理，化难为易。但从哪件事入手去谈，要想清楚。

②在事实材料中提炼观点，观点应明确。

③确定议论的态度：客观冷静，实事求是。

（3）说明介绍

30 个说话题目中，有三分之一纯粹属于应试人向测试员说明介绍有关自己的生活经历、各方面的兴趣爱好等，因此要用说明介绍这种方式。因为这些题目都跟自己的生活、职业、业余爱好等有关系，并不需要刻意去准备材料，所以应该把精力集中在如何让测试员听得明白，如何使语言规范上：

①掌握被介绍事物的特点。无论是书刊、文学样式、明星、美食、业余生活、自己的职业、家乡和喜爱的季节等，都要首先弄明白它的特点是什么，做到胸有成竹，介绍的时候才能娓娓道来，条理清晰。

②将对象按自己要介绍的方面进行有序组织，区分主次和详略，突出中心，抓住重点进行准备。

二、语音面貌的训练

（一）语音面貌

"语音面貌"指的是在"说话"测试中，应试人在口语上所反映出来的普通话的语音风貌。测试员根据出现的字音错误以及方音程度，按照《普通话水平测试大纲》制定的评分标准评定档次。

一档：语音标准，或极少有失误。扣0分、0.5分、1分。

二档：语音失误在10次以下，有方音不明显。扣1.5分、2分。

三档：语音失误在10次以下，但方音比较明显；或语音失误大致在10～15次之间，有方音但不明显。扣3分、4分。

四档：语音失误在10～15次之间，方音比较明显。扣5分、6分。

五档：语音失误超过15次，方音明显。扣7分、8分、9分。

六档：语音失误多，方音重。扣10分、11分、12分。

从上可以看出，语音面貌档次评定的依据是两点，一是语音失误率，二是语音程度。

（二）语音面貌的训练要求

1．迅速确定说话题目和中心，充分准备好材料。

2．说话前对材料应准备充分，减少因材料不充分而导致的方音。

3．控制说话情绪和节奏。不说自己容易激动的话题，说话过程不要过快。

三、词汇语法规范

此项共5分，分三档。

一档：词汇、语法规范。扣0分。

二档：词汇语法偶有不规范的情况。扣0.5分、1分。

三档：词汇语法屡有不规范的情况。扣2分、3分。

学习普通话不能只学习语音，还要掌握普通话的词汇和语法，如果你用方言词或方言语法说话，即使用标准的普通话语音发音，外地人还是听不懂，也不是普通话。

全国各地汉语方言在句法方面和普通话的差异不是很大。南方方言如粤语、闽语、客家语和吴语等差异略多一些；湘语、赣语次之；北方方言区分较少。在词汇和构词法方面，各种方言和普通话的差异较大。在日常口语中，频繁地使用方言词已成为很多人的习惯。方言区的人在说普通话时，常常不自觉地把自己方言中的方言词和语法特点带进去，在参加普通话测试的时候，应掌握普通话词汇语法和方言语法之间的区别，尽量在此项目上不丢分。

四、自然流畅

"自然流畅"是说话测试中，综合评定应试人语音、语调的一个项目，它要考查这样几个方面：应试人口语的语音、语调是否与普通话相符，口语化程度如何；是否带有朗诵或背诵腔；语速是否符合言语实践中的正常语速等。

在普通话测试中，自然流畅程度占5%，即5分。计分档次为以下几方面。

一档：语言自然流畅。扣0分。

二档：基本流畅，口语化较差（有类似背稿子的表现）。扣0.5分、1分。

三档：话语不连贯，语调生硬。扣2分、3分。

说话不足3分钟，酌情扣分：缺时1分钟以内（含1分钟），扣1分、2分、3分；缺时1分钟以上，扣4分、5分、6分；说话不满30秒，本测试项成绩记为0分。

为达到这一项少失分或不失分的目的，在平时的训练中应做到以下几点：

1. 尽量使用口语词，少用书面语词。普通话测试考的是应试人的普通话口语水平，所以在测试中尽量少用书面语色彩强的词语，少用复杂的长句，多用短句和能让人容易理解的口语词。

2. 强调日常口语用普通话，培养普通话语感。必须克服方言的影响，摒弃方言词汇，说话中特别要注意克服方言语气。但由于普通话词汇标准是开放的，它不断地从方言中吸收富有表现力的词汇来丰富、完善自己的词汇系统，普通话水平测试允许应试人使用较为常用的新词语和方言词语。

3. 说话时，杜绝朗诵腔、演讲腔，把握"聊"的语气特点。进行说话准备，不要把说话材料写成书面材料，因为写出来的东西往往会进行修改，殊不知，就是在修改中改掉了口语表达的特点。

4. 语速适当。语速适当，是话语自然的重要表现。正常语速大约240个音节/分钟。如果根据内容、情景、语气的要求偶尔有10来个音节稍快、稍慢也应视为正常。语速和语言流畅程度是成正比的，一般说来，语速越快，语言越流畅。但语速过快就容易导致发音时口腔打不开、复元音的韵母动程不够和归音不准。语速过慢，容易导致语流凝滞，话语不够连贯。有人为了不在声、韵、调上出错，说话的时候一个字、一个字地往外挤，听起来非常生硬。因而，过快和过慢的语速都应该努力避免。

运用篇

教学目标：

本篇主要介绍交谈、朗诵、演讲、辩论的技巧以及应注意的问题，培养学生普通话口语的实际运用能力。

第九章　交　谈

一、交谈概述

交谈是社会交际中最基本的言语形式，是指两人或两人以上双向性交流谈话。任何人在日常生活与社交场合总要与人交谈，但不是任何人都懂得如何文明、得体地交谈。所以，进行交谈训练，对于增进人们之间的了解与友谊、获得知识与信息、提高工作效率都是十分必要的。

交谈包括非实用性交谈与实用性交谈两种类型。非实用性交谈是指无确定内容与目的的交谈，如寒暄、聊天等。它的目的主要不在于传递信息，而在于融洽气氛与交流感情。实用性交谈则是内容具体、目的明确的对话。它广泛运用于社会生活的各个方面，如交换意见、交流经验、洽谈工作、切磋学问、调查采访、咨询及电话交谈等。

二、交谈的前奏

（一）什么是寒暄

交谈往往以"寒暄"作为"前奏"。

寒暄，也叫打招呼，是相识的人在一定场合互致问候，或不相识的人在问路、问事或请人帮助时常使用的一种言语交际形式。寒暄是会客中的开场白，是交谈的序幕和有效铺垫。寒暄得体与否，往往是能否给对方一个良好心理暗示的重要因素。寒暄的过程是双向的感情交流，其基本功能是联络感情。寒暄在向人致意时注入了关怀，能给对方带来温暖；与陌生人第一次接触，它作为交谈的开场白，可以打破僵局，为展开交往活动建立感情联络奠定良好开端；与熟人反复接触，它可以融洽气氛，维持和增进彼此的感情联络，成为保持广泛社会联系的持续焊点。

（二）寒暄的种类

寒暄有很多种类型，比较常见的寒暄方式大体有以下几种：

1. 问候型

问候型寒暄的用语比较复杂，归纳起来主要有以下几种：

（1）表现礼貌的问候语。如"您好"、"早上好"、"新年好"之类。交谈者可根据不同的场合、环境、对象进行不同的问候。比如，从年龄上考虑，对少年儿童问："几岁了?""几年级了?"对老人问："您老高寿?"对成年人问："工作忙吗?"

（2）表现思念之情的问候语。如"好久不见，你近来身体怎么样?""多日不见，可把我想坏了!"等。

（3）表示对对方关心的问候语。如"最近好吗?""工作顺利吗?""最近工作是不是很忙?"

2. 言他型

"今天天气真好。"这类话也是日常生活中常用的一种寒暄方式。特别是陌生人之间见面，一时难以找到话题，就会说类似"今年冬天天气不太冷"之类的话，可以打破尴尬的场面。言他式是初次见面较好的寒暄形式。

3. 应酬型

应酬型是最常见的寒暄方式，是针对具体的交谈场景临时产生的问候语，比如对方刚做完什么事，正在做什么事以及将做什么，都可以作为寒暄的话题。如早晨在家门口或路上问："早晨好，上班吗?"对方回答："是啊，你去买菜?"在食堂里问："吃过了吗?"

这种寒暄，虽然双方都知道是明知故问，但都做出了友好的表示，随口而来，自然得体。

4. 夸赞型

心理学家根据人的天性曾做过如下论断：能够使人们在平和的精神状态中度过幸福人生的最简单的法则，就是给人以赞美。作为一个社会成员，都需要别人的肯定和承认，需要别人的诚意和赞美。比如，你的同事新理了发，你可以用赞美的语言说："小王，你理这个发型越看越年轻了。"小王就会很高兴。

5. 攀认型

俗语说："山不转路转。"在人际交往中，只要彼此留意，就不难发现双方有着这样那样的"亲"或"友"的关系，如"同乡""同事""同学"甚至远亲等沾亲带故的关系。在初次见面时，寒暄攀认某种关系，一见如故，立即转化为建立、发展友谊的契机。在现实生活中这种攀认型的事例比比皆是，如"噢，您是××大毕业的，说起来咱们还是校友呢""某某人经常跟我谈起您。"这些事例，说明在交际过程中，要善于寻找切入点，发掘双方的共同点，从感情上靠拢对方。

6. 敬慕型

这是对初次见面者尊重、仰慕、热情有礼的表现，如"见到你很荣幸"、"我早就拜读过您的大作，我很仰慕您"。

寒暄语的使用应根据环境、条件、对象以及双方见面时的感受来选择和调整，没有固定的模式，只要见面时让人感到自然、亲切，没有陌生感就行。

【示例】

下面这一段是邓小平和英国女王及其丈夫爱丁堡公爵会谈前的寒暄：

邓小平迎上前去，对女王说："见到你很高兴，请接受一位中国老人对你的欢迎与敬意。"

接着，邓小平说："这几天北京的天气很好，这也是对贵宾的欢迎。当然，北京的天气比较干燥，要是能'借'一点伦敦的雾，就更好了。我小时候就听说伦敦有雾。在巴黎时，听说登上巴黎铁塔，就可以望见伦敦的雾。我曾经登上过两次，可是很遗憾，天气都不好，没能看到伦敦的雾。"

爱丁堡公爵说："伦敦的雾是工业革命时的产物，现在没有了。"

邓小平风趣地说："那么，'借'你们的雾就更困难了。"

爱丁堡公爵说："可以'借'点雨给你们，雨比雾好，你们可以'借'点阳光给我们。"

【评析】这是高层领导人之间的寒暄，双方都说得十分高雅而得体。邓小平同志的话说明英国贵宾到来不仅占人和（中英友好），而且占天时（天气很好），也点明了小平在法国的经历，还表明了他对雾都伦敦的认识和了解。爱丁堡公爵的答话流露出对英国环境治理成效显著的自豪感。至于借雨、借阳光，多少隐含着双方互通有无的意向。

【训练题】

1. 你在街上闲逛，看到街上的一位行人很像你以前的同学，她也在看你，但是双方都不能确定对方的身份，你怎样向她打招呼？

2. 你乘车去出差，你的身边坐着三位旅客，一位是戴着眼镜、精神矍铄的老头儿，一位是穿着前卫的 20 岁左右的姑娘，还有一位是 10 岁左右的小学生，你分别用怎样的寒暄语和他们交谈，以便引起共同的话题，消除旅途的寂寞？

三、交谈的原则

文明得体的交谈不仅体现了人们的语言水平，也是交谈者良好素质修养的一面镜子。在生活和工作中，有人相处多年却形同陌路，彼此谈话总不搭调不对味；有人一见如故，千言万语聊个没完，颇有"相见恨晚"之感。用句俗话来说就是"酒逢知己千杯少，话不投机半句多"。语言有美丑、雅俗、冷暖之分。恭敬有礼的话语温暖人心，热诚真切的话语鼓舞人心，而粗野庸俗、强词夺理的话语不仅会伤人心，还会败坏社会风气。因此，学习、掌握交谈的艺术尤为重要。

怎样才能做到谈话投机呢？具体地说，有以下三个原则：

（一）尊重与礼貌

尊重是谈话投机的第一要素。谈话表面上是话语交流，其实是一种"心灵的沟通"，能不能由此及彼、由表及里、由浅入深，最终抵达心灵深处，首先取决于谈话者的态度。若相互尊重，平等交流，态度和善，谈话就能"升级""深入"，就可进入"推心置腹、无话不谈"的境界。若一方居高临下，颐指气使，不尊重对方，或双方互不尊重，就会言不由衷，话不投机。

礼貌是文明交谈的前提。无论是有声的口语，还是无声的态势语，都要体现出敬意、友善、得体的气度和风范。主要表现为以下几点：

1. 使用礼貌用语。如"请"、"谢谢"、"对不起"、"不用客气"、"请您指教"，等等。

2. 倾听对方说话。心理学研究表明，越是善于倾听的人，与他人关系就越融洽。因为倾听本身就是对对方的一种褒奖，你能耐心倾听对方的谈话，等于告诉对方"你是一个值得我尊敬的人"，对方又怎能不积极回应、表现出对你的好感呢？在对方说话时，不时用"噢……""晤……""是吗……""是啊……"等词语作应和与陪衬，不轻易打断对方说话或随意插嘴。如果因未听明白或希望进一步了解情况而必须插嘴，应先征得对方同意："请等等，让我插一句。""请让我提个问题，好吗？"没有听明白对方话意就抢着发表看法或武断地下结论，是粗鲁无礼的，很容易引起争执，甚至不欢而散。

（二）谦虚与坦诚

谦虚是一种美德，是一种积极的人生态度。古希腊哲学家苏格拉底曾说："谦虚是藏于土中甜美的根，所有崇高的美德由此发芽生长。"当今时代虽然提倡个性张扬，鼓励自信自强，但并不意味着谦虚过时了。相反，张扬个性和自信自强只有建立在谦虚的基础上，才不会陷入自负和狂妄的误区。交际实践表明：学会恰当地表达谦虚会有助于提升你的交际形象，增强你的交际魅力。

在交际场合，面对赞美、表扬，不妨以下几种方法应对：

1. 纠正概念法　就是在别人赞美恭维的语句中做文章，把句中关键的词语"偷换"成别的词语，或作出"别具一格"的解释，在诙谐的话语中显示谦虚的风格。

【示例】

托马斯·杰弗逊（1743—1826）是美国第三任总统。1785年他曾担任驻法公使。一天，他去法国外长的公寓拜访。"您代替了富兰克林先生？"外长问。"是接替他，没有人能够代替得了他。"杰弗逊谦逊地回答说。

【评析】托马斯·杰弗逊将"代替"纠正为"接替"，一字之差，两种境界，他不以才能、声望自居的谦虚姿态，便在这否定和纠正中展现出来了。他这种谦虚的交际形象在对方心目中不仅不会贬低，反而会更加高大起来。

2．找出不足法

"金无足赤、人无完人。"面对别人的赞誉之词，谦虚承认自己的不足，反而会使别人更加肃然起敬。

3．虚心请教法

虚心请教会让别人感觉到自己的重要，增进交际双方关系的融洽。谢觉哉同志说得好："一知半解的人，多不谦虚；见多识广有本领的人，一定谦虚。"孔子也认为"三人行，必有我师"。

4．自降身份法

自降身份的谦虚态度，充分展现了交际的亲和力，在这种交际魅力的"辐射"下，交际关系会更和谐。

【示例】

著名学者钱钟书的谦虚之风和其学问一样为人所称道。一次，电视连续剧《围城》的编剧孙雄飞和导演黄蜀芹，就此剧改编的有关问题请教钱钟书。谈话中，孙雄飞和黄蜀芹向钱钟书及其夫人杨绛讨要他们的著作，并请其签名题字。钱钟书摊开《围城》一书，将毛笔微蘸墨汁，微笑着对孙雄飞说："我称你为兄吧。"孙雄飞吓得手足无措，连连说："不不不！"可钱钟书已经飞快地在扉页上写下了"雄飞兄存览"五个字，并说："这作为我们一段文字之交的纪念吧！"孙雄飞激动不已，连连道谢。

【评析】作为一位学贯中西、在海内外享有盛誉的名人，钱钟书竟然称一个比自己年轻许多的普通编剧为兄，确实有点让人不可思议。他这种自降身份的谦虚，体现了他对后辈的关怀爱护的博大胸怀。

5．幽默调侃法

对于谦虚者来说，用幽默调侃的方式表现自己的谦虚，往往能在轻松的话语中彰显自己的人格魅力。

（三）融洽与和谐

交谈是人际沟通、交流的主要形式之一，也是一种重要的交际方式。显然，和谐融洽的交谈，将使沟通、交流更通畅，从而促进双方交往。那么，如何将这种和谐融洽的交谈局面进行到底呢？除了遵循以上几点原则之外，这里重点谈谈避讳。

我国是一个有悠久历史的大国，礼仪多，"忌讳"也多。如果不加以注意，不避忌讳，即使不是故意说的，也容易使人反感，影响到交际的效果。由于种种原因，有些词和词语是不能或不便说出来的，就需要一个同义或近义词去代替。人们把"拉屎"说成"大便""大解""上厕所"，这样就雅一些。妇女怀孕不好意思说出口，用一个别致的词语叫"有喜了"。这样，既避免了粗鄙俗气，又不失教养，显得彬彬有礼。在使用语言进行交际时，有些情况下的语言避讳不可不注意。比如朋友中间有一个"秃顶"，就不能对着人家老说什么"秃头"或"光头"的。如果家里来客人，体形又矮又胖，就不能说"矮子"或

"胖子",否则会挫伤人家的自尊心。在某些特定场合,如婚宴喜庆之时不提不吉利的话题。言谈中,淫词秽语、不健康的口头禅更应禁忌。见到青年女子,一般不应问对方年龄、婚否。径直询问别人的履历、工资收入、家庭财产等私生活方面的问题易使人反感。切莫对心情惆怅的人说得意话、得意事。若对方曾犯过错误或有某种缺陷,言谈时要避免刺激性的话语。对别人不愿回答的问题不要追问,不要刨根问底,如果一旦触及,应立即表示歉意,巧妙转移话题。例如,有一个农场的几位小青年,一次去慰问一个退休老职工,当时有这样一段对话。青年人说:"您的身子真够硬朗的,今年高寿多少?""79 啦!""人生七十古来稀,农场里数您最长寿吧?""哪里,××活到 88 呢。""那您老也称得上长寿亚军呀。""不过,××去年归天了。"老职工感叹地说。"哟,这回可轮到你了。"谈兴正浓的老人一听此言,脸色陡变,话锋顿收。这是因为说话者刚才接触到老人最敏感的问题,老人肯定理解为快要轮到他归天了。这个例子虽然比较极端,但在交际中这样类似的例子还是有的。

在对外交往中,有些中国人之间习以为常的谈话方式,对西方人却行不通。所以在与海外人士交谈时,对于那些属于个人隐私方面的话题,不应有所涉及。

第一,是收入支出。在国际社会里,人们普遍认为:任何一个人的实际收入,均与其个人能力和实际地位直接存在着因果关系。所以,个人收入的多寡,一向被外国人看做自己的脸面,十分忌讳他人进行直接或间接地打听。除去工薪收入之外,那些可以反映个人经济状况的问题,例如,纳税数额、银行存款、股票收益、私宅面积、汽车型号、服饰品牌、娱乐方式、度假地点等,因与个人收入相关,所以在与外国人交谈时也不宜提及。

第二,是年龄大小。在国外,人们普遍将自己的实际年龄当做"核心机密",轻易不会告之于人。这主要是因为,外国人一般都希望自己永远年轻,而对于"老"字则讳莫如深。中国人听起来非常顺耳的"老人家""老先生""老夫人"这一类尊称,在外国人听起来却如诅咒谩骂一般。特别是外国妇女,最不希望外人了解自己的实际年龄,她们过了24 岁,就不再随便将自己的年龄告诉他人。

第三,是婚姻状况。中国人的习惯,是对于亲友、晚辈的恋爱、婚姻、家庭生活时时牵挂在心,但是绝大多数外国人却对此不以为然。他们认为,让任何一个人面对交往不深的朋友,去老老实实地交代自己"有没有恋人""跟恋人相处多久了""结了婚没有""夫妻关系怎么样""为什么还不找对象""为什么还不结婚",不仅不会令人愉快,反而会让人难堪。在一些国家里,跟异性谈论此类问题,极有可能被对方视为无聊之至,认为你有过分关心之嫌。

第四,是家庭住址。在中国人的人际交往之中,大家对于自家的住址通常是不保密的。对于自己的家庭住址、私宅电话号码等,人们一般都会有问必答,甚至还会主动地相告于人。不仅如此,中国人还喜欢串门,并且往往乐于请人上门作客。而在国外,通行的做法却恰好与我国相反。外国人大都视自己的私人居所为私生活的领地,非常忌讳别人无端干扰其宁静。

第五，是身体状况。在中国，人们相遇后彼此打招呼时，大家经常会相互问候对方："身体好吗？"要是确知交往对象身体曾经一度欠安，那么为了表示对对方的关心，与其见面时，人们往往还会热心而关切地询问对方："病好了没有？"如果彼此双方关系密切的话，则通常还会直接向对方打探"吃过一些什么药""怎么治疗的"，或是向对方推荐名医、偏方。可是在国外，人们在闲聊时一般都是"讳疾忌医"，非常反感其他人对自己的健康状况关注过多。因为在市场经济条件下，每个人的身体健康都被看作是自己的重要的"资本"。

第六，是个人经历。初次会面时，中国人之间往往喜欢打听交往对象"是哪里的人""哪一所学校毕业的""以前干过什么"。总之，是想了解一下对方的"出处"，打探一下对方的"背景"，摸一摸对方的"老底"。然而外国人却大都将这些内容看做是"商业秘密"，并且坚决主张"英雄莫问出处"，反对询问交往对象的既往经历，随随便便地擅自查对方的"户口"。外国人还认为，要是一个人动辄就对初次交往的对象"忆往昔峥嵘岁月"，甚至"痛说革命家史"，并不见得是坦诚相见，相反却有可能是别有用心。

第七，是所忙何事。在国内，熟人见面之际，免不了要相互询问一下对方"忙什么""上哪里去""从哪儿回来""怎么好久没见到你"。但是，外国人对于这一类的问题皆属个人私事，"不足为人道哉"，绝对没有"曝光"的必要。向别人探听与此相关的问题的人，不是好奇心过盛，不懂得尊重别人，就是别有用心，或者具有天生的"窥视欲"。被问及这类问题时，外国人往往会"左右而言他"，甚至还会缄口不语。

第八，是信仰政见。在国际交往中，由于人们所处国度的社会制度、政治体系和意识形态多有不同，所以要真正实现交往的顺利、合作的成功，就必须不以社会制度画线，抛弃政治见解的不同，超越意识形态的差异，处处以友谊为重，以信任为重。如果动不动就对交往对象的宗教信仰、政治见解品头论足，甚至横加责难、非议，或是将自己的观点、见解强加于人，都是对交往对象不友好、不尊重的表现。最为明智的做法，就是在涉外交往中对此避而不谈。

人类在进步，社会在发展，但不可能也不会"消亡"所有的忌讳。"忌讳"反映在待人接物上，也可以说它是"礼仪"的补充。在社交中，注意语言的忌讳，是尊重别人和有修养的表现，同时也会提高交际的成功率。

尊重与礼貌、谦虚与坦诚、融洽与和谐的三大交际原则，使交际双方有效地进行思想沟通和情感交流，遵循这些原则，体现了交谈者良好的口才和较高的修养。

四、交谈的技巧

语言是人与人沟通的直接桥梁，但会说话不等于会与人沟通，如何打开"话匣子"对有些人是一种挑战，如何延续交谈和令人乐意与我们倾谈也是一种挑战，其中自有技巧。以下将从打开"话匣子"，以至维持交谈，结束话语的技巧逐一介绍。由于交谈具有话题的游移性、时间的不定性（随时可能中断）、表达的口语性（由于交谈的随机性，往往来不及对语言加工润色，多用平实、自然的口语，以达意为主），以及主客体的互变性（听、说互换，问、答交替）等特点，掌握交谈的特点和技巧，讲究交谈的艺术，对于交谈的融洽、高效、成功具有重要作用。

（一）展开话题技巧

交谈作为一种双向传输语言信息的交际活动，受到时间、地点、对象、传输方式的种种制约，具有发生的随机性（除有计划、预约的会谈和访谈等外），如何展开话题，往往也具有很好的技巧性。

1. 开门见山

交谈一开始，就直截了当地从正面提出交谈的话题，表明交谈的目的，或提出要询问的问题，很快"进入角色"，常用于咨询、访问、联系工作等场合。使用这种方法的前提是事先选好对象，了解有关情况，并分析双方的关系，便于把握交谈的深浅。

2. 迂回入题

有时，展开话题前留意一下对方的行为态度，发现谈话对象头脑中有一些的观点、立场难以改变，谈话缺乏基础（心理、情感），如果只知道单刀直入、直截了当地谈出你的目的，肯定难以奏效。倘若从旁门、侧面入手，通过在一些问题上的共同立场和观点开始谈话，就能自然而然地制造一种和谐的环境和气氛，进而借机转入正题。在求助、劝谏时，常用这种方法。

【示例】

下面我们可以从反、正两个方面来比较一下迂回入题的效果。

一种是常见的陈述式的谈判方法：

甲："你们需要的卡车，我们有。"

乙："吨位多少？"

甲："4吨。"

乙："我们要2吨的。"

甲："4吨有什么不好呢？万一货物太多时，不是正合适吗？"

乙："我们也要算经济账啊！这样吧，以后我们要时再通知你……"

这种陈述式所进行的谈判，看来是失败了。如果我们改用迂回入题法，结局可能完全不同。

甲："你们运的货每次平均重量是多少？"

乙："大约2吨吧。"

甲："有时多，有时少，是吗？"

乙："是的。"

甲："究竟需要哪种型号的卡车，一方面要看你是什么货，一方面要看在什么路上行驶，对吗？"

乙："对，不对……？"

甲："假如你在丘陵地区行驶，而且你那里冬季较长，这时汽车的机器和车身所受的压力是不是比正常的情况要大一些呢？"

乙："是的。"

甲："你冬天出车的次数比夏天多吗？"

乙："多得多，我们夏天生意不太兴隆。"

甲："有时货物太多，冬天又在丘陵地区行驶，汽车是否经常处于超负荷状态呢？"

乙："对，是那么回事。"

甲："你决定购车型号时，是否留有余地？"

乙："你的意思是？"

甲："从长远的观点看，是什么因素决定买一辆车值不值呢？"

乙："当然需要看它的使用寿命了。"

甲："一辆车总是满负荷，另一辆车从不过载，你觉得哪一辆车寿命长？"

乙："当然是马力大、载重大的那一辆啰！"

经过一番讨论，乙最后决定多花 3500 元买下甲的一辆载重量 4 吨的卡车。

【评析】这一次生意谈判之所以能够成功，在于甲方善于从对方的需求出发，从对方的利益角度提问，问题又围绕着用车常识范围以内的问题，所以对方一路回答"是"，消除了心理戒备，从而使甲方占据主动，控制谈话局面，而且运用机智，像牵牛鼻子一样诱使乙转变自己的立场。这就是迂回入题的功力。

3．即境入题

在做思想工作的交谈中，有时没有合适的时机切入话题，可以充分利用参与场合一切条件为展开话题服务——即境入题。这种方式多用于疏导、说服、劝慰的交谈中。

【示例】

某国大选结束后，新当选的总理在人群中讲话，突然，意外的情况出现了，这位总理因腹痛难忍，满头大汗，竟无法完成演讲，于是医生立即赶来急救，周围的人群心中笼上了一层阴影，这位他们维护、拥戴的新总理身体状况这么糟，怎么能胜任工作呢？

过了一会儿，这位总理又精神抖擞地返回人群，人们正在窃窃私语着，只见他很快扫视了人群一眼，镇定自若地说："我们的国家就像我的身体一样，刚刚经历了一场深刻的危机，但是现在好了，危机已经过去，希望就在前头。"语言一落，全场为之欢呼，人们的情绪一下子又变得热烈激动。

【评析】借助环境中的各种现象，或根据随时出现的情况，加以联想，借题发挥，会使自己的讲话主题更突出。

（二）维持话题技巧

在一般的闲聊式交谈时，我们常常有这样的感触，当你和别人谈了半天以后，往往很难记起你们交谈的最初的话题。如果是闲聊倒也罢了，要是开会、商量问题，那肯定会"议而无决"，耽误事情。如何维持交谈的话题？

1. 提醒法

提醒法是指发现对方偏离了话题，直接提醒对方，阻止对方再说下去，把谈话拉回到中心话题上来。提醒对方的方法要因人而异，因情而异。对长者、尊者，不可武断地打断对方说话，应用适当的手势或眼神作出暗示。对于平辈，或相熟的人，可以有礼貌地表示"请您停一下！""请允许我打断一下您的话，回到我们刚才的话题。"

2. 重申法

重申法是指交谈中出现转移话题，有时是由于说话者对中心话题的内涵与外延没有很好地理解与把握，或者由于受到别的话题或其他因素的干扰，也有可能是谈话者有意回避交谈的主题。这时，作为交谈的"主角"，应寻找适当的时机，重申交谈的宗旨，对中心话题的重点、范围作必要的解释，最好用有针对性的提问，或用商讨的语气把话题"拉回来"。比如，"对不起，刚才说的××问题，我有几点不清楚，请您（你们）再给我讲一讲。"当然，如果你的身份在所有谈话者中比较重要，你也可以直截了当地加以强调："各位，今天我们讨论的主要是××××问题，请大家围绕这个问题再深入进行讨论，希望能达成共识。至于其他问题，我们以后再安排时间商议吧。"

3. 引导法

为了避免交谈东拉西扯、旁生枝蔓，交谈者要注意自己说话的"导向作用"。引导法就是围绕中心话题，充分发表自己的看法，力求有深度、有新意，引起参与者对你的发言的高度重视，从而引导参与者作深入的讨论。例如，你可以就刚才的谈话内容进行简单总结，再提出需要讨论的地方，自然会把参与者引向更深入的话题；当然你也可以对刚才的话题故意提出不同的看法，参与者驳斥你的过程自然就引进了交谈的话题。

（三）转移话题的技巧

恰当地提出话题，主动地控制话题，是交谈成功的重要条件。但在某些情况下，也需要巧妙地转移话题。

1. 谐音改口

谐音改口就是巧借汉语中的同音字，改变话题的意思，常用于掩饰自己的失言。

【示例】

电视剧《任长霞》中，登封市公安局局长任长霞到一个山村办案蹲点，因不便透露身份，向村里人公开的身份是来扶贫的省农资局局长，知道她身份的只有房东佘大娘，有一天，佘大娘的大儿子大贵来了，有一段对话：

大贵：哟，妈，咱家来客人了。

佘大娘：大贵，这是省里来的客人，人家可是公——公家的人。

【评析】佘大娘想将任长霞公安局长的身份说给儿子听，但眼前的情势又迫使她不得不借"谐音改口"掩饰。这里的改口，把她的矛盾心理表现得淋漓尽致。

2. 答非所问

答非所问是交谈时回答对方提问的一种回避战术。从表面上看，似乎回答的内容没有脱离提问的范围，但实际上已经被巧妙地"偷换"了概念，使对方无法得到意想的答案，也使自己摆脱被动的处境。

【示例】

著名主持人杨澜可谓家喻户晓，她展现在广大观众面前的良好素质为很多人所欣赏。当杨澜还是一名大学生时，在进入中央电视台之前的一次主持人招聘会上，考官忽然发问："你敢不敢穿'三点式'？"

杨澜坦然地回答："这与社会环境很有关系，如果在外国的裸体浴场，'三点式'不见得就显得开放。而在中国，穿'三点式'不符合人们共同的审美标准。"

【评析】这个问题对杨澜而言是非常具有挑战性的。身为现代的中国女大学生，无论回答"敢"或"不敢"都不是最佳的答案。杨澜以她机敏的应变能力和诙谐轻松的表达迅速转换了话题，给出了合理的解答，委婉而庄重，令人叫绝。

3. 歧解转意

人们在交谈中难免发生口误，而情势又不允许自己当场否认，将错就错不失为一个好办法。歧解转意就是在错话说出之后，能巧妙地将错话续接下去，最后达到纠错的目的。其高妙之处在于，能够不动声色地改变说话的情境，使听者不由自主地转移原先的思路，不自觉地顺着我之思维而思维，随着我之话语而调动情感。

【示例】

某次婚宴上，来宾济济，争向新人祝福。一位先生激动地说道："走过了恋爱的季节，就步入了婚姻的漫漫旅途。感情的世界时常需要润滑。你们现在就好比是一对旧机器……"其实他本想说"新机器"，却脱口说错，令举座哗然。一对新人更是不满溢于言表，因为他们都各自离异，自然以为刚才之语隐含讥讽。那位先生的本意是要将一对新人比作新机器，希望他们能少些摩擦、多些谅解。但话既出口，若再改正过来，反为不美。他马上镇定下来，略一思索，不慌不忙地补充一句"已过磨合关"。此言一出，举座称妙。这位先生继而又深情地说道："新郎新娘，祝愿你们永远沐浴在爱的春风里。"大厅内掌声雷动，一对新人早已笑若桃花。

【评析】这位来宾的将错就错令人叫绝。错话出口，索性顺着错处续接下去，反倒巧妙地改换了语境，使原本尴尬的失语化作了深情的祝福，同时又道出了新人间情感历程的曲折与相知的深厚，颇有些点石成金之妙。

（四）结束话题技巧

若我们不想多作交谈，也可以作出以下反应暗示对方该结束话题了。

——起身，走开；

——眼向下望或四处张望；

——只回应一两个单字或是、不是等；

——对所问的问题常回答说不知道或不清楚；

——以很单调、低沉的语调与别人交谈，且常没有眼神接触；

——不会主动提问或提出任何新话题。

不同的人可能会有不同的暗示方式，以上未必绝对正确，只有通过不断尝试才能运用得得心应手。当然，以上的暗示也有可能是你和别人交谈过程中别人向你发出的信号，那就需要自己不断分辨，掌握正确的信息。有些人会因害羞或不习惯而变得沉默，不要误以为对方没有兴趣与你倾谈下去，除非对方同时表现出许多负面的提示。若发现真的不投机或言谈乏味，或对方对你无兴趣，则不宜勉强维持下去，但仍要有礼貌地离开。作为交谈的主角，你也可以用以下的方法直截了当地结束话题：

（1）预备离开之讯息　当谈话停顿得太久或双方感到想结束话题，就应该是适当时候结束谈话，首先要发出预备离开的讯息，例如："我的时间差不多了，我要去买些东西。"

（2）提出再联络的表示　当你发出预备离开的讯息后，通常可提出再联络的表示，例如："哪天我给你打电话，一起去喝茶好吗？"也可以友善及直接地表示："与你交谈很开心，下星期有时间我再约你！"

（3）如有需要总结，可简单总结谈话内容，但一般的社交闲谈，这不大重要，过分在意反而不美，一两句说话已足够。例如："没想到我和你有这么多的共同爱好，改日一定找你再畅谈一番。"

第十章 演 讲

第一节 演讲概述

演讲是指在特定的环境中，演讲者借助有声语言和态势语言，面对广大听众发表意见、抒发情感，从而达到感召听众并促使其行动的一种现实的信息交流活动。

演讲作为人类一种社会实践活动，它必须具备以下四个条件：演讲者、听众、沟通二者的媒介以及时间和环境。离开了其中任何一个条件都不能构成演讲。演讲的传达手段包括有声语言、态势语言和主体形象。

语言是演讲活动最主要的表达手段。它由语言和声音两种要素构成，以流动的声音承载思想和情感，直接诉诸听众的听觉器官。它要求吐字清晰、准确，声音响亮、圆润、甜美，语气、语调、节奏富于变化。

态势语言就是演讲者的姿态、动作、手势和表情，是流动着的形体动作，辅助有声语言承载思想和情感，直接诉诸听众的视觉器官。它要求准确、鲜明、自然、协调。

主体形象是指演讲者的体形、容貌、衣冠、发型、举止神态等。主体形象的美与丑、好与差直接影响到演讲者思想情感的表达。它要求演讲者在符合演讲思想情感的前提下，注重衣饰朴素得体、举止大方、神态潇洒、风度优雅，给听众一个美的外部形象。

必须指出，演讲如果只有"讲"而没有"演"，只作用于听众的听觉器官，而不作用于听众的视觉器官，就会缺少动人的主体形象和表演活动；如果只有"演"而没有"讲"，只作用于听众的视觉器官，而不作用于听众的听觉器官，那就如同观看哑剧一样令人难以理解。所以，"讲"和"演"缺一不可，二者相辅相成。但是，"讲"和"演"的和谐必须是以"讲"为主、以"演"为辅，"演"必须建立在"讲"的基础上，否则就失去了演讲的意义。

一、演讲的目的

人们的任何社会实践活动都有明确的目的，其功利性是非常鲜明的。由于演讲是演讲者与听众之间的双边活动，所以，演讲的目的就分别体现为演讲者演讲的目的和听众听演讲的目的。而每个演讲者由于身份、地位、年龄、学识、专长各不相同，演讲的目的也就不尽相同，甚至同一演讲者每次演讲的目的也不相同。我们可以从以下几个方面来谈。

（一）宏观目的

从总体上看，演讲的目的就是演讲者与听众取得共识，使听众改变态度，激起行动，推动人类社会向理想境界迈进。演讲无论是宣传自己的政治主张、观点，或是传播道德伦理情操，还是传授科学文化知识和技艺，都是为了让听众同意自己的主张、观点和立场，以取得共识，并在此基础上激发听众的实际行动，向着理想的境界迈进。

美国第十六届总统亚伯拉罕·林肯的解放黑奴的演讲，目的就是为了动员美国人民为解放黑奴、废除奴隶制而斗争；周恩来总理在万隆会议发表的演讲就是为了宣传和平共处的国际政治理想，引导人们为建立和平稳定的国际秩序而奋斗。

（二）微观目的

迄今为止，还没有专职的演讲家。当今的演讲者都有自己的正式职业或专业，如：鲁迅是文学家，闻一多是学者、诗人，林肯是总统，丘吉尔是首相，由于职业不同、专业不同、经历不同等多种因素，演讲的目的、内容也有所不同。闻一多在昆明的《最后一次演讲》的目的就是揭露和痛斥敌人、鼓舞听众、发展民主运动；1944年德怀特·艾森豪威尔将军的战前动员演讲《反攻动员令》，目的就是鼓舞军威士气、鼓励全体将士奋勇杀敌；1940年5月13日温斯顿·丘吉尔发表的《热血、汗水和眼泪》的演讲，目的就是紧急动员英国人民齐心协力誓死抵抗德国法西斯入侵。因此，从微观上看，每一位演讲者的每一次演讲都有着不同的具体目的。

演讲的宏观目的与微观目的并不矛盾。例如：闻一多的个体微观演讲目的是揭露敌人、鼓舞听众、发展民主运动，但这一目的恰与推动人类向理想境界迈进的宏观目的相一致。

（三）实用目的

听众是无数个个体的集合。由于他们的年龄、性别、文化程度、兴趣、专业等的不同，听演讲的目的也各不相同。比如，林肯解放黑奴的演讲，听众有的拥护，有的反对。可见其目的根本不同，即使目的相同的听众，对同一内容的演讲也往往各取所需。但从总体上讲，演讲者的个体实用目的和听众的个体实用目的是一致的，它们紧密相连而又互为体现。

演讲是一种复杂的社会实践，更是一种工具。人们拿起工具总是有具体目的的，没有目的的演讲是不存在的，只是目的的正确与否、高雅与否的不同而已。所以，每一位演讲者必须树立明确的演讲目的，做到宏观与微观的统一、表层与深层的统一、目前与长远的统一，这样的演讲才是有意义的、有价值的。

二、演讲的作用

演讲作为一种社会实践活动，之所以从古到今发展得越来越兴旺，其原因就在于它有着不可估量的社会价值和社会作用。这种作用可以从演讲者个人和社会两个方面来谈。

（一）对演讲者个人的作用

对于演讲者个人来说，演讲具有以下三个方面的作用：

1. 促进自己迅速成材

高超的演讲能力不是天生的，而是后天实践造就的，是经过艰苦的努力才获得的。当我们看到一个演讲家在讲台上口若悬河、滔滔不绝地讲述时，我们会对他那悦耳的声音、和谐的语调以及优美的态势语言等由衷地赞叹，这是讲台上的功夫。而比这更重要的是演讲家的台下功夫，那就是他必须具备站在时代前沿的精深的思想、渊博的知识和丰富的阅历，这需要不断努力地学习。

同时，他还必须具备敏锐的观察力、丰富的想象力、准确的判断力、敏捷的思维力、迅速的应变能力和较强的记忆能力，这更需要艰苦的磨炼。所以说，演讲对于促进人的成材有极大的作用。

2. 激励自己多做贡献

一个人拥有精深的思想、渊博的学识，但缺乏高超的表达能力，无法把自己的知识、思想广泛地传播，让更多的人接受它、理解它，这未免太遗憾了。著名的数学家陈景润、作家茅盾，分别在数学和文学方面都有卓越的贡献，但口头表达能力比较差，在一定程度上影响了他们的贡献。而鲁迅、闻一多两位先生不仅能写而且能说，能充分利用演讲这个迅速直接的传播工具来宣传真理、揭露邪恶，也就能为社会做出更多的贡献。

3. 融洽人际关系

演讲家经过长期训练和实践所得的本领，不仅在演讲台上可以表现出他们优雅的举止和出众的口才，而且在日常交际生活中，他们丰富的学识、敏捷的应对、良好的修养都很容易冲破种种人际关系的障碍，比一般人更迅速、有效地与人交流、沟通。同时演讲家通过演讲活动可以广泛地接触各阶层、各地区人士，扩大自己的交际面。

（二）对社会的作用

演讲对于自身有许多作用，但对于社会的作用则更大。主要表现在以下几个方面：

1. 祛邪扶正

人类社会的文明史，就是真善美与假恶丑的斗争史。而演讲历来是这种斗争的主要工具之一。古今中外一切正义的演讲家，都是运用演讲这个有力武器，宣传真理，唤醒民众，推动社会的进步。正确的演讲可以启迪人心，传播文化，宣传真理，祛邪扶正，把人类社会推向理想的境界。

2．培养情感

演讲家在演讲时，总是运用正确的道德情操来感染和影响听众，从而培养听众的情感，诸如爱国主义情感、国际主义情感、集体主义情感、英雄主义情感等。《反攻动员令》唤起了士兵的英雄主义情感，鼓舞了士兵的斗志；《热血、汗水和眼泪》激发了英国人民的爱国主义情感，坚定了英国人民齐心协力誓死抵抗德国法西斯入侵、保家卫国的决心；周恩来总理在万隆会议上发表的演讲，传达出了国际主义情感，表明了中国人民希望与各国和平共处的愿望。

3．引导听众

一次成功的演讲，除了启迪人心、传播真理、培养情感外，最终的目的是唤起听众的行动和实践，使之投身于改造主、客观世界的社会活动中。

可以说，一切成功的演讲必须引导听众正确的行动。不能引导听众正确的行动的演讲绝不是好的演讲。所以，每一位演讲者都应当刻意追求这种引导作用，使演讲产生强烈的现实意义和历史价值。

三、演讲的特征

（一）针对性

演讲是一种社会活动，是用于公众场合的宣传形式。它为了以思想、感情、事例和理论来晓谕听众，打动听众，"征服"听众，必须要有现实的针对性。所谓针对性，首先是作者提出的问题是听众所关心的问题，评论和论辩要有雄辩的逻辑力量，要能为听众所接受并心悦诚服，这样，才能起到应有的社会效果；其次是要懂得听众有不同的对象和不同的层次，而公众场合也有不同的类型，如党团集会、专业性会议、服务性俱乐部、学校、社会团体、宗教团体、各类竞赛场合，演讲时要根据不同场合和不同对象，为听众设计不同的演讲内容。

（二）可讲性

演讲的本质在于"讲"，而不在于"演"，它以"讲"为主、以"演"为辅。由于演讲要诉诸口头，拟稿时必须以易说能讲为前提。如果说有些文章和作品主要通过阅读欣赏，领略其中意义和情味，那么，演讲语言的要求则是"上口入耳"。一篇好的演讲稿对演讲者来说要可讲，对听讲者来说应好听。因此，演讲稿写成之后，作者最好能通过试讲或默念加以检查，凡是讲不顺口或听不清楚之处（如句子过长），均应修改与调整。

（三）鼓动性

没有鼓动性，就不成其为演讲，政治演讲也好，学术演讲也好，都必须具有强烈的鼓动性。好的演讲自有一种激发听众情绪、赢得好感的鼓动性。要做到这一点，就要求演讲思想内容的丰富深刻，见解精辟，有独到之处，发人深省，语言表达形象生动，富有感染力。

（四）艺术性

演讲的艺术性在于它具有统一的整体感和协调感，即演讲中的各种因素——语言、声音、表演、形象、时间、环境等——形成一种互相依存、互相协调的美感。同时，演讲不是单纯的现实活动，它还具备着戏剧、曲艺、舞蹈等多种艺术门类的某些特点，并将其与演讲融为一体，形成具有独立特征的演讲活动。

（五）工具性

演讲是一门科学，更是一个工具，是人们交流思想的工具。任何思想、任何情感、任何知识、任何发明和创造，都可以借助演讲这个工具来传播。可以说，演讲是最经济、最实用、最方便的传播工具，任何人都可以利用它。

四、演讲的分类

我们可以从演讲的功能、形式、内容三个角度来对演讲进行分类。

（一）从功能上分

从演讲的功能上划分，可分为五种类型：

1. "使人知"的演讲

这是一种以传达信息、阐明事理为主要功能的演讲。它的目的在于使人知道、明白。"使人知"的演讲，知识性强，语言准确。

2. "使人信"的演讲

这种演讲的主要目的是使人信赖、相信。它从"使人知"的演讲发展而来。"使人信"的演讲的特点是观点独到、正确，论据翔实、确凿，论证合理、严密。

3. "使人激"的演讲

这种演讲意在使听众激动起来，在思想情感上与演讲者产生共鸣，从而达到宣传教化的目的。其特点是感情充沛、感染力强。

4. "使人动"的演讲

这种演讲比"使人激"的演讲更进了一步，它可以使听众产生一种欲与演讲者一起行动的愿望。其特点是鼓动性强，多以号召呼吁式的语言结尾。

5. "使人乐"的演讲

这是一种以活跃气氛、调节情绪，使人快乐为主要功能的演讲，多以幽默、笑话或调侃为材料，一般常出现在喜庆的场合。其特点是材料幽默、语言诙谐。

（二）从表达形式上分

从表达形式上划分，可分为三种类型：

1. 命题演讲

即由别人拟定题目、确定演讲范围，并经过准备后所做的演讲。它有两种具体形式：全命题演讲和半命题演讲。命题演讲的特点是：主题鲜明，针对性强，内容稳定，结构完整。

2. 即兴演讲

就是演讲者在事先无准备的情况下，就眼前场面、情境、事物、人物临时起兴发表的演讲。如婚礼祝词、欢迎致辞、丧事悼念、聚会演讲等。它的特点是：有感而发，时境感强，篇幅短小。它要求演讲者要紧扣主题、抓住由头、迅速组合、言简意赅。

3. 辩论演讲

即指由两方或两方以上的人们因为对某一问题产生不同意见，而展开的面对面的语言交锋。其目的是坚持真理、批驳谬误、明辨是非。比如，我们生活中常见的法庭辩论、外交辩论、赛场辩论，以及每个人都曾经历的生活辩论等。它的特点是：针锋相对、短兵相接。辩论演讲与命题演讲、即兴演讲相比更难一些，这要求演讲者必须具备正确的思想、高尚的品质、严密的逻辑思维和较强的应变能力。

（三）从内容上分

从内容上划分，大致可以分为五种类型：

1. 政治演讲

政治演讲是指为了一定的政治目的，出于某种政治动机，就某个政治问题以及与政治有关的问题而发表的演讲。它包括外交演讲、军事演讲、政府工作报告、政治宣传等。

2. 生活演讲

生活演讲是指演讲者就社会生活中存在的各种问题、风俗、现象而做的演讲，它表达了演讲者对这些问题的看法、见解和观点。这种演讲涵盖的内容更加广泛，如亲情、友谊、祝贺、迎送、答谢等均属此类。

3. 学术演讲

学术演讲是指演讲者就某些系统的、专门的知识和学问而发表的演讲。一般指学校和其他场合的专题讲座、学术报告、学术发言、学术评论。它必须具有内容的科学性、论证的严密性、语言的准确性三大要素。这是与其他演讲最大的区别。

4. 法庭演讲

法庭演讲是指公诉人、辩护人、诉讼代理人在法庭上所做的演讲。主要是指诉讼人的公诉演讲、律师的辩护演讲。法庭演讲的突出特征是公正性和针对性。

5. 宗教演讲

宗教演讲指的是一切与宗教仪式、宗教宣传有关的演讲。它主要包括布道演讲和一些宗教会议演讲。

五、演讲的风格

所谓演讲风格，就是演讲者在演讲过程中，展示的一种富有鲜明个性的表现形态，它完美地反映了演讲者所要表达的内容实质目的以及心理变化。

演讲的风格基本上可以分为以下几类：

（一）凝练风格

凝练的风格，是由演讲者从表达演讲的内容出发，准确地运用蕴涵丰富、意义深刻的词语和修辞方式，使句意的缀合以单独连接为主而形成的。

（二）繁丰风格

繁丰风格，就是不惜反复，追求说话痛快尽兴，意思表达酣畅淋漓。

（三）朴实风格

朴实的演讲，特点在于语言质朴无华、清新自然、不加雕饰、多用白描，语境语意纯净、真诚、厚重，形象亲切，生动感人。

（四）绮丽风格

这是与朴实风格对应的演讲风格，在语言上，它比较多地使用形容词和比拟、比喻等修辞方式，以及句子的整齐组合和双声叠韵词语，力求达到绮美绚丽、情感浓郁。

（五）庄严风格

庄严风格就是在演讲中，追求庄严肃穆、沉稳典雅的语言风格，给人以高雅严谨、雄浑壮丽的感觉。

（六）灵秀风格

灵秀的语言能给人以错落有序、轻松流畅、色彩斑斓的优美感受。

（七）豪放风格

豪放就是澎湃宏阔、激越高昂、豪壮刚健、英武奔放的语言风格。

六、演讲素质和能力

（一）演讲素质

演讲者为了使演讲获得最好的效果，首先应该不断努力提高自身修养，使自己的思想、道德、品质、学识等素质达到一定的标准和水平。演讲者应该具备的基本素质概括地说有三个方面：一是要有先进的科学的思想，二是要有高尚的道德品质，三是要有丰富渊博的知识。

演讲者要有先进的科学的思想。演讲的目的是教育人、启迪人，提高听众的思想认识和科学文化水平。这就要求演讲者本身必须具备先进的科学的思想，这样才能高瞻远瞩，识前人所未识，讲前人所未讲。

演讲者要有高尚的道德品质。作为演讲主体的演讲者，应该以一个具有高尚道德水准的形象出现在公众面前，带头遵守社会道德规范，并应具有以下道德素质：

①政治道德。

②职业道德。

③社会公德。

④伦理道德。

演讲者要有丰富渊博的知识。这不仅是"传道、授业、解惑"的需要，也是演讲成功的基本条件。在当今科技发展的时代，各种科学高度分化和高度综合，演讲者如果不了解新知识，跟不上现代科学文化发展的步伐，就不会使演讲充实、生动、新鲜。

（二）演讲能力

有了思想、品德、学识等方面的修养，演讲者还必须具备以下几种能力：

1. 敏锐的观察能力

敏锐的观察力具体体现在三个方面：准备演讲时，有了敏锐的观察力，就能从普普通通的生活中获取大量的素材，通过分析和判断，从中发现能反映生活本质和社会主流的现象；在演讲中，有了敏锐的观察力，可以了解听众的表情、心理以及场上气氛的变化，以及时调整演讲的内容、方式、节奏；在演讲结束后，有了敏锐的观察力，可以从周围的反映中综合分析自己演讲的成败得失，以使自己的演讲臻于成熟。

2. 丰富的想象能力

在演讲中，想象力就如同点金术一般，有了它才可以"思接千载，视通万里"，才能使演讲内容充实、新颖多彩，才能把各种事物和演讲的主题巧妙地组合起来，讲起来才能文思泉涌，增强演讲的深度、广度和感染力。这需要演讲者努力培养自己的好奇心和探究力，对任何问题都拿出认真钻研的热情，对任何事物都要有一种兴趣和求知欲望，并逐步增加生活经验，这是想象力的基础。

3．较强的记忆能力

演讲者在演讲前的准备阶段，博览群书，吸取丰富的知识，掌握大量的材料和信息，在撰写演讲稿时，凭借着较强的记忆力，才可以如探囊取物一样，迅速、准确地组织文稿。在演讲中，也要依靠记忆力，才能把演讲稿的主要材料、观点、事例等牢记于心，这样讲起来才能口若悬河，滔滔不绝。

4．良好的表达能力

演讲如果离开了口语表达能力是不可思议的。演讲者首先必须具备良好的表达能力。演讲稿写得再好，表达不出来，也不可能成为演讲家。口语表达能力不是天生的，它可以经过后天培养、训练而成。

第二节　演讲的艺术

一、演讲语言

演讲是一门语言艺术，它的主要形式是"讲"，即运用有声语言并追求言辞的表现力和声音的感染力；同时还要辅之以"演"，即运用面部表情、手势动作、身体姿态乃至一切可以理解的态势语言，使讲话"艺术化"起来，从而产生一种特殊的艺术魅力。

（一）演讲语言表达的基本要求

演讲的语言从口语表述角度看，必须做到发音正确、清晰、优美；词句流利、准确、易懂；语调贴切、自然、动情；声音要饱满、充满活力。

1．发音正确、清晰、优美

以声音为主要物质手段的演讲对语音的要求很高，既要能准确地表达出丰富多彩的思想感情，又要悦耳爽心，清晰优美。为此，演讲者必须认真对语音进行研究，努力使自己的声音达到最佳状态。

一般来说，演讲的最佳语音要符合以下几项要求：

（1）准确清晰，即吐字正确清楚，语气得当，节奏自然；

（2）清亮圆润，即声音洪亮清越，铿锵有力，悦耳动听；

（3）富于变化，即区分轻重缓急，随感情变化而变化；

（4）有传达力和浸透力，即声音有一定的响度和力度，使在场听众都能听真切，听明白。

演讲语音常见的毛病有声音痉挛颤抖，飘忽不定；大声喊叫，音量过高；音节含糊，夹杂明显的气息声；声音忽高忽低，音响失度；腔调生硬呆板，等等。所有这些，都会影响听众对演讲内容的理解。

要达到最佳语音效果，一般来说，要做到如下几点：

一是字正腔圆。

二是分清词界。

三是讲究音韵配搭。

此外，恰当地运用象声词和叠声词，进行渲染烘托，也能收到声情并茂的功效。

2．词句流利、准确、易懂

听众通过演讲活动接受信息主要诉诸听觉作用。演讲者借助口语发出的信息，听众要立即能理解。与书面语相比，口语具有以下特点：

（1）句式短小。演讲不宜使用过长的句子。

（2）通俗易懂。要使用常用词语和一些较流行的口头词语，使语言富有生气和活力。

（3）不过多地做某些精确的列举，特别是过大的数字，常用约数。

（4）较多地使用那些表明个人倾向的词语，诸如"显而易见""依我看来"等，并且常常运用"但是""除了"等连接词，使讲话显得活泼、生动、有气势。

3．语调贴切、自然、动情

语调是口语表达的重要手段，它能很好地辅助语言表情达意。同样一句话，由于语调轻重、高低长短、急缓等的不同变化，在不同的语境里可以表达出种种不同的思想感情。

语调的选择和运用，必须切合思想内容，符合语言环境，考虑现场效果。语调贴切、自然正是演讲者思想感情在语言上的自然流露。所以，演讲者恰当地运用语调，事先必须准确地掌握演讲内容和感情。

4．声音要饱满、充满活力

一个动听的声音应该是饱满的、充满活力的，能够调动他人的感情。声音还可以反映出人的心态，细小、单调、乏味的声音，表现了说话者可能缺乏自信。音质宽厚、语调抑扬顿挫的声音，可以放射出独特的性格魅力，并且提高交流的效果。深厚、宽音域的迷人声音能够强化你的美好形象，保持人们对你的积极的注意力。

（二）演讲语言的设计

1．承上启下

演讲，尤其是赛事演讲，一般来说，选手都对演讲的开头、中间、结尾进行了全面完整的设计。通常不会做过多的临场更改。但如果你能独辟蹊径，巧妙地承接上一位或前面几位选手的演讲话题，或是他们演讲中的观点、动作等进行引发，效果将非同凡响。这种临场性的引发会给听众留下良好的印象。

下面举一则实例：

"刚才有位先生在演讲中表演了一个双手合十，顶礼膜拜的动作，这让我想起了风行世界的佛教，想起了佛教的源远流长……"

2．少说客套话

有些演讲者演讲时喜欢说客套话。如"本来不想讲，可刘主任偏要我讲，讲不好，请大家原谅！"有些人和尚念经，套话迭出："在……领导下，在……号召下，在……帮助下，在……关怀下，红旗如海歌如潮。"这些话语没有文采，没有情感。还有些人由于习惯，或由于紧张，或忘记讲稿，总是"这个，那个；嗯，啊，吧……"这些赘语听来令人心烦。

3. 从缓、平、稳开始

一般来说，开始处要做到缓、平、稳，如果开始太高，到后来感情的强烈处就会声嘶力竭；过低，以后再突出高音就显得不和谐。基调确定好之后，切忌保持平坦进行，应该有起有伏，有张有弛，前后照应，变化无穷。

例如闻一多先生的《最后一次讲演》，开始，闻一多先生不是慷慨激昂，而是把语调表达得很深沉、平静，似乎把一切愤慨都埋藏在心灵的深处，以一种"忍"的感觉，为后面的爆发"蓄力"。接下来感情奔泻而出，慷慨陈词，气吞山河。

4. 起伏结合

心理学家认为：人们在听讲话时的有意注意，每间隔五至七分钟就会有所松弛。因此，演讲者要适度地注意演讲的起伏张弛，变化有度。这主要是从语言、内容、情感几方面去体现，语调要高低升降，速度要急促徐缓，声音要宏大精细，音色要刚柔多变，情感要跌宕起伏。

产生这种效果的方法是：事实与道理相交，议论与抒情呼应，严肃与轻松共存，快捷与徐缓交叉。

5. 事例亲切可信

"事实胜于雄辩。"演讲中如果没有典型、生动、感人的事例做依据，再动听的语言也是苍白、空乏的。除了引用名人趣事外，演讲中也可以举一些发生在身边的让人感到亲切可信的事例，它们具体、生动、实在、说服力强。

二、演讲的语调

（一）轻重变化

对于演讲来说，利用轻重音起伏跌宕的变化来有效地传情达意，是非常必要和重要的。它既能突出演讲中某些关键的词、句、段，从而突出地表现某种思想感情，又能加强语言的色彩，美化语言。

演讲者的成功经验表明，一般的演讲，尤其是那种议论型的演讲，其结尾段往往重音较多，甚至整段都是重音，以此来造成两种强烈的气氛，突出结尾所概括的演讲的主要内容、中心意旨，把整个演讲推向高潮，给听众留下更深刻的印象。

（二）快慢变化

演讲的语速应当有快慢缓急的变化。而怎样变化，主要是根据表达思想感情的需要。

演讲的语速变化，应当是自然流畅的，只有语速适宜，快慢有致，才能有效地传情达意，又能令听众感到优美悦耳。如果语速不当，缺乏快慢变化，始终保持一个速度，那就很难准确、恰当地表达出演讲者内心的思想感情，也使听众感到厌烦，难于接受。

（三）高低变化

语调有高低变化，或者说抑扬变化。一般来说语调就是指语句的高低升降，它是贯穿整个句子的，只是在句末音节上表现得特别明显。根据所要表达的语气和感情的不同，可以分为四种：升调、降调、平调和曲调。

在演讲中，为了更有效地表达思想感情，就不能不对语言做高低抑扬的变化处理。既不能一味地高，破嗓裂喉；也不能一味地低，有气无力。只有使音调的高低随意而变，随情而变，才能造成最佳的演讲效果。

（四）停顿变化

停顿，简单地说就是说话时的间歇。演讲不仅要有停顿，而且还要有效地利用停顿，使之成为一种表达的艺术，以求更有效地表达演讲者的思想情感。

演讲时的"停顿"，是一种需要好好掌握的技巧。有意识的停顿不仅使讲话层次分明，还能重点突出，吸引听话人的注意力。适当的停顿，能前后互相照应。只有条理清楚的讲话，才具有说服力并表现出较强的逻辑性，使别人佩服你讲话的老练和娴熟。如果不懂得适时地停顿，滔滔不绝地一直讲下去，就会使人有急促感，显不出说话者的感情和力度。

当我们转换语言，承上启下，或提出重点，总结中心思想，概括主要内容时就需要适时的停顿，而静默的时间一般不超出十秒。特别需要停顿的地方，也以不超过一分钟为宜。

演讲中运用了停顿艺术，能使整个演讲抑扬顿挫，起伏跌宕，连贯畅通，令听众享受到一种语言的节奏美。

三、演讲的节奏

节奏，就演讲来说是指演讲内容在结构安排上表现出的张弛起伏。演讲结构的节奏，主要是通过演讲内容的变换来实现的。演讲内容的变换，是在一个主题思想所统领的内容中，适当地插入幽默、诗文、轶事等内容，以便听众的注意力既保持高度集中又不因为高度集中而产生兴奋性抑制。优秀的演说家几乎没有一个不长于使用这种方法。演讲结构的节奏既要鲜明，又要适度。平铺直叙，呆板沉滞，固然会使听众紧张疲劳，而内容变换过于频繁，也会造成听众注意力涣散。所以，插入的内容应该为实现演讲意图服务，而节奏的频率也应该根据听众的心理特征来确定。

演讲中影响节奏的因素包括：结构的疏与密、起与伏，情感的浓与淡、激与缓，速度的快与慢、行与止。

（一）把握节奏的几个原则

1．感情原则
根据表情达意的需要调整。
2．语境原则
根据语言的环境调整。
3．内容原则
根据内容调整。

（二）节奏美的体现方式

1．步韵
如：写演讲稿时要体现节奏美，可用几个句子像散文诗那样押韵。
2．对偶
对偶是用两个结构相同、字数相等、意义相对或相关的短语或句子，成对使用，以达到整齐匀称的效果的修辞方法。
3．排比
排比是运用结构相同或相似的整句形式，把相关的内容、连贯的语气、强烈的语势表达出来，以达到突出语意、增强语势、加强节奏感的艺术效果。
4．复沓
反复使用形式和意义相近的词、句、段，以达到突出和强调某些意义、抒发强烈思想感情的效果。
5．层递
层递是根据事物的层级关系，连用几个结构相似、内容逐级递升或递降的词语，以表达层层递进的事理的修辞方法。
6．联珠和回环
联珠是用前一句的结尾词语，作为后一句的开头，以达到上递下接，首尾蝉联、语势连绵、音律流畅的艺术效果。（联珠也叫顶真或顶针）
回环是用变换首尾或前后两个词语的次序，形成由甲到乙，又由乙回到甲的紧紧相连的两个语句的修辞手法，构成一顺一反的往复语句，使之富于匀称美。例如：科学需要社会主义，社会主义更需要科学。

（三）常见的演讲节奏的特征、适用范围及传达的情感色彩

下面介绍几种常见的演讲节奏的特征、适用范围以及传达的情感色彩。

1. 高亢节奏

它的基本特征是：内容相对凝练，声调高亢铿锵；风格浓烈刚正，语速稳中有快。一般来说，这种节奏模式，常用于"使人激""使人动"的演讲。其感情色彩比较浓烈，震撼力较强。

2. 柔和节奏

这种节奏具有轻快的特点，它的基本特征是：风格柔和雅致，声调轻细平和，语速持中略缓。这种节奏模式常用在社交演讲、教学演讲中。其感情色彩比较柔和优雅，渗透力较强。

3. 紧凑节奏

这种节奏具有一定的紧张感，它的基本特征是：结构特别紧凑；语速快，停顿短。这种节奏在论辩演讲中运用较多。其感情激越澎湃，冲击力较强。

4. 舒缓节奏

语速慢，停顿长。这种节奏在比较庄严的演讲中运用较多。如工作报告演讲、法庭宣判时的演讲、政府发言人和新闻发言人的演讲、追悼会上的致辞演讲等。其感情一般显得比较含蓄、深沉和庄重。

第三节　演讲的技巧

一、设计一个好的开头

好的开头是演讲成功的一半，任何形式的演讲，开头总是关键。在演讲开始后的几分钟甚至几秒钟内，听众通常会决定是否接受演讲，是否听下去。有趣的是，准备演讲从来不是从开头入手，而是应当先确立演讲的目的，然后围绕目的收集材料，并将材料加以组织整理。最后要做的才是着手准备开头。只有这样，才能更好地选择正确而恰当的开头方式。那么，应当怎样做好演讲的开头呢？

（一）开头要能吸引听众的注意

演讲开头成败的关键在于能否吸引并集中听众的注意力。演讲时获取听众注意力的方式随题材、听众和场景的不同而改变，一般可以运用事例、轶闻、经历、反诘、引言、幽默等手段达此目的。例如，麦克米兰石油公司副总裁迈克斯·艾萨克松在一次演讲的开头中便运用了引言和反诘的方法来吸引听众：

"我们都知道，演讲是件很难的事。但是请听听丹尼尔·韦伯斯特是怎么说的吧：'如果有人要拿走我所有的财富而只剩下一样，那么我会选择口才，因为有了它我不久便可以拥有其他一切财富。'那么，为什么许多有才华的人偏偏害怕演讲呢？"

（二）开头要为听众解释关键术语

如果演讲的成功与否取决于听众能否理解演讲中的某些术语或概念，那么在演讲开头时对关键术语加以解释就显得格外重要了。例如，一位公司副总裁在就记者招待会的用途发表演讲时，就很好地运用了这一技巧：

"公共关系，简单地说，就是指'与公众的关系'，即任何涉及公司或个人的关系。它的主要目的就是有效地利用媒体——最常见的是书面形式——为公司谋取最佳印象或形象。"

（三）开头要为听众提供背景知识

演讲时，演讲者被认为是专家或权威。因此，如果听众对演讲的主题不熟悉或是知之甚少，那么很有必要在开头部分对听众讲述与主题有关的背景知识，它们不仅是听众理解演讲所必需的，而且还可以体现出主题的重要性。美国空军少将鲁弗斯·L·比拉普斯在夏努特空军基地的一次宴会上作演讲时，就对"黑人遗产周"的有关背景知识及其对美国空军的重要性作了介绍：

"我很高兴来到此地，同时我也很感谢应邀和在座各位讨论有关美国黑人问题。为保持和增进民族间的理解，美国各大州又开始纪念'黑人遗产周'。在这夏努特空军基地，我们庆祝它则可以对美国空军进行完整无缺的教育。

我们民族的主旋律是：'黑人历史，未来的火炬。'

这个已成为美国人民生活一部分的纪念活动，是弗吉尼亚州纽坎顿市卡特·G·伍德森最先提出并计划的，他现在被誉为美国'黑人历史之父'。伍德森先生于1915年成立了'美国黑人生活和历史协会'。后来，他又于1926年发起了'黑人遗产周'纪念活动。"

（四）开头要为听众阐述演讲结构

演讲时，应当利用开头部分对演讲内容加以概述，让听众了解演讲的中心思想和结构。特别是当演讲的主题很复杂，或是专业性较强，或是需要论证几个观点时，这样做就能使演讲显得清楚而易于理解。例如，汉诺威信托制造公司的主席及总裁约翰·F·麦克基里卡迪在一次演讲的开头中就很明了地陈述了他演讲的结构及范围：

"女士们，先生们，晚上好。我很荣幸应科里曼主任的邀请来参加这个在我国很有权威的商业论坛——在见解上它可以与底特律和纽约的经济俱乐部相提并论。

首先，我将对最近的国内经济形势加以展望。我认为它并非人们有时所想象的那样严峻。

其次，谈谈近期欧佩克的经济增长对国际的经济增长的影响——对包括我们自己在内的许多国家来说是件痛苦的事，但又是完全有办法应付的。

第三，对总统的能源建议作几点评论，我认为它既令人鼓舞，又令人失望。

最后，我将就演讲逐渐成为一种时尚和必要的现象以及美国的现状谈一点个人看法。"

（五）开头要为听众说明演讲目的

在大多数情况下，演讲的开头应揭示出演讲的目的。如果做不到这一点，那么听众要么会对演讲失去兴趣，要么会误解演讲的目的，或者甚至于会怀疑演讲者的动机。美国快递公司主席詹姆斯·鲁滨逊三世在短短的半分钟内便把他的演讲目的陈述给听众：

"女士们，先生们，早上好。谢谢大家给予我这个露面机会。美国广告联盟是美国传播工业的一个重要组成部分。当前，美国传播工业还面临许多问题，而重担则落在大家的肩上。我今天演讲的目的便是就这些问题及它们呈现出的挑战谈谈我的看法。"

（六）开头要能激发出听众的兴趣

从本质上说，听众是很自私的，他们只是在感到能从演讲中有所收获时才专心去听演讲。演讲的开头应当回答听众心中的"我为什么要听"这一问题。在对美国会计协会罗切斯特分会的一次演讲中，演讲顾问唐纳德·罗杰斯通过表达他对听众需要的关心而激发起了他们的兴趣：

"我今晚要演讲的题目是'信息的透露'。确定这个题目之前，我先是查阅了本地的会计年鉴分册和全国会计协会的学术专刊，然后又询问了我的同事亚历克斯·莱文斯顿和戴夫·汉森：'今晚来听演讲的人都有哪些？他们希望我讲什么？'他们告诉我在座的各位都是些很热心的人，希望我的演讲有趣而富有启发性。因此，我将告诉大家一些有用的知识，我也同时希望我的演讲简明扼要，并留给大家一定的提问时间。"

（七）开头要能争取到听众的信任

有时候，听众可能会对演讲者的动机发出疑问，或是与演讲者持相反的观点。在诸如此类的场合——特别是想改变听众的观点或行为时——要使演讲成功就需要建立或是提高听众对演讲者的信任感。杰弗里和彼得森两位专家针对这个问题提出了下面几条建议：

·承认分歧的存在，但是着重强调共同的观点和目标。
·对那些连演讲还没有听就对演讲者的名声和所作所为进行攻击的行为加以驳斥。
·否认演讲的动机是自私和个人的。
·唤起听众的公道意识，让他们仔细地去听演讲。

以上所说的仅仅是一般性的设计原则，演讲者还可以根据自己的内容、自己的特长、演讲场合的不同来进行独特的设计。下面列举几种匠心独运的演讲开场白供大家参考。

1. 奇论妙语、石破天惊

听众对平庸普通的论调都不屑一顾，置若罔闻；倘若发人未见，用别人意想不到的见解引出话题，造成"此言一出，举座皆惊"的艺术效果，会立即震撼听众，使他们急不可耐地听下去，这样就能达到吸引听众的目的。

例如，在毕业欢送会上一位班主任给学生的致词。他一开口就让学生们疑窦丛生——"我原来想祝福大家一帆风顺，但仔细一想，这样说不恰当。"这句话把学生弄得丈二和尚摸不着头脑，大家屏声静气地听下去——"说人生一帆风顺就如同祝某人万寿无疆一样，是一个美丽而又空洞的谎言。人生漫漫，必然会遇到许多艰难困苦，比如……"最后得出结论："一帆风不顺的人生才是真实的人生，在逆风险浪中拼搏的人生才是最辉煌的人生。祝大家奋力拼搏，在坎坷的征程中，用坚实有力的步伐走向美好的未来！""一帆风顺"是常见的吉祥祝语，而这位老师偏偏反弹琵琶，从另一角度悟出了人生哲理。第一句话无异于平地惊雷，又宛若异峰突起，震撼人心。

需要注意的是，运用这种方式应掌握分寸，弄不好会变为哗众取宠，故作耸人之语。应结合听众心理、理解层次出奇制胜。再有，不能为了追求怪异而大发谬论、怪论，也不能生硬牵扯，胡乱升华。否则，极易引起听众的反感和厌倦。须知，无论多么新鲜的认识始终是建立在正确的主旨之上的。

2. 自嘲开路、幽默搭桥

自嘲就是"自我开炮"，用在开场白里，目的是用诙谐的语言巧妙地自我介绍，这样会使听众备感亲切，无形中缩短了与听众间的距离。

例如，在第四次作代会上，萧军应邀上台，第一句话就是："我叫萧军，是一个出土文物。"这句话包含了多少复杂感情：有辛酸，有无奈，有自豪，有幸福。而以自嘲之语表达，形式异常简洁，内涵尤其丰富！又如，胡适在一次演讲时这样开头："我今天不是来向诸君作报告的，我是来'胡说'的，因为我姓胡。"话音刚落，听众大笑。这个开场白既巧妙地介绍了自己，又体现了演讲者谦逊的修养，而且活跃了场上气氛，沟通了演讲者与听众的心理，一石三鸟，堪称一绝。

3. 即景生题、巧妙过渡

一上台就开始正正经经地演讲，会给人生硬突兀的感觉，让听众难以接受。不妨以眼前人、事、景为话题，引申开去，把听众不知不觉地引入演讲之中。可以谈会场布置，谈当时天气，谈此时心情，谈某个与会者形象……

例如，1863 年，美国葛底斯堡国家烈士公墓竣工。落成典礼那天，国务卿埃弗雷特站在主席台上，只见人群、麦田、牧场、果园、连绵的丘陵和高远的山峰历历在目，他心潮起伏，感慨万千，立即改变了原先想好的开头，从此情此景谈起：

站在明净的长天之下，从这片经过人们终年耕耘而今已安静憩息的辽阔田野放眼望去，那雄伟的阿勒格尼山隐隐约约地耸立在我们的前方，兄弟们的坟墓就在我们脚下，我真不敢用我这微不足道的声音打破上帝和大自然所安排的这意味无穷的平静。但是我必须完成你们交给我的责任，我祈求你们，祈求你们的宽容和同情……

这段开场白语言优美，节奏舒缓，感情深沉，人、景、物、情是那么完美而又自然地融合在一起。据记载，当埃弗雷特刚刚讲完这段话时，不少听众已泪水盈眶。

即景生题不是故意绕圈子，不能离题万里、漫无边际地东拉西扯，否则会冲淡主题，也使听众感到倦怠和不耐烦。演讲者必须心中有数，还应注意点染的内容必须与主题互相辉映，浑然一体。

4. 讲述故事、顺水推舟

用形象性的语言讲述一个故事作为开场白会引起听众的莫大兴趣。选择故事要遵循这样几个原则：要短小，不然成了故事会；要有意味，促人深思；要与演讲内容有关。

1962 年，82 岁高龄的麦克阿瑟回到母校——西点军校。一草一木，令他眷恋不已，浮想联翩，仿佛又回到了青春时光。在授勋仪式上，他即席发表演讲，他这样开的头：

今天早上，我走出旅馆的时候，看门人问道："将军，你上哪儿去？"一听说我到西点时，他说："那可是个好地方，您从前去过吗？"

这个故事情节极为简单，叙述也朴实无华，但饱含的感情却是深沉的、丰富的。既说明了西点军校在人们心中非同寻常的地位，从而唤起听众强烈的自豪感，也表达了麦克阿瑟深深的眷恋之情。接着，麦克阿瑟不露痕迹地过渡到"责任—荣誉—国家"这个主题上来，水到渠成，自然妥帖。

5. 制造悬念、激发兴趣

人们都有好奇的天性，一旦有了疑虑，非得探明究竟不可。为了激发起听众的强烈兴趣，可以使用制造悬念的手法。在开场白中制造悬念，往往会收到奇效。但制造悬念不是故弄玄虚，既不能频频使用，也不能悬而不解。在适当的时候应解开悬念，使听众的好奇心得到满足，而且也使前后内容互相照应，结构浑然一体。

比如，有位教师举办讲座，这时会场秩序比较混乱，学生对讲座不感兴趣，老师转身在黑板上写了一首诗："月黑雁飞高，单于夜遁逃。欲将轻骑逐，大雪满弓刀。"写完后他说："这是一首有名的唐诗，广为流传，又选进了中学课本。大家都说写得好，我却认为它有点问题。问题在哪里呢？等会儿我们再谈。今天，我要讲的题目是《读书与质疑》……"顿时全场鸦雀无声，学生的胃口被吊了起来。演讲即将结束，老师说："这首诗问题在哪里呢？不合常理。既是月黑之夜，怎么看得见雁飞？既是严寒季节，北方哪有大雁？"这样首尾呼应，能加深听众印象，强化演讲内容，令人回味无穷。

二、为演讲设计一个精彩的段落

如果说警句是一次成功演讲的点睛之笔，精彩段落则是为之泼洒的浓墨重彩；如果说警句是一次成功演讲飞溅的浪花，精彩段落则是它高高涌起的潮头。由此可见，警策之句与精彩段落相辅相成，相得益彰。并且从谋篇布局、表达中心的角度看，段比句更重要，离开了精彩段落，警策之句便成了无源之水。简而言之，一次成功的演讲也许会没有闪光的警句，但是，它不能没有升华主题的段落、归纳中心的段落、畅抒情感的段落、传神描写的段落和讲述扣人心弦事件的段落。

那么，怎样设计演讲中的精彩段落呢？

（一）内容上——最能表现演讲主题的材料

1．一件难忘而激动人心的事情

这是论证、说明中心的事实材料。许多成功的演讲证明：一件催人泪下的往事追述，常常胜过精彩的论证，因为"事实胜于雄辩"。一件饱含深情娓娓道来的事情，由于它的生动具体，不但能磁石般地吸引听众，更能长期地保存在听众的记忆中。被称为现实生活中"牧马人"的曲啸在以"人生·理想·追求"为题的演讲中，许许多多事情令人终身难忘，如被错判 20 年徒刑，为了不连累妻子，劝说妻子和他离婚，"就这样我们在哭声中分手了"。又如粉碎"四人帮"后，曲啸被平反昭雪，当他听到"同志"这亲切的称呼时，这位久经折磨也未掉一滴眼泪的男子汉，此刻是"泪飞顿作倾盆雨"。事中见情，情景交融，感人至深。

2．一段精辟而深入浅出的议论

不论是何种功能、内容、类型的演讲，议论都是必不可少的，尤其是"使人信"演讲，能否成功，关键就在于是否有深刻的论证、严密的推理，能否将一个抽象而深奥的道理深入浅出地表达出来。只有做到这些，听众才能心悦诚服，懂得你所阐发的道理，相信你阐发的观点，接受你阐述的理论。美国著名作家海明威被授予 1954 年度诺贝尔文学奖，在授奖仪式上的书面发言给人们留下深刻印象的不是独特的"海明威式"的写作风格，也不是真诚的谦虚和谢意，而是石破天惊般的见解："写作，在最成功的时候，是一种孤独的生涯。"接着他用明白晓畅的语言说："作家的组织固然可以排遣他们的孤独，但是我怀疑它们未必能够促进作家的创作。一个在稠人广众之中成长起来的作家，自然可以免除孤独寂寥之虑，但他的作品往往流于平庸。而一个在岑寂中独立工作的作家，假若他确实不同凡响，就必须天天面对永恒的东西，或者说面对缺乏永恒的状况。"没有华丽的辞藻，没有故弄的玄虚，可是态度鲜明而恳切，感情真挚而得体，使精辟的思想坦然地呈现于听众面前。

3．一则精练而恰到好处的引用

"他山之石，可以攻玉。"引用，包括别人的语录、名言、诗歌和一段故事。比如著名演讲家李燕杰在《爱与美的赞歌》演讲中就有不少精彩的大段引用，有马克思对爱情的见解，马克思之女爱琳娜对她父母爱情生活的评价，有陈毅与夫人张茜、高士其与夫人金爱娣的幸福生活，还讲了文学作品《简·爱》、《青春之歌》中的爱情故事，还吟诵了《孔雀东南飞》中描写到刘兰芝、焦仲卿爱情悲剧的诗句，最后展读一对大龄青年热恋中的书信。恰当地引用，不但有力地表现了演讲的中心，揭示了事物内在的规律，而且由于生动、具体、准确，开阔了听众的视野，丰富了听众的知识，给人留下了深刻的印象。并且，这些不断出现的引用形成了一次演讲过程中引人注目、使人兴奋的聚焦点，犹如一段风景中的若干景点。

（二）语言上——最能抒发演讲情感的形式

1．气势磅礴的排比句和排比段

从组句成段上看，排比句是常见的演讲精彩段落的构成方式之一，它可将若干句数、结构大体相同的自然段，分行排列成具有意义段性质的排比段。这种修辞手法，可以集中而完整地反映事物，严密而有力地阐明观点，加强语言的旋律感、节奏感，从而气势充沛而流畅地抒发情感。美国著名的黑人运动领袖马丁·路德·金1963年在林肯纪念堂前发表的演讲——《我有一个梦想》，在回顾了100年前林肯的《解放黑奴宣言》后，连用四个"一百年后的今天"起头的句子表明"黑人仍无自由可言"；在提出这次黑人运动的目的后，又连用四个"现在是"起头的句子阐明现在是实现"自由和正义"的时刻。在演讲即将结束时，演讲者激情满怀地倾诉道："我仍然有个梦想"，紧接着连用四个段落，每段都用"我梦想着"起头构成一组排比段，诗一般的语言，描绘出一幅幅形象的画面，令人神往，令人感奋。

2．叙述事例后的抒情和议论

国际工人运动的杰出活动家、反法西斯的卓越战士季米特洛夫1933年在莱比锡审讯时的法庭发言，在以大量的事实痛斥检察官和庭长后，面对敌人的非法判决，仍激情昂扬地说道："伽利略被惩处时，他宣布：'地球仍然在转动着！'具有与伽利略同样决心的我们共产党人今天宣布：地球仍然转动着——历史的车轮向着共产主义这个不可避免的、不可压倒的最终目标转动着……"把法庭当成战场，将被告转为原告，季米特洛夫大义凛然、威武不屈，用抒情与议论综合的语言塑造出了共产党人的崇高形象。抒情句、议论句组成的段落用在叙事后的好处在于，完成由感性到理性的升华，由个别性到普遍性的总结，将一件也许是平凡、普通的事件渲染得情意真切，意义深远，使听众明白其中的道理和包含的感情，从而激起听众的共鸣。因为作为一次性出现的听觉语言的演讲，若演讲者不对所举事例进行渲染、阐发，听众就不易明白你所举事例的目的、作用及意义。

3．提出问题后的解释和回答

演讲中，为了紧紧抓住听众的注意力，常常是演讲者先提出一个问题，停顿数秒钟，让人们有所思索后再作解答。于是这个解答便为设计精彩段落提供了机会。演讲者务必要给听众作出认真的、满意的解答，因为你的解答正是听众翘首期待的。郭沫若的《在萧红墓前的五分钟演讲》，根据萧红24岁写成轰动文坛的《生死场》，31岁的英年早逝，提出了"年轻精神"的话题，马上又发问道："什么是年轻精神的品质呢？"以下依次阐述了它应具有的三个特征："是真理的追求者"、"是博爱的实践者"、"是勇敢的战士"。1940年5月，英国在德国强大攻势下面临生死存亡的关头，丘吉尔受命组织新一届政府，他在发表的首次演讲中说："你们问：我们的目标是什么？我可以用一个词来回答：胜利——不惜一切代价去赢得胜利……"用解答提问构成的精彩段落应做到思路清晰，论证有力，用词精练，感情充沛，以增强语言的感染力。

（三）结构上——最能突出演讲内容的安排

1．开头：别开生面，引人入胜

良好的开头等于成功的一半。尽管演讲开头的方式种种，但作为一段精彩的开场白，在形式和内容上都要新颖，出奇方能制胜，只有紧紧扣住了听众的心弦，说出他们的心声，才能引起共鸣。一次，当代著名演讲家李燕杰去首都一家大医院演讲，开端就朗诵了他创作的一首诗："每当我忆起那病中的时光，/白衣战士就引起我深情的遐想。/他们那人格的诗，心灵的美，/还有那圣洁的光，/给我顽强生活的信心，/增添了我前进的力量！"随着朗诵的进行，看书的人渐次抬起头来，说话的人逐渐安静了，来回走动的人不约而同停了下来，当朗诵完最后一个字时，全场响起了热烈的掌声。

2．中间：推波助澜，掀起高潮

一次成功的演讲，中间部分一定是曲折起伏，时而低沉，时而高亢。而作为精彩的段落，必定是叙事的最生动处，抒情的最激昂处，说理的最深刻处。美国罗斯福总统在日本人偷袭珍珠港的第二天，面对群情激昂的国会议员，在宣布对日宣战前的演讲，连续运用七个"昨天"，历数日本人对夏威夷群岛、马来西亚、香港、关岛、菲律宾、威克岛、中途岛的大举进攻，说明美国已处于严峻的形势中。所有的听众群情激昂、热血沸腾，一致赞成即日起对日宣战。一篇演讲若不有意识地掀起两三次情感的波澜，就不能有力地论证中心，也不能有效地集中听众的注意力。

3．结尾：卒章显志，耐人寻味

就演讲的全过程看，结尾，并不意味话说完了，常常是情感发展的最高峰，论证过程的最后结果。因此对最后一段的表达效果，稍一疏忽，就会前功尽弃，功亏一篑。民主战士闻一多《最后一次演讲》最后是这样说的："反动派，你看见一个倒下去，可也看得见千百个继起的！正义是杀不完的，因为真理永远存在！……我们不怕死，我们有牺牲的精神！我们随时像李先生一样，前脚跨出大门，后脚就不准备再跨进大门！"义正词严，掷地有声。已走过了半个多世纪文学之路的巴金在《我和文学》的演讲中用发自肺腑的语言饱含深情地说道："我快要走到生命的尽头了。我不愿意空着手离开人世，我要写，我绝不停止我的笔……"可谓皓首童心话文学，情真意切诉衷肠，催人以思索，给人以美感。

三、升华演讲主题的技巧

演讲应有正确鲜明的主题，演讲的主题最能体现演讲的思想价值和审美品位，使演讲具有深刻感人的艺术魅力。然而，表现演讲主题又不能流于空洞的说教、现象的罗列和人云亦云的老生常谈。正确的做法是在运用典型充分的材料表达演讲主题时，及时对材料的本质内涵加以分析、概括、提炼、延伸，并通过富于理性色彩的语言点拨、渲染，激起听众的心理共鸣，将听众的思维引向一个更深邃、更崇高的境界，使演讲的主题得以升华。

在演讲实践中，一般可以运用以下几种技巧来升华演讲的主题：

（一）由点及面的扩展

演讲中的事实材料是灵活多样的，诸如一次亲身经历、一个小故事、一段人物描写，甚至人物的片言只语等，这些虽是个别的却是很典型的材料，往往就能成为升华演讲主题的"点"。由对"这一个"事实的叙述推及包含"这一类"的全部或部分事实内涵的概括，就是由点及面的扩展演讲主题的技巧。

例如，傅缨的演讲《铭记国耻，把握今天》中的一段话：

吉鸿昌高挂写有"我是中国人"标语的木牌，走在一片蓝眼睛、黄头发的洋人群中。

正是这千百万个赤子，才撑起了我们民族的脊梁，祖国的希望；正是他们，在自己的"今天"，用满腔的热血，冒着敌人的炮火，谱写了无愧于时代的《义勇军进行曲》，才使得我们今天的共和国国歌响彻神州，那么气势磅礴，那么雄壮嘹亮；正是他们，才使得我们今天的炎黄子孙一次又一次地登上世界最高领奖台，并使那音量越来越大，那旋律越来越强！

演讲者以吉鸿昌的爱国行为做基点，然后高屋建瓴，联想到千千万万个爱国者的精神，用"正是这千百万个赤子""正是他们"的提示语，通过三层铺排推进，概括出一代代爱国者的崇高情怀，使单一的事例所体现的思想意义得到扩展、升华。演讲时就能燃起听众爱国的情感之火，产生一定的感召力。

（二）由表及里的深化

有些蕴涵着深层意义的事实材料，不经点破，听众也许理解不透演讲者所要表达的主旨，而一旦经过演讲者的揭示与深化提炼，就如同在沙砾中发掘出闪亮的金子，在贝壳里发现晶莹的珍珠，催人感悟，发人深省。这种由外表行动或客观存在事实的叙述，升华为内在思想或深层含义的表达方法，就是由表及里深化升华主题的技巧。

例如，孙中山先生在一次演讲中讲道：

南洋爪哇岛有一个财产超过千万的华侨富翁。一次他外出访友，因未带夜间通行证怕被荷兰巡捕查获，只得花钱请一个日本妓女送自己回家。

日本妓女虽然很穷，但是她的祖国很强盛，所以她的地位高，行动也自由。这个中国人虽然很富，但他的祖国却不强盛，所以他的地位还不如日本的一个妓女。"如果国家灭亡了，我们到处都要受气，不但自己受气，子子孙孙都要受气啊！"

孙中山先生在这里对一个典型材料进行了由表及里的剖析，揭示出国家贫弱、人民必受欺凌、"落后就要挨打"的道理，升华了演讲的主题，唤起了听众强烈的爱国之心。

（三）由此及彼的引申

在演讲中，有时也可以以某一典型事件或自然现象作触发点和媒介来加以引申，联系到另一类相关事物和事理，以此来升华演讲的主题。这种由此及彼引申升华主题的技巧，通过形象化的渲染，不仅可以启迪听众的智慧和洞察力，还可以创设充满哲理美的境界和氛围。

例如，一位在中国某医学院任职的美籍教师对学生演讲时，他先讲了一则小故事：

"在暴风雨后的一个早晨，一个男人在海边散步，沙滩上有许多被昨夜暴风雨卷上岸的小鱼被困在浅水洼里。忽然，他看到一个小男孩正在捡起水洼里的小鱼，并且用力把它们扔回大海。这个男人问道："孩子，这水洼里有几百几千条小鱼，你救不过来的。""我知道。"小孩头也不抬地回答。"哦？那你为什么还在扔？谁在乎呢？"小男孩边扔小鱼边回答："这条小鱼在乎！这条，还有这条……""

教师讲完了这则小故事，满怀深情地说道：

"今天，你们在这里开始大学生活。你们每一个人都将在这里学会如何去拯救生命。虽然你们救不了全世界的人，救不了全中国的人，甚至救不了一个省一个市的人，但是，你还是可以救一些人，你们可以减轻他们的痛苦。因为你们的存在，他们的生活从此有所不同——你们可以使他们的生活变得更加美好。这是你们能够并且一定会做得到的。"

这位美籍教师在演讲中对一个富有哲理意味的小故事进行了由此及彼的引申，形象地阐发了医学院学生应树立的高尚的职业道德，升华了演讲的主题，使演讲具有一种隽永的感召力。

（四）由陈及新的点化

在演讲中，套用仿拟一些过去的材料，并且进行由陈及新的点化，挖掘出具有现实意义的深刻内涵，也是一种较好的升华主题的技巧。

例如，在弘扬爱国主义的主题演讲比赛上，一位演讲者讲述了盼望台湾回归、祖国统一的内容，最后他是这样升华主题的：

有一位老知识分子病重期间叮嘱自己的子女："祖国完成统一日，家祭无忘告乃翁。"这句话比陆游的名句又有了新的内涵。它代表着多少老知识分子的心愿，代表着多少中国人的心愿啊！同志们，朋友们，我们盼望着这一天的到来！

这一天一定能到来！

在这里，演讲者对这则典型材料中改过的陆游名句进行了由陈及新的点化，赋予其更深刻的现实意义，把演讲所体现的爱国主义思想感情推向了高潮。

（五）由境及情的交融

在演讲中，对现实生活中发生的典型事件进行渲染，创设出一种紧扣题旨的境况，并由此触景生情，情景交融，达到升华演讲主题的效果。

例如，胡云龙的演讲《我们的后代喝什么》中的一段话：

德国的亨格尔小姐与同伴来到神往已久的长江三峡游览。一路上，她俩饱览了长江两岸醉人的风光，也深深领略了中国人肆意破坏环境的无情。在中国游客眼中，长江竟然无异于一个天然的废物场，滚滚东流的长江'毫无怨言'地包揽了中国游客抛弃的一切：果皮、废纸、饭盒、塑料……作为外国游客，她俩怎么也不忍心这样做，在无法找到垃圾桶的情况下，她俩只好将旅程中的废弃物用塑料袋一一装好，下船前彬彬有礼地请乘务员代为处理。不料，乘务员竟嗤之以鼻，毫不犹豫地把垃圾袋投入长江的怀抱。看到这里，我不由得要问一句：《长江之歌》中描述的'用纯洁的清流浇灌花的国土'和'用巨大的臂膀挽起高山大海'的长江，能够挽起它所养育的人们对它一次次无情摧残的重压吗？

水对我们人类有恩有情，我们决不能做出忘恩负义、恩将仇报的蠢事，也不能将我们自己酿成的苦酒逼着我们的后代喝下去，更不能做出杀鸡取卵、贻害子孙的傻事。这是责任！

在这里演讲者通过外国游客在长江三峡的见闻和遭遇，形象地渲染出国人环保意识差的生活图景，由此抒发感慨，引发议论，做到了由境及情，情景交融，情理相生，很好地升华了演讲的主题。

（六）由抑及扬的反衬

演讲中的高潮常常是升华主题的关键之处，而恰当地运用由抑及扬的反衬技巧，能使集中于高潮的情与理的表现更有效果，从而使演讲的主题得到升华。

例如，卢国华的演讲《愿君敢为天下先》的高潮部分：

也许有人说，年轻气盛，不知天高地厚，改革的潮是那么好弄的吗？弄得好，该你走运，福星高照；弄得不好，该你倒霉，身败名裂……我们如果徘徊观望，如果急流勇退，如果不求有功但求无过，如果事不关己，高高挂起，如果害怕枪打出头鸟，信奉"人言可畏"的法则，那么，就会被历史所淘汰，被时代所抛弃，被生活所嘲弄。我们只有去无畏拼搏，去大胆开拓，去承担风险，去顽强竞争！

在这里，演讲者逆水推舟，以退为进，先设立一个与结论相反的前提，极力地"抑"，再用否定性结论，为结论的"扬"蓄势，最后才水到渠成地"扬"起来，这样由抑及扬的反衬，把演讲推向了高潮，使主题得到了升华。

总之，如何升华主题是演讲艺术的一种重要技巧。用好这种技巧，不仅可以使演讲掀起一次次波澜跌宕的高潮，而且使演讲者与听众之间形成时起时伏的和谐呼应、感情共振，增强演讲的感召力、鼓动性和艺术魅力。

四、设计好演讲的结尾

整个演讲犹如画龙，而结尾部分犹如点睛，能给人以强烈的印象。戴尔·卡耐基说过："最后的——也是最重要的。他缄言之前挂在嘴边的词儿可能使人记得最久。"演讲的结尾要简洁有力，余音绕梁。

结尾是演讲内容的自然收束，是整篇演讲的有机组成部分。言简意赅、余音绕梁的结尾能够使听众精神振奋，并促使听众不断地思考和回味；而松散疲沓、枯燥无味的结尾则只能使听众感到厌倦，并随着时过境迁而被遗忘。怎样才能给听众留下深刻的印象呢？美国作家约翰·沃尔夫说："演讲最好在听众兴趣到高潮时果断收束，未尽时戛然而止。"这是演讲结尾最为有效的方法。在演讲处于高潮的时候，听众大脑皮层高度兴奋，注意力和情绪都由此而达到最佳状态，如果在这种状态中突然收束演讲，那么保留在听众大脑中的最后印象就特别深刻。

演讲稿的结尾没有固定的格式，成功的演讲结尾或揭示主题，或启示未来，或鼓舞斗志，或抒发感情，或阐释哲理……好的结束语总让人觉得言犹未尽，回味无穷，发人深省，给人力量。但一般原则是要给听众留下深刻的印象。

（一）常见的几种结束演讲的方式

下面介绍几种常见的结束演讲的方式：

1. 总结要点

这是一种常用的方法。这种结尾扼要地对全篇进行了总结，即使听众没有听到演讲的其他部分，也完全能够了解演讲的大致内容，因为演讲者已经把它概括成言简意赅的几句话，从而加深了听众的印象。例如毛泽东的《反对党八股》："党八股这个形式，不但不便于表现革命精神，而且非常容易使革命精神窒息。要使革命精神获得发展，必须抛弃党八股，采取生动活泼新鲜有力的马克思列宁主义的文风。这种文风，早已存在，但尚未充实，尚未得到普遍的发展。我们破坏了洋八股和党八股之后，新的文风就可以获得充实，获得普遍的发展，党的革命事业，也就可以向前推进了。"

2. 鼓舞号召

这种结尾是用得最多的一种方式。它可以号召收拢全篇，其优点在于鼓动性强，能给听众以极大的鼓舞和深刻的印象。例如艾森豪威尔的《反攻动员令》："我对你们的勇敢、责任心和作战技巧充满了信心，我们迎接的只会是彻底的胜利。祝你们好运，并让我们祈求万能的上帝祝福这伟大而崇高的事业获得成功。"

3. 幽默结尾

这种结尾诙谐含蓄、意味深长，既可以给人深刻的印象，又能给人以深刻的启示，让听众在愉悦的笑声中认同、接受演讲者的观点。例如鲁迅先生《在上海中华艺术大学的演讲》中的结尾："以上是我近年来对于美术界观察所得几点意见。今天我带来一幅中国五千年文化的结晶，请大家欣赏欣赏。"说着，他一手伸进长袍，把一卷纸慢慢从衣襟上方伸出，打开一看，原来是一幅病态丑陋的月份牌。顿时全场大笑。鲁迅先生借助恰到好处的道具表演，与结束语形成鲜明的对比，极具幽默。不仅使演讲在欢快的气氛中结束，而且使听众在笑声中进一步品味先生演讲的深意。

4. 引用名言

这也是常见的结尾方法之一，能产生"权威效应"和"名人效应"。它利用被人们普遍认可和使用的名人名言或诗句，高度精练演讲内容的思想内涵，从而结束演讲。这样的结束给整个演讲的论点一个强有力的证明，进一步深化了主题，并把演讲推向高潮。例如当代著名演讲家曲啸在《心底无私天地宽》中就是借用保尔·柯察金的名言"人生最宝贵的东西是生命……"作为结束语。

5. 抒情结尾

满怀激情，以优美的语言直抒胸臆，这种结尾感情丰富，意境深远，具有强烈的感染力。抒情式结尾是一种常见的效果较好的结尾方式，但要注意不要使用"套话"，应在内容上多下工夫，只有内容与形式的统一，才能达到完美的境界。例如："用生命中最为宝贵的青春时光，在北邮学会求知，学会做事，学会为人，于是毕业的时候你们可以自信地说一句：'成为社会精英，我，已经做好了准备。'我想，这应该就是到北京邮电大学来学习的动机。"

6. 提出问题

这种结尾与鼓动号召式结尾有异曲同工之妙，有时比鼓动号召更含蓄、更深沉，更能给人们长时间的思考和鼓动力。

无论采取哪种方式作为演讲的结束语，都应当遵循这样四个原则：

（1）收拢全篇，揭示主题。

（2）表达新颖，不落俗套。

（3）铿锵有力，富有鼓动性。

（4）简洁明快，耐人寻味。

另外，演讲结束语有几大忌讳：

（1）草草收场，敷衍了事。

（2）拖泥带水，画蛇添足。

（3）精疲力竭，歇斯底里。

（4）翻来覆去，冷饭回锅。

（5）故作谦虚，言不由衷。

如果结束语没有魅力，会使一席演讲前功尽弃。所以，每一位演讲者都应当在结束语上多下工夫，做到"语不惊人死不休"。

（二）幽默式结束语

在多种多样的演讲结束语中，幽默式可算其中极有情趣的一种。一个演讲者能在结束时赢得笑声，不仅是自己演讲技巧十分成熟的表现，更能给本人和听众都留下愉快美好的回忆，也是演讲圆满结束的标志。那么，怎样才能达到这种效果呢？

1. 用幽默的语言来结束演讲

（1）造势。我国著名作家老舍先生是很幽默的。他在某市的一次演讲中，开头即说"我今天给大家谈六个问题"，接着，他第一、第二、第三、第四、第五，井井有条地谈下去。谈完第五个问题，他发现离散会的时间不多了，于是他提高嗓门，一本正经地说：

"第六，散会。"听众起初一愣，不久就欢快地鼓起掌来。

老舍在这里运用的就是一种"平地起波澜"的造势艺术，打破了正常的演讲内容，从而出乎听众的意料，收到了幽默的效果。

（2）省略。全国写作协会某次在深圳市罗湖区举行年会。开幕式上，省、市各级有关领导论资排辈，逐一发言祝贺。轮到罗湖区党委书记发言时，开幕式已进行了很长时间。于是他这样说："首先，我代表罗湖区委和区政府，对各位专家学者表示热烈的欢迎。"掌声过后，稍事停顿，他又响亮地说："最后，我预祝大会圆满成功。我的话完了。"他以迅雷不及掩耳之势结束了演讲。

听众开始也是一愣，随后，即爆发出欢快的掌声。因为，从"首先"一下子跳到"最后"，中间省去了其次、第三、第四……这样的讲话，如天外来石，出人预料，达到了石破天惊的幽默效果，确实是风格独具，心裁别出。

（3）概括。某大学中文系一次毕业生茶话会，首先是系党总支书记讲话，三分钟的即兴讲话主要是向毕业生表示祝贺。然后是彭教授讲话，主题是希望同学们继续努力学习，还引用了列宁的名言。第三个讲话的潘教授朗诵了高尔基的《海燕》片段，以此勉励毕业生们学习海燕的精神。第四个讲话的系副主任希望同学们永远记住母校和老师们。紧接着，毕业生们欢迎王教授讲话。在毫无准备而又难以推辞的情况下，王教授站起来，先简单地回顾了数年来与同学们交往的几个难忘片段，最后一字一顿地说："前面几位给大家提出了殷切的希望，可我还是喜欢说他们说过的话。（笑声）第一，我要祝同学们胜利毕业！（笑声）第二，我希望同学们'学习、学习、再学习'。（笑声）第三，我希望同学们像海燕一样勇敢地搏击生活的风浪。（笑声、掌声）第四，我希望同学们不要忘记母校，不要忘记辛勤培育你们的老师们！"

在这里，王教授通过对前面四个人的演讲主题的简练概括，旧瓶装新酒，不落窠臼，结束了一次机智、风趣且具有个性特点的演讲。

2. 借助道具产生幽默效果结束演讲

在延安的一次演讲会上，当演讲快结束时，毛泽东掏出一盒香烟，用手指在里面慢慢地摸，但掏了半天也不见掏出一支烟来，显然是抽光了。有关人员十分着急，因为毛泽东烟瘾很大，于是有人立即动身去取烟。毛泽东一边讲，一边继续摸着烟盒，好一会儿，他笑嘻嘻地掏出仅有的一支烟，夹在手指上举起来，对着大家说："最后一条！"

这个"最后一条"，既指毛泽东讲话的最后一个问题，又指最后一支烟。一语双关，妙趣横生，全场大笑，听众们的一点疲劳和倦意也在笑声中一扫而光了。

3. 借助幽默的动作结束演讲

美国诗人、文艺评论家詹姆斯·罗威尔1883年担任驻英大使时，在伦敦举行的一次晚宴上发表了一篇名为"餐后演讲"的即席演说。最后他说："我在很小的时候听人讲过一个故事，讲的是一个美国牧师，他在一个野营的布道会上布道，讲了约书亚的故事。他是这样开头的：'信徒们，太阳的运行方式有三种，第一种是向前或者说是径直的运动；

第二种是后退或者说是向后的运动；第三种即在我们的经文中提到的——静止不动。'（笑声）先生们，不知你们是否明白这个故事的寓意，希望你们明白了。今晚的餐后演讲者首先是走径直的方向（起身离座，做示范）——即太阳向前的运动。然后他又返回，开始重复自己——即太阳向后的运动。最后，凭着良好的方向感，将自己带到终点。这就是我们刚才说过的太阳静止的运动。"（在欢笑声中，罗威尔重又入座）

这种紧扣话题的传神动作表演，惟妙惟肖，天衣无缝，怎能不赢得现场听（观）众的热烈掌声和欢笑声？

演讲的幽默式结尾方法是不胜枚举的。关键是演讲者要具有幽默感，并能在演讲中恰如其分地把握住演讲的气氛和听众的心态，才能使演讲结束语收到"余音绕梁，三日不绝"的轰动效应。

附

1. 在葛底斯堡国家公墓的演说

亚伯拉罕·林肯

87年前，我们的先辈们在这个大陆上创立了一个新国家，它孕育于自由之中，奉行一切人生来平等的原则。

现在我们正从事一场伟大的内战，以考验这个国家，或者任何一个孕育于自由和奉行上述原则的国家是否能够长久存在下去。我们在这场战争中的一个伟大战场上集会。烈士们为使这个国家能够生存下去而献出了自己的生命，我们来到这里，是要把这个战场的一部分奉献给他们作为最后安息之所。我们这样做是完全应该而且是非常恰当的。

但是，从更广泛的意义上来说，这块土地我们不能够奉献，不能够圣化，不能够神化：那些曾在这里战斗过的勇士们，活着的和去世的，已经把这块土地圣化了，这远不是我们微薄的力量所能增减的。我们今天在这里所说的话，全世界不大会注意，也不会长久地记住，但勇士们在这里所做过的事，全世界却永远不会忘记。毋宁说，倒是我们这些还活着的人，应该在这里把自己奉献于勇士们已经如此崇高地向前推进但尚未完成的事业。倒是我们应该在这里把自己奉献于仍然留在我们面前的伟大任务——我们要从这些光荣的死者身上汲取更多的献身精神，来完成他们已经完全彻底为之献身的事业。我们要在这里下定最大的决心，不让这些死者白白牺牲，我们要使国家在上帝福佑下得到自由的新生，要使这个民有、民治、民享的政府永世长存。

2. 反攻动员令

德怀特·艾森豪威尔

各位联合远征军的海陆空战士们：你们马上就要踏上征程去进行一场伟大的圣战，为此我们已精心准备了数月。全世界的目光都注视着你们，各地热爱和平的人们的期望与祈祷伴随着你们。

你们将与其他战线上的英勇盟军及兄弟一起并肩战斗，摧毁德国的战争机器，推翻压在欧洲人民身上的纳粹暴政，保卫我们在一个自由世界的安全。

这是一个艰巨的任务。你们的敌人训练有素，装备精良，久经沙场。他们肯定会负隅顽抗。但是现在是 1944 年，与纳粹 1940 年、1941 年连连取胜时大不相同。

联合国在正面战场予以德军迎头痛击。空军削弱了德军的空中力量和陆上战斗能力；后方弹药充足、武器精良、部署得当、后备力量丰富。潮流已经逆转，全世界自由的人们正在一起向胜利迈进。

我对你们的勇敢、责任心和作战技巧充满了信心，我们迎接的只会是彻底的胜利。祝你们好运，并让我们祈求万能的上帝祝福这伟大而崇高的事业获得成功。

第十一章　辩　论

第一节　辩论概述

一、辩论的含义

辩论，又称为论辩。从文字学的角度去考察，"辩"有辩论、辩伪、辩明的意思；"论"则包含有议论、评定之意。合起来理解，辩论即含有通过议论，辩明是非之意。由此可以看出，辩论是指代表不同的思想观点的各方，彼此间利用一定理由来证明自己观点的正确性，揭露对方观点的错误性的言语交锋过程。

辩论作为人类社会的一种特殊交际形式，它包括"论"和"辩"两个方面。所谓"论"是指论理，也就是依据一定的需要和原则分析说明事理。所谓"辩"，是指辩驳，也就是依据一定的理由驳斥某种观点。辩论是"论"与"辩"的有机统一体，本质上是一种语言的对抗艺术。一场完整的辩论由辩题、立论者、驳论者三个部分组成。孤立的某一句话、某一个论断不能叫做辩论。辩论一般有开始、展开、结束三个阶段，缺少其中任何一个阶段，都不是一场完整的辩论。

辩论是人类认识真理的需要。从客观的角度来说，客观事物之间的关系错综复杂，事物的本质又隐藏在事物的表象背后，这就给人们正确认识客观事物带来了一定的困难。只有通过辩论，才能弄明白事物的是非曲直。从主观的角度来讲，不同的人对客观事物的认识存在着差异。不同思想观点的各方，为了证明自己的正确，势必会产生交锋。

从本质上说，辩论是一种高级的智力游戏，它离不开思维逻辑，因此，辩论是一种斗智活动。

二、辩论的特征

（一）辩论是一种语言艺术

辩论过程中人们交锋所使用的工具是语言。离开语言这一工具，要想展开辩论是不可能的。虽然辩论的胜负很大程度上取决于人们正确的思维方法、知识水平、人生态度和审美趣味等，但是这些"内在的素质"必须通过语言来表达，没有语言或者语言的运用缺乏艺术性，辩论就很难获得成功。

（二）辩论具有激烈的对抗性

辩论是不同思想观点的交锋，辩论者总是想论证自己的观点是正确的，希望说服对方赞同自己的观点，因而辩论具有激烈的对抗性。没有对抗，就不能称其为辩论。

（三）追求真理的目的性

辩论并非争吵斗嘴，其目的在于通过辩论去昭示真理，取得共识。因此，辱骂恐吓、胡搅蛮缠都不算是辩论。

三、辩论的作用

1. 辨别事物真理，分清是非正误。
2. 锻炼思维能力，增长聪明才智。
3. 掌握语言表达技巧，提高语言运用能力。

第二节　辩论的技巧

辩论是一种语言艺术。辩论双方交锋的工具是语言，辩论胜负在很大程度上取决于语言的巧妙运用。

一、抓住对方论点的错误进行辩论

辩论论点一定要正确，如果论点错了，很容易被对方驳倒。比如，加拿大前外交官朗宁，1893 年生于中国湖北，是喝中国奶长大的。有一次他竞选议员，反对派诋毁他说："你是喝中国人的奶长大的，你身上一定有中国人血统。"朗宁毫不迟疑地反驳说："据有关人士透露，你是喝牛奶长大的，所以你身上一定有牛的血统。"常识告诉我们，喝什么奶长大并不构成血统关系。显然"反对派"认为朗宁因为喝了中国人的奶便有血统关系的观点是错误的，朗宁非常机智地通过仿照的方法把"反对派"驳得体无完肤。

一般情况下，如果对方的论点是错误的，只要举出与对方相反的事例便能将对方驳倒。比如甲同学说："金钱是万能的。有了钱就可以买衣服、买彩电、买房子、买汽车；没有钱就什么事情也办不成，比如说，失学少年为什么失学，不就是因为没有钱交不起学费吗？"乙同学当即反驳说："我不同意你的看法，你说金钱是万能的，有了钱就什么事也能办得到，那么，请你正面回答我：金钱能改变客观规律吗？"

事物的规律都是客观的，是事物本身所固有的，我们可以认识客观规律，用它来改造自然界，改造人类社会，但人们却不能创造、改变和消灭客观规律。乙同学用"金钱不能改变客观规律"这一雄辩的事实轻易地就将甲同学"金钱是万能的"观点驳倒了。

二、抓住对方论据的破绽进行辩论

论据是证明论点的依据，如果论据出了错，那么论点也自然不能成立。如某校国政系与历史系就"仓廪实而知礼节"展开辩论，正方历史系在论证物质与文化的关系时，提出："在德国这样经济发达的国家，产生了巴赫、贝多芬、门德尔松等伟大的音乐家……"反方国政系立即抓住正方论据中出现的"贝多芬"发出反击："正方错了，贝多芬恰恰是在贫困交迫的情况下才写出《命运交响曲》这样辉煌的作品的！"接着正方错上加错："那他也必须在吃饱饭的情况下才能进行创作呀！"反方步步紧逼："那么请问贝多芬是在哪一顿吃饱了之后才写出《命运交响曲》的？"至此，正方再无招架之力。反方正是抓住正方论据中的错误而反击成功的。

三、抓住对方论证的错误进行辩论

辩论的过程就是运用材料证明论点的过程。即使论点和材料都正确，如果论证错了，也会被对方抓住"把柄"而驳倒。我们看下面一段辩论。

售货员："买点笋吧！"

女顾客："不要，笋没有营养。"

售货员："谁说笋没有营养？动物园里的熊猫吃竹子还长那么胖呢！"

女顾客："狗吃屎也长得很胖。狗是人吗？"

售货员：……

这段话，要论证的是女顾客的论点："笋对人没有营养。"售货员用熊猫吃了竹子长得胖来论证笋有营养，结果女顾客用类比的方法破除了售货员论证的错误。因为人的营养和动物的营养是不能简单类比的。

四、抓住对方的知识盲点进行辩论

一次，在全国城市青少年演讲邀请赛的辩论中，甲方长春队与乙方武汉队就"不少传统的戏曲唱段，现在配了电子音乐，你对此有何褒贬"进行辩论。当谈到京剧配上电子伴奏时是否会失去传统这一问题时，甲方认为会失去传统，乙方则持相反的观点。

乙方：甲方曾一再声明，传统剧目加入电子乐伴奏后就失去了传统的味道，对此，我要问一下：传统是不是桎梏，传统要不要发展？你既然认为加入了电子音乐，京剧艺术就失掉了传统，那么请问，是失掉传统中的什么呢？电子音乐又是怎样改变了京剧的传统性呢？

甲方：对方辩友提出了一个很难回答、甚至只有专家们才能回答的问题。我们认为，中国传统的、成熟的京剧，甚至连外国人都欣赏的东西，应该保留……改革了的现代化的艺术，终究不能代替古典艺术而存在。中国古典艺术应该保持和完善下去。

乙方：你刚才一再强调失掉了传统的东西，但失掉的传统是什么，仍然没有回答。

甲方：传统京剧加进电子音乐之后，我看不出京剧的传统味道。至于京剧的传统是什么我也不知道，京剧改革怎么改我也没有考虑过这个问题。

乙方：既然你承认不知道什么是京剧的传统，以及加入电子音乐后失去了哪些，我们就没办法与你辩论下去了，也不勉强你回答了。现在我来做出回答：

我们认为传统的京剧艺术的传统，表现在三个方面。

（1）写意性。就是"三五人千军万马，七八步走遍天下"。加入电子音乐后，使写意性得到更为可靠的表现。

（2）固定的表演程式。电子音乐的加入没有使演员的马步变成牛步，也没有使手中的马鞭失去马的象征。

（3）固定的唱腔。电子音乐的广泛表现力完全补充了京剧伴奏三大件的缺欠，也没有改变京剧优美的唱腔。

这一段辩论相当精彩。乙方正是抓住甲方知识的盲点"京剧艺术的传统是什么"紧咬不放，穷追猛打，从而赢得了胜利。

这个事例也告诉我们，赛前的精心准备是何等的重要。要把辩题有关的所有材料搜集起来，以丰富自己的知识。这样才能避免临到用时方恨少的尴尬局面。

五、用辩证唯物主义的方法进行辩论

辩证唯物主义认为，客观事物包含有内在矛盾，并不断地变化运动。在辩论中，既要保持概念的同一性，又要看到事物的矛盾性和多样性的同一。例如，广州某高校有一次辩论赛，辩题是"发展社会主义商品经济更有利于大学生成才"。这个辩题对于正方是有利的，而反方却处于不利的地位。但是反方运用辩证唯物主义的方法进行辩论，结果赢得了胜利。下面是他们主要的论证点。

1. 正方的"一定有利"论在思想方法上否认了事物矛盾转化的两种可能性，犯了形而上学的错误；另外在客观效果上必然导致忽略社会主义商品经济发展的复杂性、曲折性和长期性而犯盲目乐观的错误。

2. 强调必须注意"发展社会主义商品经济不一定对大学生成才更有利"，是用冷静的头脑，更积极的行动，去发展正效应，克服负效应。这样才能保证社会主义商品经济的正常发展和保证良好的"更有利于大学生成才"的社会效益的彻底实现。

此例的反方成功地运用辩证唯物主义方法，对于正方的观点并没有全盘否定，在指出正方绝对化的同时，提出了自己更全面、更辩证的观点，使自己的语言和态度更冷静，更客观，更积极。

六、运用归谬法进行辩论

这种方法的具体操作程序是，首先认可对方的说法，然后依据双方的逻辑，将对方的论点或论据加以推论，推出一个荒谬的结论，以显示出对方论点或论据的荒谬。例如，在《发展旅游利大于弊》的辩论中，作为反方的北京大学队开始显然处于不利地位，于是他们以条件论作为辩题的基础，坚持"离开了一定的条件发展旅游是弊多利少"，并阐述了这样一段辩词：

"马来西亚云顶赌场，泰国人妖艳舞，不都可以算是举世闻名吗？如果这样发展下去，说发展旅游业利多于弊，不就变成发展赌博业、色情业利多于弊吗？"

这里使用的是归谬法，先承认"发展旅游业利多于弊"，而马来西亚云顶赌场、泰国人妖艳舞是举世闻名的旅游项目，照此推论下去，则得出一个荒谬的结论："发展赌博业、色情业利多于弊。"

正方香港中文大学队也不示弱，同样用归谬法进行反驳：

"反方同学，如果发展旅游业是弊多于利的话，那么，为什么世界上有那么多国家和地区，包括今日参赛的中国内地、新加坡、中国澳门和香港地区都不抑制旅游业的发展呢？"

这话问得好，从被反驳的论点中引出与其相矛盾的判断，从而推倒论点。

七、运用发问的方法进行辩论

发问包括提问、疑问和反问，是克敌制胜的一种辩论技巧。例如：在就辩题"人性本善"辩论的自由辩论阶段，反方一上来就抓住对方的要害之外，提出一个问题："善花如何结出恶果来？"这个问题击在关键点上，正方只能避而不答。

提问可以暗设圈套，从而迫使对手承认或否定某种观点。在第二届亚洲大专辩论赛关于"儒家思想可以抵御西方歪风"的辩论赛中，反方复旦大学有位队员向对方这样发问："请问对方同学，如果有人持刀抢劫你的钱包，你是对他念一段《论语》呢？还是让警察把他抓起来？"这两句问话暗设着一个圈套。对方如果选择前者，会显得迂腐可笑，而选择后者正好论证了己方的观点。

运用发问进行辩论，可以加强语气，强调观点，增加火力。在国际大专辩论赛关于"愚公移山"的辩论中，反方南京大学队为了论证自己搬家的主张，成功地运用了反问的方式："山不转，水要转，水不转，人要转。既然环境限制了生存自由，何不另辟一方新天地？既然大山遮蔽了视野，何不越过大山看世界？韩民族的祖先几千年前离开阿尔泰山，风尘仆仆地越过千山万水，迁居朝鲜半岛，这一伟大的迁移，不就是搬家精神的写照吗？"这段辩词一连用了三个问句，具有一泻千里的气势和鼓舞人心的力量。

八、运用比喻的方法进行辩论

绝妙的比喻，极富表现力和战斗力。在一次辩论赛中，当谈到"对外开放是走私贩私"这一关系时，乙方说："走私贩私都是对外开放造成的。"甲方不同意这一种观点，反驳道："如果你的说法能成立的话，那我的感冒就是开了窗的缘故。那么为什么开了窗之后，有些人感冒了，而更多的人却身体健康地领略着大好的春光呢？问题只能从自己身上去找。同样，十一届三中全会以后，经济上对外开放了，其目的就在于利用当前国际的有利条件，借彼财力、物力之水，灌溉我国现代化之花。我们一是主权在握，二是开放有度。问题是国内有些人本身不遵纪守法，见利忘义，这能怪是对外开放所带来的弊端吗？"

甲方以"打开窗户"有的人感冒而更多的人健康作比喻，来说明改革开放后有人走私贩私并不是国家改革开放的缘故，而是有些人本身不遵纪守法，见利忘义，有力地说明了改革开放的正确性和必要性。

九、从因果关系中进行辩论

事件发生的原因和出现的结果有着必然的联系。在论辩中，因果论证能显示出事物之间的本质关系，使人知其然，也知其所以然，因此可以加强论点的说服力。这里有一个很典型的例子：一位生物学教授通过试验发现蝙蝠具有"以耳代目"的"活雷达"特性，另一位学者持有不同意见，两人展开了一场辩论。

教授："蝙蝠能在阴暗的岩洞里准确无误飞行，这是为什么？"

学者："因为它眼睛特别敏锐，能在微弱的光线下看清周围的障碍物。"

教授："为什么蝙蝠能在黑夜穿过茂密的森林？"

学者："也许它有异常的夜视能力。"

教授："当我们把它的双眼遮住，或让它失明，它们仍能正常地飞行，这又是为什么？我们如果去掉它的双眼的蒙罩，将它的双耳遮住，它飞行时就会到处碰壁，这又该如何解释？"

学者无言以对，只能认输。这里教授运用因果论证法来探求蝙蝠被遮住双眼或失明的状态下仍能正常飞行的原因，得出了不可辩驳的结论。

在表情达意时，原因和结果是不可分的。通常情况下，是先说原因，后说结果的；有时是先说结果，后追究原因，原因和结果有必然的联系。

第三节　辩论的语言风格

辩论的语言要符合以下风格。

一、简短有力

这在辩论中具有特别重要的意义。第一，辩论大都是以比赛较量的形式出现，对双方发言的时间都有严格的限制，只有简洁，才能节省时间。第二，可以避免由于语言混杂、论述过多而出现漏洞和破绽。第三，发言越精练，所用的时间越短，给对方考虑如何辩驳的时间就越少，给对方造成的困难就越大，所以，只有简短，才能有力。

二、严谨准确

有以下几方面的含义：一是语言逻辑本身要严谨准确，不能词不达意，自相矛盾。二是语言的表达要适合具体的场合和对象，使人乐于接受，容易理解。三是辩手之间要注意起、承、转、合。一般来说，一辩负担着破题竖旗的任务，发言要开门见山，提出己方的总论点，在语言风格上要有一定气势。二辩的发言在内容上要承接一辩，引用大量事实和理论材料做深层次的论证。三辩的发言要转换角度，可从事实的角度进行论证，把论证引向新的层次。四辩的发言要先驳对方观点，后对己方的观点进行总结发言，最终完成己方立论，在语言上一定要有力度，形成辩论的高潮。

三、幽默风趣

辩论中运用幽默风趣的语言，不仅可以增强说服力，巧妙地反驳对方，而且会赢得听众的附和与赞同，表现一种洒脱自如、才华横溢的自我形象，但是，幽默不同于滑稽，也不同于讽刺，而是一种机敏才智的表现。

四、灵活机动

辩论是一种即时性很强的艺术，在辩论交锋中不确定的因素很多，战局变幻莫测，所以，在语言的运用上要机动灵活，表达时该精确的要精确，该模糊的要模糊，要随机而变。

五、快慢适度

辩论语速比日常说话的语速要快些，但是，快也有一个度，如果快到像"打机关枪"

一样，让人听不清说些什么，会影响辩论效果。在吐字清晰的前提下，采用什么语速要因人、因景而异。活泼热情的选手语速可以快一些，沉稳、理性的选手语速则可慢一些。在陈词提问、申述要点与论据时，语速可适当慢一些，关键字眼甚至可以一字一顿加以突出，而在反击对方进攻时语速可快一点，以显示己方的锋芒。同一场辩论，即使同一个辩手，语速也不应一成不变，应该视具体情况而有所变化。

【练习】

（1）以"合作比竞争更重要"或"竞争比合作更重要"为题，在班级分成小组进行辩论。

（2）指出下面的错误，并用一段话进行反驳。

①有人为了证明上帝的存在，就说："宇宙和钟表都是由许多部件组成的。钟表有一个创造者，那么，宇宙也有一个创造者，那就是上帝。"

②阿Q偷了人家的萝卜，主人发现了，问他为什么偷他人的萝卜？阿Q说："这萝卜不是你的，你能叫它答应你吗？"

（3）下面是一场辩论的辩词，请认真阅读，研究正反双方在立论、选材、辩驳等方面的技巧。

辩题：　　　　　（正方）愚公应该移山（反方）愚公应该搬家

正方：韩国外国语大学

　　　（一辩：延东淑；二辩：李静延；三辩：金成南；四辩：张俊宁）

反方：南京大学

　　　（一辩：邬健敏；二辩：钟嫡嫡；三辩：韩璐；四辩：杨蔚）

主席：（开场词略）

正方一辩：革命先驱孙中山先生曾经说过："吾心信其可行，虽移山填海之难，终有成功之日。"主席、评判员、在座的各位，大家好！众所周知，"愚公移山"比喻人只要有恒心、耐心，再困难的事也能达成，跟"有志者事竟成""人定胜天""磨杵成针"一样的意思。那么《愚公移山》里所说的"山"是比喻什么呢？那不就是（比喻）人生在世所遇到的重重挫折和难关吗？而"愚公"所代表的，不就是具有坚韧不拔的毅力，坚持到最后一分钟的人吗？我方主张愚公应该移山，也就是在主张无论遇到何种困难或挫折，都应该坚定不移，再接再厉，开辟康庄大道，而不应该回避挑战，见异思迁。否则，成功的果实就永远无法尝到了。人活在世上，只有短短数十年，如果再不积极奋斗，迎接各种挑战，那又怎能谈成功或丰盈的人生呢？说实在的，愚公并非确有其人，他是历史寓言中的人物。但各种寓言形象都是中华民族在劳动、生产、思考、创造的过程中所积累起来的重大精神财富。这位愚公，年逾九旬，余生不长，却拿出勇气，动员全家天天挖山，终于感动上帝，如愿以偿。我们试看历史上的伟人，不论古今中外，他们之所以能够成就不朽的伟业，为后世造福，哪一个不是凭借着努力不懈、积极奋发的愚公精神而得来的呢？就发明大王爱迪生来说，他经过几千次的失败后才能享有发明大王的美名，而就在80岁的时候，他还在不断地研究橡胶和直升机，一直到去世为止。这就是愚公精神的最佳模范了。80 岁的老人尚能如此，我们年轻人何尝不能这样做呢？青年朋友们，我们只有继承祖先，造福后代，才不会虚度此生，才可以俯仰无愧。美国著名诗人朗费罗先生在《人生颂》里说："在世界的广阔战场上，人生的临终，我们不要像被驱赶的沉默羊群，要做个战斗中的英雄。"的确，迈向目标的路途不可能是一帆风顺的，因为人生是一场永远无止境的长途跋涉，需要翻山越岭。所以，我方坚信，愚公的选择是正确的，愚公应该移山！谢谢。

主席：谢谢延东淑同学！现在我们请反方的一辩为反方开篇立论，时间也是 3 分钟。

反方一辩：谢谢主席！尊敬的评委、对方辩友，大家好！首先指出对方辩友今天的立论有两点偏误。其一，没有从原点原意出发。在《列子·汤问》中，愚公移山的前面讲的是淮南的橘到了淮北就成了枳，在它的后面讲的是夸父不自量力追逐日影的故事。三则寓言都是告诫人们不应违背自然的规律，不能莽撞瞎干。可见原书的作者并没有称赞愚公移山之意呀！其二，对方辩友刚才说，山就是困难，代表着种种难关和挫折，如果要真是这样的话，那么我们要请问了，在《愚公移山》的寓言中，山被搬到哪儿去了呢？搬到了朔东，搬到了雍南，这明摆着，这不是转嫁了困难吗？难道朔东、雍南的人民就不要交通方便了吗？今天的辩题，事实上给了愚公两条路的选择，但体现在更深层次的就是两种思维方式的取舍。一条路，愚公率子孙万代挖石运土移山填海；另一条路是移民新风举家搬迁，修建新家园。究竟何去何从，我们和对方辩友是志同而道不合。我们双方都有锲而不舍、迎难而上克服困难的决心和意志，但对方辩友选择了"移山"，而我方则主张"搬家"。愚公面临的困难不是山，是交通不便，就为了自己的交通方便，把两座大山连根搬走，既不现实，也不科学；而"搬家"是一种新思维，体现了中华民族务实之中求应变，应变之中求进取的科学精神。下面，我将从实事求是的务实层面进一步阐述我方观点。第一，"移山"根本不合实际。"太行、王屋二山，方七百里，高万仞"，我们估算一下，它们的土石方量竟达 2 340 000 亿吨！愚公和他的子孙每年只能往返一趟，就算每趟能运 5 吨，要将山全部挖完，得干上 100 亿个 5000 年呢！可是科学家早就告诉我们，地球的寿命总共在 100 亿年左右，就是说，当人类把家搬到了太空里去了，愚公还在不停地挖山呀！第二，"搬家"是务实量力而行的选择。搬家当然不是逃避困难，而是向困难挑战、充分讲求效率的做法。搬家之后，愚公和他的子孙都可以一展宏图，开创新生活新家园。一来，不再有来往之塞，交通之苦；二来，愚公可以发挥余热，传授发家致富的经验；三来，孩子们可以负笈求学，成家立业。这才是"莫道桑榆晚，彩霞正满天"哪！谢谢大家！

主席：谢谢郇健敏同学！现在我们请正方二辩进一步阐述正方的观点，时间 3 分钟。请。

正方二辩：大家好！冷酷无情的现实不足为惧，我们怕的就是没有坚强的意志去突破现实。荷兰那个国家，虽然地处海平线之下，但建造堤坝，让自然屈服于荷兰人民面前。那么，按照对方同学的说法，荷兰人民经不起自然环境（考验），不是要离开这块土地吗？

穷山恶水的西北地区一片沙漠，但当地人民依然在那边生活，那么他们太愚蠢，不知道什么是享受吗？对方辩友将如何解释呢？我方主张愚公应该移山，基于下面几个理由：第一，故事里面的"山"是改善生活、发展社会、创造未来不可回避的困难。现在很多医生苦心研究治疗艾滋病的方法，但还没有找到，那么要叫这些病人放弃对生命的希望吗？愚公怕移不倒山就放弃努力而搬家吗？第二，"山"不但象征不可回避的困难，还象征着可以克服的困难。很多例子证明苍天不负有心人。比如，到达月球的阿姆斯特朗，发明飞机的莱特兄弟，细菌之王巴斯特尔，都以不屈不挠的精神终于实现了自己的梦想。愚公也是每天慢慢地不断地挖山，终于美梦成真了。第三，"移山精神"可造福后代。经过3年的朝韩战争，我国山河惨遭破坏，满目疮痍，但我们不到30年就实现了经济奇迹，使我国跻身"亚洲四小龙"。在1988年，（我国）成功举办了汉城奥运会。我们父母一辈扭转贫穷落后的面貌，造福后代，靠的也就是移山精神。第四，"移山精神"深深地植根于中国人民的内心处。因为，据文献记载，自然灾害此起彼落、接连不断，但中国人民并没有逃避，而是团结合作直接面对问题。通过移山，愚公一家人能够培养出合作精神，这就提醒我们分工合作的重要性。第五，"搬家"不是解决问题的根本之道。当时，中国到处都是山，去哪里没有山呢？人生的过程处处都是困难，根本无法避免。如果人人离开山，而寻找方便之处，那么这座山由谁来开发呢？穷乡僻壤和繁华城市之间的贫富日趋悬殊，一定会出现更严重的问题吧？人人都知道什么是苦的，什么是甜的，还知道什么是值得做的，什么是不值得做的。人只懂得择甜而行、弃苦而逃的话，难免有避重就轻、一事无成之虞。因此我们更需要愚公移山精神！谢谢！

主席：谢谢李静延同学！现在我们请反方二辩钟嫡嫡同学发言，时间也是3分钟。

反方二辩：谢谢主席！大家好！对方同学说愚公最后感动了上帝，而我们知道，上帝并不存在，因此量力而行以搬家为上。对方同学爱谈精神，我们就来谈精神。中华民族的精神恰恰是，不仅务实，更在务实之中求应变。多谋、善断、机智、变通向来是中华精神的精髓。上下五千年，多少颗智多星熠熠生辉，多少个智慧故事代代相传。从姜太公钓鱼到司马光砸缸，从曹冲称象到诸葛亮草船借箭，困难面前不仅要斗勇，更要斗智。机智应变的"搬家精神"，正是体现了中国"圆而神的智慧"。第一，"搬家"是向旧观念的挑战，是创造新生活。寓言中的老愚公为什么没想到搬家？因为守土重迁的传统观念令他步履维艰。可能愚公的故土是王封的，他不敢离；可能是祖先创下的，他不想离；可能还有他的祖坟，他舍不得离。在他看来，打破头脑中的旧框框——搬家，比搬山还困难。山不转了水要转，水不转了人要转。既然环境限制了生存自由，何不另辟一方新天地？既然大山遮蔽了视野，何不越过大山看世界？韩民族的祖先几千年前离开阿尔泰山脉，风尘仆仆地越过千山万水迁居朝鲜半岛，这一伟大的迁移不就是"搬家精神"的生动写照吗？第二，"搬家"是一种具有活力的新思维。陷入了封闭、僵化、线性的思维的人，遇山，只想着挖山，遇海，只想着填海。殊不知跳出一步天地宽哪！历史的进步就在于不断打破封闭和凝固、创造开放和流动。今天，我们这些愚公的后代正投身于改革的事业中，而市场经济的本质就是搬家，就是流动。只有不断地流动和搬家，才有资源的合理配置，才能做到"人尽其才、物尽其用、货畅其流"。搬出封闭的旧环境，搬进开放的新天地；搬出贫困与愚昧，搬进富裕与小康。综上所述，一边是"移山"，事倍而无功；一边是"搬家"，事半而功倍；一边是移山的辛苦和汗水，一边是先走一步的大智与大勇；一边是封闭山村的无奈，一边是外边世界的精彩。何去何从，相信在座的各位都会做出明智的选择！谢谢各位！

主席：看来双方都是能言善辩的，在思辨上也有过人之处。现在我们来看看正方的三辩是如何进一步阐述正方观点的，时间3分钟。

正方三辩：各位好！今天反方辩友极力主张愚公搬家是务实的行为，而且说这是中华思想的精髓。但是，我方听来这好像是听天由命、逆来顺受的主张。7月27日，中国民政部发布（消息）说，今年在中国因洪水和干旱等自然灾害而死亡的人数竟然达到1500人，而直接经济损失达到657亿元。那么按照反方的逻辑，这些受灾人民马上搬家，投奔他乡就好了嘛！愚公懂得，虽然这两座山是庞然大物，但可被移去，因为"人心齐，泰山移"，"有志者，事竟成"，"勤可补拙"，"滴水穿石"，"不怕事难成，只怕有心人"哪！我们翻开历史书，愚公移山这样的例子真是不计其数。好，我来举一个例子吧！在1840年以前，神州大地上封建官僚、帝国主义各地走狗横跨肆纵，真是病入膏肓，无可救药。在经过一百多年的血腥斗争之后，中国人民终于走上了独立自主的光明大道。难道愚公面前的这两座山，比一百多年前中国的封建主义、帝国主义这两座山更可怕吗？

我们纵观历史可以发现，人类的文明就是我们的祖先父辈摆脱自然界的束缚，开发自然为我所用，创造文明的过程，而《愚公移山》正是对这个过程非常形象的描写。应该知道，自己的路自己开，路是人走出来的，世界上到底哪有现成的康庄大道呢？我们在马到成功之前，首先必要的是披荆斩棘的努力吧！我们还知道，理想与现实往往不同，但是拉近理想与现实之间的距离，这才是愚公精神伟大的贡献吧！我们站在21世纪的门槛上环顾世界，每天都可发现暴力屠杀、疾病饥饿（的现状），真是让人目不忍睹，痛心不已啊！还有，在产业革命、世界大战、东西冷战、石油危机之后，人类还要面对接踵而来的新的挑战吧！因此，我们再次重申我方立场，人类的历史，当今的国际形势无不证明，我们需要更多的"愚公"，愚公该要移山！谢谢各位！

主席：谢谢金成南同学！现在我们请反方的三辩韩璐同学进一步发言，时间也是3分钟。

反方三辩：谢谢主席！大家好！对方辩友今天给我们说了一句中国话，叫做"苍天不负苦心人"，可是中国还有一句话，叫做"天若有情天亦老"。中国人说，从来就没有什么神仙皇帝，也没有什么救世主，所以靠来靠去还是要靠自己呀！对方辩友又谈到了韩国30年的经济腾飞，那么我们知道，明智的韩国人从来就没有见山移山，所以雄伟的雪玉山，才能"青山依旧在，几度夕阳红"啊！对方三辩又谈到了洪水，那么按照对方辩友誓死不搬的观点，洪水来了我们不要搬往高地，坐着等死也能成英雄吗？中华民族几千年来的传统教会了我们在务实中求应变，在应变中求进取。正是本着进取的精神，我们认为愚公应当搬家。

首先，"搬家"是在苦干加巧干中求进取。对方辩友说我们要苦苦地挖山，可是结果呢？只能是荒了地里的庄稼，又误了子孙的青春。愚公他寄望于"子子孙孙无穷匮矣"，可是"一代复一代，代代何其多？子孙都移山，万世成蹉跎"。既然熟悉的地方没有风景，为什么不搬家呢？搬到陌生的土地，唤醒沉睡的荒原，开辟希望的田野，没有苦干的精神，愚公怎能铁肩担起搬家的重任？他日，科技发展了，再投资故乡，逢山开路，遇水架桥，没有巧智慧，子孙又怎能妙手再建家园？所以说，苦干可以强壮一个民族的体格，巧干更能升华一个民族的灵魂！其次，"搬家"是在和谐中求进取。人得天地之化育，万物之钟灵，应该与大自然和谐相处，"以厚德载物"。如果像对方辩友说的那样，因为"出路之迁"就破土挖山，破坏了生态，吓坏了山神，岂不是让"千山鸟飞绝，万径人踪灭"吗？果真把山石投诸渤海之尾，水漫天津，祸及北京，那么今天我们还会相逢在美丽的北京以辩会友吗？综上所述，"搬家"是务实之路，应变之路，进取之路！谢谢大家！

主席：谢谢韩璐同学！现在我们的辩论将进入更为刺激，更有挑战性的自由辩论阶段。各队的发言时间都是5分钟，必须交替发言。先从正方开始，请。

正方一辩：刚才对方辩友说，在韩国从来没有过移山的例子，好像对方辩友对韩国的了解不大够吧！在韩国移山填海的例子可不少。在韩国西海边，我们通过移山填海工程把大海改为肥沃的农土田啊！

反方三辩：那么贵国说"三千里锦绣河山"，是不是说贵国"三千里土地都是困难"哪？对方同学把山当作困难，我们知道困难是人的困难，山是一个物质实体。请问"惩北之塞，出路之迁也"如何解释？

正方四辩：请指教，山是物体吗？不是！山就是我们人类的伟大崇高精神。

反方三辩：看来对方辩友今天还是没有明白困难到底是什么。我们说困难就是交通不便，而对方辩友要愚公和他的子孙世世代代背上移山的包袱。请问交通之便从何而来呢？

正方三辩：对方辩友的主张好像让我们感觉到客观条件非常重要，而且我们要重视这个现实性。但是孟子说过："天时不如地利，地利不如人和"，这就是强调客观不管怎么重要，都不如人的主观意志重要。主张搬家不外乎舍本逐末，"金钟倒置"也！

反方四辩：对方辩友刚才引用了一句孟子的话，但对方辩友知不知道《易经》中也有这么一句话呢，叫做"交通以趋实"。就是说要根据具体情况具体对待。我再请问一遍对方辩友，困难到底是什么呢？如果山是困难，那么"仁者爱山"，不就是说"仁者爱困难"吗？

正方三辩：生物学的基本常识就是，人体内有病毒侵入的时候，一旦克服可能形成抗体，就是抵抗能力，但是没有抗体的人可能会招致死亡啊！同样的嘛，在困难面前常常搬来搬去，回避问题，其结果不言而喻，不堪设想的了。

反方一辩：难怪对方辩友看见那个山那么仇恨，原来对方辩友是把山当成了细菌；我们可不这样认为，如果山要是细菌的话，陶渊明怎么还会"悠然见南山"呢？应该是"愁眉向细菌"才对啦！

正方二辩：不毛之土，险山峻岭，处处看到大石头，谁能保障搬到那地方没有自然的障碍物，没有生活困难呢？世界上哪有十全十美的"桃花源"呢？

反方二辩：是啊！所以说愚公搬家他不是逃避困难，因为他要在新的地方去建设家园。如果愚公搬家是逃避困难，那么"搬家公司"是不是"帮人逃跑公司"呢？

正方一辩：如果在现实世界上一个人，比如说你家隔壁姓愚的老先生要搬家，我们就不管了。但是，愚公是寓言中的人物，他就是为了给我们启发而存在的，要不是这个目的，愚公就根本不会存在的。如果没有愚公，我们还能在这里谈什么愚公该怎么样、愚公不该怎么样的辩论吗？

反方三辩：如果愚公真的该移山的话，那么我们今天十几亿人还在那里挥锹移山呢！又哪能在这里坐而论道，谈什么"改革开放"呢？

正方三辩：我们知道，有人会说："如果你明明知道没有希望，何必徒劳呢？"但"苍天不负有心人"，与其不尝试而失败，不如尝试再失败，因为不战而败，等于运动场上的弃权啊！

反方四辩：的确要尝试，但是要有正确的方法尝试呀！我们说愚公搬家之后，他不惜放弃自己祖上的产业，改变自己90年的生活模式去重建家园，这种崇高的自我牺牲精神有什么不应该呢？

正方二辩：很多中国的历史文化都靠愚公精神的。你们如果否认愚公移山的精神，就等于否认了中国灿烂光辉的文化和历史了。

反方一辩：对方辩友，你们又说错了。我们一开始就说，我们和对方辩友是志同而道不合。我们也要锲而不舍地解决困难，但问题是在于我们解决困难的方法不同啊！我要请问对方辩友，愚公搬家解决了困难，保护了资源，保护了人才，立足于发展，这又有什么不应该的呢？

正方三辩：对方辩友好像认为，愚公应该怎么样是方法的问题。但是，"应该"是"方法"吗？这是"价值观念"的问题啦！还有，中国古代历史就是游牧民族和农耕民族争夺生存空间的历史，那么按照反方的逻辑，匈奴侵略的时候，汉族搬到别的地方就好了，为什么辛辛苦苦建立万里长城来防御呢？

反方二辩：对方同学说得好。中华民族是发源于黄河流域，如果不搬家的话，哪有我们今天的地大物博，东西南北中呢？我要请问对方同学，据中原神话记载，太行、王屋地区，本来就是多雨多风，愚公要是挖山会引发泥石流，到那时，愚公是继续挖下去，还是搬家呢？

正方三辩：搬家正是回避问题，所以这不是正路，而且这又不符合主人翁精神，毛泽东曾经说过："中国是中国人民的。"

反方三辩：搬家就是回避问题吗？我们知道，美国人一人一生平均要搬家12次，就是说，他们一生中要回避12次问题吗？我倒想请教对方辩友，挖山挖来挖去，破坏了环境，到时候，愚公不搬家，山上的动物可得全搬家了。

正方一辩：美国在开荒时代，美国人为了面对挑战而搬家，但如果，愚公要搬家，他是为了回避问题而搬的，其属性完全不同，格格不入，请对方不要强词夺理了。

反方四辩：愚公怎么是回避问题呢？愚公搬家就是为了更好地解决交通问题嘛！愚公还说："子孙无穷匮也。"果真如此吗？中国现在在搞计划生育，"只生一个好"，愚公会人手不足的！

正方四辩：对方辩友有些含混不清，就是因为两方辩题是根本不能相提并论的。你们现在还不懂的是，愚公说"我死有子，子又生孙，孙又有子"，这是表示愚公精神里面的一种牺牲精神哪！对方同学不要忽视愚公的牺牲精神。

反方一辩：今天我们讨论愚公到底是应该移山，还是搬家，就应该从愚公移山这个原点出发。我们可以看到，愚公老人家是希望自己的子子孙孙无穷匮也，可是子子孙孙整天都在那儿挖山，什么时候才能解决他的终身大事呢？终身大事不解决，子孙怎么会"无穷匮"呢？

正方二辩：我们现在是站在中国人的立场进行辩论的，如果你们不站在中国的立场的话，让这个愚公精神离开中国移到韩国了吧！

反方二辩：对啊！我们正是立足于中国，所以我们看到愚公搬家之后，他在新的地方建设家园，他放弃了自己90年的生活模式，这个困难可是大（的），这个勇气也是大的呀！对方同学见了山就要移山，那么山挡住路移山，河挡住路填河，那么人挡住了愚公的路怎么办呢？

正方三辩：对方辩友好像主张搬家比移山容易，但是，山是看得见的障碍，而搬家的路途中应该是怎么样的呢？搬家的路途中可能暴雨连天、饥寒交迫，可能碰到土匪啊！而且搬家了以后也可能水土不服，语言不通，还有昏君的暴政啊！搬家以后，还会有山的可能性啊！

反方一辩：对方辩友又搞错了。如果我们在搬家的路上遇见了土匪，我们肯定是拿起枪杆打土匪，但我们可不认为两座无辜的大山是土匪啊！

正方三辩：对方辩友首先犯的错误的出发点就在于没有把寓言的意思搞清楚。德国哲学家卡西尔说过，寓言采取的比喻的方式，而不是概念的方式。

反方三辩：对方辩友要谈寓言，我们就谈寓言。寓言说那儿只有两户人家，四个男孩，对方有没有想过他们的婚姻大事呢？要知道，所谓伊人可是在山那边呀！

正方一辩：按照对方的逻辑，大文豪海明威先生的《老人与海》里的老人也应该好好在家里养老就行了？

主席：对不起，正方时间到。请反方继续发言。

反方四辩：对方同学是在谈精神，精神当然可嘉，但是不掌握方法行吗？对方同学说要发扬坚韧不拔的精神，就要从汉城走到北京来吗？那时候辩论赛早就结束了！

反方三辩：我们想请问对方辩友，生在哪儿就一定守在哪儿吗？守在哪儿就一定要埋在哪儿吗？要知道"埋骨何须桑梓地，人间无处不青山"哪！

反方一辩： 对方辩友一味主张愚公应该移山，分明是好出门不如赖在家里的想法……赖在家就算了，还要把家里的山给挖了，这是不是有点过分了。谢谢大家！

主席： 对不起，时间到。刚刚通过规范发言和自由辩论这两个阶段。我们的观众对双方的观点都有了一个比较完整的了解，但现在提纲挈领的任务却要落在两队的四辩身上。这次我们从反方开始。请反方四辩杨蔚同学首先发言，时间4分钟。

反方四辩： 谢谢主席！尊敬的评委，各位嘉宾，大家好！搬家，还是移山？老愚公面临着抉择，我们也在这十字路口沉思。但对方辩友的选择却令人遗憾，其误有三：第一，对方同学离开原点，把山当作了困难，而没有看到对愚公而言，真正的困难只是交通不便。第二，对方同学空谈精神不讲方法，说什么只要有恒心有信心，事情就一定能办成，但是精神虽然可嘉，没有正确的方法也只能是劳而无功啊！第三，即使是谈精神，对方也犯了以偏概全的错误，把愚公移山的吃苦耐劳当作了中华精神的全部内涵。道理越辩越明。我们相信如果北山愚公听了今天这场辩论，一定会放下锄头停止挖山，收拾行囊立马儿搬家。下面我进一步总结我方观点。

首先，有了"搬家"才有人类进步。从树上搬下来，猿变成了人，直立行走。从洞穴里搬出来，人开始刀耕火种。从封闭落后的小山村搬出来，我们又开始告别小农经济走向工业文明。"搬家"是进步的阶梯，所以说愚公应该搬家。其次，"搬家"意味着打破封闭僵化的思维模式，提倡讲功绩重效益的经济伦理，也意味着人员、物资、信息的合理流动，而这些正是发展市场经济，建设现代文明的坚实基础。所以说愚公应该搬家。第三，"愚公搬家"体现了中国道法自然、天人合一的文化精髓。移山式的行为反映的是"人是万物主宰"的陈旧观念。（这）已给人类带来了巨大的灾难。1988年，美国《时代周刊》评选出的全球头号新闻人物，竟是我们伤痕累累的地球。两相比较，高下立分。所以说愚公应该搬家。第四，"愚公搬家"体现了创新意识。破除守土重迁的传统观念，以坦荡的胸襟面对世界。"愚公搬家"也体现了仁爱的情怀。愚公自己虽然费了点事儿，却留住了山上的青青翠竹、郁郁黄花，也留住了小兔子小松鼠们的动物之家。"愚公搬家"更体现了积极进取的热情，向自我挑战的勇气。90岁的愚公要去另一片天空下重建家园，真是"敢为天下先"，"善为天下先"。所以说愚公应该搬家。

综上所述，"愚公搬家"集中了中华民族务实之中求应变、应变之中求进取的科学精神。君不见，殷朝盘庚迁都，冲破障碍，力挽狂澜，领一代风骚；君不见，汉唐民族融合，海纳百川，兼收并蓄，成泱泱大国；君不见，近代中华儿女，转战南北，四海为家，创万世伟业。看今朝，神州大地上开放和交流，这是时代旋律。时代更需要"搬家思维"。有道是："穷则变，变则通，通则久。"我们只有务实、应变、进取，才能破旧立新，再造辉煌！谢谢！

主席： 好，各位观众，我们最后来听一下正方四辩的陈述，时间也是4分钟，请。

正方四辩： 主席，评判员，各位中国朋友，大家好！刚才对方同学说得很多，一个严肃的辩论会应该有严肃的辩题概念。对方所说的"科学""新生活"、还有"新思维",就是你们所主张的"搬家精神"吗?辩论进行到这里我才发现,对方辩友一些主张、反驳为什么总是含糊不清,就是因为移山、搬家这两方辩题根本不能相提并论的。"移山"应该是长远看的崇高精神,"搬家"是一种具体工作的小方法。这样看来,对方辩友的一些主张、反驳都属于我方辩题范围之内。大家都知道《愚公移山》的"山"是所有困难的象征。对方辩友一直主张,一遇到克服不了的困难不应该移山,(应)尽快搬到别的地方去就好。那么我现在请问,对方辩友怎么事先判断这是克服不了的事情,哪是克服得了的事情呢?这种无条件的搬家还值得讨论吗?对方辩友请注意,问题不在于移山本身,而在于要短期见效的毛病。好,我方要做个总结。

第一,恒心与毅力。我虽是一个韩国学生,但从中国各地方各时代可窥见中国人心目中所存在的移山精神。譬如,大禹治水时,年年奔忙不休,唐朝鬼派诗人贾岛精心写作,世界闻名的万里长城其修筑过程,都明明白白告诉我们,愚公精神如何融会在这个伟大的历史传统上。如果中国人民遇到任何困难就失去信心,经常搬来搬去,没有不屈不挠坚韧精神的话,还能成为今天这么大的统一国家吗?第二,主人翁精神。我们看中国的患难历史,炎黄子孙有多少次尝受到挫折的苦味,历史上有多少事受过折磨呢?但中国人民都经得起种种考验(才)有了今天。中国人民的这种力量从何而来呢?这就是主人翁精神,中华思想的精髓。相反,要是人总是要搬家,逃避现实,其结果,根本没机会扮演主人翁的角色,永远是客人。最后还有值得一提的是牺牲精神。愚公90岁已到人生黄昏了,但他坚持奋斗,下定决心(干)这份移山的工作,这正如美国西部时代的开荒精神啊!中国诗人芒克也说:"要是在一个荒芜的地方安顿我的生活,那时,我将欢迎所有庄稼来到我的田野啊!"如此宝贵的舍己为人、造福后代的牺牲精神,真是难能可贵。

我方已经充分说明了愚公为何应该移山。愚公精神不但代表着中国人奋不顾身的伟大传统,而且象征着我们人类坚韧不拔的崇高精神。青年朋友们,时代正在考验我们,我们应该坚持愚公移山的精神再创造光明灿烂的新时代!

附录一　普通话水平测试用普通话
常见量词、名词搭配表

本表以量词为条目，共选收常见量词45条。可与表中所列多个量词搭配的名词，以互见形式出现。

（1）把	菜刀、剪刀、宝剑（口）、铲子、铁锹、尺子、扫帚、椅子、锁、钥匙、伞（顶）、茶壶、扇子、提琴、手枪（支）
（2）本	书（部、套）、著作（部）、字典（部）、杂志（份）、账
（3）部	书（本、套）、著作（本）、字典（本）
	电影（场）、电视剧、交响乐（场）
	电话机、摄像机（架、台）
	汽车（辆、台）
（4）场（阳、半）	雨、雪、冰雹、大风
	病、大战、官司
（5）场（上声）	电影（部）、演出（台）、杂技（台）、节目（台、套）、交响乐（部）、比赛（节、项）、考试
（6）道	河（条）、瀑布（条）
	山（座）、山脉（条）、闪电、伤痕（条）
	门（扇）、墙（面）
	命令（项、条）、试题（份、套）、菜（份）
（7）滴	水、血、油、汗水、眼泪
（8）顶	伞（把）、轿子、帽子、蚊帐、帐篷
（9）对	夫妻、舞伴、耳朵（双、只）、眼睛（双、只）、翅膀（双、只）、球拍（副、只）、沙发（套）、枕头、电池（节）
（10）朵	花、云（片）、蘑菇
（11）份	菜（道）、午餐、报纸（张）、杂志（本）、文件、礼物（件）、工作（项）、事（件）、试题（道、套）
（12）幅	布（块、匹）、被面、彩旗（面）、图画（张）、相片（张）
（13）副	对联、手套（双、只）、眼镜、球拍（对、只）
	扑克牌（张）、围棋、担架
（14）个	人、孩子
	盘子、瓶子

梨、桃儿、橘子、苹果、西瓜、土豆、西红柿

鸡蛋、饺子、馒头

玩具、皮球

太阳、月亮、白天、上午

国家、社会、故事

(15) 根　草（棵）、葱（棵）、藕（节）、甘蔗（节）

胡须、头发、羽毛

冰棍儿、黄瓜（条）、香蕉、油条、竹竿

针、火柴、蜡烛（支）、香（支、盘）、筷子（双、支）、电线、绳子（条）、

项链（条）、辫子（条）

(16) 家　人家、亲戚（门）

工厂（座）、公司、饭店、商店、医院（所）、银行（所）

(17) 架　飞机、钢琴（台）、摄像机（部、台）、鼓（面）

(18) 间　房子（所、套、座）、屋子、卧室、仓库

(19) 件　礼物（份）、行李、家具（套）

大衣、衬衣、毛衣、衣服（套）、西装（套）

工作（项）、公文、事（份）

(20) 节　甘蔗（根）、藕（根）、电池（对）、车厢、课（门）、比赛（场、项）

(21) 棵　树、草（根）、葱（根）、白菜

(22) 颗　种子（粒）、珍珠（粒）、宝石（粒）、糖（块）、星星、卫星牙齿（粒）、心脏

子弹（粒）、炸弹

图钉、图章

(23) 口　人、猪（头）

大锅、大缸、大钟（座）、井、宝剑（把）

(24) 块　糖（颗）、橡皮、石头、砖、肥皂（条）、手表（只）

肉（片）、蛋糕、大饼（张）、布（幅、匹）、绸缎（匹）、手绢（条）、地（片）

石碑（座）

(25) 粒　米、种子（颗）、珍珠（颗）、宝石（颗）、牙齿（颗）、子弹（颗）

(26) 辆　汽车（部、台）、自行车、摩托车、三轮车

(27) 门　课（节）、课程、技术（项）

亲戚（家）、婚姻　大炮

（28）	名	教师（位）、医生（位）、犯人
（29）	面	墙（道）、镜子、彩旗（幅）、鼓（架）、锣
（30）	盘	磨（扇）、香（根、支）
		磁带、录像带
（31）	匹	马、布（块、幅）、绸缎（块）
（32）	片	树叶、药片、肉（块）
		阴凉、阳光、云（朵）、地（块）
（33）	扇	门（道）、窗户、屏风、磨（盘）
（34）	双	手（只）、脚（只）、耳朵（对、只）、眼睛（对、只）、翅膀（对、只）
		鞋（只）、袜子（只）、手套（副、只）、筷子（根、支）
（35）	所	学校、医院（家）、银行（家）、房子（间、套、座）
（36）	台	计算机、医疗设备（套）、汽车（部、辆）、钢琴（架）、摄像机（部、架）
		演出（场）、话剧（场）、杂技（场）、节目（场、套）
（37）	套	衣服（件）、西装（件）、房子（间、所、座）、家具（件）、沙发（对）、餐具、书（本、部）、邮票（张）、医疗设备（台）
		节目（场、台）、试题（道、份）
（38）	条	绳子（根）、项链（根）、辫子（根）、裤子、毛巾、手绢儿（块）、肥皂（块）、船（只）、游艇（只）
		蛇、鱼、狗（只）、牛（头、只）、驴（头、只）、黄瓜（根）
		河（道）、瀑布（道）、山脉（道）、道路、胡同儿、伤痕（道）
		新闻、信息、措施（项）、命令（道、项）
（39）	头	牛（条、只）、驴（条、只）、骆驼（只）、羊（只）、猪
（40）	位	客人、朋友、作家（名）
（41）	项	措施（条）、制度、工作（份）、任务、技术（门）、运动、命令（道、条）、比赛（场、节）
（42）	张	报纸（份）、图画（幅）、相片（幅）、邮票（套）、扑克牌（副）、光盘、大饼（块）、脸（副）、嘴
		网、弓
		床、桌子
（43）	只	鸟、鸡、鸭、老鼠、兔子、狗（条）、牛（头、条）、驴（头、

条）、羊（头）、骆驼（头）、老虎、蚊子、苍蝇、蜻蜓、蝴蝶

手表（块）、杯子

船（条）、游艇（条）

鞋（双）、袜子（双）、手套（副、双）、袖子、球拍（对、副）、手（双）、脚（双）、耳朵（对、双）、眼睛（对、双）、翅膀（对、双）

（44）支	笔、手枪（把）、蜡烛（根）、筷子（根、双）、香（根、盘）军队、歌
（45）座	山（道）、岛屿
	城市、工厂（家）、学校（所）、房子（间、所、套）、桥、石碑（块）、雕塑、大钟（口）

附录二　汉语拼音正词法基本规则

国家技术监督局 1996 - 01 - 22 批准，发布 1996 - 07 - 01 实施。

1. 主题内容与适用范围

本标准规定了用《汉语拼音方案》拼写现代汉语的规则。内容包括分词连写法、成语拼写法、外来词拼写法、人名地名拼写法、标调法、移行规则等。为了适应特殊的需要，同时提出一些可供技术处理的变通方式。

本标准适用于文教、出版、信息处理及其他部门，作为用《汉语拼音方案》拼写现代汉语的统一规范。

2. 术语

汉语拼音正词法。

汉语拼音的拼写规范及其书写格式的准则。《汉语拼音方案》确定了音节的拼写规则。《汉语拼音正词法基本规则》是在《汉语拼音方案》的基础上进一步规定词的拼写规范的基本要点。

3. 制定原则

3.1　以词为拼写单位，并适当考虑语音、语义等因素，同时考虑词形长短适度。

3.2　基本采取按语法词类分节叙述。

3.3　规则条目尽可能详简适中，便于掌握应用。

4. 汉语拼音正词法基本规则

4.1　总原则

4.1.1　拼写普通话基本上以词为书写单位。

rén（人）	pǎo（跑）	hǎo（好）
hé（和）	hěn（很）	
fúróng（芙蓉）	qiǎokèlì（巧克力）	
péngyǒu（朋友）	yuèdú（阅读）	
dìzhèn（地震）	niánqīng（年轻）	
zhòngshì（重视）	wǎnhuì（晚会）	
qiānmíng（签名）	shìwēi（示威）	
niǔzhuǎn（扭转）	chuánzhī（船只）	
dànshì（但是）	fēicháng（非常）	
diànshìjī（电视机）	túshūguǎn（图书馆）	

4.1.2　表示一个整体概念的双音节和三音节结构，连写。

gāngtiě（钢铁）	wèndá（问答）

hǎifēng（海风）　　　hóngqí（红旗）

dàhuì（大会）　　　　quánguó（全国）

zhòngtián（种田）　　　kāihuì（开会）

dǎpò（打破）　　　　　zǒulái（走来）

húshuō（胡说）　　　　dǎnxiǎo（胆小）

qiūhǎitáng（秋海棠）　　àiniǎozhōu（爱鸟周）

duìbùqǐ（对不起）　　　chīdexiāo（吃得消）

4.1.3　四音节以上表示一个整体概念的名称，按词（或语节）分开写，不能按词（或语节）划分的，全都连写。

wúfèng gāngguǎn（无缝钢管）

huánjìng bǎohù guīhuà（环境保护规划）

jīngtǐguǎn gōnglǜ fàngdàqì（晶体管功率放大器）

Zhōnghuá Rénmín Gònghéguó（中华人民共和国）

Zhōngguó Shèhuì Kēxuéyuàn（中国社会科学院）

yánjiūshēngyuàn（研究生院）

hóngshízìhuì（红十字会）

yúxīngcǎosù（鱼腥草素）

gǔshēngwùxuéjiā（古生物学家）

4.1.4　单音节词重叠，连写；双音节词重叠，分写。

rénrén（人人）　　　　niánnián（年年）

kànkàn（看看）　　　　shuōshuō（说说）

dàdà（大大）　　　　　hónghóngde（红红的）

gègè（个个）　　　　　tiáotiáo（条条）

yánjiū yánjiū（研究研究）

xuěbáixuěbái（雪白雪白）

chángshì chángshì（尝试尝试）

tōnghóng tōnghóng（通红通红）

重叠并列即 AABB 式结构，当中加短横。

láilái-wǎngwǎng（来来往往）

qīngqīng-chǔchǔ（清清楚楚）

jiājiā-hùhù（家家户户）

shuōshuō-xiàoxiào（说说笑笑）

wānwān-qūqū（弯弯曲曲）

qiānqiān-wànwàn（千千万万）

4.1.5　为了便于阅读和理解，在某些场合可以用短横。

huán bǎo-huánjìng bǎohù（环保－环境保护） bā-jiǔtiān（八九天）

rén-jī duìhuà（人机对话） lù-hǎi-kōngjūn（陆海空军）

gōng-guān-gōnggòng guānxì（公关－公共关系） shíqī-bā suì（十七八岁）

zhōng-xiǎoxué（中小学） biànzhèng-wéiwùzhǔyì（辩证唯物主义）

4.2 名词

4.2.1 名词与单音节前加成分（副、总、非、反、超、老、阿、可、无等）和单音节后加成分（子、儿、头、性、者、员、家、手、化、们等），连写。

fùbùzhǎng（副部长） fēijīnshǔ（非金属）

chāoshēngbō（超声波） zǒnggōngchéngshī（总工程师）

fēiyèwùrényuán（非业务人员） fǎndàndàodǎodàn（反弹道导弹）

zhuōzi（桌子） chéngwùyuán（乘务员）

kēxuéxìng（科学性） háizǐmen（孩子们）

mùtou（木头） yìshùjiā（艺术家）

xiàndàihuà（现代化） tuōlājīshǒu（拖拉机手）

4.2.2 名词和后面的方位词，分写。

shān shàng（山上） mén wài（门外）

hé lǐ（河里） huǒchē shàngmiàn（火车上面）

Yǒngdìng Hé shàng（永定河上） shù xià（树下）

mén wàimiàn（门外面） hé lǐmiàn（河里面）

xuéxiào pángbiān（学校旁边） HuángHé yǐ nán（黄河以南）

但是，已经成词的，连写。例如，"海外"不等于"海的外面"。

tiānshàng（天上） kōngzhōng（空中）

dìxià（地下） hǎiwài（海外）

4.2.3 汉语人名按姓和名分写，姓和名的开头字母大写。笔名、别名等，依照姓名写法。

Lǐ Huá（李华） Dōngfāng Shuò（东方朔）

Lǔ Xùn（鲁迅） Zhāng Sān（张三）

Jiàn guó（建国） Zhūgě Kǒngmíng（诸葛孔明）

Méi Lánfāng（梅兰芳） Wáng Mázi（王麻子）

姓名和职务、称呼等分开写；职务、称呼等开头小写。

Wáng bùzhǎng（王部长） Tián zhǔrèn（田主任）

Lǐ xiānshēng（李先生） Zhào tóngzhì（赵同志）

"老""小""大""阿"等称呼开头大写。

Xiǎo liú（小刘） Lǎo qián（老钱）

Dà lǐ（大李） Asān（阿三）

Wú lǎo（吴老）

已经专名化的称呼，连写，开头大写。

Kǒngzǐ（孔子）　　Bāogōng（包公）

Xīshī（西施）　　Mèngchángjūn（孟尝君）

4.2.4　汉语地名按照中国地名委员会文件（84）中地字第17号《中国地名汉语拼音字母拼写规则（汉语地名部分）》的规定拼写。

汉语地名中的专名和通名分写，每一分写部分的第一个字母大写。

Běijīng Shì（北京市）　　Héběi Shěng（河北省）

Yālù Jiāng（鸭绿江）　　Tài shān（泰山）

Dòngtíng Hú（洞庭湖）　　Táiwān Hǎixiá（台湾海峡）

专名和通名的附加成分，单音节的与其相关部分连写。

Xīliáo hé（西辽河）　　Jǐngshān Hòujiē（景山后街）

Cháoyángmén Nèinánjiē（朝阳门内南街）

自然村镇名称和其他不需区分专名和通名的地名，各音节连写。

Wángcūn（王村）　　　　Jiǔxiānqiáo（酒仙桥）

Zhōukǒudiàn（周口店）　　Sāntányìnyuè（三潭印月）

4.2.5　非汉语人名、地名本着"名从主人"的原则，按照罗马字母（拉丁字母）原文书写；非罗马字母文字的人名、地名，按照该文字的罗马字母转写法拼写。为了便于阅读，可以在原文后面注上汉字或汉字的拼音，在一定的场合也可以先用或仅用汉字的拼音。

Ulanbu（乌兰夫）　　　　Marx（马克思）　　　　Darwin（达尔文）

Newton（牛顿）　　　　Ngapoi Ngawang Jigme（阿沛·阿旺晋美）

Einstein（爱因斯坦）　　akutagawa Ryunosuke（芥川龙之介）

Seypidin（赛福鼎）　　　Washington（华盛顿）

Hohhot（呼和浩特）　　　London（伦敦）

Tokyo（东京）　　　　Urümqi（乌鲁木齐）　　Lhasa（拉萨）　　Paris（巴黎）

汉语化的音译名词，按汉字译音拼写。

Fēizhōu（非洲）　　Nánměi（南美）

Déguó（德国）　　Dōngnányà（东南亚）

4.3　动词

4.3.1　动词和"着""了""过"连写。

kànzhe（看着）　　jìnxíngzhe（进行着）

kànle（看了）　　jìnxíngle（进行了）

kànguò（看过）　　jìnxíngguò（进行过）

句末的"了"，分写。

huǒchē dào le 。（火车到了。）

4.3.2 动词和宾语，分写。

kàn xìn（看信）　　kāi wánxiào（开玩笑）

jiāoliú jīngyàn（交流经验）　　chī yú（吃鱼）

动宾式合成词中间插入其他成分的，分写。

jūle yí gè gōng（鞠了一个躬）

lǐguò sān cì fà（理过三次发）

4.3.3 动词（或形容词）和补语，两者都是单音节的，连写；其余的情况，分写。

gǎohuài（搞坏）　　jiànchéng（建成［楼房］）

huàwéi（化为［蒸气］）　　dàngzuò（当做［笑话］）

zǒu jìnlái（走进来）　　zhěng lǐ hǎo（整理好）

jiànshè chéng（建设成［公园］）　　shóu tòu（熟透）

gǎixiě wéi（改写为［剧本］）　　dǎsǐ（打死）

4.4 形容词

4.4.1 单音节形容词和重叠的前加成分或后加成分，连写。

méngméngliàng（蒙蒙亮）

liàngtāngtāng（亮堂堂）

4.4.2 形容词和后面的"些""一些""点儿""一点儿"，分写。

dà xiē（大些）　　dà yìxiē（大一些）

kuài diǎnr（快点儿）　　kuài yìdiǎnr（快一点儿）

4.5 代词

4.5.1 表示复数的"们"和前面的代词，连写。

wǒmen（我们）　　tāmen（他们）

4.5.2 指示代词"这""那"，疑问代词"哪"和名词或量词，分写。

zhè rén（这人）

zhè zhī chuán（这只船）

nà cì huìyì（那次会议）

nǎ zhāng bàozhǐ（哪张报纸）

"这""那""哪"和"些""么""样""般""里""边""会儿""个"，连写。

zhèxiē（这些）　　zhème（这么）

nàyàng（那样）　　zhèbān（这般）

nàlǐ（那里）　　nǎlǐ（哪里）

zhèbiān（这边）　　zhèhuìr（这会儿）

zhègè（这个）　　zhèmeyàng（这么样）

4.5.3 "各""每""某""本""该""我""你"等和后面的名词或量词，

分写。

gè guó（各国）　　gè gè（各个）

gè rén（各人）　　gè xué kē（各学科）

měi nián（每年）　　měi cì（每次）

mǒu rén（某人）　　mǒu gōngchǎng（某工厂）

běn shì（本市）　　běn bùmén（本部门）

gāi kān（该刊）　　gāi gōngsī（该公司）

wǒ xiào（我校）　　nǐ dānwèi（你单位）

4.6　数词和量词

4.6.1　十一到九十九之间的整数，连写。

shíyī（十一）　　shíwǔ（十五）

sānshísān（三十三）　　jiǔshíjiǔ（九十九）

4.6.2　"百""千""万""亿"与前面的个位数，连写；"万""亿"与前面的十位以上的数，分写。

jiǔyì língqīwàn èrqiān sānbǎi wǔshí liù（九亿零七万二千三百五十六）

liùshísān yì qīqiān èrbǎi liùshíbā wàn sìqiān líng jiǔshíwǔ（六十三亿七千二百六十八万四千零九十五）

4.6.3　表示序数的"第"与后面的数词中间，加短横。

dì-yī（第一）　　dì-èrshíbā（第二十八）

dì-shísān（第十三）　　dì-sānbǎi wǔshíliù（第三百五十六）

4.6.4　数词和量词，分写。

liǎng gè rén（两个人）

liǎng jiān bàn wūzi（两间半屋子）

yí dà wǎn fàn（一大碗饭）

wǔshísān réncì（五十三人次）

表示约数的"多""来""几"和数词、量词，分写。

yìbǎi duō gè（一百多个）

jǐ jiā rén（几家人）

shí lái wàn rén（十来万人）

jǐ tiān gōngfū（几天工夫）

"十几""几十"，连写。

shíjǐ gè rén（十几个人）

jǐshí gēn gāngguǎn（几十根钢管）

4.7　虚词

虚词与其他词语分写。

4.7.1 副词

hěn hǎo（很好） bù lái（不来）

gèng měi（更美） yīng bù yīnggāi（应不应该）

fēicháng kuài（非常快） gānggāng zǒu（刚刚走）

dōu lái（都来） shífēn gǎndòng（十分感动）

zuì dà（最大）

4.7.2 介词

zài qiánmiàn（在前面）

wèi rénmín fúwù（为人民服务）

shēng yú 1940 nián（生于1940年）

xiàng dōng biān qù（向东边去）

cóng zuótiān qǐ（从昨天起）

guānyú zhègè wèntí（关于这个问题）

4.7.3 连词

gōngrén hé nóngmín（工人和农民） guāngróng ér jiānjù（光荣而艰巨）

bú dàn kuài érqiě hǎo（不但快而且好）

Nǐ lái háishì bù lái?（你来还是不来？）

4.7.4 结构助词"的""地""得""之"

dàdì de nǚér（大地的女儿）

Zhè shì wǒ de shū.（这是我的书。）

Wǒmen guòzhe xìngfú de shēnghuó.（我们过着幸福的生活。）

Shāngdiàn lǐ bǎimǎn le chī de、chuān de、yòng de.（商店里摆满了吃的、穿的、用的。）

mài qīngcài luóbo de（卖青菜萝卜的）

Tā zài dàjiē shàng mànmàn de zǒu.（他在大街上慢慢地走。）

tǎnbái de gàosù nǐ ba.（坦白地告诉你吧。）

Tā yí bù yí gè jiǎoyìnr de gōng zuò zhe.（他一步一个脚印儿地工作着。）

dǎ sǎo de gān jìng（打扫得干净）

hóng de hěn（红得很）

xiě de bù hǎo（写得不好）

lěng de fādǒu（冷得发抖）

shàonián zhī jiā（少年之家）

zuì fādá de guójiā zhī yī（最发达的国家之一）

注："的""地""得"在技术处理上，根据需要分别写作"d"、"di"、"de"。

4.7.5 语气助词

Nǐ zhīdào ma?（你知道吗?）

Zěnme hái bù lái ā?（怎么还不来啊?）

Kuài qù ba!（快去吧!）

Tā shì bù huì lái de.（他是不会来的。）

4. 7. 6　叹词

A! zhēn měi !（啊! 真美!）

En , nǐ shuō shén me ?（嗯，你说什么?）

Heng, zǒu zhe qiáo ba!（哼，走着瞧吧!）

4. 7. 7　拟声词

pā（啪!）

jījī – zhāzhā（叽叽喳喳）　　*huāhuā*（哗哗）　　"*hōnglōng*" *yī shēng*（"轰隆"一声）

Dà gōngjī wo – wo – tí.（大公鸡喔喔啼。）

"*Du –* " *qìdí xiǎng le*（"嘟——"汽笛响了）

4. 8　成语

4. 8. 1　四言成语可以分为两个双音节来读，中间加短横。

céngchū – bùqióng（层出不穷）

àizēng – fēnmíng（爱憎分明）

yángyáng – dàguān（洋洋大观）

guāngmíng – lěiluò（光明磊落）

fēngpíng – làngjìng（风平浪静）

shuǐdào – qúchéng（水到渠成）

píngfēn – qiūsè（平分秋色）

diānsān – dǎosì（颠三倒四）

4. 8. 2　不能按两段来读的四言成语、熟语等，全部连写。

búyìlèhū（不亦乐乎）

àimònéngzhù（爱莫能助）

húlǐhútú（糊里糊涂）

diào' érlángdāng（吊儿郎当）

zǒngéryánzhī（总而言之）

yīyīdàishuǐ（一衣带水）

hēibùliūqiū（黑不溜秋）

4. 9　大写

4. 9. 1　句子开头的字母和诗歌每行开头的字母大写（举例略）。

4. 9. 2　专有名词的第一个字母大写。

Běijīng（北京）

Chángchéng（长城）

Qīngmíng（清明）

由几个词组成的专有名词，每个词的第一个字母大写。

Guójì Shūdiàn（国际书店）

Guāngmíng Rìbào（光明日报）

Hépíng Bīnguǎn（和平宾馆）

4.9.3 专有名词和普通名词连写在一起的，第一个字母要大写。

Zhōngguórén（中国人）　　Míngshǐ（明史）

Guǎngdōnghuà（广东话）

已经转化为普通名词的，第一个字母小写。

guǎnggān（广柑）　　zhōngshānfú（中山服）

chuānxiōng（川芎）　　zàngqīngguǒ（藏青果）

4.10 移行

移行要按音节分开，在没有写完的地方加上短横。

················guāng－

míng（光明）

不能移作"gu－āng míng"

4.11 标调

声调一律标原调，不标变调，但是在语音教学时可以根据需要按变调标写。

yī jià（一架）　　bù qù（不去）

yī wǎn（一碗）　　bù duì（不对）

bā gè（八个）　　qī wàn（七万）

qī shàng－bā xià（七上八下）　　qī běn（七本）

yī tiān（一天）　　bù zhì yú（不至于）

yī tóu（一头）

注：除了《汉语拼音方案》规定的符号标调法以外，在技术处理上，也可根据需要采用数字或字母作为临时变通标调法。